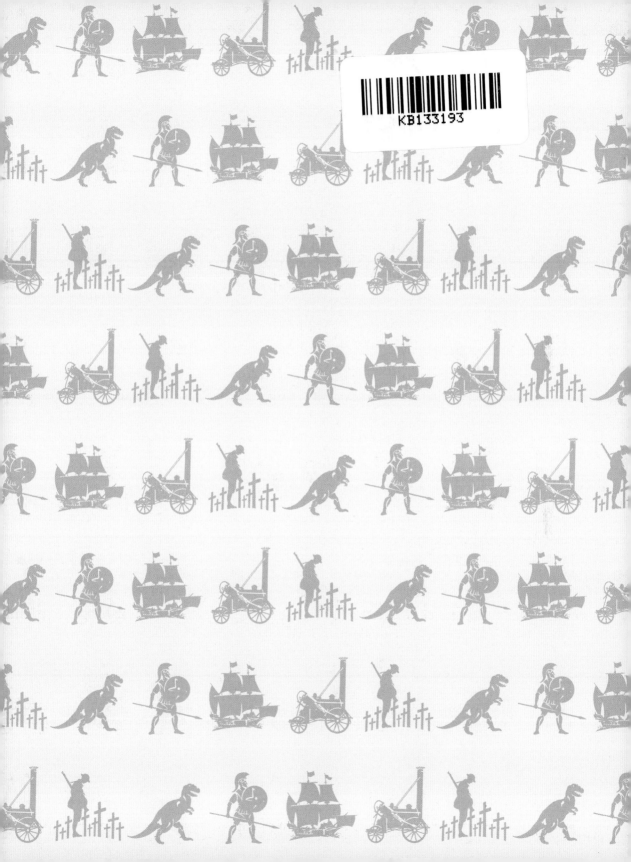

예일대 특별판

곰브리치
세계사

"눈부신 서사와 훌륭한 구성으로 빚은 역작. 놀라운 열정으로 자신 있게 들려주는 이야기가 매력적이다. 그 속에는 인간애와 관용의 정신이 흘러 넘친다. 덕분에 수많은 곰브리치의 추종자들은 곰브리치가 남긴 유산을 소중히 품게 되었다. 매우 놀라우며, 손을 뗄 수 없다."
—필립 풀먼(카네기상, 가디언상, 휘트브레드상을 수상한 「황금 나침반」의 저자)

"자유와 진실을 위한 선언이며…, 놀라운 읽을거리이다. 앞으로 수없이 많은 미래의 역사가들이 역사와 진실을 위해 평생을 바친 자신들의 열정의 근원을 이 책에서 찾게 될 것이다."
—리사 자딘, 《더 타임스》

"쾌활한 대화체 형식으로 쓰인 놀라운 책. 카롤루스 대제의 성과, 중세 유럽의 봉건제, 계몽주의 사상과 같은 어려운 역사 문제를 힘들이지 않고 설명한다. 이 책을 통해 부활한 역사는 누구에게나 읽는 재미를 준다."
—에드워드 로스스타인, 《뉴욕 타임스》

"매혹적인 작품." —존 밴빌, 《아이리시 타임스》

"모든 연령에게 기쁨을 주는 책. 책장마다 작가의 위트와 지혜가 반짝인다. 읽고 있자면 곰브리치가 할아버지처럼 자상한 눈빛으로 이끌어 주는 느낌을 받는다."
—벤 쇼트, 《옵저버》

"지금껏 읽어 온 역사책 중 가장 멋진 의미의 역사를 선보인다. 관용, 이성, 인간성이 모든 페이지에서 느껴진다."
—아만다 비커리, 《가디언》

"거부하기 힘든 매력적인 에너지와 열정을 지니고 있다. 여기 이 작은 책에는 감히 묻지 못한 수많은 질문에 대한 답이 있다."
—마거릿 드레이블, 《뉴 스테이츠맨》

"두 아이들과 베드타임 책으로 함께 읽어 보았다. 통찰력 있고 명민한 이야기라고 해서 꼭 고루하기만 한 건 아니라는 증거!"
—베터니 휴즈, 《더 타임스》

"이 책을 10권 사서 내가 친애하는 어린이 10명에게 선물하려고 한다. 관대함과 호기심과 박식한 분위기로 인류의 문명화 과정을 가르쳐 주는 책이다."
—A. N. 윌슨, 《타임스 리터러리 서플먼트》

"세계사에 빠져들게 하는 만화경 같은 이야기."
—트리스트램 헌트, 《BBC 히스토리 매거진》

EINE KURZE WELTGESCHICHTE FÜR JUNGE LESER

예일대 특별판

곰브리치 세계사

에른스트 H. 곰브리치 글 / 박민수 옮김

 비룡소

*『예일대 특별판 곰브리치 세계사』는 에른스트 H. 곰브리치가 1935년에 쓴 『선사 시대부터 현재까지 세계의 역사 Weltgeschichte von der Urzeit bis zur Gegenwart』(1936년)의 개정판 『젊은 독자를 위한 세계사 Eine kurze Weltgeschichte für junge Leser』(2004년)를 우리말로 옮기고, 예일대 특별판 『세상의 작은 역사: 일러스트 에디션 A Little History of the World: Illustrated edition』(2011년)에 수록된 컬러 도판을 실은 책입니다. 인명과 지명을 비롯한 고유명사는 국립국어원의 외래어 표기법을 따르되 브리태니커 백과사전과 교과서 사용 용어를 참고하였습니다.

일제에게

당신 자신처럼 이것은 늘 당신의 일부라오.
늘 이것은 당신의 일부라오.

—1935년 10월 빈
—1998년 2월 런던

차례

1935년의
에른스트 H.
곰브리치

ⓒ 에른스트 H.
곰브리치 재단

이 책이
쓰여지기까지

    우리 할아버지 에른스트 곰브리치는 어린이를 위한 책은 거의 쓰지 않았다. 더욱이 할아버지가 연구한 분야는 역사가 아닌 예술사였다. 그런데 할아버지가 처음 쓴 책 『곰브리치 세계사』가 그토록 오랜 세월 동안 전 세계 많은 독자의 사랑을 받았으니, 할아버지로서는 더욱 놀랍고 기쁜 일이었을 것이다.

    할아버지는 젊은 시절, 다소 시간에 쫓기면서 이 책을 완성했다. 훗날 할아버지는 젊음과 시간적 압박이라는 두 가지 요인이 이러한 성공작을 낳았는지도 모른다고 말했다. 하지만 1935년 빈에서 몇 가지 우연한 사건이 한데 어우러지지 않았다면 이 책은 결코 집필되지 못했을 것이다.

    그러면 이 책은 어떻게 해서 세상에 나온 것일까?

    할아버지는 빈 대학에서 박사 학위를 받은 직후 일자리를 구하지 못했고 당시의 어려운 경제 사정으로 보아 가까운 시일 안에 직장을 구할 가능성도 거의 없었다.

    그러던 어느 날 할아버지와 친분이 있는 젊은 출판 편집자가 찾아와 영국에서 나온 어린이 역사책을 독일어로 번역할 의향이 있는지 물어보았다. 그 책은 런던에서 의학을 공부하던 두 분의 친구 분이 추천한 것이며 「어린이를 위한 학문」이라는 새로운 시리즈 중 하나로 출간될 예정이라는 것이 편집자의 설명이었다.

하지만 할아버지는 그 책에서 별다른 감명을 받지 못했다. 할아버지는 편집자 발터 노이라트 씨에게 그 책은 번역할 가치가 없다고 말하고는 이렇게 덧붙였다. "나라면 이보다 더 나은 책을 쓸 수도 있을 것 같네." 노이라트 씨는 그렇다면 우선 한 장(章)을 써서 보내 달라고 부탁했다. 할아버지의 친구인 노이라트 씨는 후일 영국에서 '템즈 앤드 허드슨'이란 출판사를 설립한 분이었다.

할아버지는 박사 학위 논문을 거의 마무리 지을 무렵 어느 친구의 어린 딸과 편지를 주고받은 적이 있었다. 당시 그 아이는 할아버지가 무엇 때문에 그리 바쁜지 궁금해했고, 할아버지는 그 아이에게 박사 논문의 주제를 알기 쉬운 글로 설명해 주었다. 할아버지는 학위 과정 내내 몰두했던 학문적 글쓰기에 다소 싫증도 난 참인지라 그 일을 무척 즐겼다고 한다. 할아버지는 대부분의 문제는 복잡한 전문 용어가 아닌 쉬운 말, 총명한 아이라면 이해할 수 있는 말로 충분히 설명할 수 있다고 굳게 믿는 분이었다. 할아버지는 중세 기사 시대에 관한 재미있는 글을 써 보냈고, 노이라트 씨는 그 글에 크게 만족했다. 하지만 노이라트 씨는 이런 말을 덧붙였다. "책이 계획대로 출간되려면 6주 안에 원고를 완성해야만 하네."

할아버지는 기간 내에 마칠 수 있으리라 확신하지 못했지만 한번 도전해 볼 만한 일이라 생각했기에 최선을 다하겠노라고 대답했다. 할아버지는 얼른 책의 내용을 대략적으로 구상하고는 세계사의 수많은 사건 중에서 다루어야 할 것들을 선별했다. '과거의 사건들 중 어떤 것이 대다수 인간의 삶에 영향을 끼쳤으며, 또 오늘날 우리의 기억에 가장 크게 남아 있는가?'라는 단순한 물음을 선별의 기준으로 삼았다.

그러고 나서 할아버지는 매일 한 장씩 쓰기 시작했다. 오전에는 그날의 주제와 관련해 집에서 찾아낼 수 있는 모든 책과 글을 읽었으며 두꺼운 백과사전을 뒤지는 것도 게을리하지 않았다. 오후에는 도서관으로 가서 그날 다루는 시대에 쓰인 문헌을 가능한 한 많이 찾아 읽었다. 자신의 책에 좀 더 신빙성 있는 내용을 담기 위해서였다. 그리고 저녁에는 그날 읽은 내용을 토대로 해서 글을 썼다. 일요일만은 조금 달랐는데, 이에 관해 얘기하려면 먼저 우리 할머니부터 소개해야 한다.

결혼 전 이름이 일제 헬러인 우리 할머니는 보헤미아가 고향인 분으로, 할아버지가 이 책을 쓰기 5년 전쯤 피아노 공부를 위해 빈으로 왔다. 빈으로 이주한 직후 할머니는 할아버지의 어머니인 레오니 곰브리치의 제자가 되었는데, 내 이름은 바로 이분에게서 물려받은 것이다. 아무튼 이렇게 해서 우리 할머니는 장래의 남편을 만나기에 앞서 장래의 시어머니부터 알게 되었다.

증조할머니 레오니는 두 사람을 소개시켜 주었고 할아버지로 하여금 자신의 제자와 함께 빈의 박물관이나 명소를 구경하게 했다. 1935년에 이르러 주말 소풍은 이미 두 분의 즐거운 습관으로 자리 잡았고, 이듬해 두 분은 결혼했다. 그런데 1935년의 어느 일요일, 두 분은 빈의 숲속을 거닐다가 잠시 휴식을 취했다. 할머니의 기억으로는 '숲속 어느 빈터의 풀밭이거나 쓰러진 나무 둥치'였다고 한다. 그때 할아버지가 양복 안주머니에서 종이 뭉치를 꺼내 들고는 이렇게 물었다. "당신에게 뭔가 읽어 주고 싶은데, 괜찮겠소?"

"읽으라 하지 않고 읽어 주었으니 다행이지. 네 할아버지는 그때도 무지하게 악필이었거든." 요즘도 할머니는 당시를 회상할 때면 이렇게 말씀하신다.

당시 할아버지가 낭독한 글은 바로 『곰브리치 세계사』의 일부였다. 그 글은 분명 할머니의 마음에 들었고, 낭독은 책이 완성될 때까지 몇 주간 계속되었다. 그리고 할아버지는 기한 내에 발터 노이라트 씨에게 원고를 보낼 수 있었다.

이 책을 소리 내어 읽어 보면 낭독이란 방식이 얼마나 멋지게 이 책의 문체적 특징을 이루고 있는지 알 수 있다. 그리고 이 책의 헌사는 당시의 그 일을 할아버지가 얼마나 소중히 여겼는지 알려 준다. 이 책(독일어판 원서를 가리키고 있다./ 옮긴이)의 삽

1935년의
에른스트 H.
곰브리치

ⓒ 에른스트 H.
곰브리치 재단

화는 한때 승마 교사였던 분에게 맡겼는데, 삽화 한 편당 5실링을 지불했다고 한다. 할아버지는 말을 묘사한 삽화들이 사람을 그린 삽화보다 훨씬 더 훌륭하다는 말씀을 자주 하셨다.

1936년 출간된 이 책은 대단한 호평을 얻었고, 비평가들은 이 책의 저자가 경험이 풍부한 교사일 것이라고 확신했다. 이 책은 출간되고 얼마 지나지 않아 5개 국어로 번역되었다. 그때 이미 할아버지와 할머니는 영국으로 이주해서 그곳에 정착했다. 얼마 후 이 책은 나치에 의해 금서로 낙인찍혔는데, 반유대주의적 동기에서가 아니라 이 책이 평화주의 관점을 가졌다는 이유에서였다.

그러나 『곰브리치 세계사』의 생명이 그것으로 다하지는 않았다. 전쟁이 끝나고 몇 년이 지난 후 할아버지는 이 책의 판권을 되찾을 수 있었다. 하지만 할아버지가 이 책을 썼던 세계는 아주 먼 과거로 물러난 것 같았다. 30년도 넘는 오랜 세월 동안 이 책은 세상에서 잊혔다가 마침내 뒤몽 출판사로부터 의뢰가 왔다. 그리하여 마지막 장을 새로 집필한 독일어본 2판이 1985년에 출간될 수 있었다.

할아버지는 다른 나라 독자들을 위한 판본 출간에 열정적으로 관여했고 번역자들의 의견에도 늘 귀를 기울였다. 그러나 한 가지 언어의 번역에 대해서만은 매번 이의를 제기했다. 할아버지는 『곰브리치 세계사』를 제외한 모든 책을 영어로 집필했다. 그리고 『곰브리치 세계사』의 영역본이 있어야 한다면, 할아버지 자신이 직접 번역한 것이어야 한다고 고집했다.

하지만 10년이 흐르는 세월 동안 할아버지는 여러 차례 요청을 받았으면서도 영어 번역을 거절했다. 다른 할 일이 많다는 것만이 그 이유는 아니었다. 할아버지는 영국의 역사가 언제나 왕이나 여왕만을 중심에 놓는다고 보았으며, 그러한 교육 풍토에서 자란 영국 아이들이 유럽 대륙의 역사관을 받아들이기란 불가능하다고 생각했던 것이다.

하지만 1990년대에 중대한 사건들이 발생하고 유럽 연합의 중요성이 확대되자 마침내 할아버지는 영국 아이들 또한 이 책에 흥미를 가질 수 있으리라 생각하게 되었다.

그리하여 할아버지는 풍요로운 긴 생애의 말년에 이르러서야 자신이 처음 쓴 책을 영어로 번역하는 일에 착수했다.

번역을 시작하고 얼마 되지 않은 어느 날 할아버지는 다소 놀랐다는 표정으로 내게 말했다. "『곰브리치 세계사』를 다시 읽어 봤더니 정말로 많은 내용이 담겨 있더구나. 내가 봐도 훌륭한 책이야!" 물론 할아버지는 몇 군데를 조금 수정했고 선사 시대에 관한 장에는 새로운 내용을 추가했다. 그리고 초기 불교 전문가인 나의 아버지에게 10장의 수정을 부탁했으며, 조수인 캐럴라인 머스틸의 많은 도움을 받아 중국 역사에 관한 장을 보완했다.

2001년 아흔두 살로 세상을 뜰 때까지 할아버지는 영어 번역에 몰두했다. 이제 나는 할아버지의 말씀을 직접 인용하면서 이 머리말을 끝맺고자 한다. 그것은 몇 년 전 튀르키예어 번역본에 머리말로 붙은 할아버지의 글에 나오는 구절이다.

"이 책은 학교에서 사용되는 역사 교과서를 대신할 의도로 집필된 것이 아니다. 이 책은 학교에서 읽히는 교과서와는 전혀 다른 목적을 갖고 있다. 나는 독자들이 필기를 하고 또 이름이나 연대를 외워야 한다는 부담 없이 느슨한 마음으로 읽어 나가기만을 바란다. 그리고 제대로 읽었는지 확인하기 위해 꼬치꼬치 질문을 하지 않으리란 점도 약속하겠다."

2004년 7월,
레오니 곰브리치

1

옛날 옛적에

모든 이야기는 '옛날 옛적에'란 말로 시작한다. 이제 우리가 읽게 될 이야기도 옛날 옛적에 관한 것이다. 당신에게는 지금보다 어린 시절이 있었고, 그 옛날에는 선 채로 손을 뻗어도 엄마 손에조차 닿기 어려울 만큼 작은 꼬마였다. 그때가 기억나는지? 당신이 원한다면 이야기 하나쯤은 들려줄 수 있을 것이다. "옛날 옛적에 어린 꼬마가 살았어요. 그 꼬마가 바로 저랍니다." 그보다 더 먼 옛날, 당신은 포대기에 싸인 아기였다. 그때는 기억나지 않을 것이다. 당신의 엄마, 아빠도 먼 옛날에는 어린 꼬마였다. 당신의 할머니, 할아버지도 마찬가지다. 물론 이건 훨씬 더 먼 옛날의 이야기다. 하지만 이제 당신은 나이가 든 할머니, 할아버지에게도 어린 시절이 있었다는 것을 알고 있다. 게다가 할머니, 할아버지에게도 다시 할머니, 할아버지가 있었고, 그분들도 '옛날 옛적에'란 말을 들으며 살았다. 그분들보다 앞선 세대도 매한가지일 것이니, 이처럼 모든 '옛날 옛적' 앞에는 그보다 더 먼 '옛날 옛적'이 있게 마련이다. 혹시 마주 세운 두 개의 거울 가운데 서 본 적이 있는지? 그런 적이 없다면 한번 시도해 보라! 양편 거울에는 무수히 많은 거울과 당신의 모습이 보일 것이다. 거울에 비친 거울들과 당신의 모습은 점점 작아지고 희미해지며 어디서도 끝날 것 같지 않다. 당신의 눈으로는 볼 수 없지만, 그 안에서 아주 작은 거울들이 무한히 이어지고 있을 것이 분명하다.

'옛날 옛적'도 마찬가지이다. 이 '옛날 옛적'이란 것에 과연 끝이 있을까? 할아버지의 할아버지 그리고 그 할아버지의 할아버지. 여기까지만 생각해도 당신은 아찔한 기분이 들 것이다. 하지만 마음을 좀 진정시키고 찬찬히 생각해 보면, 그 앞에 또 다른 할아버지가 있었으리라는 것이 충분히 상상된다. 이처럼 먼 옛날 앞에는 늘 더 먼 옛날이 있고, 그 과정은 두 개의 거울에 비친 상처럼 무한히 이어지는 것이다. 하지만 시작이 어딘지는 끝내 알 수 없다. 모든 시작 앞에는 언제나 다시금 '옛날 옛적'이 있기 때문이다.

이것은 바닥없는 우물과도 같다! 그러한 우물을 내려다보려니 아찔함에 두 다리가 후들거린다. 그 우물 속에 불붙인 종이를 떨어뜨려 보자. 불붙은 종이는 주변의 우물 벽을 비추면서 천천히 아래로 떨어진다. 불빛이 아직 보이나? 불빛은 점점 작아져 칠흑 같은 밤의 작은 별처럼 보이더니 끝내는 모습을 감춰 버린다.

기억이란 것도 이와 비슷하다. 우리는 과거를 비추는 데 기억을 활용한다. 먼저 우리 자신의 과거를 기억에 불러내고, 다음은 어른들에게 질문하며, 그다음에는 오래전 세상을 떠난 사람들의 편지를 찾아 읽는다. 이런 식으로 우리는 점점 더 먼 과거의 일을 알아낸다. 옛날 사람들이 남긴 글을 보관해 놓는 '문서 보관소'가 있다. 이곳에는 수백 년 전에 쓰인 편지들이 보관되어 있다. 내가 그런 문서 보관소에서 읽은 어떤 편지에는 이런 말이 적혀 있었다. "엄마! 어제는 귀한 송로 버섯을 먹었어요. 아들 빌헬름이." 이 아이는 400년 전 이탈리아의 왕자였다. 송로 버섯은 아주 값비싼 음식이다.

이 어린 왕자의 모습은 우리 눈에 잠깐 보일 뿐이다. 우리가 던진 불이 점점 빠르게 내려가고 있기 때문이다. 1000년 전, 2000년 전, 5000년 전, 1만 년 전으로. 당시에도 맛있는 음식을 좋아하는 아이들이 살고 있었다. 하지만 이 아이들은 편지를 쓸 줄 몰랐다. 2만 년 전, 5만 년 전으로 가 보자. 그 당시 사람들도 '옛날 옛적에'란 말을 하며 살았다. 이때쯤 되면 우리 기억의 불빛은 아주 작아지고 결국 사라져 버린다. 하지만 당신은 그 불이 꺼지지 않고 계속 내려가고 있음을 알고 있다. 인간이 아직 살지 않았던 까마득한 옛날로 말이다. 당시는 산의 모습도 오늘날과 달랐다. 많은 산들은 지금보다 훨씬 더 높았는데 오랜 시간 빗물에 씻겨 지금처럼 낮아진 것이다. 또 당시에는 없었다가 수백만 년을 두고 바다에서 서서히 솟아오른 산들도 있다.

산들이 생겨나기도 전에 지구상에는 이미 동물이 살았다. 이들은 오늘날의 동물과는 아주 다른 모습이었다. 신화 속의 용처럼 생긴 거대한 동물이었던 것이다. 그걸 어떻게 아느냐고? 이따금 이들의 뼈가 땅속에서 발견되었기 때문이다. 예를 들어 오스트리아 빈의 자연사 박물관에는 디플로도쿠스라는 동물의 뼈가 전시되어 있다. 디플로도쿠스는 이름도 묘하지만 생긴 모습은 더욱 놀라운 동물이다. 키는 높다란 나무만 하고 꼬리 길이는 축구장 절반 정도여서 보통 크기의 전시장에는 전시할 수가 없다. 이처럼 거대한 도마뱀이 태고의 숲속을 걸어가면 지진이라도 난 듯 땅이 흔들리고 나무가 쓰러졌을 것이다. 이런 거대한 도마뱀을 공룡이라 부른다.

하지만 이때도 아직은 태초가 아니다. 태초에 이르려면 수십억 년은 더 거슬러 올라가야 한다. 말이 쉽지 '수십억 년'이 어느 정도의 시간인지 가늠할 수 있을까? 잠깐 생각해 보자. 1초는 얼마나 긴 시간인가? 빠르게 하나, 둘, 셋 하고 세는 동안의 시간이다. 그러면 10억 초는 어느 정도의 시간인가? 32년이다! 그러면 이제 10억 년이 얼마나 긴 시간인지 상상할 수 있을 것이다! 그때는 거대한 동물은 아직 나타나지 않았고 달팽이나 조개류가 살았을 뿐이다. 더 거슬러 올라가면 지구상에는 식물조차 살지 않았다. 지구는 말 그대로 '텅 비어' 있었다. 나무도 없고 덤불도 없으며 풀잎과 꽃도 없고 녹색이라고는 전혀 찾아볼 수 없었다. 그저 돌덩이와 바다뿐이었고, 바다에는 물고기나 조개는커녕 진흙조차 없었다. 파도 소리에 귀를 기울이면 아마 이런 소리가 들려왔을 것이다. "옛날 옛적에……." 옛날 옛적, 지구는 공처럼 둥근 가스 덩어리였을 것이다. 오늘날 천체 망원경으로 볼 수 있는 우주의 가스 덩어리, 지구보다 훨씬 더 큰 가스 덩어리처럼 말이다. 10억 년 혹은 1조 년 전(오늘날 지구는 46억 년 전에 생성된 것으로 여겨진다./ 편집자), 지구는 태양 주위를 돌았다. 지구에는 암석이나 물이 없었고 생명체도 살지 않았다. 그 전에는 태양조차 없었다. 무한히 넓은 우주 안의 가스층들 사이로 이상한 모습의 거대한 별들과 그보다 조금 작은 별들이 돌아다니고 있었을 뿐이다.

"옛날 옛적에." 그처럼 먼 옛날을 내려다보고 있으려니 현기증이 절로 난다. 자, 얼른 태양으로, 지구로, 아름다운 바다로, 식물에게로, 조개에게로, 공룡에게로, 우리의 산으로, 인간에게로 돌아오자. 집으로 돌아온 듯 마음이 편안해지지 않나? 이제 '옛날 옛적'만을 되뇌면서 바닥없는 우물로 한없이 빠져들지 않도록 이런 물음을 던져 보기로 하자. "잠깐! 언제 적 일이라고?"

그리고 이런 물음도 던져 볼 수 있다. "어떻게 해서 그렇게 되었다고?" 이 두 가지 물음은 결국 '역사'에 대한 물음이다. 물론 여기서 역사란 어떤 개별적 사건의 발생이나 경과가 아닌 인간 전체의 역사, 즉 세계사를 뜻한다. 그럼 이제 이 세계사에 관해 알아보도록 하자.

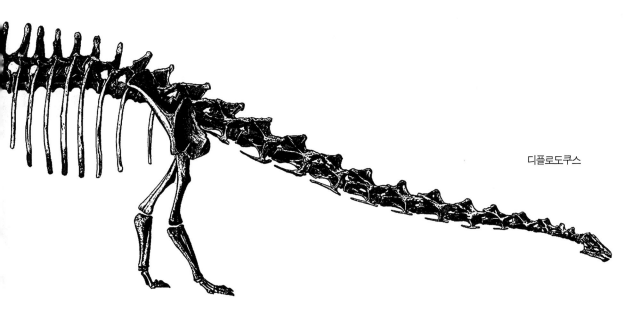

디플로도쿠스

2

역사상 가장
위대한 발명가들

독일의 하이델베르크란 곳에서 사람들이 깊은 구덩이를 판 적이 있다. 이때 땅속 깊은 곳에서 뼈 하나가 발견되었다. 사람의 아래턱뼈였다. 오늘날 살고 있는 사람의 뼈는 아니었다. 뼈는 아주 단단했고 거기 붙어 있는 이빨도 이만저만 튼튼한 것이 아니었다. 그런 턱뼈가 있는 사람이라면 분명 씹는 힘도 대단했을 것이다. 그리고 아주 오래전에 살았던 사람임이 분명했다. 그렇지 않다면 그처럼 깊은 땅속에 묻혔을 리 없기 때문이다.

오늘날 독일의 네안데르탈이라는 곳에서도 두개골이 하나 발견되었다. 사람의 두개골이었다. 징그러워할 필요는 전혀 없다. 오히려 이 두개골은 아주 흥미로운 것이다. 요즘 사람들의 두개골과는 전혀 다르게 생겼기 때문이다. 눈썹 위쪽이 불룩 튀어나와 있어서 이마라 할 만한 부위가 거의 없었다. 사람의 생각은 이마 뒤쪽에서 이뤄지므로 이마가 없었다면 생각하는 능력도 부족했을 것이다. 아무튼 지금의 우리보다는 생각하는 능력이 뒤떨어졌을 것이다. 요컨대 우리보다 깨무는 힘은 훨씬 뛰어나지만 생각하는 능력은 떨어지는 사람들이 오래전에 살고 있었다는 얘기이다. 이 두개골이 발견됐을 때 사람들은 그렇게 생각했고 그런 생각은 얼마 전까지도 받아들여졌다.

이 대목에서 당신은 이렇게 말할 것이다. "잠깐! 이건 앞서 약속한 것과 다르잖아요. 그 사람들이 언제 살았고 어떤 사람들이었고 또 어떻게 살았는지 말해 줘야 하는 거 아니에요?"

그러면 나는 얼굴이 빨개져서 이렇게 답할 수밖에 없다. 그것은 우리도 정확히 알지 못한다. 하지만 그에 관해 밝혀내는 일을 멈추지 않으면 점점 더 분명한 사실을 알게 될 것이다. 당신도 어른이 되면 이 일에 참여할 수 있으리라. 그에 관해 우리가 잘 알지 못하는 것은 그 사람들이 아무것도 기록하지 않았기 때문이며 또 기억이란 것이 그렇게 멀리까지는 미치지 못하기 때문이다. (위의 내용을 쓰고 얼마간 세월이 흐른 이제, 나는 그렇게까지 부끄러워할 필요는 없다고 생각하게 되었다. 앞서 말한 내용 중 몇 가지는 아주 올바른 것은 아니라고 밝혀졌지만 최소한 다음과 같은 예측은 타당한 것으로 입증되었기 때문이다. 즉 이 최초의 인간들이 언제 살았는지에 관해 실제로 우리는 좀 더 많은 것을 알게 되었다. 이는 자연 과학자들이 거둔 성과 덕분인데, 이들에 따르면 많은 물질, 예컨대 나무나 식물 섬유, 화산암 등은 속도는 느리지만 규칙적으로 변화한다. 이러한 사실에 근거해 우리는 어떤 물질이 언제 생성된 것인지 측정할 수 있다. 또한 사람들은 인류의 자취를 열심히 탐색하고 발굴했으며 무엇보다 아프리카와 아시아에서 또 다른 뼈들을 찾아냈다. 이 뼈들은 하이델베르크에서 발견된 아래턱뼈와 비슷한 시기의 것이거나 어쩌면 더 오래된 것들이다. 이것들 역시 이마가 툭 튀어나오고 두뇌가 작았던 우리 선조들의 뼈이다. 우리 선조들은 이미 약 200만 년 전에 돌멩이를 도구로 사용하기 시작한 것 같다. 얼마 전 아프리카에서 발견된 두개골 중 하

맞은편:
네안데르탈인의
두개골

나는 700만 년 전쯤의 것으로 추정된다. 그리고 네안데르탈인은 약 10만 년 전에 지구 상에 등장했으며 거의 7만 년 동안 살았다. 이들은 이마가 툭 튀어나오기는 했지만 우리 현대인보다 그다지 작지 않은 뇌를 가진 것으로 밝혀졌다. 그렇기 때문에 앞서의 생각은 수정되어야 한다. 우리 인류와 가장 유사한 선조는 3만 년 전쯤에야 등장했다.)

"하지만 이름도 모르고 정확한 연대도 알지 못한 채 모든 것을 '대략' 추측만 한다면 그건 역사가 아니에요!" 아마 당신은 이렇게 말할 것이다. 그리고 당신의 말이 맞다. 이 모든 것은 역사 이전의 일이다. 그래서 이 시대를 '선사 시대'라 부른다. 그 모든 것이 언제 적의 일이었는지를 아주 정확히 알 수는 없기 때문이다. 그렇지만 흔히 원시인이라 불리는 이 사람들에 관해서 몇 가지는 알려져 있다. 본격적인 역사 시대(이에 관해서는 다음 장에서 설명할 것이다.)에도 그렇지만 당시 사람들은 오늘날 우리가 갖고 있는 것을 모두 갖고 있었다. 즉 원시인은 옷을 입고 집을 지었으며 여러 가지 도구를 사용했다. 이들은 쟁기로 땅을 갈고 곡식으로 빵을 만들었으며 우유를 짜 마셨고 양털도 깎았다. 또한 이들은 개를 키워 사냥에 데리고 다니거나 친구로 삼았으며 활을 쏘고 투구와 방패로 몸을 방어했다. 하지만 이 모든 것에는 분명 시초가 있어야 한다. 그 모든 것은 누군가에 의해 발명된 것임이 분명하다! 생각할수록 흥미진진한 일이 아닌가? 언젠가 한 원시인이 들짐승 고기를 불에 구우면 훨씬 연해져서 씹기가 좋아진다는 사실을 알게 되었다. 그 원시인은 혹시 여자가 아니었을까? 또 언젠가 한 원시인은 불을 피우는 방법을 알게 되었다. 불을 피운다는 것이 무엇을 의미하는지 생각해 보라! 불을 피우는 것이 뭐 그리 어렵느냐고? 하지만 성냥으로 피우는 것과는 다르다. 당시에

석기

26   곰브리치 세계사

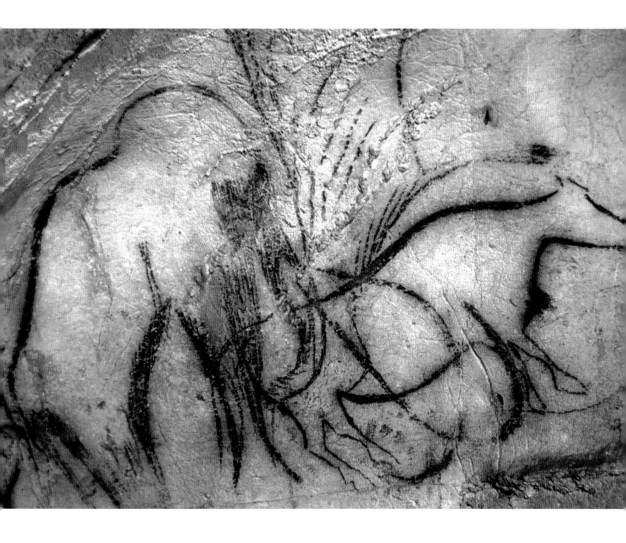

는 성냥이 없었으니 말이다! 당시 방법은 나무토막 두 개를 한참 비벼 열을 내서 불 동굴 벽화
을 피우는 것이었다. 실제로 해 보면 이것이 얼마나 어려운 일인지 알게 될 것이다!

또한 이런저런 도구를 발명한 원시인들이 있었다. 최초의 도구는 그냥 나뭇가지
나 돌이었다. 하지만 얼마 후에는 돌을 다듬어 뾰족한 망치를 만들어 사용하게 되었
다. 돌멩이를 깨서 뾰족하게 만든 망치들도 땅속에서 많이 발견된다. 당시의 도구는

모두 돌로 만들어졌기 때문에 이 시대를 '석기 시대'라 부른다. 당시 사람들은 아직 집을 지을 줄 몰랐다. 그러니 생활이 참 불편했을 것이다. 당시에는 추운 날이 잦았고, 지금보다 훨씬 더 추운 날도 많았기 때문이다. 겨울은 지금보다 더 길고 여름은 더 짧았다. 깊은 골짜기에 쌓인 눈은 1년 내내 녹지 않았으며 거대한 빙하는 평지 깊숙이까지 밀려와 있었다. 이 초기 석기 시대, 즉 구석기 시대는 아직 빙하기에 속해 있었던 것이다. 추위에 시달리던 원시인들은 조금이나마 찬바람과 추위를 막아 줄 동굴을 발견하면 무척 기뻐했을 것이다. 그래서 이 원시인들을 '혈거인'('동굴에 사는 사람'이란 뜻/ 옮긴이)이라 부르기도 한다. 물론 이들이 늘 동굴에서만 살았던 것은 아니다.

혈거인들이 또 어떤 것을 발명했는지 아는가? 잘 모르겠다고? 바로 언어이다. 우리가 일상에서 사용하는 언어 말이다. 동물도 아프면 소리를 지르고 위험이 닥치면 경고의 소리를 낼 줄 안다. 하지만 동물의 소리는 언어가 아니다. 언어는 인간만이 사용한다. 동굴에 살던 원시인은 언어를 사용한 최초의 존재였다.

이 사람들의 멋진 발명품은 그것뿐만이 아니다. 원시인은 그림을 그리고 조각도 할 줄 알았다. 이들이 동굴 벽에 그리거나 새긴 그림들은 오늘날에도 많이 남아 있다.

석기 시대의
토기

현대의 어느 화가도 그보다 더 멋진 그림을 그릴 수는 없을 것이다. 개중에는 이제는 더 이상 살지 않는 동물들의 그림도 있다. 그만큼 오래전의 그림이라는 얘기이다. 온 몸이 긴 털로 덮이고 송곳니가 굽은 커다란 코끼리인 매머드 외에도 빙하 시대의 다른 많은 동물들의 그림을 볼 수 있다. 그런데 원시인은 왜 동물들을 동굴 벽에 그린 것일까? 동굴을 예쁘게 장식하려고? 하지만 동굴 안은 아주 깜깜했다! 확실치는 않지만 주술과 관련된 것이라고 생각해 볼 수 있다. 원시인들은 동물 그림을 그리면 실제로 그 동물들이 나타난다고 믿었던 것이다. '당나귀도 부르면 온다.'는 말이 있다.(우리 속담에도 '호랑이도 제 말하면 온다.'는 비슷한 말이 있다./ 옮긴이) 원시인들은 굶어 죽지 않기 위해 꼭 이 동물들을 잡아야 했다. 그러니 주술이라도 부려서 이 동물들을 사냥하고 싶었을 것이다. 정말로 주술을 부릴 수 있다면 좋았겠지만, 오늘날까지도 그런 주술은 존재하지 않는다.

빙하기는 상상도 못 할 만큼 오랫동안 지속되었다. 그런데 빙하기가 수만 년간 지속된 것은 원시인들에게 오히려 다행스러운 일이었다. 빙하기에는 활동에 제약이 있으니 동굴 안에서 곰곰 생각하는 시간이 많았을 것이다. 그러니 아직 사고 능력도 부

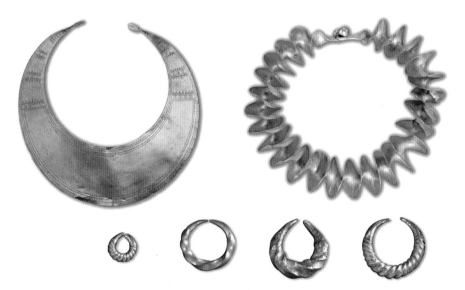

청동기 시대의
검과 장신구

족한 원시인들이 그 모든 것을 발명할 수 있었던 것은 결국 빙하기의 덕이라 할 수 있다. 하지만 서서히 지구는 따뜻해졌고 여름에는 산꼭대기에만 얼음이 남게 되었다. 이제 사람들의 모습은 지금의 우리와 별반 차이가 없었다. 지구가 따뜻해지자 이들은 초원에 곡식을 심고 얻은 알갱이를 빻아 반죽을 만들고 이를 구워 먹는 방법을 터득하게 되었다. 빵이 탄생한 것이다.

곧이어 천막을 세우고 야생 동물을 길들이는 방법도 알게 되었다. 원시인들은 오늘날 북유럽의 라플란드(노르웨이, 스웨덴, 핀란드, 러시아 일부를 포함한 스칸디나비아 북부 지역/옮긴이) 사람들처럼 가축을 이끌고 떠돌며 살았다. 당시에는 늑대나 곰 같은 맹수들이 숲속에 많이 살았다. 그래서 발명가의 자질이 있는 몇몇 사람들이 멋진 방법을 생각해 냈다. 그것은 강물 한가운데에 집을 짓는 방법이었다. 강바닥에 말뚝을 박아 세운 이런 집을 '수상 가옥'이라 한다. 이들은 석기를 더욱 정교하게 자르고 연마하는 방법도 터득했다. 아주 단단한 돌을 사용해 돌도끼에 구멍을 뚫고는 여기에 자루를 끼웠다. 물론 결코 쉬운 일이 아니었다! 겨우내 매달려야 할 만큼 어려운 일이었으며, 거의 완성될 무렵 도끼가 반으로 갈라져 처음부터 다시 시작해야 하는 경우도 적지 않았다.

그 후 원시인들은 진흙을 불에 구워 토기를 만들 줄 알게 되었다. 곧 멋진 그릇을 만들어 냈고 거기에 무늬도 새겨 넣었다. 하지만 '신석기 시대'에는 더 이상 동물 그림은 그리지 않았다. 그리고 신석기 시대가 끝날 무렵, 즉 지금으로부터 약 6000년 전인 기원전 4000년경에는 좀 더 편리한 방법으로 도구를 만들게 되었다. 이 새로운 방법은 금속을 이용한 것이었다. 물론 당시의 인간이 모든 금속을 사용할 줄 알았던 것은 아니다. 처음에는 녹색의 돌을 불에 녹여 구리를 얻어 냈다. 이들은 멋지게 반짝거리는 구리로 화살촉이나 도끼를 만들었다. 하지만 구리는 무척 연했기 때문에 단단한 돌보다 더 빨리 무뎌졌다.

원시인들은 구리의 약점을 보완할 묘안을 생각해 냈다. 구리에 어떤 다른 금속을 섞으면 구리가 훨씬 단단해진다는 것을 알아냈던 것이다. 당시 아주 귀했던 이 금속은 주석이며, 구리와 주석의 합금은 청동이다. 원시인들이 청동을 사용해서 투구와 칼, 도끼와 솥, 더 나아가 팔찌와 목걸이를 만들었던 이 시대는 '청동기 시대'라 불린다.

원시인들이 통나무를 파서 만든 배를 타고 수상 가옥으로 노를 저어 가는 모습을 상상해 보자. 짐승의 털가죽을 두른 이들은 산에서 파낸 소금이나 곡식을 실어 나르고 있다. 이들은 멋진 토기 단지에서 물을 따라 마셨고, 여인네나 소녀들은 알록달록한 돌로 치장을 했으며, 심지어 금 장신구를 한 이들도 있다. 당신은 그때와 지금이 많이 다르다고 생각하는가? 하지만 이들도 우리와 같은 사람이었다. 종종 서로 미워하고 속였으며 잔혹한 행동도 서슴지 않았다. 우리가 그러는 것처럼 말이다. 당시에도 자식을 위해 희생하는 어머니나 친구를 위해 죽는 사람들이 있었다. 그런 일은 지금보다 더 빈번할 것도 없고 드물 것도 없었다. 겨우 1만 년에서 3000년 전의 일일 뿐인데 크게 다를 것이 뭐 있겠는가? 우리가 크게 달라질 만큼 긴 시간이 흐른 것은 결코 아니다.

말을 하거나 곡식으로 만든 음식을 먹거나 도구를 사용하거나 불을 쬘 때면 이따금 이 원시인들을 기억해 보자. 그리고 역사상 가장 위대한 발명가였던 이들에게 감사의 마음을 가져 보자.

청동 방패

3

나일강의 나라

이제부터 앞서 약속한 대로 역사 시대에 관해 알아보기로 하자. 그 당시, 그러니까 지금으로부터 약 5000년 전인 기원전 3100년경 이집트에 한 왕이 살았다. 왕의 이름은 '메네스'였다. 이집트로 가는 길을 좀 더 자세히 알고 싶으면 제비에게 물어봐야 할 것이다. 제비들은 쌀쌀한 가을이 오면 남쪽으로 날아간다. 산을 넘어 이탈리아로 날아가고 다시 바다를 건너 조금만 가면 아프리카가 있다. 유럽과 가까운 이 북부 아프리카에 바로 이집트가 있다.

아프리카는 무척 덥고 몇 달씩 비가 오지 않는 지역이다. 그래서 식물이 거의 자라지 않는 사막이 많다. 이집트 주변 지역도 바로 그런 사막이다. 이집트 역시 비가 많이 내리는 곳은 아니지만 나라 한가운데로 나일강이 흐르고 있어 물이 부족하지는 않았다. 일 년에 두 번, 상류 지역에 아주 많은 비가 내리면 나일강이 범람하여 나라 전체가 물에 잠겼다. 그럴 때면 사람들은 집과 야자수 사이를 배를 타고 돌아다녀야 했다. 그리고 물이 다시 빠지고 나면 질척한 땅은 기름진 옥토로 변했다. 햇빛이 아주 풍부한 이곳만큼 곡식이 무럭무럭 자라는 곳도 별로 없었다. 그래서 아주 오랜 옛날부터 이집트인은 나일강을 신처럼 숭배해 왔다. 4000년 전 이집트인들이 나일강을 찬미한 노래를 하나 들어 보라.

> "오, 나일강이여, 그대를 찬미하노라.
> 그대는 땅에서 솟아 이집트인을 먹여 살리고
> 평야를 적셔 온 가축의 먹이를 대며
> 메마른 사막의 갈증을 식힐 뿐더러
> 보리와 밀을 키워 곳간을 채우고
> 가난한 사람 또한 섭섭지 않게 하니
> 우리는 하프를 켜면서 그대를 찬미하노라."

이렇게 고대 이집트인들은 나일강을 찬양했다. 노랫말에는 틀린 내용이 없었다. 그도 그럴 것이 이집트는 나일강 덕분에 부유해졌고 막강한 나라로 성장했기 때문이다. 이집트인들은 왕의 지배를 받았는데, 전 국토를 다스린 최초의 왕이 바로 메네스였다. 메네스가 다스린 시대는 기원전 3100년경이었다. 성경에도 나와 있지만 이집트의 왕들은 '파라오'라 불렸다. 파라오에게는 막강한 권력이 있었다. 파라오가 사는 거대한 석조 궁전은 굵고 커다란 기둥들이 떠받치고 있었으며 곳곳에 아름다운 정원이 있었다. 파라오의 말은 누구든 따라야 했다. 그리고 파라오가 원한다면 온 백성이 나서서 일을 해야 할 때도 있었다.

일례로 메네스의 후손으로 기원전 2500년경 이집트를 다스렸던 쿠푸왕은 모든 백성을 시켜 자신의 무덤을 짓게 했다. 그가 원한 것은 산처럼 높고 커다란 무덤이었으며, 실제로 거대한 무덤을 세웠다. 이 무덤은 오늘날까지 남아 있다. 바로 유명한 쿠푸왕의 피라미드이다. 이 피라미드를 사진으로 보았을 수도 있다. 그래도 이 무덤이 얼마나 큰지는 쉽게 상상하기 어려울 것이다. 이 무덤은 커다란 교회 몇 채를 품

을 수 있을 만한 규모이다. 이 거대한 돌무덤 꼭대기까지 올라간다는 것은 등산에 비교할 만하다. 그런데 이집트 사람들은 커다란 돌덩이들을 쌓아 올려 무덤을 만들었다. 당시에는 아직 기계란 것이 없었고 굴림대나 지레가 고작이었다. 사람들은 모든 것을 두 손으로 직접 밀거나 끌어 올려야 했다. 아프리카의 타는 듯한 더위 속에서 말이다! 대략 30년간 10만 명의 사람들이 농한기 때마다 파라오를 위해 일해야 했을 것이다. 이들이 피로에 지치면 파라오의 감독관이 하마 가죽 채찍을 날렸을 것이며, 그러면 다시 사람들은 거대한 돌덩이를 끌어 올렸을 것이다. 오로지 파라오의 무덤을 만들기 위해서 말이다.

당신은 왜 파라오가 그처럼 거대한 무덤을 짓게 했는지 궁금할 것이다. 그것은 고대 이집트의 종교와 연관이 있다. 이집트인들은 여러 신을 믿었다. 신들 중에는 예전에 지상을 다스렸던 왕도 있었는데, 오시리스 신이나 그 부인인 이시스가 그런 예이다. 이집트인들에 의하면 태양 역시 하나의 신으로, 그 이름은 아몬이었다. 그리고 지

하 세계를 다스리는 신은 머리가 자칼처럼 생긴 아누비스였다. 모든 파라오는 태양

신의 아들이라고 여겨졌다. 온 백성이 파라오를 두려워하고 그의 명이면 무엇이든

따랐던 것도 그런 이유에서였다. 이집트인들은 5층짜리 건물 높이의 웅장한 신

상들을 세웠으며 도시 하나와 맞먹을 만큼 넓은 신전들도 지었다. 신전 앞에

는 기다랗고 뾰족한 화강암 기둥을 하나 세웠는데, 이를 오벨리스크라 한다.

오벨리스크는 그리스어로 '창'이란 뜻이다. 오늘날 몇몇 도시에는 이집트에

서 가져온 오벨리스크가 전시되어 있다.

　이집트 종교는 많은 동물을 신성시했는데 고양이도 그중 하나이다. 또

한 동물의 모습을 하고 있다고 상상된 신들도 적지 않았다. 사자의 몸과 사

람의 머리를 가진 스핑크스는 고대 이집트인들이 섬긴 막강한 신이었다. 스

핑크스를 묘사한 석상 하나는 오늘날까지도 피라미드들 곁에 세워져 있는

데, 그 규모는 웬만한 신전 한 채를 능가한다. 이 신상은 5000년이 넘는 세

월 동안 사막의 모래바람을 이기며 파라오의 무덤들을 지켜 왔다. 이 신

상이 얼마나 더 오랫동안 피라미드들을 지키고 있을지는 아무도 모른다.

　이집트인의 종교는 이처럼 기묘한데, 그중 무엇보다 중요한 것은 영

혼과 몸에 관한 특이한 믿음이다. 그에 따르면, 죽은 사람의 영혼은 몸을

떠나지만 나중에 다시 몸을 필요로 하게 된다. 따라서 죽은 사람의 몸

이 썩어 버리면 영혼도 존재할 수 없는 지경에 이른다는 것이 이집트

인들의 믿음이었다.

　그래서 이집트인들은 죽은 사람의 몸을 보관할 수 있는 절묘한 방

법을 생각해 냈다. 죽은 사람의 몸에 연고와 식물 즙을 바르고

기다란 천을 둘둘 마는 것이었다. 이런 방법으로 썩지 않게 보

존한 시체를 '미라'라고 한다. 미라들은 수천 년이 지난 오늘날까

THIS OBELISK
PROSTRATE FOR CENTURIES
ON THE SANDS OF ALEXANDRIA
WAS PRESENTED TO THE
BRITISH NATION A.D. 1819 BY
MOHAMMED ALI VICEROY OF EGYPT
A WORTHY MEMORIAL OF
OUR DISTINGUISHED COUNTRYMEN
NELSON AND ABERCROMBY

나일강의 나라

고대 이집트 미라

지도 썩지 않고 남아 있다. 미라는 나무로 만든 관에 눕혔고 나무 관은 다시 돌로 만든 관에 넣어졌다. 이 석관은 땅에 묻지 않고 암벽 틈에 만든 무덤에 보관되었다. 태양신의 아들 쿠푸왕처럼 막강한 권력을 쥔 사람은 거대한 돌무덤 속에 묻혔다. 그처럼 깊숙한 곳에 보관된 미라는 훨씬 더 안전하리라 생각했으리라! 하지만 쿠푸왕의 모든 노력은 헛된 것이었고 그의 권세도 옛이야기가 되었다. 쿠푸왕의 미라는 더 이상 피라미드 안에 남아 있지 않다.

반면에 다른 왕들과 많은 고대 이집트인들의 미라는 무덤 속에서 발견되었다. 이 무덤들은 영혼이 다시 육체를 찾아올 때를 대비해 지은 집이었다. 그래서 무덤 안에는 식기와 가구, 옷 그리고 죽은 자의 일생을 묘사한 그림들을 비치했다. 영혼이 제대로 집을 찾아올 수 있도록 죽은 사람의 초상화도 준비해 두었다.

거대한 규모의 석상과 화려한 색채의 멋진 그림들에서 우리는 이집트인의 생활상을 충분히 짐작할 수 있다. 이들의 그림은 정확하지도 자연스럽지도 않지만 말이다. 현실에서는 앞뒤에 걸쳐 있는 사건이나 사물이 이 그림들에서는 대개 병렬적으로 묘사되어 있다. 인물의 모습도 종종 너무 부자연스럽다. 몸은 정면을 향하고 있는데 손이나 발은 다리미로 다

곰브리치 세계사

린 듯 측면을 내보인다. 이집트인은 자신들이 표현하고 싶은 것을 표현한 것뿐이다. 또한 이 그림들에는 모든 것이 아주 세세하고 구체적으로 묘사되어 있다. 나일강에서 커다란 그물로 오리를 잡거나 노를 저어 가 창으로 물고기를 잡는 모습, 수로를 만들어 농토에 물을 대고 소와 염소를 초지에 방목하는 모습, 곡식을 타작하고 빵을 굽는 모습, 또한 신발과 옷 그리고 유리잔을 만드는 모습, 벽돌을 굽고 집을 짓는 모습 등이 그려져 있다. 유리는 이미 당시에 발명되어 있었다! 그 밖에 소녀들이 공놀이를 하거나 피리를 부는 모습, 전쟁에 나간 남자들이 온갖 전리품을 갖고 오거나 이민족 포로, 예컨대 흑인들을 끌고 오는 그림도 볼 수 있다.

귀족들의 무덤에서는 외국 사절단이 귀한 선물을 들고 찾아오는 그림, 왕이 충직한 신하들에게 훈장을 수여하는 그림을 볼 수 있다. 또한 죽은 사람들이 신상 앞에서 두 손을 치켜들고 기도하는 그림이나 가수가 하프를 켜면서 노래하는 그림, 광대가 곡예를 하는 그림도 있다.

무덤에는 이런 다채로운 그림들만 있는 것이 아니다. 아주 작은 그림들이 상하좌우로 쭉 이어져 있는 것도 볼 수 있다. 그림들은 부엉이나 남자, 깃발, 꽃, 천막, 풍뎅이, 그릇을 나타내기도 하고 톱니 모양의 선이나 나선 형태이기도 하다. 이 그림들은 대체 무엇일까? 이것들은 그냥 그림이 아니라 이집트인들의 문자이다. 이러한 문자를 '상형 문자'라 한다. 상형 문자는 독일어로 '히에로글뤼페(Hieroglyphe)', 영어로는 '하이어로글리프(hieroglyph)'라 하는데, 그리스어에서 유래한 이 말들은 원래 '성스러운 기호'를 뜻했다. 아닌 게 아니라 이집트인들은 이 새로운 기술을 아주 자랑스럽게 여겼으며 글 쓰는 일을 거의 성스러운 것으로 간주했다. 그리고 이 일을 전담하는 '필기사'는 최고의 직업으로 숭상되었다.

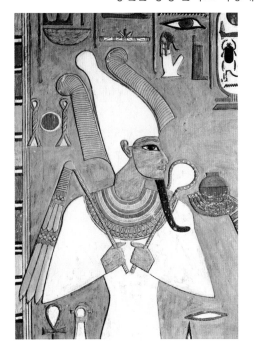

오시리스

당신은 상형 문자로 어떻게 글을 썼는지 궁금할 것이다. 사실 이 문자를 습득하는 것은 쉽지가 않았다. 이 문자들을 이해하는 것은 수수께끼 풀기와 거의 비슷하기 때문이다. 한 가지 예로 이집트인이 '오스이리'라 불렀던 오시리스 신은 어떻게 표기하는지 알아보자. 옥좌, 즉 왕이 앉는 의자(▯)를 하나 그려 놓은 다음 눈(◉)을 하나 그리면 된다. 이집트어로 옥좌는 '오스'이고 눈은 '이리'이므로 이 둘을 나란히 쓰면 '오스이리'가 되는 것이다. 그런데 이그림 문자는 '옥좌의 눈'으로 이해될 위험이 있다. 그래서 이런 경우에는 대개 그 옆에 깃발(⌐) 하나를 더 그려 놓았다. 깃발은 신을 상징하는 기호였기 때문이다. 서양에서 이미 죽은 사람의 이름 옆에 십자가를 표시해 놓곤 하는 것과 비슷한 이치이다.

이제 당신도 '오시리스 신'의 이름을 상형 문자로 쓸 수 있다! 하지만 모든 상형 문자를 해독하는 것이 얼마나 어려운 일일지도 짐작할 수 있을 것이다. 이집트 상형 문자를 해독하는 작업은 약 200년 전에 시작되었다. 이 문자의 해독은 어떤 대상을 그리스 문자와 상형 문자 그리고 또 다른 이집트 문자로 표기한 돌이 하나 발견되었기에 가능했다. 하지만 이 돌에 새겨진 글을 해독하는 것 역시 만만치 않은 작업이어서 여러 위대한 학자들이 평생을 걸쳐 연구해야만 했다. '로제타석'이라 불리는 이 돌은 현재 런던의 영국 박물관에 보존되어 있다.

로제타석

오늘날에는 거의 모든 상형 문자를 해독할 수 있다. 벽면에 새겨진 글자뿐 아니라 책에 기록된 것들도 말이다. 그런데 책에 기록된 글자는 희미하게 변색된 것들이 적지 않다. 이집트인들은 정말로 많은 책을 갖고 있었다. 물론 종이가 아니라 나일강 변에 자라는 갈대 같은 풀로 만든 책이었다. 이 갈대를 그리스어로 '파피루스'라고 불렀는데, 영어 '페이퍼'나 독일어 '파피어'란 단어는 여기서 유래했다.

이집트인은 기다란 파피루스에 글을 쓴 다음 이 잎을 둘둘 말았다. 그런 두루마리 책들 중 많은 것이 오늘날까지 남아 있는데, 여기 기록된 것을 통해 우리는 고대 이집트인이 얼마나 지혜롭고 영리한 사람들이었는지 알 수 있다. 5000년 전 한 이집트인이 파피루스에 적어 놓은 경구를 하나 들려줄 테니 주의 깊게 듣고 그 뜻을 새겨 보라. "지혜로운 말은 녹색의 보석보다 구하기 어렵지만 맷돌을 돌리는 가난한 하녀에게서도 들을 수 있다."

이크나톤왕의
얼굴 조각

　　이집트인은 이처럼 지혜롭고 대단한 민족이었기에 이들의 왕국은 역사상 어느 나라보다도 오랫동안 유지될 수 있었다. 이집트는 거의 3000년 동안이나 지속되었던 것이다. 또한 이집트인은 시체가 썩지 않게 신중히 보존했던 것만큼이나 예절이나 풍습도 수천 년 동안 엄격히 존속시켰다. 이집트 사제들은 후손들이 조상의 방식을 따르는지 엄격히 감독했다. 이들에게 전통이란 무엇이든 신성한 것이었다.

　　3000년이라는 기나긴 세월 동안 이집트인이 엄격한 전통에 저항한 것은 단 두 번뿐이다. 첫 번째는 쿠푸왕이 사망한 직후인 기원전 2100년경으로, 당시에는 백성들이 들고 일어나 모든 것을 바꾸려 했다. 이들은 파라오에 대항해서 감독관들을 살해했으며 무덤에서 미라들을 끌어내기도 했다. 어느 파피루스 책에 따르면, "전에는 신발조차 신지 못했던 자들이 이제는 보화를 차지하고, 전에는 호사스러운 옷을 입었던 자들이 이제는 넝마를 입고 다닌다. 온 나라가 질그릇을 만드는 물레처럼 빙글빙글 돌고 있다." 하지만 이런 상황은 오래가지 않았고 얼마 후에는 모든 것이 전과 다름없게 되었다. 아니, 어쩌면 전보다 더 혹독한 상황이 도래했을 것이다.

두 번째로 모든 것을 바꿔 보려 한 사람은 어느 파라오였다. 기원전 1370년경에 살았던 이 파라오는 좀 특이한 인물로, 이름은 이크나톤이었다. 그는 여러 신을 모시는 이집트의 종교와 신비한 풍습에 의심을 품고 자신의 백성에게 이렇게 말했다. "신은 오직 하나뿐이다. 그 신은 밝은 빛 속에서 모든 것을 창조하고 존속시키는 태양이다. 고로 그대들은 오직 태양신만을 경배해야 한다."

옛 사원은 모두 폐쇄되었고, 이크나톤왕과 왕비는 새로 지은 궁전으로 옮겨 갔다. 왕은 옛것이라면 모두 반대하고 새로운 발상을 옹호했기 때문에 궁전의 그림도 모두 새로운 양식으로 그리게 했다. 이제는 엄격하고 부자연스럽고 장엄한 양식 대신 자연스럽고 꾸밈없는 양식이 등장했다. 하지만 사람들은 이 모든 개혁을 전혀 반기지 않았다. 그들은 수천 년 동안의 전통이 계속 유지되기를 원했다. 그래서 이크나톤이 죽자마자 옛 풍습과 예술 양식이 복원되었고, 이집트 왕국이 멸망할 때까지 전통은 변함없이 유지되었다. 그 후로도 거의 3500년 동안 이집트인들은 죽은 사람을 미라로 만들었으며 상형 문자로 글을 썼고 똑같은 신들을 모셨다. 고양이도 계속해서 신성한 동물로 여겨졌다. 혹시 당신이 나의 개인적 견해를 묻는다면 이 점에서는 나도 이집트인들과 같은 생각이라고 대답하겠다. 나도 고양이를 좋아하기 때문이다.

4

월화수목금토일

일주일은 7일이고 각각의 요일 이름은…… 그건 당신도 잘 알 것이다. 원시 시대에는 하루하루가 아무 이름이나 순서도 없이 흘러가기만 했다. 그런데 언제부터인가 여기서 변화가 일어났다. 그때가 언제인지 당신은 알지 못할 것이다. 대체 누가 일주일이란 단위를 만들고 각각의 요일에 이름을 붙인 것일까? 이집트에서 일어난 일은 아니었다. 그건 다른 나라였는데, 이집트보다 덜 더운 곳도 아니었다. 그리고 나일이라는 하나의 강이 아니라 유프라테스와 티그리스라는 두 개의 강이 흐르는 지역이었다. 그래서 이 나라는 '두 개의 강이 흐르는 나라'라고 불렸다. 또한 그 중심 지역이 두 개의 강물 '사이에' 있기 때문에 '강물 사이의 나라'라 불리기도 했다. '강물 사이의 나라'를 뜻하는 그리스어가 바로 메소포타미아이다. 메소포타미아는 아프리카 대륙이 아니라 유럽에서 그다지 멀지 않은 서아시아에 있다. 유프라테스강과 티그리스강은 페르시아만으로 흘러든다.

두 개의 강이 흐르고 있는 드넓은 평원을 상상해 보자. 기후가 무더운 이 지역에는 습지가 많고 이따금 강물이 범람하기도 한다. 오늘날 이 평원에 가 보면 곳곳에서 거대한 구릉을 볼 수 있다. 하지만 이 지역에 원래부터 구릉이 많았던 것은 아니다.

구릉들을 파헤치면 먼저 벽돌과 기와 조각이 나타나고 높고 굳건한 성벽이 점차 모습을 드러낸다. 이 구릉들은 거대한 옛 도시들이 묻혀 있는 곳이다. 허물어진 이 도시들에는 길고 곧은 도로와 높은 가옥, 궁전 그리고 사원의 흔적들이 남아 있다. 이집트와 달리 이곳의 도시는 돌이 아닌 벽돌로 세워졌기 때문에 세월이 흐르는 동안 햇볕에 마르고 부서져서 거대한 폐허로 변하고 말았다.

사막 지역에 폐허로 남아 있는 이런 도시 중 하나가 바로 바빌론이다. 한때 세상에서 가장 큰 도시였던 바빌론은 각지에서 모여든 상인들로 들끓었다. 강 상류 산악지대의 끝자락에는 이 근방에서 두 번째로 큰 도시였던 니네베의 폐허가 남아 있다. 바빌론은 바빌로니아의 수도였고, 니네베는 아시리아의 수도였다.

이집트와 달리, 이 넓은 메소포타미아 지역은 한 명의 왕에 의해 지배되었던 적이 거의 없다. 그리고 확고한 영토를 유지하면서 오래도록 지속된 왕국도 없었다. 여러 민족이 번갈아 가며 이 지역에 터를 잡았으며 지배자도 여러 번 바뀌었다. 개중 가장 중요한 민족은 수메르인과 바빌로니아인 그리고 아시리아인이다. 예전에는 이집트인은 문화라 불리는 모든 것을 최초로 발전시킨 민족이라고 생각되었다. 즉 수공업자나 예술가, 관료가 거주하고 제후와 왕이 지배하는 거대한 도시를 이루고 문자를 비롯한 온갖 기술을 발전시킨 최초의 민족은 이집트인이라고 믿어 왔던 것이다.

하지만 그 뒤 새롭게 밝혀진 사실에 따르면, 수메르인은 이런 문화 중 많은 것에서 이집트인보다 앞섰다. 페르시아만에서 가까운 평지의 여러 폐허 더미를 발굴한 결과 기원전 3100년경 그곳에 살았던 사람들이 이미 진흙으로 벽돌을 만들어서 집과 사원을 지었다는 것을 알게 된 것이다. 규모가 가장 큰 폐허 중

수메르 유적에서
발굴된 황금 투구

놀이판

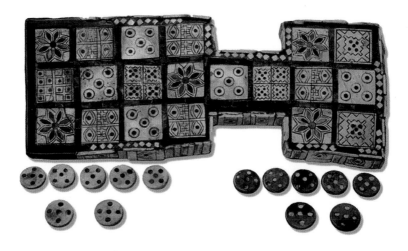

설형 문자가
새겨진
점토판

하나를 발굴하자 어떤 도시의 잔해가 드러났는데, 이 도시는 성경에서 '우르'라 불리는 곳으로 아브라함의 선조들이 살았다고 한다. 이곳에서는 무덤도 아주 많이 발견되었는데, 이집트의 쿠푸왕의 피라미드와 거의 같은 시기에 만들어진 무덤들이었다. 하지만 쿠푸왕의 피라미드가 텅 비어 있던 반면에 이 무덤들에서는 아주 귀하고 놀라운 물건들이 출토되었다. 여인들의 멋진 금 장신구나 황금 제례 용구, 금과 보석이 박힌 단검 그리고 황금 투구가 그 예이다. 또한 황소 머리 장식이 달린 아주 화려한 하프가 나왔으며 장기판과 비슷한 놀이판은 탁월한 세공 솜씨를 보여 주는 것이었다.

또한 이 폐허들에서는 둥그런 돌 인장과 문자가 새겨진 점토판이 발견되었다. 그런데 이 문자는 상형 문자와 달랐고 해독하기가 훨씬 더 어려웠다. 이 문자는 이집트 문자와 달리 그림을 사용하지 않고 삼각형이나 쐐기 모양의 뾰족한 선들로 이루어져 있었다. 이런 이유에서 이 문자를 설형 문자 (쐐기 문자)라 부른다. 메소포타미아에서는 파피루스로 책을 만들지 않았다. 그 대신 부드러운 점토판에 글을 쓰고 가마에 구워 단단하게 만들었다. 폐허에서는 그런 문자판이 아주 많이 발견되었다. 그 내용을 보면 아름다운 전설도 있고 여러 괴물과 용을 물리친 영웅 길가메시에 관한 이야기도 있다. 또한 여러 왕의 업적을 칭송하는 내용, 즉 왕들이 영생을 위해 얼마나 많은 사원을 지었으며 얼마나 많은 이민족을 복속시켰는가 하는 내용이 기록되어 있기도 하다.

당시 상인들의 보고서나 계약서, 보증서, 상품 목록 등을 담은 점토판도 발견되었다. 그래서 우리는 고대 수메르인이 그 뒤를 이은 바빌로니아인이나 아시리아인과 마찬가지로 셈에 아주 능하고 공정성에 대한 의식이 분명한 상업 민족이었음을 알 수 있다.

메소포타미아 전역을 지배한 초기 바빌로니아의 왕들 중 한 사람은 거대한 비문을 남겼는데, 이 비문은 세상에서 가장 오래된 법전으로 '함무라비 법전'이라 불린다. 함무라비라는 왕의 이름은 옛이야기 속 주인공의 이름처럼 들리지만, 그가 만든 법률은 아주 냉정하고 엄격하며 정의로운 것이었다. 따라서 당신도 이 왕이 언제 살았던 인물인지는 기억해 둘 필요가 있다. 함무라비왕은 기원전 1700년경, 그러니까 지금으로부터 약 3700년 전에 살았다.

바빌로니아인은 엄정하고 근면한 민족이었으며, 이 점은 훗날의 아시리아인도 마찬가지였다. 하지만 바빌로니아인이나 아시리아인은 이집트인과 달리 화려한 그림은 남기지 않았다. 이들의 조각이나 그림에 묘사된 것은 대개 사냥하는 왕이나 결박된 채 왕 앞에 무릎을 꿇은 포로들, 이민족을 몰아내는 전차, 성곽을 공격하는 전사들의 모습이다. 음산한 표정의 왕들은 기다란 머리를 둥글게 말고 곱실거리는 검은 수염을 기르고 있다. 그리고 왕들이 태양신 바알이나 달의 여신 이슈타르('아스타르테'라고도 불림.)에게 봉헌하는 그림이나 조각도 남아 있다.

바빌로니아인이나 아시리아인은 태양과 달 그리고 여러 별들을 신으로 모셨다.

수십 년, 수백 년 동안 이들은 맑고 따뜻한 밤이면 별의 움직임을 관찰했다. 지혜롭고 총명한 사람들이 있었기에 별이 일정한 궤도로 움직인다는 것을 알게 되었다. 또한 이들은 천구에 일정한 자리를 차지하고 있어 매일 밤 같은 곳에 나타나는 별들을 곧 알아보았다. 이들은 그런 별들에 이름을 붙였다. 오늘날 우리가 특정한 별들을 가리켜 '큰곰자리'라고 부르는 것처럼 말이다. 이들이 특히 관심을 기울였던 것은 '큰곰자리' 근처와 '천칭자리' 근처를 오가는 별들이었다. 당시 사람들은 지구가 평평한 원반이고 하늘은 가운데가 텅 빈 공과 같다고 생각했다. 천구는 빈 그릇처럼 지구를 덮고 있으면서 하루에 한 바퀴씩 회전한다고 믿었던 것이다. 그런데 모든 별이 천구에 달라붙어 있는 것이 아니고 어떤 별들은 느슨히 매달려 돌아다니기도 한다는 것을 발견했을 때, 이들의 놀라움은 대단했다.

오늘날 우리는 지구와 함께 태양 주위를 도는 별들에 관해 알고 있다. 이 별들을 행성이라 한다. 하지만 고대 바빌로니아인과 아시리아인은 이 사실을 알지 못했기에 어떤 신비한 마력이 작용하는 것이라고 믿었다. 이들 민족은 움직이는 별들에 특정한 이름을 붙이고 별들의 움직임을 꾸준히 관찰했다. 이들은 그런 별들에 막강한 힘이 있으며 그 위치가 인간의 운명과 깊은 관련이 있다고 믿었다. 그래서 별들의 위치를 보고서 미래를 점쳤다. 이런 믿음을 '점성술'이라 한다.

바빌로니아인과 아시리아인은 어떤 행성들은 행운을 가져오고 또 어떤 행성들은 불행을 가져온다고 믿었다. 예를 들어 화성은 전쟁을 의미하고 금성은 사랑을 뜻했다. 이들은 몇 개의 신성한 행성들에 하루씩을 헌정했다. 신성한 별들은 태양과 달을 포함

검고 긴 곱슬머리에
턱수염을 기른 아시리아의 왕

곰브리치 세계사

해 모두 일곱 개였기 때문에 7일을 한 묶음으로 하는 일주일이 생겨났다. 오늘날 우리들도 일요일(해의 날), 월요일(달의 날)이란 명칭을 사용한다. 당시 사람들이 발견한 행성은 다섯 개였으며, 이것들은 후에 각기 라틴어로 마르스(화성), 메르쿠리우스(수성), 유피테르(영어로는 주피터, 목성), 베누스(금성), 사투르누스(토성)라 불렸다. 유럽 여러 나라의 요일 이름에는 아직도 이들 행성의 이름이 남아 있다. 예를 들어 프랑스어에서 화요일은 '마르디', 수요일은 '메르크레디', 목요일은 '죄디' 그리고 금요일은 '방드르디'이다. 토요일의 경우는 영어를 보자. 영어에서 토요일은 '새터데

달의 여신
이슈타르를
상징하는 사자

이'이다. 독일어의 경우에는 좀 더 복잡하다. 그리스와 로마의 신들 이름이 각각에 상
응하는 게르만족의 신들 이름으로 대체되었기 때문이다. 예컨대 화요일인 '딘스탁'
은 '날'을 뜻하는 '탁'과 '치우'를 합친 말인데, 게르만족에게 치우는 로마 신화에서 마
르스와 마찬가지로 전쟁의 신이었다. 마찬가지로 목요일인 '도너스탁'은 유피테르와
유사한 게르만족의 신인 '도나르'와 관계가 있다. 평소 우리가 쓰는 요일 이름에 이
처럼 진기하고 중요한 이야기, 수천 년이나 된 이야기가 숨어 있었다는 것은 미처 생

각하지 못했을 것이다.

안개가 자주 끼는 이 지역에서 별을 좀 더 또렷하게 그리고 가까이서 보기 위해 바빌로니아인은 이미 수메르인이 그러했듯 기이한 건물들을 세웠다. 그것은 계단식으로 여러 층을 쌓아 올린 널찍하고 커다란 탑이었다. 탑에는 거대한 옹벽과 기다란 층계가 있었으며 맨 꼭대기에는 달이나 여러 행성을 모시는 신전이 있었다. 사람들은 멀리서부터 찾아와 값진 제물을 바치고는 사제들에게 별을 보고 운명을 점쳐 달라고 부탁했다. 오늘날 이라크의 폐허에서는 이런 탑의 잔해가 여전히 많이 발굴되고 있으며, 탑을 어떻게 건설하고 보수했는지를 기록한 왕의 문서들도 발견되고 있다. 이 지역에서 왕국이 건설되기 시작한 때는 기원전 3000년경이며 기원전 550년경까지 여러 왕국이 세워졌다.

바빌로니아의 마지막 왕은 네부카드네자르라는 인물이었다. 기원전 600년경에 살았던 그는 아주 강력한 왕이었으며 많은 전쟁으로 이름을 떨쳤다. 네부카드네자르 왕은 이집트와도 전쟁을 벌였으며 수많은 이민족을 바빌론으로 끌고 와서 노예로 삼았다. 그러나 그의 가장 탁월한 업적은 많은 전쟁을 치렀다는 점이 아니라 대규모의 수로와 저수지를 건설해서 국토를 비옥하게 했다는 점이다. 후일 수로가 허물어지고 저수지가 진흙탕으로 변하면서 이 지역은 황폐한 늪지대로 바뀌고 말았다. 이런 늪지대에서도 과거의 유물을 품고 있는 구릉이 가끔 나타나곤 한다.

일주일이 끝나고 일요일이 돌아오면 우리는 모두 즐거워한다. 그럴 때면 이따금씩이라도 더운 늪지대의 폐허와 검은 수염을 기른 엄한 왕들을 생각해 보자. 이제 당신도 알고 있듯, 이 모든 것은 서로 연관이 있으니 말이다.

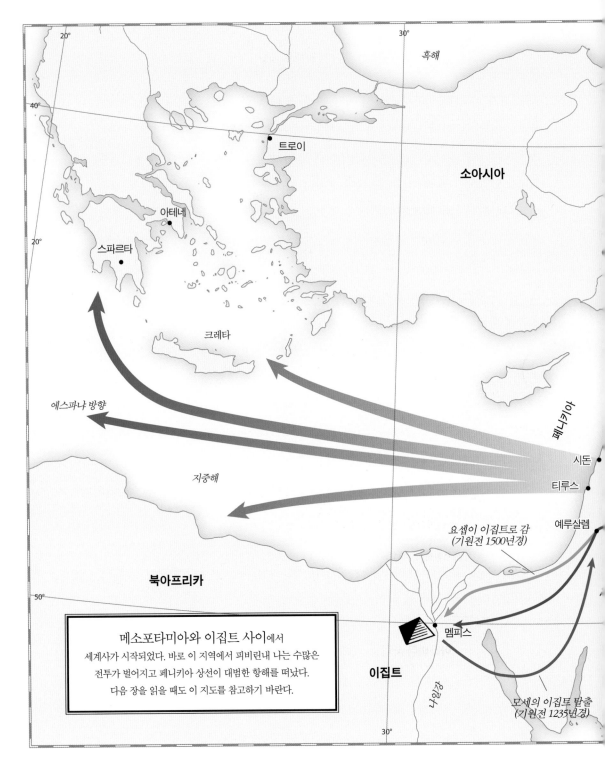

20°　　　　　　　　　　　　30°

흑해

트로이

소아시아

아테네

스파르타

크레타

에스파냐 방향

페니키아

시돈

티루스

지중해

예루살렘

요셉이 이집트로 감
(기원전 1500년경)

북아프리카

멤피스

메소포타미아와 이집트 사이에서
세계사가 시작되었다. 바로 이 지역에서 피비린내 나는 수많은
전투가 벌어지고 페니키아 상선이 대범한 항해를 떠났다.
다음 장을 읽을 때도 이 지도를 참고하기 바란다.

이집트

나일강

모세의 이집트 탈출
(기원전 1235년경)

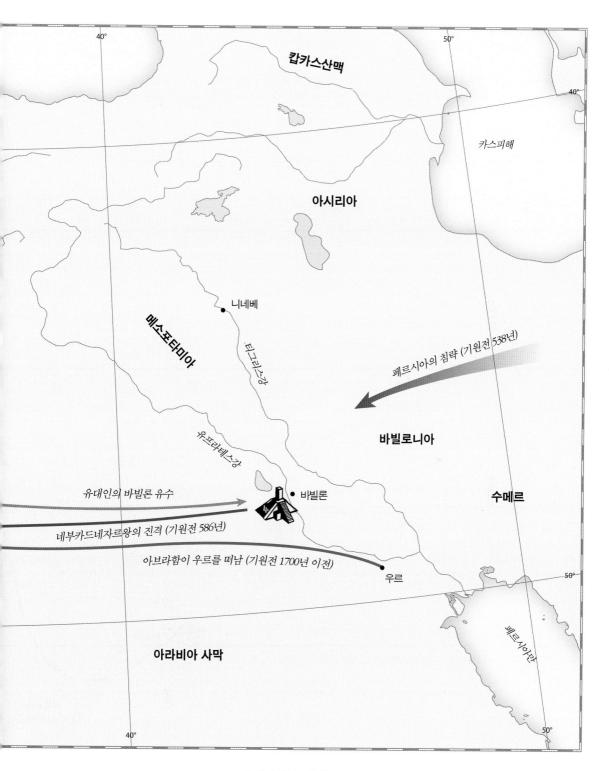

카프카스산맥

아시리아

카스피해

니네베

메소포타미아

티그리스강

페르시아의 침략 (기원전 538년)

바빌로니아

유프라테스강

유대인의 바빌론 유수

바빌론

수메르

네부카드네자르왕의 진격 (기원전 586년)

아브라함이 우르를 떠남 (기원전 1700년 이전)

우르

아라비아 사막

페르시아만

5

신은 오직 하나뿐

이집트와 메소포타미아 사이에는 깊은 계곡들 사이로 목초지가 넓게 펼쳐진 지역이 있다. 수천 년 동안 이곳에서는 유목민들이 가축을 키우고 포도와 곡식을 재배했다. 또 농촌 사람들이 다 그렇듯 저녁이면 노래를 흥청대며 살았다. 그런데 이 지역은 이집트와 바빌로니아 사이에 있었기 때문에 한번은 이집트인에게 정복되었고 또한번은 바빌로니아인의 지배를 받았다. 그만큼 이곳의 주민들은 이웃 민족으로부터 심하게 시달렸던 것이다. 물론 이 사람들도 도시와 성곽을 세웠지만 힘센 이웃 나라의 군대를 물리칠 만큼 튼튼하지는 못했다.

당신은 이렇게 말할 것이다. "참 슬픈 일이네요. 하지만 그게 무슨 대단한 역사예요? 이민족의 시달림을 받은 소수 민족이야 수도 없이 많을 텐데요." 당신의 생각이 옳다. 하지만 이 소수 민족에게는 특별한 점이 있었다. 바로 그것 때문에 이 힘없는 민족은 역사적으로 중요해졌을 뿐 아니라 스스로 역사를 창조하기도 했다. 다시 말해 모든 미래의 역사가 결정되는 과정에서 이 민족은 핵심적인 역할을 했다. 이들에게서 특별한 점이란 바로 그들의 종교였다.

다른 모든 민족은 하나가 아닌 다수의 신을 모셨다. 이시스나 오시리스, 바알, 이슈타르와 같은 이름은 당신도 기억할 것이다. 하지만 이 유목 민족은 자신들을 특별하게 보호하고 인도한다는 하나의 신만을 모셨다. 저녁이면 이들은 모닥불에 둘러앉아 자신들의 업적이나 전쟁에 관한 노래를 불렀다. 이 노래는 동시에 이들만의 신이 이룬 업적과 싸움에 관한 노래이기도 했다. 이들은 자신들의 신이 다른 민족의 모든 신들보다 더 강하고 더 선하고 더 고귀하다고 노래했다. 더욱이 세월이 흐르면서 이들은 자신들의 신이 세상에서 유일한 신이라고까지 믿게 되었다. 이 유일신이 하늘과 땅, 해와 달, 물과 육지, 식물과 동물 그리고 인간을 창조했다. 유일신은 우레와 같이 무섭게 화를 낼 때도 있지만 이집트와 바빌로니아의 핍박을 받는 이들 민족을 끝내 버리지 않을 것이다. 이들은 유일신의 선택을 받은 민족이 바로 자신들이며 이 유일신이야말로 자신들의 신이라 믿으면서 긍지를 느꼈다.

이제 당신은 이 힘없고 기묘한 유목 민족이 누구인지 알아차렸을 것이다. 바로 유대 민족이다. 그리고 이들이 자신의 업적과 신의 업적을 다룬 노래가 바로 성경의 구약이다.

당신이 언젠가 성경을 제대로 읽어 본다면 옛날에 기록된 이야기 중에서 이처럼 생생하고 풍부한 것은 거의 없다는 점을 알게 될 것이다. 하지만 이미 당신은 평소에 알고 있었을지 모르는 성경의 이야기 중 몇 가지를 전보다 더 잘 이해할 수 있게 되었다. 아브라함에 관한 이야기를 예로 들어 보자. 아브라함이 어디서 태어났는지 알고 있는가? 구약 성경의 창세기 11장을 보면 그가 태어난 곳은 칼데아의 우르라는 곳이다. 기억하고 있겠지만, 우르는 페르시아만 근처의 폐허로 바로 여기서 하프나 장기판, 무기, 장신구 같은 고대의 유물이 출토되었다. 하지만 아브라함이 그곳에 살았던 때는 아주 먼 옛날은 아니고 위대한 입법자 함무라비왕이 지배했을 무렵인 듯하다. 이것도 기억하고 있겠지만, 예수가 태어나기 1700년 전의 일이다. 함무라비 법전의 엄격한 율법 조항 중 몇 가지는 성경에서도 똑같이 발견된다.

바벨탑   성경에서 읽을 수 있는 고대 바빌로니아의 이야기는 이것뿐이 아니다. 성경을 읽어 본 사람이라면, 바벨탑에 관한 이야기도 기억할 것이다. 어느 커다란 도시의 주민들이 신과 동등해지려고 하늘까지 닿는 높은 탑을 세우려 했다. 그러자 신은 사람들로 하여금 서로 알아들을 수 없는 언어를 쓰게 하여 벌을 주었다. 바벨은 바로 바빌론이다. 이제 당신은 이 이야기도 훨씬 더 깊이 이해하게 되었다. 당신이 기억하고 있듯, 바빌로니아 사람들은 실제로 '그 꼭대기가 하늘에 닿게' 탑을 세웠는데, 이는 해와 달과 별들에 더 가까이 다가가기 위해서였다.

노아와 대홍수에 관한 이야기도 메소포타미아를 무대로 한다. 성경의 대홍수와 아주 비슷한 이야기를 기록한 설형 문자 점토판이 이곳에서 여러 개 발견되기도 했다.

노아와 대홍수

성경에 따르면 아브라함의 후손 중에는 요셉이란 사람이 있었다. 야곱의 아들인 요셉은 형들에 의해 이집트로 팔려 갔으나 후일 파라오의 고문이자 장관이 되었다. 성경을 읽어 본 사람이라면 그다음 이야기도 알 것이다. 유대인들의 땅에 흉년이 들자 요셉의 형들은 곡식을 구하기 위해 부유한 이집트로 떠났다. 피라미드는 그보다 1000년 전에 이미 세워졌지만 요셉과 그의 형제들은 지금의 우리처럼 그 건축물을 보고 크게 놀랐을 것이다.

야곱의 아들들과 그 자손들은 더 나은 삶을 위해 이집트로 옮겨 갔지만 피라미드를 세우던 시대의 이집트인들과 다름없이 파라오에 의해 혹사당할 수밖에 없었다. 구약 성경 출애굽기 1장을 보면 이런 말이 나온다. "그들은 흙을 이겨 벽돌을 만드는 일과 밭일 등, 온갖 고된 일을 시키면서 이스라엘 백성을 괴롭혔다." 마침내 모세는 이스라엘 민족을 이집트에서 데리고 나와 황무지로 이끌었다. 기원전 1250년경의 일로 추정된다. 그곳에서 이들은 약속의 땅, 즉 아브라함 이래로 선조들이 살았던 땅을 되찾으려 시도했다. 이들은 오랜 세월 잔혹한 전쟁을 치러서 마침내 그 땅을 되찾았고 예루살렘을 수도로 하는 작은 왕국을 건설했다. 최초의 왕은 사울이었는데 인근에 사는 필리스티아(블레셋) 민족과 싸우다 전사하고 말았다.

다음 왕인 다윗과 솔로몬에 관해서는 더 재미있는 이야기가 성경에 많이 나와 있다. 지혜롭고 정의로운 솔로몬왕이 통치한 시기는 기원전 1000년경이니 그는 함무라비왕보다 700년쯤 후, 메네스왕보다 2100년쯤 후에 태어난 인물이었다. 솔로몬왕은 그 규모나 화려함에서 이집트나 바빌로니아의 신전에 뒤지지 않는 사원을 최초로 세우기도 했다. 사원을 건설하기 위해 유대인뿐 아니라 이웃 나라에서 불러온 기술자들도 동원되었다. 이 사원에는 특이한 점이 한 가지 있었다. 다른 종교의 사원 내부에는 자칼의 머리를 한 아누비스의 석상이나 인간마저 제물로 바쳤던 바알 신의 석상이 세워져 있었다. 그러나 유대교 사원에서 가장 성스러운 곳인 내부에는 아무런 우상도 없었다. 유대인들의 위대한 유일신과 관련해서는 그 어떤 우상도 만들어서는 안 되었던 것이다. 그래서 사원 안에는 십계명을 기록한 석판만이 놓여 있었다. 바로 그 안에 신의 모습이 담겨 있었던 셈이다.

솔로몬왕이 죽은 후 유대인들이 처한 상황은 점점 악화되었다. 왕국은 이스라엘 왕국(헤브라이 왕국/ 편집자)과 유대 왕국으로 분열되었고 수많은 전투가 벌어졌다. 마침내 이스라엘 왕국은 기원전 722년 아시리아인에게 정복되어 멸망하고 말았다.

그런데 기묘하게도 유대 민족은 수많은 불행과 재난을 거친 후에야 경건한 신앙심을 갖게 되었다. 유대 민족 속에서 몇몇 사람이 나서기 시작했다. 사제가 아니라 평범한 사람들, 그저 신이 자신에게 말하기에 남들에게도 그 말씀을 전해야 한다고 느끼는 사람들이었다. 이들의 설교는 한결같았다. "이 모든 불행의 책임은 너희 자신에게 있다. 너희가 죄를 지었기에 신께서 너희를 벌하신다." 이런 예언자들의 말에서 유대 민족은 언제나 같은 얘기를 들었다. 모든 고통은 형벌과 시험이며 언젠가는 구원이 주어지리라는 것, 메시아, 즉 구세주가 나타나 유대 민족에게 옛 권세를 되찾아 주고 영원한 행복도 가져다주리라는 것이 그 내용이었다.

　　그러나 고통과 불행은 그리 빨리 끝나지 않았다. 당신은 바빌로니아의 강력한 지배자이자 전쟁 영웅인 네부카드네자르왕을 기억할 것이다. 이집트 원정에 나선 그는 기원전 586년 '약속의 땅'을 지나가면서 예루살렘을 파괴시켰으며 시드키야왕의 두 눈을 뽑아 버리고는 유대인들을 바빌론으로 끌고 갔다.(이를 '바빌론 유수'라 한다. '유수(幽囚)'란 '잡아 가두는 것'을 뜻한다./ 옮긴이)

　　유대인은 바빌로니아 왕국이 기원전 538년 페르시아인에 의해 멸망될 때까지 거의 50년 동안 바빌론에서 포로 생활을 했다. 그 뒤 고향으로 돌아온 그들은 예전과는 달라져 있었다. 그들은 주변 어느 민족과도 달랐다. 유대인들은 스스로를 고립시켰다. 다른 민족들은 진정한 신을 알지 못하는 우상 숭배자들이라고 생각했던 것이다. 성경이 문자로 기록되기 시작한 시기도 이 무렵으로, 약 2500년이 지난 오늘날 그 성경을 우리가 읽고 있는 것이다. 그러나 다른 민족들은 유대인을 점점 더 우스꽝스럽고도 섬뜩한 족속으로 여기게 되었다. 유대인은 아무도 볼 수 없는 유일신을 들먹였고 오직 신의 말씀이라는 이유로 지극히 엄하고도 까다로운 율법과 풍습을 지켜 나갔기 때문이다. 처음에는 유대인이 다른 민족들을 기피하기 시작했다면 나중에는 다른 민족들이 점점 더 유대인을 배척하게 되었다. 스스로를 선택받은 민족이라 일컬으면서 낮이고 밤이고 성경과 찬송가에만 매달리고 또 어째서 유일신께서 자신들에게 그토록 큰 고통을 주는지 고민하는 한 움큼의 민족을 말이다.

6

알파벳의 탄생

당신은 글을 읽을 수 있다. 그런데 읽기란 어떻게 이뤄지는 것일까? 당신은 아마 이렇게 대답할 것이다. "그거야 초등학교 1학년이면 다 아는 거죠. 자음과 모음을 결합시키면 되는 거예요." 자음과 모음을 결합시키다니? "그러니까, 예를 들어 D와 U를 결합시키면 Du가 되는 거예요! ('Du'는 독일어로 '너'라는 뜻/ 옮긴이) 스물여섯 개의 자음과 모음만 알면 뭐든지 읽고 쓸 수 있죠." 뭐든지라고? "예, 뭐든지요!" 모든 언어가 다 그런가? "뭐, 그렇다고 할 수 있죠!" (여기서는 대다수 유럽 언어의 기본이 되는 알파벳을 예로 하고 있다. 우리말의 자음과 모음은 잘 알다시피 스물네 개이다./ 옮긴이)

생각해 볼수록 신기한 일이 아닌가? 선 몇 개로 이뤄진 간단한 기호 스물여섯 개를 갖고서 거의 모든 것을 표기할 수 있다니 말이다. 영리한 말이든 어리석은 말이든, 신성한 말이든 야비한 말이든 다 좋다. 어느 나라 말이든, 또 어떤 의미든 간에 기호 스물여섯 개만 있으면 뭐든 표기할 수 있다. 고대 이집트의 상형 문자는 그렇게 간단하지 않았고 설형 문자도 마찬가지였다. 이런 언어에는 훨씬 더 많은 기호가 있었으며, 그 기호는 자음과 모음이 아니라 최소한 음절을 가리켰다. 따라서 각각의 기호가 하나의 음가만을 지니며 스물여섯 개의 음가로 생각할 수 있는 모든 단어를 만들 수

있다는 것은 유례가 없는 발명에 속했다. 그리고 이 문자는 글을 많이 써야 하는 사람들의 발명품이었다. 종교적인 글이나 찬송가뿐 아니라 편지나 계약서, 보증서 등을 자주 써야 하는 사람들이 그런 기호를 발명한 것이다.

이 기호를 고안해 낸 사람들은 상인이었다. 배를 타고 바다로 다니면서 여러 나라의 물건을 교환하고 운반하고 흥정하는 사람들이었다. 이들은 유대 민족과 가까운 곳에 살았다. 하지만 이들의 항구 도시인 티루스와 시돈은 예루살렘보다 훨씬 더 크

고 부유한 곳으로 바빌론 못지않게 번화한 곳이었다. 또한 이들은 언어나 종교적인 면에서 메소포타미아의 여러 민족들과 아주 비슷했다. 다만 이들 페니키아인(이것이 티루스와 시돈에 살던 민족의 이름이다.)은 그다지 호전적이지 않아서 전혀 다른 방식으로 해외 진출을 꾀했다. 이들은 바다 멀리 낯선 해안 지방으로 배를 타고 나가 곳곳에 무역소를 설치했다. 그러고는 외지의 토착민들에게 도구나 그릇, 화려한 옷감을 주고 모피나 보석을 얻어 왔다. 페니키아인은 세계적으로 이름난 수공업자들로 솔로몬이 예루살렘에 사원을 건축할 때 도움을 주기도 했다. 이들이 넓은 세상에 내보낸 물품 중에서 가장 유명하고 또 수요가 많았던 것은 염색한 옷감, 특히 자줏빛 옷감이었다. 일부 페니키아인은 이국 해안의 무역소에 남아 그곳에 도시를 건설하기도 했다. 페니키아인은 아프리카나 이베리아반도, 남부 이탈리아 등 어디를 가든지 환영을 받았다. 멋진 물건들을 가져왔기 때문이다.

페니키아인은 먼 이국땅에 나가 있어도 고향을 가깝게 느낄 수 있었다. 티루스나 시돈의 친구들에게 얼마든지 편지를 쓸 수 있었기 때문이다. 자신들이 발명한 놀랄 만큼 간편한 문자로 말이다. 바로 이 문자에서 오늘날 우리가 사용하는 알파벳이 시작되었다. 믿기지 않겠지만 사실이다! 약 3000년 전 외국으로 나간 페니키아인들이 번화하고 분주한 고향의 항구 도시로 편지를 써 보낼 때 사용했던 알파벳은 오늘날 우리가 사용하는 알파벳과 아주 약간 다르게 생겼을 뿐이다. 이제부터 당신은 페니키아인들을 결코 잊지 못할 것이다.

7
영웅들의 무기

그리스 시인들이 쓴 글을 읽어 보라.

일정한 박자가 느껴질 것이다.

이번에는 큰 소리로 읽어 보라. 어떤 박자인지 확연해질 것이다.

터널을 지나는 기차의 울림처럼 다시는 잊지 못할 독특한 운율이 있다.

옛 그리스 시인들은 독특한 운율의 노래를 지어

고대 영웅의 고통과 투쟁을 이야기했다.

까마득한 옛날 옛적에 영웅들이 어떤 위업을 이루었고

바다와 육지에서 어떻게 영웅적 태도를 지켰으며

스스로의 힘은 물론 신들의 계략에도 힘입어

어떤 도시들을 정복하고 거인들을 무찔렀는지.

당신도 짐작하듯, 바로 트로이 전쟁의 이야기이다.

올림포스의 여신들 중 가장 아름다운 이를 뽑는 자리에서

양치기 파리스는 아프로디테에게 황금 사과를 주었고,

아프로디테의 도움으로 파리스는 미녀 헬레네,

그리스왕 메넬라오스의 아내인 그녀를 납치했다.

강력한 그리스 군대, 빼어난 영웅들의 무리는

빼앗긴 미녀를 되찾기 위해 배를 타고 트로이로 향했다.

아킬레우스나 아가멤논, 오디세우스, 아이아스란 이름은 들어 보았으리라.

이들은 그리스 편에 서서 프리아모스왕의 아들인

헥토르와 파리스에 대항해 싸웠다.

그리스군은 십 년에 걸쳐 트로이를 공략했으니

결국 요새는 무너지고 불타 사라져 버렸다.

지혜롭고 탁월한 연설가 오디세우스의 이야기도 알고 있는가?

그는 오랫동안 바다를 떠돌며 온갖 모험을 겪어야 했다.

마술을 부리는 님프와 흉측한 거인에 맞서 싸우고

요술에 걸린 이상한 배를 타고 마침내 고국에 도착한 그는

충실한 아내와 다시 만났다.

그리스 시인들은 칠현금을 켜면서 이 모든 것을 노래했다.

귀족들의 향연에서 이 노래를 부르면

구운 고기 한 덩이쯤은 얻을 수도 있었으리.

훗날 사람들이 이 노래를 기록했으니 이 노래를 지은 이가

호메로스 한 사람이라 믿고 가르쳤다.

이 이야기는 지금도 읽을 수 있으니 당신은 기뻐함이 당연하리.

그 생생함과 다채로움, 그 힘과 지혜는 변함없으며

세상이 지속되는 한 영원하리라.

당신은 이 노래가 그냥 이야기일 뿐 역사가 아니라고 말할지도 모른다. 하지만 나

는 그게 어느 때의 일인지, 그리고 상황이 구체적으로 어떠했는지가 무척 궁금하다. 약 140년쯤 전에 살았던 어느 독일 상인도 그런 궁금증을 느꼈다. 호메로스의 서사시를 몇 번이나 읽은 이 상인은 시에서 묘사된 아름다운 지역을 직접 보고 싶었으며 영웅들이 휘둘렀던 무기도 직접 쥐어 보고 싶은 마음이 간절했다. 상인의 꿈은 마침내 실현되었다. 이 모든 이야기는 한갓 허구가 아님이 밝혀졌던 것이다. 물론 이 서사시에 등장하는 영웅들 모두가 실제 인물이었던 것은 아니다. 개중 많은 영웅은 거인이나 마녀와 마찬가지로 상상의 존재였을 것이다. 그러나 호메로스가 묘사한 당시의 상황, 술잔과 무기, 건물과 전함, 양치기이기도 했던 왕자들과 해적을 연상케 하는 영웅들은 결코 상상의 산물이 아니었다. 방금 소개한 독일 상인 하인리히 슐리만은 이런 생각을 사람들에게 말했다. 슐리만은 사람들의 비웃음을 샀지만 자신의 생각을 끝내 굽히지 않았다. 그는 그리스로 여행할 자금을 마련하기 위해 아주 오랫동안 저축을 했다. 마침내 충분한 여비가 마련되자 그는 일꾼들을 고용해서 호메로스의 서사시에 나오는 모든 도시를 파헤쳤다. 미케네에서 왕의 궁전과 무덤을 발견했고 갑옷과 방패도 찾아냈다. 모든 것이 호메로스 서사시에 나오는 그대로였다. 그는 트로이의 자취도 찾아내어 발굴했다. 이 도시는 실제로 불에 타서 파괴된 것으로 밝혀졌지만 무덤과 궁전에 아무 기록도 남아 있지 않아서 어느 때의 도시였는지 알 수가 없었다. 그러다가 미케네에서 우연히 반지 하나가 발견되었는데 그것은 미케네에서 만들어진 것이 아니었다. 반지에는 기원전 1400년경에 살았던 이집트왕의 이름이 상형문자로 새겨져 있었다. 바로 위대한 개혁자 이크나톤의 선왕이었다.

그러니까 이 시기에 그리스 본토와 인접한 많은 섬들과 해안에는 엄청난 부를 자랑하는 호전적인 민족이 살고 있었던 것이다. 그러나 이 민족은 통일 왕국을 형성하지는 못했으며 수많은 왕들이 요새로 둘러싸인 소규모의 도시들을 다스렸다. 이들도 페니키아인처럼 해양 민족이었으나 무역보다는 전쟁에 주력했다. 이 도시 국가들

미케네 유적에서
발견된 유물들

은 서로 다투는 경우가 많았지만 가끔은 힘을 합쳐 다른 해안 지대를 약탈하기도 했다. 이런 노략질을 통해 이들 민족은 많은 금은보화를 획득했으며 날이 갈수록 담대해졌다. 해적질을 하려면 꾀도 많아야 하지만 담대함도 있어야 했기 때문이다. 그런데 이런 해적질은 보통 성곽에 사는 귀족들의 일이었고, 대다수 평민은 농사를 짓거나 가축을 키웠다.

이들 귀족은 이집트인이나 바빌로니아인, 아시리아인과 달리 전통을 고수하는 것에는 별 가치를 두지 않았다. 이민족을 약탈하고 전쟁을 일삼는 과정에서 이들은 유연한 사고방식을 획득했으며 변화도 기꺼이 받아들였다. 그래서 이때부터 이 지역에서는 문명이 급속도로 발전하기 시작했다. 이 시대 이후 이 지역 사람들은 기존 상태가 최선의 상태라고는 더 이상 믿지 않게 되었다. 모든 것이 지속적으로 변해 갔다. 그래서 나중에는 예컨대 그리스나 유럽의 어느 지역에서 작은 항아리 조각을 발견하면 이렇게 말하게 되었다. "이것은 대략 이러저러한 시대의 것이 분명하다. 그보다 100년쯤 후에는 이런 도자기는 너무 구식이어서 아무도 사용하지 않았을 테니 말이다."

미케네 벽화

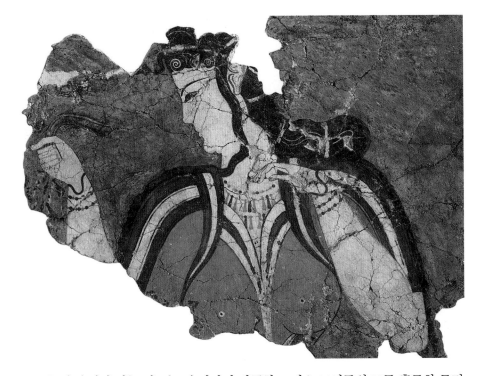

　오늘날 우리가 아는 바로는, 슐리만이 발굴한 그리스 도시들의 모든 훌륭한 물건은 그곳에서 직접 만들어진 것이 아니다. 사냥 장면을 새긴 아름다운 그릇이나 단검, 황금 방패와 투구, 장신구와 다채로운 벽화 등은 그리스나 트로이에서 직접 생산된 것이 아니라 그곳에서 멀지 않은 어떤 섬에서 제작된 것이다. 그 섬의 이름은 크레타이다. 크레타에는 이미 함무라비왕이 살던 시절에(그때가 언제인지 기억하는가?) 화려하고 웅대한 궁전들이 세워졌다. 이런 궁전에는 수없이 많은 방과 위아래로 뻗어 있는 계단, 넓은 홀과 창고, 기둥과 정원 그리고 복도와 지하실 등이 구비되어 있었다. 한마디로 궁전은 거대한 미궁에 비유될 수 있었다.

　혹시 반은 사람이고 반은 황소인 괴물 미노타우루스에 관한 전설을 알고 있는가? 전설에 의하면 그리스인들은 미궁에 사는 이 괴물에게 사람을 제물로 바쳤다 한다.

그런데 이 전설의 무대가 되는 곳이 바로 크레타이다. 그러니까 이 전설에는 어떤 역사적 사실이 숨겨져 있다고 할 수 있다. 실제로 크레타의 왕들은 그리스 도시들을 지배하고 그리스인으로부터 공물을 받았던 적이 있던 것 같다. 우리는 이 크레타인에 관해 아는 것이 많지 않지만, 이들은 좀 특이한 민족이었던 것이 분명하다. 크레타인들이 거대한 궁전에 남긴 벽화는 당대 이집트나 바빌로니아의 벽화들과 전혀 다르다. 당신도 기억하듯, 이집트의 벽화는 아주 아름답기는 했지만 그들 종교의 사제들처럼 다소 경직되고 부자연스러운 요소가 없지 않았다. 크레타의 경우는 전혀 달랐다. 크레타인이 가장 즐겨 그린 것은 빠르게 움직이는 동물이나 사람이었다. 이들은 멧돼지를 쫓는 사냥개나 황소의 등을 뛰어넘는 사람의 모습을 아주 자연스럽게 묘사했다. 그리스인은 이런 크레타인에게서 많은 것을 배웠다. 아마 문자도 크레타인들에게서 전승받았을 것이다. 그리스 문자는 페니키아 문자만큼 간단하지 않아서 편지 쓰기보다는 물품 목록 같은 것을 작성하는 데 사용되었을 것이다. 고고학자들은 이런 목록을 최근에 와서야 해독할 수 있었다.

하지만 이 찬란한 문명은 오래 지속되지 못하고 기원전 1200년경 소멸하고 말았다. 대략 그 무렵, 그러니까 솔로몬왕이 유대 민족을 지배하기 이전에 북쪽의 새로운 민족이 그리스반도로 이주해 왔다. 이 새로운 민족과 일찍이 그리스반도에 살면서 미케네 문명을 건설한 민족이 친족 관계인지는 분명치 않다. 하지만 친족이었을 가능성도 적지는 않다. 아무튼 이들은 원래의 왕들을 몰아내고 그 자리를 차지했다. 크레타는 이미 그 전에 멸망했지만 새로운 이주자들은 찬란한 그 문화를 늘 동경했고 새로운 도시들에 정착해 자신들의 성역을 건설한 후에도 그 옛날에 대한 기억을 이어 나갔다. 수백 년이 흐르는 동안 이들은 고대 미케네왕들의 이야기와 자신들의 정복과 투쟁의 역사를 섞어 버렸다.

이 새로운 민족이 바로 그리스인이고 이들의 궁전에서 불린 전설과 노래가 바로

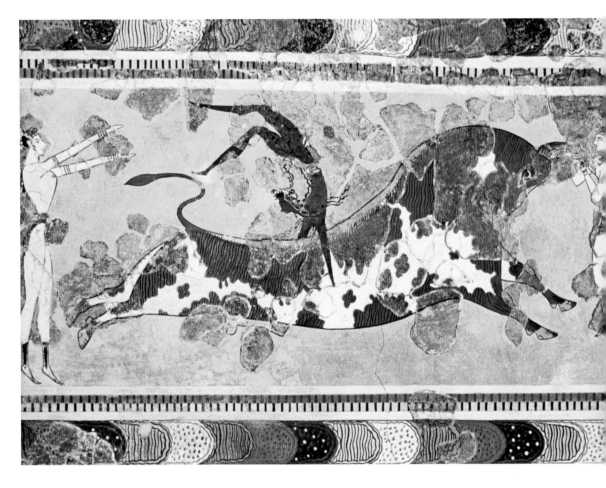

황소 등을
뛰어넘는
크레타인

이 장의 처음에서 다룬 호메로스의 서사시이다. 그러니까 이 서사시는 이미 기원전 800년경에 지어진 것이다.

그리스인이 그리스반도로 이주해 왔을 때 그들은 아직 그리스인이 아니었다. 무슨 엉뚱한 말이냐고? 하지만 사실이다. 내 말은 이들이 그리스반도로 내려와 살기 시작했을 무렵에는 아직 단일 민족을 형성하고 있지 않았다는 뜻이다. 이들은 여러 부족으로 나뉘어 다양한 방언을 사용했고 서로 다른 족장의 지배를 받았다. 아메리카 원주민에 관한 책을 보면 수족이나 모히칸족 같은 여러 부족이 나오는 것처럼 말이다. 도리아인이나 이오니아인, 에올리아인 등으로 불린 이들 그리스 부족은 그들만큼 용감무쌍했다. 하지만 다른 점이 몇 가지 있다. 책이나 영화에 나오는 아메리카 원주민은 이미 철기를 사용했던 사람들이다. 그와 달리 미케네와 크레타로 이주한 사람들은 호메로스 서사시에서 읽을 수 있듯 청동으로 무기를 만들었던 사람들이다. 처자식을 이끌고 제일 먼저 내려온 부족은 도리아인이었다. 이들은 그리스반도의 최남단, 단풍잎처럼 생긴 펠로폰네소스반도까지 밀고 내려와 토착민을 복속시켰다. 이들은 토착민을 노예로 삼아 농사를 짓게 했으며 자신들은 스파르타라는 도시에 거주했다.

그다음에 이주해 온 이오니아인은 그리스 전역에 터를 잡지는 않았다. 개중 다수는 펠로폰네소스반도의 북부, 그러니까 아티카반도에 터를 잡았다. 이들은 바다 가까이에 정착해서 포도와 곡식, 올리브를 재배했다. 이들은 도시를 건설해서 아테네 여신에게 봉헌하기도 했는데, 아테네 여신은 호메로스의 서사시에서 항해자 오디세우스를 도와주었던 여신이다. 이 도시의 이름도 아테네이다.

모든 이오니아 부족이 그렇듯 항해술이 뛰어났던 아테네인은 이웃의 작은 섬들을 서서히 점령해 나갔다. 그 후로 이 섬들을 이오니아 제도라 부른다. 이들은 더 멀리 진출해서 그리스반도 맞은편에 있는 소아시아의 풍요로운 해안 지역에 여러 도시를 세웠다. 페니키아인은 이 소식을 듣자마자 배를 몰고 와서 아테네인과 무역을 했다. 그리스인은 기름과 곡식은 물론 곳곳에서 찾아낸 은 같은 여러 금속을 교역 물품으로 내놓았다. 그 대신 페니키아인의 발전된 항해술을 재빨리 배워서 더 먼 해안 지대로 진출했다. 그리스인은 먼 지역에도 여러 도시를 건설했는데, 이런 곳을 식민지라 한다. 또한 그리스인은 페니키아인으로부터 문자로 글을 쓰는 놀라운 기술도 전수받았다. 당신은 그리스인이 이 기술을 얼마나 훌륭하게 사용했는지 알게 될 것이다.

8

거인과의 싸움

기원전 550년에서 500년쯤에 아주 기이한 일이 세상에 일어났다. 어떻게 그런 일이 일어난 것인지 납득하기 어렵지만, 한편으론 그 점이 흥미진진하기도 했다. 메소포타미아 북부의 산악 지역에는 오래전부터 거친 산악 민족이 살고 있었다. 이들은 빛과 태양을 숭배했는데, 이들의 종교에 따르면 빛은 사악한 힘인 어둠과 지속적으로 싸우는 선한 힘이었다.

이 산악 민족은 페르시아인이었다. 이들은 수백 년 동안 아시리아와 바빌로니아의 지배를 받았다. 그런데 페르시아인들이 더 이상 이민족의 억압을 참아 내지 않아도 되는 순간이 왔다. 키루스란 이름의 지혜롭고 용맹한 왕이 이민족의 지배에서 백성을 구해 내기로 결심한 것이었다. 키루스왕은 기마대를 이끌고 바빌론 평원으로 진격했다. 거대한 요새 위의 바빌로니아인들은 바빌론을 점령하겠다며 달려온 한 움큼의 전사들을 내려다보며 한껏 비웃었다. 하지만 키루스왕이 지휘하는 페르시아인들은 지략과 용기 덕분에 결국 승리를 거두었다. 광대한 왕국의 지배자가 된 키루스왕이 제일 먼저 한 일은 바빌로니아인의 포로로 잡혀 있던 모든 민족을 풀어 준 것이었다. 유대인들도 해방되어 예루살렘으로 돌아갔으니, 이때가 바로 기원전 538년이었다. 하지만 키루스왕은 그처럼 광대한 왕국에도 만족하지 못하여 계속 진군했고 이집트 정벌에 나섰다. 키루스왕은 이집트로 가는 도중 죽었지만 그의 아들 캄비세스가 결국 이집트를 정복하고 파라오를 폐위시켰다. 이것이 바로 3000년 가까이 지속되었던 이집트 왕국의 종말이었다. 이렇게 해서 소수 민족이었던 페르시아인은 한 거대한 세계를 거의 완전히 지배하게 되었다. '거의'라고 말한 것은 아직 그리스가 남아 있었기 때문이다. 그리고 이제 그리스의 차례가 되어야 했다.

그리스와 전쟁이 시작된 것은 캄비세스왕이 죽고 위대한 통치자인 다리우스 대왕이 페르시아 제국을 지배하던 시절이었다. 다리우스는 이집트에서 인도 국경까지

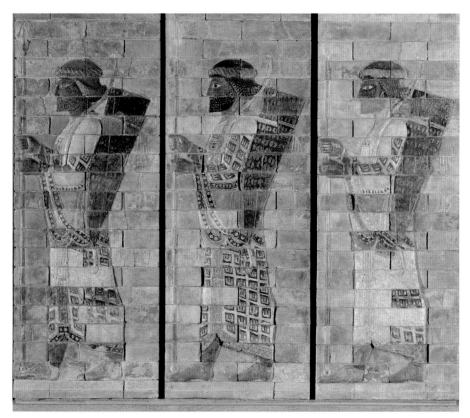

페르시아 궁수

이르는 광대한 제국 구석구석에 자신의 통치력이 미치기를 원했다. 그는 도로를 닦아 제국의 모든 지역에 칙령이 전달될 수 있게 했으며, 최고 관리인 총독마저도 '왕의 귀와 눈'이라 불린 밀정들을 시켜 감시했다. 또한 다리우스는 이오니아인들의 식민 도시가 있는 소아시아까지 제국을 확장시켰다.

하지만 그리스인들은 대제국에 복속되어 소아시아 어느 구석에 있는지도 모르는 지배자의 엄한 명령을 받는 것에 익숙해질 수가 없었다. 그리스 식민지의 거주민들은 대개가 부유한 상인이었고 도시의 공무를 자기들끼리 자치적으로 처리하는 데 익숙했다. 또 이민족의 지배를 원하지 않았고 페르시아왕에게 공물을 바치는 것도 마땅

왕 중의 왕,
다리우스

곰브리치 세계사

찮게 여겼다. 그래서 그리스인들은 반란을 일으켜 페르시아 관리들을 내쫓아 버렸다.

이 식민지 건설에 관여했던 그리스 본토인들, 특히 아테네인들은 식민지 주민들을 지원했고 함선도 보내 주었다. '왕들의 왕'이라 불렸던 페르시아왕은 한 줌도 안 되는 종족이 세계의 지배자인 자신에게 대항한다는 것은 상상도 못하고 있었다. 소아시아의 이오니아 도시들에서 일어난 반란은 쉽게 진압할 수 있었다. 하지만 다리우스는 그 정도로 만족하지 못했으며 무엇보다 이 반란에 끼어든 아테네인들을 용서할 수 없었다. 그는 아테네를 파괴하고 그리스 본토를 정복하기 위해 대규모 함대를 파견했다. 그러나 이 함대는 폭풍을 만나고 암초에 부딪혀서 결국 침몰하고 말았다. 다리우스는 더욱더 커다란 노여움에 사로잡혔다. 심지어는 노예를 시켜 세끼 식사 때마다 이렇게 외치게 했다고 한다. "전하, 아테네인들을 잊지 마소서." 그만큼 왕의 노여움은 컸다.

다리우스는 새로 정비한 함대를 사위에게 맡겨 아테네로 보냈다. 페르시아 함대는 도중에 수많은 섬을 정복하고 여러 도시를 파괴했다. 마침내 아테네에서 아주 가까운 마라톤이라는 곳에 도착했다. 이곳에 상륙한 페르시아군은 아테네로 진군하기 시작했다. 그 규모는 7만 명에 이르렀으니 아테네 전체 주민보다도 많았다. 아테네군의 숫자는 페르시아군의 7분의 1 정도인 1만 명에 불과했다. 아테네군의 운명은 이미 결정 난 것처럼 보였다. 하지만 실제 상황은 전혀 다르게 전개되었다. 아테네군의 사령관은 밀티아데스라는 용감하고 영리한 사람이었다. 밀티아데스는 오랫동안 페르시아인들 사이에서 살았기 때문에 그들의 전투 방식을 정확히 알고 있었다. 그리고 모든 아테네인은 이 전쟁에 자신들의 자유와 생사와 가족들의 운명이 걸려 있음을 잘 알고 있었다. 아테네군은 마라톤 근처에서 대열을 편성해 페르시아군을 급습했다. 페르시아군은 예상치 못한 기습을 받아 많은 병사를 잃었고, 살아남은 자들은 다시 배에 올라타 얼른 도망쳐 버렸다.

다른 사람이었다면 그토록 막강한 군대를 물리친 기쁨에 들떠 아무 생각도 하지 못했을 것이다. 하지만 밀티아데스는 용맹할 뿐 아니라 사려가 깊은 사람이었다. 그는 페르시아 함대가 정말로 도망친 것이 아니라 병사들이 없어 무방비 상태인 아테네로 방향을 돌린 것임을 간파했다. 당시 페르시아군은 아테네에는 병사들이 전혀

그리스군의
투구

남아 있지 않아서 쉽게 점령할 수 있으리라고 생각했던 것이다. 다행히도 마라톤에서 아테네까지의 해로는 육로보다 멀었다. 좁고 길쭉한 반도를 돌아서 배를 몰아야 했기 때문이다. 밀티아데스는 전령에게 죽을힘을 다해 육로를 달려가서 아테네인들에게 경고하라고 명했다. 정말로 죽을힘을 다해 달려간 전령은 자신의 임무를 완수하고 그 자리에 쓰러져 죽고 말았다. 우리가 알고 있는 마라톤 경주는 바로 여기서 유래했다.

밀티아데스도 전군을 이끌고서 같은 길을 전속력으로 달렸다. 아테네군이 가까스로 아테네 항에 도착했을 때 멀리 수평선으로 페르시아 함대가 모습을 드러냈다. 페르시아군으로서는 전혀 예상치 못한 일이었다. 페르시아군은 용맹스러운 그리스 군대와 다시 싸우고 싶지 않았기 때문에 고국으로 방향을 돌렸다. 이렇게 해서 아테네뿐 아니라 그리스 전체가 위기에서 벗어났으니, 이때가 기원전 490년이다.

마라톤에서의 패전 소식을 접한 다리우스가 그 어떤 노여움에 사로잡혔을지는 충분히 상상할 수 있을 것이다. 하지만 당분간은 새로운 침공 계획을 세울 수가 없었다. 이집트에서 일어난 반란에 군대를 동원해야 했기 때문이다. 얼마 후 다리우스는 죽었고, 그리스에 대한 철저한 복수는 후계자인 크세르크세스왕에게 맡겨졌다.

혹독하고 지배욕이 강한 왕이었던 크세르크세스는 그 어떤 거역이나 실수도 용납하지 않았다. 그는 페르시아의 지배를 받는 모든 민족, 이집트인과 바빌로니아인 그리고 페르시아와 소아시아의 모든 민족을 동원해서 대군을 조직했다. 이들은 저마다 민족의상을 입은 채 온갖 무기를 들고 모여들었다. 어떤 이들은 활과 화살을 들었고 또 어떤 이들은 칼과 방패로 무장했으며 창과 전차, 투석기도 동원되었다. 각양각색으로 모인 엄청난 무리는 100만 명을 넘었으니, 이 대군 앞에서 그리스인들이 어떤 반응을 보일지 자못 궁금할 정도였다. 이번에는 크세르크세스왕이 친히 군대를 통솔했다. 오늘날 이스탄불이 있는 해협에 이르렀을 때 페르시아군은 작은 배들로 부교를 만들어 바다를 건너려 했다. 그러나 때마침 높은 파도가 일어서 부교가 견뎌 내지

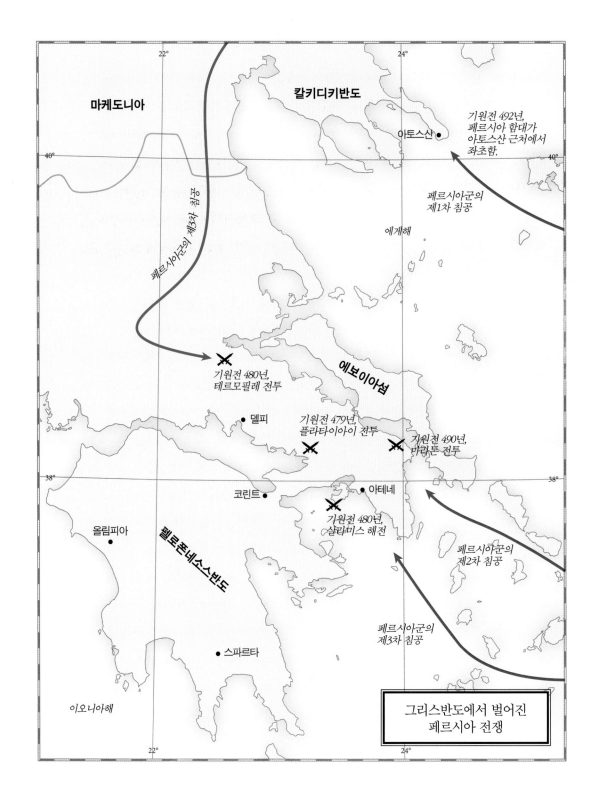

마케도니아

칼키디키반도

아토스산 •

기원전 492년,
페르시아 함대가
아토스산 근처에서
좌초함.

에게해

페르시아군의
제1차 침공

페르시아군의 제3차 침공

기원전 480년,
테르모필레 전투

에보이아섬

델피 •

기원전 479년,
플라타이아이 전투

기원전 490년,
마라톤 전투

코린트 •

아테네 •

올림피아 •

펠로폰네소스반도

기원전 480년,
살라미스 해전

페르시아군의
제2차 침공

스파르타 •

페르시아군의
제3차 침공

이오니아해

그리스반도에서 벌어진
페르시아 전쟁

를 못했다. 그러자 제 분에 못 이긴 크세르크세스왕은 쇠사슬로 바다를 내리쳤다 한다. 물론 바다는 끄떡도 하지 않았을 것이다.

페르시아 대군의 일부는 이번에도 전함을 몰고 그리스로 향했으며, 다른 일부는 육로로 진군했다. 그리스 북부에서는 스파르타군이 동맹군과 함께 테르모필레라는 좁은 길목에 버티고 서서 페르시아군을 저지했다. 페르시아인들은 스파르타인들에게 무기를 버리라고 요구했다. 그러자 스파르타인들은 "직접 가져가시지."라고 대답했다. 페르시아인들이 "우리에겐 화살이 아주 많아."라고 위협하자 스파르타인들은 이렇게 답했다. "그것 참 잘됐군. 그럼 그늘 속에서 싸울 수 있잖아?" 하지만 어느 그리스인의 배신으로 페르시아 군대는 산을 넘는 오솔길을 알아냈고, 스파르타 군대는 오솔길로 돌아온 페르시아군에게 포위당했다. 스파르타군 300명과 동맹군 700명은 단 한 사람도 도망가지 않고 이 전투에서 쓰러졌다. 그것이 스파르타의 법이었기 때문이다. 후세 사람들은 이들을 기려 비석을 세웠고 다음과 같은 비문을 남겼다.

나그네여, 가서 스파르타인들에게 전해 주오.
우리 모두는 여기 누웠으니, 조국의 법을 충실히 지켰기 때문이라는 것을.

아테네인들은 마라톤에서 대승을 거둔 이후에도 방심하지 않았다. 특히 새로운 지도자인 테미스토클레스는 앞날을 대비할 줄 아는 현명한 사람이었다. 그는 마라톤의 기적은 두 번 다시 일어나지 않을 것이며 페르시아에 대항하려면 아테네에도 함대가 있어야 한다고 주장했다. 그의 주장은 관철되었다.

테미스토클레스는 아테네의 모든 주민을 근해의 작은 섬인 살라미스로 이주시켰다.(당시에는 도시 인구가 그렇게 많지 않았을 것이다.) 그리고 섬 근처에 함대를 주둔시켰다. 페르시아 육군은 아테네에 도착했으나 도시는 텅 비어 있었다. 그들은 불을 질러 아테네를 파괴했다. 아테네인들은 멀리서 자신들의 도시가 불타는 것을 봐야 했지만 생명은 건질 수 있었다. 하지만 곧이어 페르시아 함대가 도시를 점령할 기세로 다가왔다.

아테네의 동맹군들은 두려움을 느꼈고 아테네인들을 버려둔 채 함선을 타고 도주하려 했다. 그러자 테미스토클레스는 뛰어난 지략과 대담성을 한 번 더 보여 주었다. 마침내 동맹군들이 떠나지 않도록 설득하는 데 성공한 테미스토클레스는 비밀리에 크세르크세스에게 전령을 보냈다. "서둘러 공격하시오. 그렇지 않으면 아테네의 동맹군들이 모두 도망치고 없을 것이오." 크세르크세스는 그 꾐에 걸려들고 말았다. 다음 날 아침 일찍 크세르크세스는 작고 빠른 페르시아 전함들을 잔뜩 이끌고 공격해 왔다. 하지만 그는 패배하고 말았다. 그리스군의 함선은 좀 더 크고 느렸지만, 자

테미스토클레스

유를 위해 필사적으로 싸웠던 것이다. 그뿐 아니라 10년 전 마라톤에서 거두었던 승리가 그리스군에게 자신감을 불어넣어 주었다. 크세르크세스는 높은 곳에서 페르시아군의 전함들이 그리스군의 커다란 전함들에 치이고 격침되어 하나둘씩 가라앉는 광경을 속수무책으로 바라봐야 했다. 깜짝 놀란 크세르크세스는 낙담해서 퇴각 명령을 내렸다. 결국 아테네인들은 자신보다 훨씬 더 강력한 페르시아 제국의 군대를 두 번째로 물리쳤다. 이때가 기원전 480년이다.

곧이어 페르시아 육군도 그리스 연합군에 의해 플라타이아이 근방에서 참패당했다. 그 이후 페르시아인들은 두 번 다시 그리스를 넘보지 못했다. 이 사실은 엄청난 의미를 갖는 것이었다. 페르시아인은 그리스인보다 더 사악하거나 멍청한 사람들이 아니었다. 절대로 그렇지는 않았다. 하지만 이미 말했듯 그리스인에게는 남다른 면이 있었다. 서아시아의 강대한 왕국

들은 전승된 풍습과 교리에 지나칠 만큼 얽매였던 반면, 그리스인, 특히 아테네인은 전혀 그렇지 않았다. 이들 사회에서는 일 년이 멀다하고 새로운 것이 등장했으며 어떠한 제도도 오래 지속되지 않았다. 나라의 지도자도 예외가 아니었다. 페르시아 전쟁의 위대한 영웅인 밀티아데스나 테미스토클레스도 그런 운명을 피하지 못했다. 아테네 시민들은 한때 이들을 찬양하고 존경하면서 기념비까지 세워 주었으나 머지않아 탄핵과 비방의 대상으로 삼고 추방시켜 버렸다. 이런 점이 물론 장점은 아니겠지만 아테네인의 독특한 성격이었음을 부인할 수 없다. 늘 새로운 것을 추구하고 시험하며 결코 만족하거나 안주할 줄 모르는 것이 그들의 성격이었던 것이다! 그리하여 페르시아 전쟁이 끝난 후 백 년 동안에 이 작은 도시 국가의 정신세계에서는 동방의 대제국들에서 천 년 동안에 일어나는 것보다 더 심대한 변화가 나타났다. 당시 사람들이 생각해 내고 그림과 시로 표현하고 시험해 보았던 모든 것, 당시의 젊은이와 원로들이 각기 광장과 의회에서 논하였던 모든 것은 오늘날까지 우리 삶의 근간을 이루고 있다. 참으로 기이한 일이지만 부인할 수 없는 사실이다. 만약 페르시아인이 기원전 490년 마라톤에서 또는 기원전 480년 살라미스에서 승리했다면 지금 우리는 어떤 삶을 살고 있을까?

9

스파르타와 아테네

앞에서도 말했듯이, 페르시아를 물리친 그리스는 작은 반도이다. 그런데 당시 그리스반도에서는 소수의 작은 도시들만이 활발히 교역을 펼쳤을 뿐 나머지 지역은 황량한 산악 지대와 곡식을 재배하기 쉽지 않은 돌투성이 들판이었다. 게다가 당신이 이미 알고 있듯 이 반도에는 여러 부족이 공존하고 있었다. 남부에는 도리아인이 모여 살았고 북부에는 이오니아인과 에올리아인이 주로 거주했다. 물론 이 부족들은 언어나 외모에서 별반 차이가 없었다. 그저 서로 다른 방언을 사용했을 뿐 의사소통에는 지장이 없었던 것이다. 하지만 이들은 서로 가깝게 지내는 편이 아니었다. 세상에 그런 일이 흔하듯, 가까운 친척 관계인 이 부족들은 서로 사이가 좋지 않았다. 이 부족들은 서로를 얕보고 질시했다. 그리스반도에는 전국을 지배하는 왕이나 공통의 행정 기관이 없었고 각각의 도시가 저마다 국가를 이루고 있었다.

그리스인들을 결합시키는 것이 있기는 했다. 그것은 바로 공통의 종교와 스포츠였다. 주의해야 할 점은 이들의 종교와 스포츠는 별개의 것이 아니라 서로 긴밀히 연관된 것이었다는 점이다. 예를 들어 그리스인들은 최고신 제우스를 기리기 위해 그의 성역에서 4년마다 거대한 규모의 경기를 열었다. 제우스 신의 성역을 올림피아라 불렀는데, 여기에는 거대한 신전과 경기장이 있었다. 4년마다 모든 그리스인, 즉 도리아인과 이오니아인, 스파르타인, 아테네인 등이 이 경기장에 모여 달리기와 원반던지기, 창던지기, 레슬링, 전차 경주 솜씨를 겨뤘다. 이 경기에서 승리하는 것은 개인이 누릴 수 있는 생애 최대의 영예로 간주되었다. 승자에게 주어지는 상은 올리브 나뭇가지 하나에 불과했지만 그 대신 열렬한 축하가 뒤따랐다. 최고의 시인들이 장엄한 시를 지어 승자를 찬미했으며, 최고의 조각가들은 승자의 입상을 만들어 올림피아에 세웠다. 전차를 몰거나 원반을 던지는 모습, 혹은 경기 전 몸에 기름을 바르는 모습이었다. 이 입상들은 지금도 유럽의 여러 박물관에서 구경할 수 있다.

4년마다 열리는 올림피아 경기는 모든 그리스인들의 관심사였기 때문에 그리스 전역의 공통적인 시간 계산이 필요할 때 하나의 기준이 될 수 있었다. 이 기준은 점

전차 모는 사람과
원반 던지는 사람

차 관습화되어서 오늘날 우리가 "예수의 탄생 이후(서기) 몇 년"이라고 말하는 것처럼 그리스인들은 "몇 번째 올림피아 경기가 있고 나서"라는 표현을 사용했다. 첫 번째 올림피아 경기는 기원전 776년에 개최되었다. 그러면 열 번째 경기는 언제였을까? 이 경기가 4년마다 열렸다는 점을 기억한다면 계산하기 어렵지는 않을 것이다.

그리스의 모든 부족이 공유했던 것이 올림피아 경기만은 아니었다. 두 번째 것은 델포이에 있던 태양신 아폴론의 성역과 관계가 있다. 이 성역에서는 아주 특이한 일이 벌어졌다. 화산 지대에서 흔히 볼 수 있는 일이지만, 델포이의 지반에는 땅속 증기를 뿜어내는 구멍이 있었다. 증기를 들이마신 사람은 정신이 혼미해져서 술 취한 사람이나 열에 들뜬 사람처럼 두서없는 말을 지껄였다.

그런데 의미 없는 듯한 이런 말이 그리스인에게는 지극히 신비롭게 여겨졌다. 그들은 신이 인간의 입을 빌어 말한 것이라고 믿었다. 그래서 증기가 나오는 지반의 구멍 위에 삼발 의자를 갖다 놓고 '피티아'라 불리는 여사제를 한 명 앉혔다. 피티아가 몽롱한 상태로 말을 웅얼거리면 다른 남자 사제들이 그 말을 해석했다. 이렇게 해서 그리스인들은 미래를 예언했는데, 이를 '델포이의 신탁'이라 한다. 각지의 그리스인들은 어려운 문제에 봉착하면 이곳으로 찾아와 아폴론 신의 대답을 들으려 했다. 하지만 그 대답은 아주 모호해서 여러 가지 의미로 해석될 수 있는 경우가 많았다. 지금도 서양에서는 흐릿하고 모호한 대답을 하면 "신탁 같다."고 놀리곤 한다.

그리스의 여러 도시 중에서 가장 중요한 두 곳, 그러니까 아테네와 스파르타에 관해서만 알아보도록 하자. 먼저 스파르타인에 관해 앞서 나온 내용을 잠시 정리해 보자. 이들은 도리아인이었고 기원전 1100년경 그리스반도로 이주해 왔으며 토착민을 정복해서 노예로 삼았다. 그런데 노예들은 주인인 스파르타인들보다 그 수가 훨씬 많았다. 따라서 스파르타인들은 한시도 경계를 게을리할 수 없었다. 이들은 자국의 노예와 주변 민족 들을 제압하려면 강인하고 용맹해지는 것 외에는 선택의 여지가 없다고 믿었다.

실제로 스파르타인은 그런 선택을 했고, 정치가인 리쿠르고스는 이를 법률로 정해 놓았다. 스파르타인은 태어난 아기가 허약해서 전사가 될 가능성이 없다고 판단되면 지체 없이 죽여 버렸다. 그리고 건강하게 태어난 아이는 더욱더 강인해져야만 했다. 아이들은 아침부터 저녁까지 체력 단련을 했으며 고통과 배고픔과 추위를 견디도록 훈련받았다. 또한 아이들은 배불리 먹지도 못했고 그 어떤 오락도 금지당했다. 사내아이들은 이따금 이유 없이 얻어맞기도 했는데, 그 목적은 고통에 익숙해지도록 하는 데 있었다. 이처럼 혹독한 교육 방식을 가리켜 오늘날에도 '스파르타식 교육'이라 이른다. 이 교육이 나름대로 성공적이었음은 당신도 이미 알고 있다. 기원전

480년 테르모필레에서 페르시아군에 맞섰던 스파르타인들을 기억할 것이다. 그들은 스파르타의 법에 따라 용맹하게 싸우다 장렬히 전사했다. 이렇게 죽을 수 있다는 것은 참으로 대단한 일이다. 그보다 더 어려운 일은 사람답게 사는 것이리라. 아테네인들을 사로잡았던 것이 바로 이 문제였다. 그들은 편하고 안락한 삶보다는 의미 있는 삶을 추구했다. 죽은 후에도 완전히 사라지지 않아 후세 사람들에게 뭔가 남겨 줄 수 있는 삶을 말이다. 당신은 아테네인들이 어떻게 그것을 이뤄냈는지 알게 될 것이다.

스파르타인들이 그토록 용맹스럽게 된 까닭은 두려움이었다. 그들은 자신들의 노예를 두려워했다. 반면에 아테네인들에게는 그만큼 커다란 두려움의 대상이 없었다. 그런 압박이 없는 아테네의 사정은 다를 수밖에 없었다. 물론 아테네도 한때는 스파르타처럼 귀족들의 지배를 받았으며, 드라콘이라는 인물이 엄격한 법률을 제정하기도 했다. 드라콘의 법률은 너무 엄격해서 오늘날에도 '드라콘 같은 엄혹함'이란 표현을 쓰곤 한다. 배를 타고 세상 곳곳을 돌아다니면서 많은 것을 보고 들은 아테네인들이 그런 상태를 긴 시간 동안 참아 내지는 않았다.

아테네에는 아주 현명한 귀족이 한 명 있어서 이 도시 국가에 새로운 헌법을 도입했다. 이 귀족의 이름은 솔론이며 그가 기원전 594년, 그러니까 네부카드네자르왕이 페르시아를 통치하던 무렵 아테네에 도입한 헌법을 '솔론의 헌법'이라 한다. 이 헌법에 따르면, 이 도시 국가의 모든 일은 아테네 시민에 의해 직접 결정되어야 했다. 즉 시민들이 아테네 광장에 모여 투표를 하고 다수의 결정에 따라야 한다는 것이었다. 또한 원로회도 투표에 의해 구성되어야 했다. 이러한 헌법 체제를 민주주의, 그리스어로는 '데모크라티아'라고 한다. 물론 아테네 주민의 모두가 이런 민회에 참여해 투표권을 행사할 수 있는 시민에 속한 것은 아니었다. 거주민의 권리는 재산 정도에 따라 차이가 있었으며, 따라서 많은 아테네 주민은 이러한 민주 정치에 참여할 수 없었다. 하지만 누구든지 나름대로 관여할 수 있었고 또한 누구나 도시의 문제에 관심이 있었다. 도시는 그리스어로 '폴리스'이며, '정치'를 뜻하는 독일어 '폴리틱'은 원래 '도시의 일'을 뜻한다.

물론 한동안은 그때그때 시민들의 인기를 얻은 귀족 한 사람이 권력을 독점하기도 했다. 이런 독재자를 '참주'라 한다. 하지만 참주들은 얼마 못 가 모두 쫓겨났으며, 아테네인들은 진정한 시민의 지배를 실현하는 데 더욱 관심을 기울이게 되었다. 앞에서도 이미 얘기했듯, 아테네인은 불안정한 정신의 소유자들이었다. 이들은 다시금 자유를 잃을까 봐 걱정하면서 두려움을 주는 모든 정치가를 도시에서 추방시켜 버리는가 하면, 다른 한편으로 특정 인물을 적극적으로 지지해 독재자로 만들기도 했다. 페르시아를 물리친 것도 자유로운 아테네 시민이었지만 영웅 밀티아데스나 테미스토클레스를 배은망덕하게 저버린 것도 바로 이들이었다.

그러나 단 한 사람만은 그런 대접을 받지 않고 살아남았다. 그는 페리클레스라는 이름의 정치가였다. 탁월한 웅변가였던 페리클레스는 민회에 모인 시민들로 하여금 스스로 판단해서 결정하는 것이라 믿게 만들면서 자기 자신의 계획을 관철시켜 나갔다. 이는 그가 특별한 종류의 관직이나 많은 권력을 지녔기 때문이 아니라 아주 영리한 사람이었기 때문에 가능한 일이었다. 그는 점점 더 높은 지위로 올라섰고 기원전 444년(이 연도는 기억하기 쉬울 것이다.)에 이르면 국가를 사실상 혼자 지배하게 되었다. 그는 아테네를 해상 강국으로 유지시키는 데 가장 큰 관심을 기울였으며 이를 위해 이오니아의 다른 도시들과 동맹을 맺었다. 이 도시들은 아테네의 보호를 받는 대가로 공물을 바쳤다. 이렇게 해서 아테네인들은 부유해졌고 남다른 재능을 발휘하여 위대한 업적을 이루기 시작했다.

이제 당신은 궁금증을 이기지 못하고 물을 것이다. "아테네인들의 위대한 업적이란 게 대체 뭔데요?" 그들의 업적은 손꼽을 수 없을 정도로 많지만 두 가지에 특히 관심을 기울여 보자. 그것은 바로 진리와 아름다움이다.

민회에서 아테네인들은 어떤 문제에 관해 공개적으로 토론하는 법을 배웠다. 근거를 대면서 어떤 주장을 펼치거나 반박하는 법을 배워 나갔던 것이다. 이것은 사고의 힘을 키우는 데 커다란 도움이 되었다. 머지않아 이들은 조세를 인상할 필요성과 같은 실생활의 문제뿐 아니라 모든 자연 현상을 탐구하는 데에 이런 방법을 쓰기 시작했다. 물론 이 점에서는 아테네인에 앞서 식민지의 이오니아인들이 선구적인 업적을 보여 준 바 있다. 이들은 세계를 구성하는 것은 무엇이며 모든 사건의 최초 원인은 무엇인가에 관해 깊이 생각했던 것이다.

이러한 성찰을 '철학'이라 한다. 그런데 아테네인은 자연이나 세계만을 깊은 생각의 대상, 다시 말해 철학의 대상으로 삼지 않았다. 인간이 어떻게 행동해야 하는지, 다시 말해 어떤 것이 선하고 어떤 것이 악하며 어떤 것이 정당하고 어떤 것이 부당한지에 관해서도 알고 싶어 했다. 또한 이들은 인간이 세상에 존재하는 이유는 무엇이며 모든 사물의 본질을 이루는 것은 무엇인지에 관해서도 깊이 생각했다. 물론 이런 모든 복잡한 물음과 관련해서는 개개인의 의견이 모두 같을 수가 없었다. 의견이나 생각의 방향은 아주 다양했기 때문에 민회에서와 마찬가지로 토론이 벌어지곤 했다. 이 시대 이후로 깊이 생각하고 토론하는, 흔히 철학이라 불리는 인간의 활동은 중단되지 않고 있다.

그렇지만 아테네인들이 회당이나 경기장만 왔다 갔다 하면서 세상의 본질은 무엇이며 이를 어떻게 인식할 수 있고 삶에서 가장 중요한 것이 무엇인지 등의 문제를 토론했던 것은 아니다. 이들은 세상에 관해 생각하는 것에만 머물지 않고 두 눈으로 새롭게 관찰하기도 했다. 세상을 관찰하는 이들의 방식은 전례가 없을 만큼 새로운 것이었다. 특히 그리스의 예술가들은 아주 단순하고도 아름다운

페리클레스

곰브리치 세계사

방식으로 세상의 사물을 재현해 냈다. 앞서 언급한 올림피아 경기 우승자들의 입상이 그러한 예이다. 이 입상들은 인간의 모습을 아무런 가식 없이 아주 자연스럽게 재현하고 있다. 사실 가장 자연스러운 것이 가장 아름다운 것이기도 하다.

그리스 예술가들은 그런 아름다움과 인간의 모습을 신의 형상에서 표현해 냈다. 당시 신상을 만든 조각가 중 가장 유명한 사람은 페이디아스였다. 그는 이집트의 거대한 사원 조각처럼 신비롭고 초자연적인 형상은 만들지 않았다. 물론 그가 만든 조각들 중에도 규모가 아주 크고 상아나 금을 사용해 화려하며 사치스러운 것들이 없지는 않다. 하지만 이런 조각들도 단순한 아름다움, 즉 쓸데없는 기교와는 거리가 먼 자연스러움과 고귀한 우아함을 잃지 않고 있어서 그것을 바라보는 사람은 저도 모르게 신뢰감을 느끼게 된다. 아테네인들이 그린 그림이나 건축물도 이런 조각품들과 다르지 않다. 하지만 아테네인들이 신전이나 회당을 장식했던 그림들 중에서 현재까지 남아 있는 것은 없다. 우리가 알고 있는 것은 질그릇이나 꽃병, 항아리 등에 그려진 작은 그림들뿐이다. 이를 통해 우리는 사라져 버린 그림들이 얼마나 아름다웠을지 충분히 짐작할 수 있다.

신전들은 지금도 남아 있다. 아테네의 신전들도 마찬가지이다. 특히 언급할 만한 것은 아테네의 아크로폴리스이다. 그런데 원래의 아크로폴리스는 아테네인이 살라미스섬으로 도피한 동안 페르시아인에 의해 불타 버렸으며, 현재 남아 있는 것은 페리클레스 시대에 대리석을 사용해서 새로 지은 것이다. 아크로폴리스는 오늘날까지도 역사상 가장 아름다운 건축물로 손꼽힌다. 이 건축물은 특별히 크지도 않고 특별히 화려하지도 않다. 그저 아름다울 뿐이다. 세세한 부분 하나하나가 아주 명료하고 간소하게 제작되어서 신전이란 그와 다르게는 존재할 수 없다는 생각마저 든다. 그리스인들이 여기에 적용한 형식은 그 이후 건축에서 계속 응용되었다. 그리스 건축물의 주요 부분인 기둥에는 여러 유형이 있는데, 만약 당신이 유럽의 도시들을 돌아

보면서 주의 깊게 관찰한다면 거의 모든 건물에서 그 유형들을 재발견할 수 있다. 물론 그것들은 아크로폴리스의 기둥들에 견줄 만큼 아름답지는 않을 것이다. 또한 아크로폴리스의 기둥들은 그저 장식이나 치장을 위한 것이 아니라 그 본래의 목적, 즉 지붕을 떠받치는 훌륭한 버팀대의 역할을 해내고 있다.

　아테네인은 우리가 지금까지 알아본 두 가지, 즉 지혜로운 생각과 형식의 아름다움을 제3의 예술에서 융합시켰다. 이 예술은 문학을 가리킨다. 게다가 문학에서 아테네인은 연극이라는 새롭고 독특한 분야도 만들어 냈다. 스포츠와 마찬가지로 연극도 원래 종교, 구체적으로는 디오니소스 신을 위한 축제와 연관이 있었다. 후에 로마에서는 바쿠스라고도 불린 이 신의 축제 주간에는 연극들이 상연되었는데, 한 편의 연

극은 대개 하루 동안 상연되었다. 공연은 야외에서 이뤄졌으며, 배우들은 얼굴에 커다란 가면을 썼고 멀리서도 잘 보이도록 굽 높은 신발을 신었다. 당시 상연된 연극 작품들 중 일부는 오늘날까지 전해진다. 연극에는 엄숙하고 진지하며 장엄한 '비극'이 있는가 하면, 특정한 아테네 시민을 조롱하는 '희극'도 있었다. 그런 희극은 아주 재치 있고 익살스러웠다. 나는 당신에게 아테네의 역사가나 의사, 가수, 사상가 그리고 예술가들에 관해 한참은 더 이야기를 늘어놓고 싶은 심정이다. 하지만 나중에 당신이 이들의 글을 직접 읽어 보는 것이 더 나을 수도 있다는 생각이 든다. 그때가 온다면 당신은 내 말이 과장이 아니었음을 알게 될 것이다.

아크로폴리스

10

깨달은 사람의 나라

이번에는 세상의 다른 끝으로 가 보자. 인도와 중국이 그곳이다. 페르시아 전쟁이 일어났던 무렵 이 거대한 나라들에서 어떤 일이 벌어졌는지 알아보자. 인도에도 메소포타미아에 뒤지지 않는 문명이 이미 오래전부터 존재하고 있었다. 수메르인이 우르에서 세를 떨치고 있던 것과 거의 같은 시기, 그러니까 기원전 2500년경에 인도의 인더스강(오늘날에는 주로 파키스탄에 흐르고 있는 거대한 강) 유역에는 거대한 도시가 발달해 있었다. 이 도시에는 수도 시설과 운하가 정비되어 있었고 여러 사원과 가옥, 상점이 자리 잡고 있었다. 이 도시의 이름은 '모헨조다로'인데, 1920년경에 그 흔적이 발견되기 전까지 그런 도시가 있었으리라고는 아무도 상상하지 못했다. 그 뒤로 이곳이 발굴되기 시작했으며, 우르의 유적과 마찬가지로 신기한 물건들이 많이 발견되었다. 어떤 사람들이 거기 살았는지는 아직까지 밝혀지지 않았다. 한 가지 분명한 것은, 오늘날 인도와 파키스탄에 사는 사람들은 훨씬 후에 이주해 온 종족들이라는 점이다. 이들은 페르시아어나 그리스어와 유사하고 로마인이나 게르만족의 언어와도 비슷한 말을 사용했다. 예를 들어 아버지는 고대 인도어로 '피타르'인데, 독일어로는 '파터', 그리스어로는 '파테르'이며 이탈리아어로도 '파테르'이다.

모헨조다로에서
발굴된 유물들

　　인도어와 게르만족의 언어는 같은 종류의 언어 중에서 가장 거리가 멀기 때문에
이런 모든 언어를 총괄해서 인도·게르만어라 부른다. 그런데 이들 민족이 언어만 유
사한 것인지, 아니면 이들 중 상당수 민족이 미약하나마 혈연관계에도 있는 것인지는
정확히 알 수 없다. 아무튼 인도·게르만어를 사용하는 인도인은 그리스로 침입한 도
리아인처럼 인도로 밀고 내려왔다. 그리고 도리아인과 마찬가지로 토착민을 복속시
켰던 것이 분명하다. 이 정복자들의 후손은 점차로 인도 대륙의 대부분을 장악해 나
갔다. 이들은 토착민들과 엄격히 거리를 유지했다. 이러한 거리 유지는 사회 제도로
고착되었는데, 이것이 바로 오늘날까지 유지되고 있는 '카스트 제도'이다. 이 제도에
서는 신분이 아주 엄격히 구분되었다. 전사에 속하는 사람들은 소수였는데, 이들은
평생 동안 전사여야 했고 이들의 후손 역시 전사 외에는 다른 것이 될 수 없었다. 이
들은 전사 카스트였다. 전사 외에 다른 카스트로는 수공업자나 농부를 예로 들 수 있
다. 이들도 엄격하고 폐쇄적인 성격을 갖기는 마찬가지여서 한 번 속한 카스트에서
는 절대로 벗어날 수 없었다. 농부는 무슨 일이 있어도 수공업자가 될 수 없었고, 거

꾸로 수공업자는 절대로 농부가 될 수 없었다. 그 자손도 예외는 아니었다. 심지어 다른 카스트의 사람과 결혼을 해서도 안 되었고, 다른 카스트에 속한 사람과 한자리에서 식사를 하거나 같은 차를 타는 것도 금지되었다. 인도의 일부 지역에서는 오늘날에도 카스트 제도가 이만큼 엄격히 지켜지고 있다.

최고의 카스트는 사제 계급인 '브라만'이었다. 전사 카스트보다 높은 계급인 이들은 제사를 관장하고 신전을 관리했으며 (이집트에서와 아주 비슷하게) 학문도 전담했다. 기도문과 찬미가가 문자로 정착되기 이전까지 브라만은 철저하게 암송하는 방식으로 천 년 이상의 세월 동안 기도문과 찬미가를 보존시켰다. 이처럼 카스트는 네 가지이지만, 각각의 카스트는 다시 수많은 하위 카스트로 나뉘어 각자의 폐쇄성을 유지했다.

그런데 인도인들 중에는 아무런 카스트에도 속할 수 없는 사람들이 있었다. '파리아'라 불린 이 사람들은 가장 불결하고 불쾌한 일을 전담해야 했다. 가장 낮은 카스트에 속한 사람들을 포함해서 그 누구도 파리아와 어울려서는 안 되었다. 이들과 접촉하는 것만으로도 불결해진다는 것이었다. 그래서 파리아는 '접촉해서는 안 되는 사람들'이라고도 불렸다. 이들은 심지어 다른 사람들에게 그림자를 드리워서도 안 되었다. 파리아의 그림자조차 더럽다고 생각되었던 것이다. 인간이란 이처럼 잔인해질 수도 있는 존재이다.

신분 문제를 제외한다면 인도인은 그렇게 잔인한 사람들이 아니었다. 오히려 그 반대였다. 인도의 사제들은 진지하고 독실한 사람들이었으며, 종종 외떨어진 숲속에 은거하면서 아주 어려운 문제들에 관해 생각에 잠기곤 했다. 많은 신들, 특히 숭고한 존재이며 최고의 신인 브라흐마에 관해 명상을 거듭했다. 사제들은 여러 신과 인간, 동물과 식물을 비롯한 자연의 모든 생명이 최고신의 숨결 덕에 살아가며 태양빛에서 들판의 새싹, 생성과 죽음에 이르기까지 모든 것 안에서 최고신이 고르게 작용한다고 느꼈다. 소금을 물속에 던지면 고루 퍼져 모든 물방울을 짜게 만들 듯 신은 세상 어디에나 존재한다는 것이다. 우리가 자연에서 발견하는 모든 차이, 모든 순환과 변화는 피상적인 것에 지나지 않는다. 인간으로 태어났던 하나의 영혼은 죽고 나면 호랑이나 코브라로 다시 태어날 수 있고, 만약 그 영혼이 정화된다면 신적 존재와 하나가 될 수도 있다. 그럴 것이 이 모든 것 안에서 작용하는 것은 언제나 본질적인 것, 즉 최고신인 브라흐마의 숨결이기 때문이다. 인도의 사제들은 제자들이 이 사실을 명심할 수 있도록 아주 멋진 경구를 제시했다. "그것은 바로 너다." 이 경구가 뜻하는 바는, 당신 주변의 모든 것, 즉 동물과 식물 그리고 인간은 당신 자신과 똑같이 신의 숨결이라는 것이다.

이 거대한 통일성을 제대로 느껴 보기 위해 인도의 사제들은 기묘한 방법을 생각해 냈다. 이들은 울창한 숲속으로 들어가 오직 그 통일성에 관해서만 생각을 거듭했다. 몇 시간, 며칠, 몇 주, 몇 달, 아니 몇 년이 지나도록 등을 꼿꼿이 세우고 눈을 반쯤 감은 채 가부좌를 틀고서 명상에 잠겼다. 가능한 한 숨을 적게 쉬고 음식도 절제했다. 심지어 어떤 이들은 내면의 성장을 얻고 참회하여 신의 입김을 느낄 수 있도록 자신의 몸을 괴롭히는 특이한 방법을 택하기도 했다.

3000년 전 인도에는 그런 성인과 참회자들, 은둔자들이 아주 많았다. 그런데 그중 한 사람은 다른 많은 사람들과 아주 달랐다. 그 사람은 기원전 500년경에 살았던 고타마 왕자이다.

후일 '부처', 즉 '깨달은 사람'이라 불린 이 고타마 왕자는 온갖 호사함과 부유함을 누리면서 동양의 왕국(오늘날 인도 북부, 네팔에 있던 것으로 여겨진다./ 편집자)에서 자라났다. 왕궁도 세 개나 되어서 여름과 겨울 그리고 비가 많이 내리는 우기에 번갈아 가며 머물렀다. 왕자는 아름다운 음악이 끊이지 않는 왕궁을 나가 본 적이 없었다. 왕궁 바깥으로 나가려는 그를 아버지인 왕이 막았던 것이다. 왕은 세상의 모든 슬픔에서

아들을 떼어 놓고 싶었다. 심지어 괴로움을 안고 있는 사람은 어느 누구도 왕자 곁에 얼씬할 수조차 없었다. 고타마 왕자는 어느 날 마차를 타고 왕궁을 나섰다가 늙어 허리가 굽은 노인을 보았다. 왕자는 마부에게 그것이 무엇인지 물었고 마부는 설명하지 않을 수 없었다. 왕자는 깊은 생각에 잠겨 왕궁으로 돌아왔다. 어느 날 다시 외출했을 때 왕자는 병이 난 사람을 보았다. 그는 병에 관해서도 들어 본 적이 없었다. 왕자는 한층 더 깊은 생각에 잠겨 아내와 어린 아들이 기다리는 왕궁으로 돌아왔다. 또 어느 날 왕자는 죽은 사람도 목격하게 되었다. 왕자는 더 이상 왕궁으로 돌아가고 싶지 않았다. 그러다가 은둔자 한 사람을 보았고 자신도 광야로 나가 세상의 고통, 늙음과 질병과 죽음을 통해 드러난 그 고통에 관해 명상하기로 결심했다.

훗날 부처는 설교 중에 이런 이야기를 들려주었다. "그렇게 나는 떠났다. 행복한 유년을 누리다 갓 어른이 된 시점이었으니 아직 청순하고 머리칼도 검은 한창 때의 나이였다. 나는 울며 한탄하는 아버지의 뜻을 저버린 채 머리와 수염을 깎고 바랜 옷을 걸치고는 집을 나서 정처 없는 길을 떠났다."

고타마 왕자는 6년 동안 은둔하면서 참회의 생활을 했다. 그는 다른 사람들보다 더 깊은 명상에 잠겼고 더 엄격히 고행을 했다. 앉은 자리에서 숨도 거의 쉬지 않으면서 혹독한 고통을 견뎌 냈으며, 기력이 쇠해 쓰러질 정도로 음식도 기피했다. 하지만 몇 년 동안 수행을 했는데도 불구하고 마음의 평온은 찾을 수 없었다. 고타마는 이 세상이란 대체 무엇이며 모든 것은 근본적으로 하나인가라는 물음에만 매달린 것이 아니기 때문이다. 그는 이 세상의 모든 불행에 대해서도 깊은 생각을 거듭했다. 인간의 모든 고통과 슬픔, 태어나 나이를 먹고 병들어 죽는 것에 관해 생각했지만 단순한 참회만으로는 해답을 얻을 수 없었다.

고타마는 다시 음식을 먹어 기력을 회복하고 숨도 제대로 쉬기 시작했다. 그러자 지금까지 경탄해 마지않던 다른 은둔자들이 그를 경멸하기 시작했다. 고타마는 주변의 반응에 흔들리지 않았다. 어느 날 밤 숲속 빈터의 보리수나무 아래 앉아 있을 때 그는 깨달음을 얻었다. 여러 해 동안 알고자 했던 것을 갑작스레 알게 된 것이었다. 마치 내면에서 갑작스레 불빛이 켜진 것 같았다. 마침내 고타마는 깨달은 사람, 즉 부처가 되었다. 그는 자신이 깨달은 바를 세상에 알리기 위해 길을 나섰다. 머지않아 고타마가 인간의 모든 고통에서 해탈한 사람이라 믿고 따르는 사람들이 생겨났다. 고타마 부처를 따르던 이들은 하나의 교단을 세웠는데, 이것이 바로 불교이다. 오늘날에도 많은 아시아 국가에는 이런 불교 교단이 있다. 당신도 알다시피, 황색 승복을 입고 자족하는 삶을 살아가는 사람들이 바로 불교 승려들이다.

그런데 고타마가 보리수나무('보리수'는 '깨달음의 나무'란 뜻) 아래서 경험한 것, 즉 모든 괴로움과 의혹에서의 해탈이란 대체 무엇일까? 아주 간단히 설명할 테니 당신이 직접 깊이 생각해 보기 바란다. 사실 고타마가 6년 내내 골몰했던 것도 바로 이

보리수나무

해탈이라는 문제였다. 그리고 이 위대한 해탈, 위대한 깨달음이란 바로 다음과 같은 것이다. 모든 괴로움에서 구원되고자 한다면 우리는 우리 내면부터 다스려야 한다. 모든 괴로움은 욕심에서 생기는 것이기 때문이다. 예컨대 당신이 어떤 예쁜 책이나 장난감을 얻지 못해 슬프다면 그 슬픔에서 벗어날 수 있는 길은 두 가지이다. 그것을 얻으려고 노력하거나 그것을 소망하지 않으려 하는 것이다. 어느 쪽이든 성공한다면 당신은 더 이상 슬퍼하지 않을 것이다. 그래서 부처는 이렇게 가르쳤다. 만약 우리가 모든 멋지고 편안한 것을 탐하지 않는다면, 다시 말해 행복이나 안락함, 다른 사람의 칭찬, 애정 등을 갈구하지 않는다면 이런 것들이 없다고 해서 슬퍼하지 않을 수 있다. 즉 아무것도 소망하지 않는 사람은 더 이상 슬퍼하지도 않게 된다. 욕망을 줄일수록 고통도 줄어든다는 얘기이다.

당신은 이렇게 말할지도 모른다. "하지만 소망이란 자연스레 생기기 마련이잖아요?" 부처의 생각은 달랐다. 그의 가르침에 따르면, 사람이란 여러 해 동안 마음을 닦으면 필요한 것 이상은 원하지 않게 될 수 있다. 이는 코끼리 몰이꾼이 코끼리의 주인이듯 자기가 자기 욕심의 주인이 되는 것을 뜻한다. 나아가 아무것에도 더 이상 욕심을 내지 않게 되면, 이 세상에서 도달할 수 있는 최고 상태에 도달한 것이다. 이것이 바로 부처가 말하는 "잔잔한 바다와 같은 내면의 평온"이다. 이는 세상에서 아무것도 욕망하지 않는 사람, 모든 사람을 똑같이 선하게 대하며 그들에게서 아무것도 요구하지 않는 사람만이 갖는 고요하고 위대한 행복감이다. 부처의 가르침에 의하면, 모든 욕망의 주인이 된 사람은 죽은 후에 더 이상 이 세상에 다시 태어나지 않는다. 부처를 비롯한 모든 불교도는 영혼이 다시 세상에 태어나는 것은 생명에 연연하기 때문이라고 믿었다. 생명에 더 이상 연연하지 않는 사람은 죽은 후 '윤회의 굴레'에서 벗어나며 무(無)의 세계로 들어간다. 욕망도 없고 괴로움도 없는 무의 경지를 불교에서는 '열반'이라 한다.

이것이 바로 보리수나무 아래서 부처가 얻은 깨달음으로, 욕망을 채우는 대신 욕망에서 벗어나고, 갈증을 해소하는 대신 갈증을 없애라는 것이었다. 누구라도 짐작할 수 있겠지만, 이런 경지에 이르는 길은 편하고 쉬운 길이 아닐 것이다. 부처는 이 길을 '중도'라 일컬었다. 쓸모없는 자기 학대와 자각 없는 안이함을 모두 멀리하면서 참된 해탈로 인도하는 길이기 때문이다. 이 길은 올바른 믿음과 올바른 결정, 올바른 말, 올바른 삶과 올바른 죽음 그리고 올바른 의식과 올바른 사색을 말한다.

바로 이것이 고타마 왕자 즉, 부처가 설파한 가르침 중에서 가장 중요한 내용이다. 부처의 가르침은 깊은 감명을 주어서 많은 사람들이 그를 따르고 신처럼 숭배했다. 오늘날 지구상에는 크리스트교 신자만큼 많은 불교 신자들이 있으며 특히 동남아시아와 스리랑카, 티베트 그리고 중국과 일본 등지에 많다. 하지만 진정으로 부처의 가르침에 따라 살면서 내면의 평온을 얻을 수 있는 사람은 많지 않다.

11

거대한 민족의
위대한 스승

네가 어린 학생이었을 때만 해도 중국은 말하자면 '세상의 끝'으로 여겨졌다. 중국과 관련해 우리가 알았던 것은 찻잔이나 꽃병에 그려진 그림이 전부였다. 그리고 우리는 머리를 땋아 내린 작은 체구의 사람들과 정교하게 손질한 정원, 그리고 정원의 구름다리와 작은 종들이 매달려 있는 탑을 상상했다.

물론 현실의 중국은 상상 속 동화의 나라와는 전혀 달랐다. 비록 중국인이 1912년까지 거의 300년 동안 실제로 머리를 땋았고, 또 유럽에 중국이 알려진 계기는 도자기나 상아로 만든 정교하고 예쁜 공예품들이긴 하지만 말이다. 중국은 2000년이 넘는 세월 동안 수도의 궁전에 사는 황제의 지배를 받았다. 이집트의 파라오가 '태양의 아들'로 여겨졌듯, 중국의 황제는 '하늘의 아들'이란 의미에서 '천자(天子)'라 불렸다.

내가 이제 이야기하려는 시대, 그러니까 지금으로부터 약 2500년 전에는 아직 그런 모든 것이 없었다. 하지만 이미 중국은 역사가 아주 오래된 거대한 나라였고 붕괴의 조짐마저 보이고 있었다. 당시 중국에서는 이미 수백만 명의 부지런한 백성이 농사를 지었고 웅장한 도시들에서는 화려한 비단옷을 입은 사람을 흔히 볼 수 있었다.

거대한 중국에는 한 명의 왕이 있었지만, 이 나라는 이집트보다 크고 아시리아와 바빌로니아를 합친 것보다도 넓어서 왕의 신하인 여러 제후들이 나누어 다스렸다. 그런데 얼마 후에 제후들은 세력이 아주 막강해져서 왕의 명령조차 듣지 않게 되었다. 제후들은 끊임없이 서로 싸웠고 힘센 제후국들이 약한 제후국들을 차례로 집어삼켰다.

기원전 221년에 이르자 마침내 중국에는 단 한 명의 제후만 남게 되었다. 그가 바로 진시황제라는 중국 최초의 황제였다. 그런데 중국은 너무 넓어서 한쪽 변경에 사는 사람들과 다른 쪽 변경에 사는 사람들이 전혀 다른 말을 사용했다. 만약 언어적으로 공통점이 전혀 없었다면 이 거대한 나라는 분열되고 말았을 것이다. 다행히 한 가지 공통점이 있었으니 그것은 바로 문자였다.

당신은 이렇게 말할지도 모른다. "말이 서로 다르면 쓴 것을 이해하지 못할 텐데 문자가 같은들 무슨 소용이에요?" 하지만 중국 문자의 경우에는 그렇지가 않다. 중국어는 한마디도 알아듣지 못해도 문자는 이해할 수 있다. 무슨 마술이냐고? 전혀 그렇지 않다. 그리고 사실 그리 복잡한 문제도 아니다. 중국 문자 즉 한자는 말이라기보다 그림에 가깝다. 만일 '태양'이란 말을 쓰고 싶으면 '日'이라는 문자를 쓰면 된다. 이것을 보면서 당신은 '태양'이나 'sun'으로 읽어도 좋고 표준 중국어로 '리'라 발음해도 좋다. 발음이야 어떻든 이 문자만 알면 누구나 그 뜻을 이해할 수 있다. 또 '나무'를 표현하고 싶으면 선 몇 개를 그어 나무 문자, 즉 '木'을 쓰면 된다. 이 문자는 표준 중국어로 '무'라 발음하지만, 이 문자가 '나무'를 뜻한다는 것만 알면 발음은 몰라도 상관없다.

이제 당신은 이런 의문을 품을 것이다. "사물의 생김을 모방한 문자라면 쉽겠지요. 하지만 '하얀색'은 어떻게 써야 하지요? 붓으로 하얀 물감을 찍어야 하나요? 또 '동쪽'을 나타내고 싶을 때는 어떻게 해요? 이 경우에는 모방할 대상이 없잖아요?" 방법이 없지는 않다. 간단히 하얀 무엇인가를 그려서 '하얀색'을 표현하면 된다. 하얀 것 중에는 햇빛이 있다. 그러므로 태양 광선, 즉 해에서 나오는 선을 '白'이라 그리면 '하얀

색', 'white' 등을 뜻하게 된다. 그럼 '동쪽'은? 동쪽은 나무 뒤에서 태양이 떠오르는 방향이다. 따라서 나무 뒤에 있는 태양, 즉 '東'으로 표현하면 된다.

아주 실용적이지 않은가? 정말 그렇다. 하지만 모든 것에는 장단점이 있기 마련이다. 이 세상에 얼마나 많은 사물이나 사태가 있는지 생각해 보라. 중국 문자의 경우에는 그처럼 많은 사태나 사물 하나하나에 고유한 기호가 있어야 한다. 현재까지 만들어진 중국 문자, 즉 한자는 5만 자가량이며 그 뜻을 헤아리기 어려울 만큼 복잡한 것도 적지 않다. 이런 점을 생각하면 스물두 개의 알파벳 문자(오늘날의 알파벳은 26개이다./편집자)를 고안한 페니키아인들은 정말 칭찬받을 만하다. 하지만 중국인들은 이미 수천 년 전에 한자를 사용하기 시작했으며, 아시아의 많은 민족들이 중국어는 몰라도 한자는 읽고 쓸 수 있다. 그래서 중국의 위대한 인물들이 전개한 사상이나 원리가 여러 민족에게 급속히 전파될 수 있었다.

인도에서 부처가 중생을 고통에서 구제하려 하던 무렵에(당신도 기억하듯 기원전 500년경이었다.) 중국에서도 한 위인이 사람들을 행복하게 하고자 가르침을 펼쳤다. 하지만 이 인물은 모든 면에서 부처와 달랐다. 그는 왕족이 아닌 평민 출신이었고 은둔자가 아니라 관리이며 학자였다. 또한 그의 관심을 끌었던 것은 사람들이 욕심을 버려 고통에서 해방되는 문제보다 서로 평화롭게 공존하는 문제, 즉 부모와 자식, 군주와 신하가 조화로이 어울리는 문제였다. 한마디로 그의 목표는 사람들이 더불어 행복하게 사는 데 있었다.

그리고 그 목표는 실제로 이뤄졌다. 그의 가르침에 따라 거대한 중국 민족은 수천 년 동안 지구상의 다른 민족에 비해 훨씬 더 평화롭게 지냈으니 말이다. 이제 당신은 이 인물, 즉 공자의 가르침에 흥미를 느낄 것이다. 그의 가르침은 이해하기 어렵지 않으며 실행하는 것도 그다지 힘들지 않다. 공자가 그렇게 큰 호응을 얻었던 것도 바로 이런 이유에서이다.

공자가 이 목표에 이르기 위해 제시한 방법은 간단한 것이었다. 당신이 설명을 처음 들으면 이 방법이 마음에 들지 않을지도 모른다. 하지만 첫 인상과 달리 거기에는 깊은 지혜가 숨겨져 있다. 공자의 가르침에 따르면, 일반적인 생각과 달리 삶에서는 외형적인 것들이 아주 중요하다. 어른을 보면 절을 하거나 길을 양보하는 것, 윗사람과 이야기할 때는 서 있어야 하는 것 등이 그런 예이며, 중국인은 그 밖의 많은 일에서 형식적인 절차를 중요하게 여긴다. 공자에 따르면, 이런 형식들은 그저 우연히 생긴 것이 아니고 나름의 이유가 있거나 한때 이유를 가졌던 것들이다. 그리고 대개는 좋은 이유를 갖고 있었다.

공자는 "나는 옛것을 신뢰하고 좋아한다."라 말하기도 했다. 즉 그는 수천 년간 지켜진 예절이나 관습에는 심오한 뜻이 담겨 있다 믿었으며 사람들에게 그것들을 잘 지켜 가라고 가르쳤다. 예절이나 관습을 잘 지키면 모든 일이 더 나아지리라는 것, 깊이 생각하지 않아도 일이 절로 풀리리라는 것이 공자의 생각이었다. 이러한 예절이나 관습이 반드시 사람을 선하게 만들지는 않아도 더 악하게 되는 것은 막아 준다는 것이었다.

공자는 사람에 대해 아주 긍정적으로 생각했다. 그는 모든 사람이 착하고 올바르게 태어난다고 말했다. 모든 사람은 근본적으로는 착하고 바르다는 것이었다. 물가에서 노는 어린아이를 보면 누구나 아이가 물에 빠질까 봐 걱정을 한다. 다른 사람의 불행을 염려하는 이런 마음, 즉 연민의 정은 모든 사람이 타고나는 것이다. 그러므로 이런 마음이 사라지지 않도록 주의하는 것만큼 중요한 일은 없다.(공자는 남을 사랑하고 어질게 행동하는 '인(仁)'을 가장 중요한 덕목으로 여겼다. 그러한 공자의 뒤를 이은 맹자는 공자의 가르침을 더욱 발전시켰다. 맹자는 인간에게는 다른 사람을 가엾이 여기는 마음인 '측은지심(惻隱之心)'이라는 본성이 있다고 설명했다./ 옮긴이) 공자에 따르면, 가족이야말로 이런 마음이 유지되게 하는 것이다. 부모를 공경하는 사람은 다른 사람도 부모처럼 대하고, 더 나아가 부모에게 순종하듯 나라의 법도 항상 지키기 마련이다. (부모를 공경하는 마음도 타고나는 것이다.) 이렇듯 가족과 형제 간의 우애, 부모에 대한 공경은 삶에서 가장 중요한 것이기에 공자는 이를 '인간됨의 근본'이라 불렀다.

그렇다고 해서 신하들만 군주에게 복종해야 하고 군주는 그럴 필요가 없다는 뜻은 아니다. 오히려 공자와 제자들은 고집불통인 여러 제후들을 자주 찾아가 자신들의 생각을 거침없이 말하곤 했다. 왜냐하면 제후들이야말로 누구보다 먼저 예절을 지키고 부모의 사랑과 연민과 정의를 실천해야 마땅한 사람들이었기 때문이다. 만약 제후가 이를 실천하기는커녕 백성을 도탄에 빠지게 한다면 백성이 그를 쫓아내는 것은 당연한 일이라고 공자와 그의 제자들은 가르쳤다. 제후의 첫 번째 의무는 모든 백성의 모범이 되는 것이었기 때문이다.

어쩌면 당신은 공자의 가르침이란 너무 뻔하고 당연한 것뿐이라고 말할지도 모른다. 실제로 공자가 원한 것은 그런 것이었다. 공자는 누구나 저절로 이해하고 옳다 여기는 것을 실현하고자 했다. 그렇게 된다면 사람들이 함께 모여 사는 일이 훨씬 수월해지리라는 생각이었다. 앞서 이미 말했듯, 공자의 의도는 실현되었다. 그의 가르침이 있었기에 수많은 지방으로 나뉜 이 거대한 나라가 분열되지 않고 유지될 수 있었던 것이다.

그런데 당신은 공자와는 다른 사상을 가졌던 인물, 예컨대 공동체의 생활이나 예절을 지키는 방법보다는 부처처럼 세상의 위대한 비밀을 풀어 보려 한 인물도 중국에 있지 않았을까 하고 궁금해할 수 있다. 실제로 공자가 살았던 때와 거의 같은 시기에 그런 현자가 있었다. 그는 노자라는 이름의 관리였는데, 사람들 사이의 번잡함을 싫어했다고 한다. 그래서 노자는 관직을 버리고 중국 변방의 고적한 산속으로 들어가 버렸다.

그런데 노자가 변방에 이르렀을 때 평범한 국경 관리 한 사람이 노자에게 한 가지

부탁을 했다. 인간 세상을 버리기 전에 노자의 생각을 기록으로 남겨 달라는 것이었다. 노자는 그 부탁을 들어주었으나 이 국경 관리가 노자의 사상을 이해했을지는 의문이다. 노자의 사상은 아주 난해하고 신비롭기 때문이다.

노자의 사상이란 대략 이런 것이다. 바람과 날씨, 식물과 동물, 밤과 낮의 변화, 별들의 움직임을 비롯한 모든 세상일에는 하나의 위대한 법칙이 작용하고 있는데, 이를 '도(道)'라 한다. '도'란 '길'이란 뜻이다. 그런데 인간은 불안함 때문에, 즉 바삐 살면서 많은 것을 계획하고 많은 것을 생각하며 또 제물을 바치고 기도하느라 이 법칙이 가까이 오는 것을 스스로 막고 있다. 도의 작용을 방해하고 있는 것이다.

노자

그러므로 인간이 해야 하는 일은 오직 한 가지뿐이라고 노자는 가르친다. 그것은 아무것도 행하지 않는 것, 다시 말해 마음을 지극히 평온한 상태에 있게 하는 것이다. 주위를 둘러보지 말고 그 무엇에도 귀 기울이지 않으며 아무것도 행하지 않고 아무 생각도 하지 않아야 한다는 것이다. 그처럼 사람이 나무 한 그루나 꽃 한 송이처럼 아무 의지나 의욕도 없는 상태에 이르면, 마침내 위대한 보편적 법칙, 즉 하늘을 움직이고 봄을 불러오는 도가 작용하기 시작한다. 당신도 느끼듯, 이런 가르침은 이해하기 쉽지 않고 실천하기는 더욱 어렵다. 어쩌면 노자는 깊은 산속에 홀로 묻혀 아무것도 행하지 않음으로써 자신이 말한 것을 실천하는 경지에 올랐을지도 모른다. 하지만 거시적으로 보면 노자가 아닌 공자가 중국의 위대한 스승이 된 것이 더 다행스러운 일인 듯하다. 당신의 생각은 어떤가?

12

세상에서 가장
위대한 모험가

그리스의 찬란한 시대는 오래지 않아 막을 내렸다. 그리스인은 다른 모든 것은 할 수 있어도 평화는 유지할 줄 몰랐다. 특히 아테네와 스파르타는 불편한 관계를 지속했다. 이미 기원전 431년부터 장기간에 걸쳐 두 도시는 혹독한 전쟁을 벌였다. 이것이 바로 '펠로폰네소스 전쟁'이다. 스파르타인은 아테네로 쳐들어가 도시를 풍비박산으로 만들었고 올리브나무마저 모두 베어 버렸다. 아테네인에게는 끔찍한 재앙이었다. 올리브나무를 다시 심는다 해도 열매를 맺기까지는 아주 오랜 시간이 걸리기 때문이다. 아테네인도 반격에 나서 지금의 이탈리아 남부, 시칠리아와 시라쿠사의 스파르타 식민지들을 공략했다. 이런 공방전이 장기간 지속되는 와중에 아테네에서는 심각한 전염병이 돌았고 페리클레스도 이 병으로 죽었다. 결국 아테네는 패배했고 도시의 성벽도 무너졌다. 모든 전쟁이 그렇듯 이 전쟁으로 그리스 전역이 피해를 입었고 승전국도 예외가 아니었다. 더욱이 델포이 근처에 사는 어느 부족이 사제들에게 불만을 품고 아폴로의 성역을 점거하고는 약탈을 벌이자 사태는 훨씬 더 악화되었으며 심각한 분란이 일어났다.

그런데 이 분란의 와중으로 이민족이 끼어들었다. 아주 다른 민족은 아니었다.

이들은 그리스 북부의 산악 지대에 사는 마케도니아인이었다. 마케도니아인은 그리스인과 친족이지만 훨씬 거칠고 싸움을 잘했으며 필리포스라는 아주 영리한 왕의 지배를 받았다. 필리포스왕은 그리스어가 유창했으며 그리스의 풍습과 문화도 잘 알고 있었다. 그의 야심은 그리스 전역을 지배하는 왕이 되는 것이었다. 델포이 신전을 둘러싼 분란이 그리스 종교를 믿는 모든 부족의 싸움으로 번지자 필리포스왕은 이를 기회로 삼아 그리스로 진군했다. 당시 아테네에는 연설 솜씨가 탁월한 정치가가 한 사람 있어서 기회 있을 때마다 필리포스왕의 계획을 폭로하고 나섰다. 그의 이름은 데모스테네스였으며, 필리포스왕을 공박한 그의 연설은 '필리포스 탄핵'이라 불린다. 하지만 그리스 부족들 간의 불화가 너무 심해서 필리포스의 침략을 막아 낼 수 없었다.

마케도니아의 왕 필리포스

필리포스왕이 이끄는 마케도니아군은 카이로네이아라는 곳에서 그리스인과 싸워 이겼다. 불과 100여 년 전 페르시아 대군과 싸워 이긴 그리스군이 참패한 것이었다. 이제 그리스인은 자유를 상실했다. 그리스인이 그토록 남용했던 자유는 기원전 338년 종말을 고했다. 그렇지만 필리포스왕이 그리스를 완전히 굴종시키거나 약탈하려 들지는 않았다. 그는 이제 다른 계획을 실행에 옮기려 했다. 그의 새로운 계획은 그리스인과 마케도니아인으로 구성된 대군을 이끌고 페르시아 정벌에 나서는 것이었다.

페르시아 전쟁이 일어났던 시대와 달리 아주 불가능한 일은 아니었다. 페르시아에서는 다리우스 1세처럼 유능하거나 크세르크세스처럼 강력한 왕이 이미 오래전부터 등장하지 않고 있었기 때문이다. 왕들은 이제 왕국 전체를 감독하겠다는 의지가 없었고 지방 총독들이 많은 돈을 보내오기만 하면 만족했다. 왕들은 그 돈으로 웅대한 궁전을 지었고, 호사스러운 왕실에서는 황금 식기를 사용했으며, 수많은 노예들조차 화려한 옷을 지어 입었다. 왕들은 먹고 마시는 일에만 탐닉했으며, 총독들의 생활도 크게 다르지 않았다. 그런 왕국을 정복하는 것은 어렵지 않은 일이라고 필리포스왕은 생각했다. 하지만 필리포스왕은 전쟁 준비를 마치기도 전에 암살을 당하고 말았다.

필리포스로부터 그리스와 고향인 마케도니아를 상속받은 새로운 왕은 스무 살도 안 된 청년으로 이름은 알렉산드로스였다. 그리스인들은 풋내기쯤이야 쉽게 해치울 수 있다 생각했기에 해방이 머지않았다고 판단했다. 하지만 알렉산드로스는 평범한 젊은이가 아니었다. 그는 아주 이른 나이부터 왕위에 오르기를 열망하던 청년이었다. 그가 꼬마였던 시절, 부왕 필리포스가 그리스의 도시를 새로 정복할 때마다 이렇게 말하며 울었다는 이야기도 전해진다. "아버지 때문에 내가 왕이 될 때쯤엔 정복할 땅이 하나도 남지 않겠어." 이제 그에게도 기회가 왔다. 독립을 꾀했던 그리스의 도시 테베는 알렉산드로스에 의해 본보기로 파괴되었으며 시민들은 모두 노예로 팔려 갔다. 그 후 알렉산드로스는 코린트에서 그리스의 모든 지도자들과 회합을 갖고 페르시아 정벌 문제를 협의했다.

그런데 젊은 왕 알렉산드로스는 용맹하고 명예욕이 강한 전사였을 뿐 아니라 고수머리를 길게 기른 아름다운 청년이기도 했다. 더욱이 그는 당시의 지식을 모두 터득하고 있었다. 알렉산드로스는 당대 가장 유명한 학자를 스승

알렉산드로스
대왕

으로 모시고 있었기 때문이다. 그 스승이란 바로 그리스의 철학자 아리스토텔레스였다. 이 사실이 그렇게 대단한 의미일까? 물론이다. 아리스토텔레스는 알렉산드로스의 스승이었을 뿐 아니라 거의 2000년 동안 인류의 위대한 교사였다는 점을 생각한다면 이해할 수 있을 것이다. 2000년 동안이나 사람들은 어떤 문제에서 의견이 일치하지 않으면 그의 저서를 참고했다. 아리스토텔레스는 심판관이었고, 그의 저술은 진리로 간주되었다. 실제로 아리스토텔레스는 당대에 알아낼 수 있는 모든 것을 수집하고 연구했다. 그는 자연의 역사와 별의 움직임 그리고 동식물에 관한 책을 썼으며 역사와 인간의 사회생활(정치학)에 관한 글도 남겼고 올바른 사고(논리학)와 올바른 행동(윤리학)에 관한 책도 집필했다. 더 나아가 그는 문학과 아름다움에 관해 논했으며 신에 관한 생각도 글로 남겼다. 그의 생각에 따르면, 신은 별보다 더 높은 하늘에 꼼짝 않고 떠 있는 존재로 우리 눈에는 보이지 않는다.

아리스토텔레스

성실하고 훌륭한 제자였던 알렉산드로스는 그 모든 것을 습득했다. 그가 가장 즐겨 읽은 책은 호메로스의 영웅 서사시로, 밤이면 베개 아래 놓고 잠을 잘 정도였다 한다. 하지만 알렉산드로스는 책만 파고들지는 않았으며 운동에도 만능이었다. 특히 승마에서는 그를 따라잡을 사람이 없었다고 한다. 한번은 그의 아버지가 아주 멋지지만 성질이 사나운 말 한 마리를 샀다. 하지만 아무도 그 말을 길들일 수 없었다. 부케팔루스라는 이름의 이 말은 올라타는 사람을 모두 내동댕이쳐 버렸다. 알렉산드로스는 그 이유를 곧 알아차렸다. 말은 자신의 그림자에 겁을 먹었던 것이다. 알렉산드로스는 말이 태양을 향해 서게 하여 자신의 그림자를 보지 못하게 했다. 그러고는 말을 쓰다듬어 주면서 얼른 올라탔고 온 왕궁의 갈채를 받으면서 말을 몰았다. 그 후로

부케팔루스는 알렉산드로스의 애마가 되었다.

알렉산드로스가 코린트에 모인 그리스 지도자들 앞에 나타나자 모두가 환호하면서 왕의 비위를 맞추기에 급급했다. 하지만 단 한 사람은 예외였다. 그는 디오게네스라는 이름의 괴짜 철학자였다. 이 철학자의 견해는 부처의 생각과 가까운 점이 없지 않았다. 그에 따르면, 사람이 소유한 것과 필요로 하는 것은 자족하며 성찰하는 삶을 방해할 뿐이다. 그래서 디오게네스는 가진 것을 모두 버리고 거의 알몸으로 코린트의 광장에 있는 통 속에 살았다. 이곳에서 그는 주인 없는 개처럼 아무것에도 구애받지 않고 자유롭게 살았다. 이 기이한 인간을 알고 싶었던 알렉산드로스는 몸소 그를 찾아갔다. 화려한 갑옷 차림의 알렉산드로스는 투구의 깃털 장식을 날리면서 통 앞에 서서 말했다. "그대가 마음에 든다. 뭐든 원하는 것이 있으면 내가 들어주겠다." 그러자 마침 기분 좋게 햇볕을 쬐며 누워 있던 디오게네스는 이렇게 말했다. "왕이시여, 소원이 하나 있기는 하오." "말해 보라." "왕께서 햇빛을 가리시니 좀 비켜 주시오." 이말에 깊은 인상을 받은 알렉산드로스는 이렇게 말했다고 한다. "내가 알렉산드로스가 아니라면 디오게네스가 되고 싶다."

그런 왕이었기 때문에 군대의 그리스인들도 곧 마케도니아인들처럼 알렉산드로스를 좋아하게 되었다. 이들은 왕을 위해 기꺼이 싸우려 했다. 알렉산드로스는 확신을 품고서 페르시아 원정에 나설 수 있었다. 그는 자신이 가진 모든 것을 친구들에게 선사했다. 그러자 친구들이 놀라서 물었다. "자네에겐 남는 건 대체 무엇인가?" 알렉산드로스는 이렇게 대답했다고 한다. "희망이지." 이 희망은 그를 배반하지 않았다. 그는 군대를 이끌고 제일 먼저 소아시아로 진격했다. 이곳에서 알렉산드로스는 처음으로 페르시아군과 대치하게 되었다. 페르시아군은 알렉산드로스의 군대보다 수적으로 우월했지만 사령관조차 자격 미달인 오합지졸에 불과했다. 페르시아 군대는 패배하여 곧 도주하기 시작했다. 알렉산드로스의 군대는 정말 용맹스러웠으며, 누구보다도 알렉산드로스 자신이 가장 격렬한 싸움터에서 가장 용감히 싸웠기 때문이다.

디오게네스

'고르디우스의 매듭'에 관한 유명한 이야기는 바로 소아시아 정복 과정에서 생겨났다. 고르디움이라는 도시의 한 신전에는 오래된 전차가 한 대 있었는데, 그 끌채에는 단단하고 복잡하게 얽힌 매듭이 하나 묶여 있었다. 그리고 이 매듭을 풀 수 있는 사람이 세상을 지배할 것이라는 예언이 전해 오고 있었다. 아마 이 매듭은 바쁠 때면 꼭 엉켜 있는 구두끈보다 더 심하게 꼬여 있었나 보다. 아무튼 알렉산드로스는 이 매듭을 풀어 보려고 애를 쓰지는 않았다. 그 대신 당신의 어머니라면 절대 허락하지 않았을 행동을 하고 말았다. 검을 빼 들어 매듭을 반 토막 냈던 것이다. 이 행동은 "내가 검을 쥐고 세상을 정복하여 예언을 실현하겠다."는 뜻이었다. 그리고 알렉산드로스는 실제로 세상을 정복했다.

이 정복이 어떻게 더 진행되었는지는 다음 장의 지도에서 확인하기 바란다. 알렉산드로스는 곧장 페르시아로 쳐들어가지 않았다. 페르시아의 속주인 페니키아와 이집트를 배후에 둔 채 페르시아로 진격하는 것은 위험하다고 판단했기 때문이었다. 페르시아군은 이수스라는 도시에 진을 치고 알렉산드로스의 군대를 저지하려 했다. 하지만 알렉산드로스는 페르시아군을 격퇴하고 왕의 화려한 천막과 보물을 노획했다. 왕의 부인과 누이도 포로로 잡았지만 공손하고 예의 바르게 대우했다. 이때가 기원전 333년인데, '삼, 삼, 삼, 이수스 전투'라고 외우면 기억하기가 쉬울 것이다.

페니키아를 정복하는 것은 쉽지 않았다. 도시 티루스를 정복하기까지 무려 7개월이란 시간이 걸렸다. 알렉산드로스는 이 도시를 특히 잔혹하게 파괴해 버렸다. 이집트 정복은 쉬운 편이었다. 이집트인들은 페르시아로부터 벗어나길 원했는데 알렉산드로스는 페르시아의 적이었기 때문에 그에게 자발적으로 항복했던 것이다. 하지만 알렉산드로스는 이집트인의 방식대로 진정한 지배자가 되기를 원했다. 그래서 사막을 지나 태양신의 신전으로 가서는 사제들로 하여금 그가 태양신의 아들 파라오라고 말하게 했다. 이집트를 떠나기 전 알렉산드로스는 바닷가에 도시 하나를 건설하고 자기 이름을 따서 '알렉산드리아'라고 명명했다. 오늘날까지 남아 있는 이 도시는 오랫동안 세상에서 가장 강대하고 부유한 도시 중의 하나였다.

마침내 알렉산드로스는 페르시아를 향해 출발했다. 그사이에 페르시아왕(다리우스 3세/ 편집자)은 거대한 규모로 군대를 모았으며 고대 도시 니네베 근처의 가우가멜

다리우스가 패배한
이수스 전투

라에서 알렉산드로스를 기다렸다. 페르시아왕은 먼저 알렉산드로스에게 사신을 보
내 왕국의 절반을 선사하고 공주를 부인으로 줄 테니 물러가 달라고 제의했다. 알렉
산드로스의 친구인 파르메니오는 당시 이렇게 말했다고 한다. "내가 알렉산드로스
라면 이 제의를 받아들이겠다." 그러자 알렉산드로스는 이렇게 대꾸했다. "내가 파르
메니오라면 그랬을 것이다." 그는 세계의 반이 아닌 전체를 원했으며 최후의 페르시
아 대군을 결국 격퇴해 버렸다. 페르시아왕은 산속으로 도주했지만 자신의 신하에
게 살해당했다.

알렉산드로스는 페르시아왕의 살해자들을 처벌했다. 이제 그는 전체 페르시아

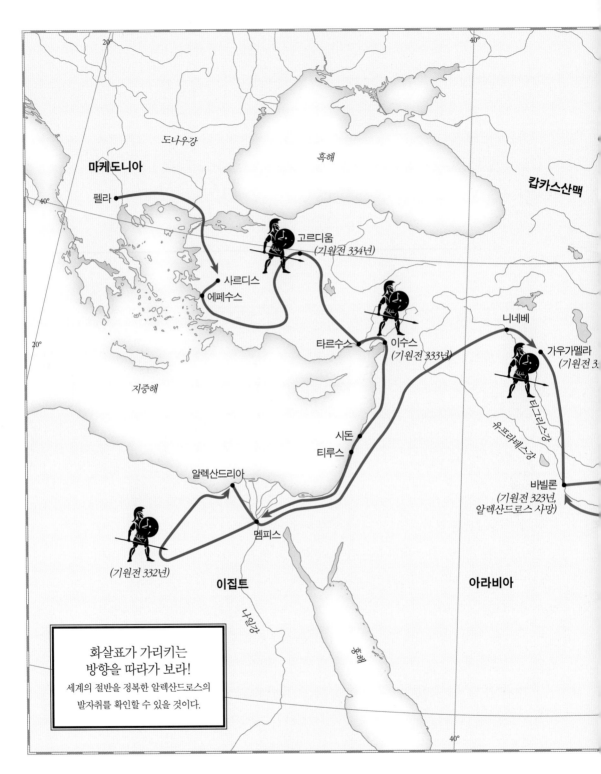

마케도니아

도나우강

펠라

칸카스산맥

고르디움
(기원전 334년)

흑해

사르디스
에페수스

니네베

가우가멜라
(기원전 3.

타르수스

이수스
(기원전 333년)

지중해

시돈
티루스

티그리스강

유프라테스강

알렉산드리아

바빌론
(기원전 323년,
알렉산드로스 사망)

멤피스

(기원전 332년)

이집트

아라비아

나일강

홍해

화살표가 가리키는
방향을 따라가 보라!
세계의 절반을 정복한 알렉산드로스의
발자취를 확인할 수 있을 것이다.

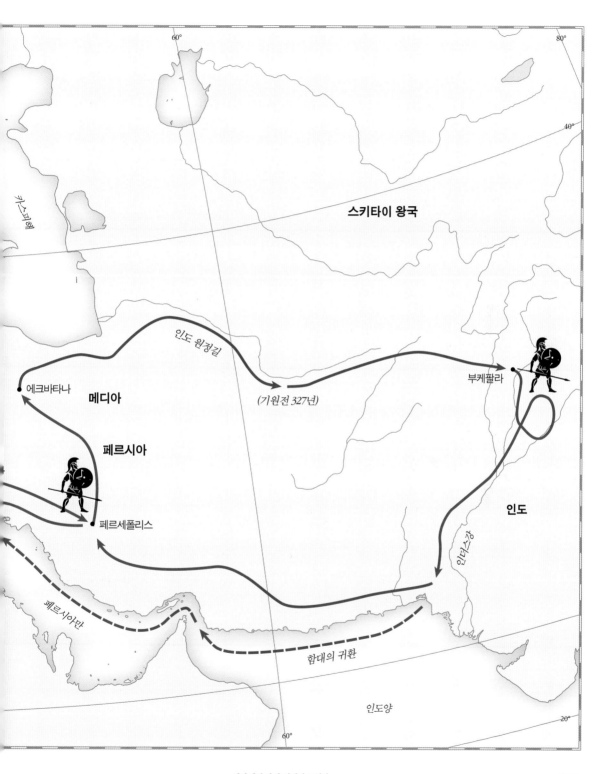

스키타이 왕국

카스피해

메디아

페르시아

에크바타나

페르세폴리스

인도 원정길

(기원전 327년)

부케팔라

인도

인더스강

페르시아만

함대의 귀환

인도양

제국의 지배자가 되었다. 그의 제국에는 그리스와 이집트, 페니키아, 팔레스타인, 바빌로니아, 아시리아 그리고 소아시아와 페르시아가 포함되었다. 그는 제국을 새롭게 정비했으며, 나일강에서 사마르칸트까지 그의 명령이 미치지 않는 곳은 없었다.

당신이나 나였다면 분명 이 정도에서 만족했을 것이다. 하지만 알렉산드로스는 그렇지 않았다. 아직 발견되지 않은 미지의 나라들을 정복하고자 했다. 동방의 진귀한 물건을 갖고 페르시아를 찾는 상인들이 이따금 이야기하던 먼 곳의 신비한 이민족들을 직접 보고 싶었다. 그리스 신화의 디오니소스처럼 알렉산드로스는 햇볕에 그을린 인도인의 나라까지 승전고를 울리며 진군해 들어가 그들을 신하로 삼고 싶었다. 실제로 그는 페르시아의 수도에 오래 머물지 않았다. 기원전 327년 그는 군대와 함께 혹독한 위험을 무릅쓰고 미지의 고산 지대를 넘어 인더스강 유역으로 밀고 들어갔다. 북부 인도인은 순순히 굴복하지 않았다. 특히 숲속의 참회자들과 은둔자들은 서방에서 온 정복자들에게 대항하라고 가르쳤다. 그래서 알렉산드로스는 인도 북부의 전사 계급이 방어하는 도시들을 하나씩 하나씩 힘겹게 정복할 수밖에 없었다.

이 싸움에서 알렉산드로스는 자신만의 대담성을 여실히 보여 주었다. 인더스강의 한 지류에서 인도 북서부(파우라바 왕국/ 편집자)의 왕 포로스가 전투용 코끼리와 보병으로 이뤄진 막강한 군대를 거느리고 알렉산드로스를 기다리고 있었다. 포로스왕은 강 건너편에 있었고, 알렉산드로스는 적군이 뻔히 보는 앞에서 병사들과 함께 강을 건너야 했다. 이렇게 강을 건너는 데 성공한 것만 해도 대담무쌍한 일이었다. 그러나 더욱 놀라운 점은 찌는 듯한 무더위 속에서 포로스왕의 군대를 정말로 격퇴했다는 사실이다. 포로스는 결박되어 알렉산드로스 앞으로 끌려왔다. "내게서 무엇을 원하느냐?" 알렉산드로스가 물었다. "나를 왕답게 대우해 달라." 포로스가 대답하자 알렉산드로스가 다시 물었다. "그밖에는 없나?" 포로스는 말했다. "없다. 그것뿐이다." 알렉산드로스는 당당한 태도에서 좋은 인상을 받았기에 포로스에게 왕국을 돌려주었다.

알렉산드로스는 계속 동쪽으로 진군해서 더 낯설고 더 신비한 종족이 사는 갠지스강 유역까지 가 보고 싶었다. 하지만 병사들은 더 이상의 진군을 원하지 않았다. 그들은 세상 끝에 닿을 때까지 진군만 하는 대신 고향으로 돌아가고 싶었던 것이다. 알렉산드로스는 병사들에게 간청도 하고 혼자서 떠나겠다는 위협도 하면서 사흘간 천막을 떠나지 않고 버텼다. 그러나 병사들은 끝내 뜻을 굽히지 않았고 결국 알렉산드로스도 방향을 돌릴 수밖에 없었다.

그렇지만 한 가지 점에서만은 알렉산드로스의 생각이 관철되었다. 왔던 길로 다시 돌아가지는 않기로 한 것이다. 물론 그 길은 이미 정복한 지역을 따라가는 것이므로 가장 안전했다. 그러나 알렉산드로스는 새로운 것을 보고 새로운 지역을 정복하고 싶었다. 그리하여 인더스강을 따라 인도양까지 내려갔다. 여기서 그의 군대 일부는 배를 타고 고국으로 돌아갔다. 그러나 알렉산드로스는 끔찍한 고통을 군이 감수하면서 돌투성이의 삭막한 황무지를 가로질러 갔다. 그는 모든 궁핍과 고통을 병사들과 함께 나누었으며 남보다 더 많은 물을 마시거나 더 오래 쉬지도 않았다. 이때도 그는 늘 선두에 서서 싸웠다. 이런 혹독한 모험에서 그가 목숨을 건진 것은 기적에 가까운 일이었다.

진국 중에 어느 요새를 공격했을 때의 일이다. 방벽에 사다리를 기대어 놓고 오르기 시작했는데, 알렉산드로스가 제일 앞장섰다. 그런데 그가 방벽 위로 올라선 순간, 뒤따르던 병사들의 무게를 이기지 못하고 사다리가 부서져 버렸다. 알렉산드로스는 방벽 위에 혼자 남았고, 부하들은 얼른 뛰어내리라고 소리쳤다. 하지만 그는 곧장 성 안으로 뛰어내렸으며 벽을 등지고 서서는 방패로 몸을 가린 채 무수한 적군에 대항했다. 부하들이 방벽을 넘어 달려왔을 때 그는 이미 화살을 맞아 부상을 입은 상태였다. 위기일발의 상황이었던 것이다.

마침내 알렉산드로스와 부하들은 페르시아의 수도로 돌아왔다. 하지만 이곳은 앞서 알렉산드로스에 의해 정복될 때 잿더미로 변해 버렸다. 그래서 그는 거처를 바빌론의 궁전으로 정했다. 당연히 그는 머물 곳을 마음대로 고를 수 있었다. 이제 알렉산드로스는 이집트에서는 태양신의 아들이었으며 페르시아에서는 왕 중의 왕이었고 인도 일부와 아테네에도 군대를 주둔시키고 있었다. 그는 진정한 세계의 지배자다운 모습을 취하기로 했다.

알렉산드로스가 이런 결심을 한 것은 자만심 때문이 아니었다. 단지 그는 아리스토텔레스의 제자였기에 인간을 아주 잘 알고 있었으며 권력이란 것은 화려함과 위엄을 갖출 때에만 감화력을 지닐 수 있다는 점을 익히 알았던 것뿐이다. 그래서 그는 수천 년간 바빌로니아와 페르시아의 궁중에서 치러졌던 장엄한 의식을 모두 받아들였다. 그의 앞에서는 누구나 무릎을 꿇어야 했고 진정 신을 대하듯 말해야 했다. 또한 그는 동방의 왕들처럼 여러 명의 부인을 거느렸으며 페르시아의 정통 후계자가 되기 위해 다리우스 3세의 딸과도 결혼했다. 알렉산드로스는 이방의 정복자로 머물고 싶지는 않았으며 동방의 지혜와 풍요로움을 그리스의 명석함과 능동성에 융합시켜 새롭고 경이로운 무엇인가를 창조하고 싶었다.

그러나 그리스인은 이런 상황을 마음에 들어 하지 않았다. 무엇보다 자신들이 정복자로 그리고 세상의 유일한 주인으로 군림하길 원했다. 다음으로 그들은 자유에 익숙한 사람들이었기에 그 누구 앞에서도 무릎을 꿇으려 하지 않았다. 그들의 표현을 빌자면, 그것은 "개처럼 땅을 기는 것"이었다. 그리하여 그리스인들과 병사들은 점점 더 반항적인 태도를 보였고, 알렉산드로스는 그들을 고국으로 돌려보낼 수밖에 없었다. 또한 그는 마케도니아와 그리스의 병사 1만 명을 페르시아 여인들과 결혼시켰고 그 대가로 후한 지참금과 함께 성대한 잔치도 베풀었지만 두 민족의 융합이라는 원대한 사업은 끝내 성공하지 못했다.

알렉산드로스의 장대한 계획은 그것뿐이 아니었다. 그는 이집트의 알렉산드리아와 같은 도시를 더 많이 건설하고 싶었다. 그는 곳곳에 도로를 닦고자 했으며 그리스인들의 반대를 무릅쓰고서라도 정벌을 계속하여 세상을 지속적으로 변화시키고 싶었다. 당시에 이미 인도에서 아테네까지 우편물이 정기적으로 오갔다면 어떠했을지 상상해 보라! 하지만 알렉산드로스는 이런 계획을 진행시키던 중에 죽고 말았다. 네부카드네자르왕의 여름 궁전에서 한창때인 서른둘의 나이였으니, 기원전 323년의 일이었다.

열에 들떠 병상에 누워 있던 알렉산드로스는 누구를 후계자로 삼을 것이냐는 질문에 이렇게 답했다. "가장 품위 있는 자." 하지만 그런 사람은 없었다. 알렉산드로스 주변의 사령관이나 제후들은 하나같이 야심 많고 사치스러우며 양심도 없는 사람들이었다. 이들은 제국을 차지하기 위해 다툼을 벌였으며 결국 제국은 분열되고 말았다. 이집트는 사령관인 프톨레마이오스의 가문이 다스렸고 메소포타미아는 셀레우코스의 가문이 차지했으며 소아시아는 안티고노스의 가문이 지배했다. 인도는 완전히 잃어버렸다.

비록 세계 제국은 산산조각이 났지만 알렉산드로스의 계획은 서서히 실현되었다. 그리스의 예술과 사상은 페르시아로 흘러들었고 멀리 인도를 거쳐 중국에까지 전해졌다. 그리스인은 아테네와 스파르타가 세상의 전부가 아니라는 사실과 도리아인과 이오니아인의 영원한 다툼보다 더 중요한 과제가 있다는 사실을 깨달았다. 이들은 한때 조금이나마 지녔던 정치적 힘을 이제 완전히 상실했다. 그런데 공교롭게도 바로 이때부터 그리스인은 역사상 유례가 없는 정신적 힘, 흔히 그리스 교양이라 불리는 힘을 행사하기 시작했다. 당신은 이 힘을 지키는 요새가 무엇인지 아는가? 그것은 바로 도서관이다. 일례로 알렉산드리아에는 70만 권의 두루마리 서적을 소장한 그리스 도서관이 있었다. 이제는 이 서적들이 세계를 정복하는 그리스 병사들이 되었다. 이 세계 제국은 오늘날까지 존재한다.

13

새로운 전사들의 싸움

알렉산드로스는 동쪽으로만 진군했다. '동쪽으로만'이란 표현은 아주 정확한 것이 아니다. 하지만 그리스 서쪽에 있는 지역이 그의 관심을 끌지 못한 것은 사실이다. 그곳에는 페니키아와 그리스의 식민지 두서너 곳과 숲이 우거진 반도 몇 개가 있었다. 반도들에는 가난하고 거칠며 호전적인 농경 민족들이 살았다. 이런 반도 중의 하나가 이탈리아반도이며, 그런 농경 민족 중의 하나가 로마인이었다. 알렉산드로스 대왕의 시대에 로마인의 나라는 이탈리아반도 중앙에 있는 좁은 땅덩이에 불과했다. 로마는 옹벽으로 둘러싸인 작고 투박한 도시였지만 그 주민들의 자부심은 대단했다. 이들은 선조들의 위대한 역사를 즐겨 이야기했고 다가올 미래가 근사할 것이라 믿어 의심치 않았다. 이들은 자신들의 역사가 고대 트로이까지 거슬러 올라간다고 생각했다. 로마인의 전설에 따르면, 아이네아스라는 사람이 트로이에서 이탈리아로 도망쳐왔다. 그의 후손 중에는 로물루스와 레무스라는 쌍둥이가 있었는데, 형제의 진짜 아버지는 전쟁의 신 마르스였다. 전설에 따르면, 쌍둥이 형제는 숲에 버려져서 늑대의 젖을 먹고 자랐으며 로물루스가 로마를 건국했다. 로마인의 전설은 그 연도까지 밝히고 있는데, 현재의 계산법에 따르면 기원전 753년이다. 그리스인이 올림피아를 연도

계산의 기준으로 삼았듯, 후일 로마인은 이때를 기점으로 삼아 '도시 건립 후 몇 년'
이라고 표시했다. 예를 들어 로마력 100년은 기원전 653년에 해당된다.

　로마인은 아주 먼 옛날부터 전해 오는 재미있는 이야기를 많이 알고 있었다. 이
도시를 다스렸던 선한 왕과 나쁜 왕에 관한 이야기도 있고, 차라리 '이웃 마을'이라
표현하는 게 알맞을 이웃 도시와의 싸움에 관한 이야기도 있다. 이 도시의 7대 왕이
자 마지막 왕이었던 타르퀴니우스는 폭정을 일삼아 '거만한 사람'이라 불렸으며 결
국은 브루투스라는 귀족에 의해 살해되었다. 그 후로 다수의 도시 귀족들이 로마를
통치하였다. 그런데 당시의 도시 귀족은 진짜 도시인이기보다는 넓은 농토와 목초지
를 소유한 대지주에 가까웠다. 로마에서 왕정이 폐지된 후로는 이런 도시 귀족들에
게만 관리를 선출할 권리가 있었다.

로마의 최고 관리는 '집정관'이라 불렸다. 집정관은 두 명이었으며 임기는 단 1년이었다. 물론 로마에는 귀족 외에 다른 주민들도 있었다. 하지만 이 사람들은 조상이 유명하지도 않고 농토도 별로 없어 낮은 신분으로 여겨졌다. 이들은 '평민'이라 불렸다. 인도의 경우와 비슷하게 평민은 하나의 계급을 이루고 있었다. 평민은 귀족 계급의 여자와 결혼할 수 없었고 당연히 집정관으로 선출될 수도 없었다. 게다가 도성 밖의 마르스 들판에서 열리는 민회에서 투표를 할 수도 없었다. 하지만 평민들은 수적으로 우세했고 귀족들만큼이나 의지가 굳고 강인한 사람들이었다. 종종 평민들은 자신들의 처우가 개선되지 않고 귀족들이 정복을 통해 독차지한 목초지와 농경지 일부를 나눠 주지 않는다면 나라를 떠나겠다고 위협했다. 수백 년에 걸친 혹독한 싸움 끝에 평민도 결국은 귀족과 동등한 권리를 획득하게 되었다. 이제 두 명의 집정관 중 한 사람은 귀족 중에서 선출되었고 다른 한 사람은 평민 중에서 선출되었다. 공정한 결론을 도출한 셈이다. 이 복잡하고 지루한 싸움이 끝난 시점은 알렉산드로스가 세계를 재패한 무렵과 대략 일치한다.

이 싸움에 관해 알게 된 당신은 이제 로마인이 어떤 사람들이었는지 대략 짐작할 수 있을 것이다. 로마인은 아테네인처럼 뭔가 생각해 내거나 발명하는 데 능한 사람들은 아니었다. 그렇다고 아름다운 대상, 예컨대 건축이나 조각, 문학 등을 즐기는 편도 아니었다. 이 세계나 삶의 본질에 관한 생각도 그들의 주된 관심사는 아니었다. 하지만 이들은 무엇인가 마음먹으면 끝내 실현시키고 말았다. 설령 200년이 걸린다 해도 말이다. 로마인은 아테네인처럼 활동적인 뱃사람이 아니라 전형적인 농부이자 아주 보수적인 사람들이었다. 이들은 소유하고 있는 재산, 즉 가축이나 농토에만 신경을 썼다. 넓은 세상을 돌아보거나 식민지를 건설하는 데는 관심이 없었다. 로마인은 고향의 흙과 자신들의 도시를 사랑했다. 이 도시를 부강하게 만들고 싶었고 이를 위해서라면 싸움과 죽음도 마다하지 않았다. 이들에게 고향 땅만큼 중요한 것이 있다면 그것은 오직 법이었다. 성문화된, 즉 글로 명시된 법 말이다. 로마인의 법은 열두 개의 동판에 새겨져 광장에 공시되었다. 간결하고도 엄숙한 말로 표현된 법은 누구나 지켜야 하는 것이었다. 예외는 없었고 동정이나 자비도 허용되지 않았다. 그것은 고향의 법이었고 따라서 진정한 법이었기 때문이다.

로마인이 얼마나 고향을 사랑했고 얼마나 법을 준수했는지를 알려 주는 흥미로운 이야기들도 많다. 재판관인 아버지가 눈썹 하나 까딱 않고 법에 따라 아들에게 사형 선고를 내렸다는 이야기도 있으며, 전쟁터에서 싸우거나 포로로 잡혀서도 동포를 위해 서슴없이 자신을 희생시킨 영웅의 이야기도 있다. 이 모든 이야기가 말 그대로 사실일 리야 없겠지만 적어도 로마인이 사람을 평가할 때 무엇을 가장 중요하게 여겼는지는 알려 준다. 법이나 조국에 관한 한, 로마인은 자신과 타인 모두에게 강인하고 엄격해야 한다고 생각했다. 그 어떤 불행도 이런 로마인을 움츠러들게 할 수는 없었다. 기원전 390년 북방 민족인 갈리아인에 의해 도시가 불타 버렸을 때도 포기하지 않았다. 로마인은 도시를 재건하고 성벽을 새로 쌓았으며 주변 도시들을 하나씩 정복해 나갔다.

알렉산드로스 대왕이 죽은 직후의 시대에 로마인은 작은 도시들을 상대로 벌이는 싸움에 더 이상 만족하지 못했다. 이제 이탈리아반도 전체를 정복해 나가기 시작했다. 알렉산드로스처럼 단번에 대규모 원정을 벌인 것은 아니었다. 로마인은 한 뼘, 한 뼘씩 천천히 도시와 지역을 정복해 나갔다. 아주 끈질기면서도 흔들림이 없는 이들 민족의 특성이 유감없이 발휘되었다. 로마가 강력한 도시로 성장하자 이탈리아의 다른 도시들이 동맹 맺기를 원했다. 로마인은 그런 동맹 제안을 기꺼이 받아들였다. 하지만 동맹국이 로마의 뜻을 따르지 않으면 전쟁이 일어났고, 대개는 로마 군단이 승리를 거두었다. 한번은 남부 이탈리아의 한 도시(타라스/ 편집자)가 로마와 맞서게 되었다. 이 도시 주민들은 피로스란 이름의 그리스 영주에게 원병을 청했다. 피로스는 인도인에게서 배운 대로 전투용 코끼리를 이끌고 진군했다. 피로스의 군대는 로마 군단을 격퇴했지만 수많은 병사들의 희생을 치렀기에 이런 말을 했다고 한다. "이런 승리라면 두 번 다시 누리고 싶지 않다." 그 후로 너무 큰 희생을 치르고 얻은 승리를 '피로스의 승리'라 일컫곤 한다.

실제로 피로스는 곧 이탈리아반도에서 철군했으며, 이제 로마인이 남부 이탈리아 전역을 장악했다. 하지만 로마인은 만족하지 못하고 시칠리아섬까지 정복했다. 시칠리아는 땅이 비옥해 농작물이 잘 자라고 부유한 그리스 식민지들도 있는 곳이었다. 하지만 당시 시칠리아는 더 이상 그리스가 아니라 페니키아에 예속되어 있었다.

아직 기억하고 있겠지만, 페니키아인은 그리스인보다 먼저 지중해 곳곳에, 특히 이베리아반도와 북아프리카에 무역소와 식민 도시를 건설했다. 북아프리카에 있는 페니키아의 식민 도시 중의 하나가 바로 카르타고였다. 시칠리아섬을 마주 보고 있는 카르타고는 그 일대에서 가장 부유하고 강대한 도시였다. 카르타고의 거주민은 주로 페니키아인이었는데, 로마인은 이들을 포에니인이라 불렀다. 이들은 배를 타고 먼 바다를 돌면서 온갖 나라와 교역을 했다. 시칠리아는 카르타고와 아주 가까이 있었기 때문에 이 섬에서 곡물을 조달했다.

카르타고인은 로마인이 처음으로 접한 만만치 않은 적수였으며 아주 위험한 적수이기도 했다. 카르타고인은 돈이 많았기 때문에 직접 싸우지 않고 용병을 사서 싸우게 했다. 시칠리아에서 벌어진 전쟁은 우선 카르타고의 승리로 끝났다. 로마인은 배가 없었고 바다에서 싸우는 데도 익숙하지 않았던 것이다. 로마인에게는 배를 만드는 기술조차 없었다. 하지만 카르타고의 배 한 척이 이탈리아에서 좌초하자 로마인은 이것을 모방해서 두 달 만에 전함을 여러 척 만들었다. 로마인은 가진 돈을 모두 배 만드는 데 쏟았고, 마침내 로마 함대는 카르타고군을 격퇴했다. 카르타고인은 시칠리아를 로마인에게 넘겨줄 수밖에 없었으니, 이때가 기원전 241년이었다.

하지만 이것은 두 도시 간에 벌어진 전쟁의 시작이었을 뿐이다. 카르타고인은 시

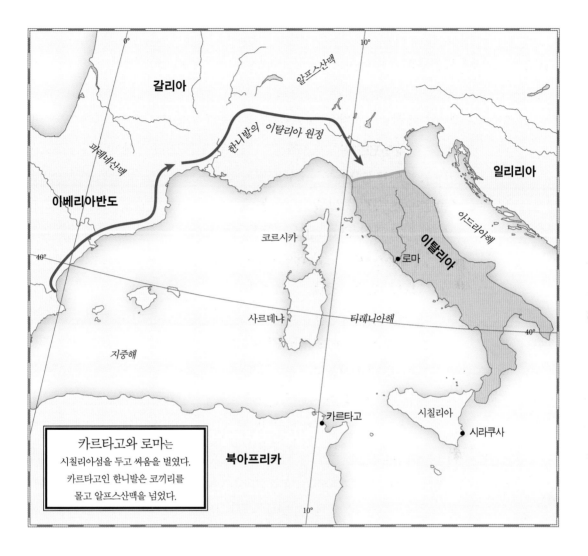

갈리아

알프스산맥

한니발의 이탈리아 원정

이베리아반도

피레네산맥

일리리아

코르시카

아드리아해

이탈리아

로마

40°

사르데냐

티레니아해

40°

지중해

카르타고와 로마는
시칠리아섬을 두고 싸움을 벌였다.
카르타고인 한니발은 코끼리를
몰고 알프스산맥을 넘었다.

북아프리카

카르타고

시칠리아

시라쿠사

칠리아를 빼앗긴 대신 이베리아를 지켜 내겠다고 마음먹었다. 이베리아반도에는 로마인은 없고 미개한 부족들뿐이었지만 로마인은 이것도 용납할 생각이 없었다. 이베리아반도에는 카르타고의 군대가 있었는데, 그 사령관의 아들은 한니발이라는 아주 대단한 사람이었다. 한니발은 병사들 틈에서 자랐기 때문에 전쟁이라면 누구보다도 잘 알고 있었다. 그는 배고픔과 추위, 더위와 목마름 그리고 밤낮으로 계속되는 행군 등 모든 것에 단련되어 있었다. 또 용감하고 통솔력이 뛰어났으며 적을 속여야 할 때는 영리했고, 적을 굴복시켜야 할 때는 말도 못하게 끈질겼다. 한니발은 그저 용맹스럽게 덤벼드는 유형이 아니라 장기를 두듯 모든 것을 심사숙고해서 전쟁을 치르는 사람이었다.

게다가 한니발은 충직한 카르타고인이었기 때문에 조국을 억누르려는 로마인을 미워했다. 그리고 이제 로마인이 이베리아반도에도 눈독을 들이자 그는 더 이상 참을 수 없었다. 그는 대군을 이끌고 에스파냐를 출발했다. 이번에도 코끼리를 몰고 갔는데, 그 시대에 코끼리는 가공할 만한 무기였다. 그는 코끼리 떼를 이끌고 갈리아를 지나 여러 강과 산을 넘어 알프스산맥에 당도했다. 알프스산맥만 넘으면 이탈리아였다. 당시 한니발이 넘은 곳은 오늘날 몽스니라 불리는 고개로 추정된다. 나도 그 고개를 넘어 본 적이 있는데, 지금이야 널찍한 도로가 구불구불하게나마 나 있지만 당시에는 길도 없는 험한 산악 지대였을 것이다. 가파른 계곡과 깎아지른 낭떠러지, 미끄러운 산비탈뿐인 곳을 어떻게 넘었을지 불가사의할 뿐이다. 나라면 그런 곳에 코끼리를 마흔 마리는커녕 한 마리도 데려가지 않았을 것이다. 게다가 이미 9월이어서 높은 곳에는 눈이 쌓여 있었다. 하지만 한니발은 길을 헤쳐 나갔으며 마침내 그의 군대는 이탈리아 땅으로 들어섰다. 로마인들이 방어에 나섰지만, 피비린내 나는 싸움 끝에 한니발이 승리를 거두었다. 다른 로마군 부대가 밤중에 습격해 왔으나 한니발이 꾀를 내어 위기를 모면할 수 있었다. 황소들의 뿔에 횃불을

전투용 코끼리가 새겨진 카르타고 메달

달고, 그 황소 떼를 자신의 막사가 있는 산과는 다른 방향으로 몰아댄 것이다. 로마인은 한니발의 군대가 횃불을 들고 진군한다 생각하고는 그 뒤를 따라갔다. 결국 횃불을 따라잡은 후에야 황소라는 것을 알아차렸다. 한마디로 웃음거리가 된 것이다!

로마인에게도 퀸투스 파비우스 막시무스라는 매우 영리한 사령관이 있었는데, 그는 한니발을 공격하려 하지 않았다. 낯선 땅에 들어온 한니발이 점차 조바심을 느껴 실수를 저지를 것이라 생각했기 때문이다. 하지만 다른 로마인들은 그처럼 때를 기다리는 태도를 마땅찮게 여겼다. 이들은 퀸투스 파비우스 막시무스를 우유부단한 사람이라 비웃고는 한니발에 대한 공격에 나섰다. 그러나 칸나이에서 일어난 전투에서 로마군은 참혹한 패배를 당했으며, 전사자는 4만 명에 이르렀다. 기원전 216년의 이 전투에서 로마군은 가장 참혹한 패배를 경험했다. 그렇지만 한니발은 로마로 진군하지 않았다. 신중을 기해 고국에서 지원 병력이 올 때까지 기다리고자 했다. 그러나 이것이 불행의 씨앗이었다. 카르타고에서는 지원 병력을 보내지 않았던 것이다. 한니발의 부하들은 점점 사나워져서 이탈리아 도시들을 약탈하고 노략질을

스키피오

일삼았다. 로마인들은 겁이 나서 당장 반격에 나서지는 못 하면서도 어린아이와 노예를 포함해 모든 사람을 병사로 징집했다. 남자라면 누구나 군인이 되었다. 이들은 한니발의 병사처럼 용병이 아니라 로마인이었다. 이것이 무슨 뜻인지 당신은 알 것이다. 로마인은 시칠리아와 이베리아 반도에서 카르타고군에 대항했으며 한니발이 없는 곳에서는 매번 승리를 거두었다.

한니발은 14년 만에 이탈리아를 떠나 고국 아프리카로 돌아갔다. 고국의 사람들이 그를 급히 필요로 했기 때문이었다. 스키피오라는 사령관이 이끄는 로마 군대가 카

르타고로 진격하는 중이었다. 이 싸움에서 한니발은 패배했다. 로마는 기원전 202년 마침내 카르타고를 물리치고 승리를 거두었다. 카르타고인은 자신들의 함대를 불태워 버리고 엄청난 전쟁 배상금을 지불해야 했다. 한니발은 도망쳤고 도주에 성공했지만 로마인의 포로가 되지 않기 위해 독을 먹고 자살했다. 이 전투의 승리로 더욱 막강해진 로마는 이제 그리스로 향했다. 마케도니아의 지배를 받으면서도 늘 내분을 일삼던 그리스는 쉽게 정복되었다. 코린트의 아름다운 예술품들은 모두 로마로 옮겨졌고 도시는 불태워졌다.

로마인은 이제 북쪽으로도 세력을 뻗쳐 200년 전 자신들의 도시를 파괴했던 갈리아인에게로 쳐들어갔다. 오늘날 북부 이탈리아에 해당되는 곳도 정복했다. 하지만 이 정도에서 만족하지 못하는 로마인도 적지 않았다. 이들은 카르타고가 아직 존재한다는 사실을 참아 내지 못했다. 특히 공정하고 위엄도 있지만 완고하기로 소문난 카토라는 귀족이 그랬다. 카토는 원로원에 참석해서 기회만 나면 이런 말을 했다. "나는 카르타고를 파괴하자고 제안하는 바요." 결국 로마인은 그의 제안을 받아들였고 공연한 구실을 만들어 카르타고를 공격했

카토

다. 카르타고인은 결사적으로 저항했으며, 로마인이 도시를 점령한 후에도 6일 동안이나 시가전을 벌였다. 결국 카르타고인들은 거의 모두 살해되거나 포로로 잡혀갔다. 로마인은 모든 건물을 무너뜨려 카르타고란 도시의 흔적을 없앴으며, 땅을 쟁기로 갈아엎고 소금을 뿌려 풀 한 포기 날 수 없는 땅으로 만들었다. 기원전 146년, 한니발의 도시는 그렇게 최후를 맞이했다. 이제 로마는 서양 세계에서 가장 강력한 도시로 부상했다.

14

역사를 싫어한 황제

지금까지의 역사가 지루하게만 느껴졌던 사람도 이번만큼은 재미있는 이야기를 들을 수 있을 것이다.

한니발이 이탈리아에서 싸우던 당시, 즉 기원전 220년경 중국 지역에는 역사를 무척 싫어하는 황제가 살았다. 이 황제는 역사라면 얼마나 치를 떨었던지 기원전 213년에는 모든 역사책과 고문서, 보고서들을 불태우라고 명했다. 공자와 노자가 지은 책이나 시집처럼 실용적이지 못한 책들도 마찬가지였다. 황제는 농사법을 적은 농서처럼 실용적인 부류의 책만을 허용했다. 그 외의 책을 갖고 있는 사람은 죽음을 각오해야 했다.

이 황제의 이름은 진시황제였는데 역사상 가장 탁월한 전쟁 영웅 중의 한 사람이었다. 그는 처음부터 왕자로 태어난 것은 아니었고 어느 제후의 아들로 태어나 최초로 중국을 통일해 황제가 된 사람이다. 중국의 제후들에 관해서는 이미 앞에서 얘기한 바 있다. 이 황제가 다스리던 나라는 '진'이었으며 이 나라의 왕조도 '진' 왕조라 불린다. 오늘날 중국을 가리키는 '차이나(China)'는 이 나라의 이름에서 연원한 것이 거의 확실하다.

중국을 진나라의 이름을 따서 부르게 된 데는 충분한 이유가 있다. 진시황제는 중국을 통일했을 뿐 아니라 모든 제도를 새롭게 정비한 인물이었다. 그는 다른 제후들을 모두 내쫓아 이 거대한 제국을 새로이 분할하고 정리했다. 바로 이런 이유에서 진시황제는 옛 시대에 대한 기억을 완전히 지워 버리고 싶었다. 그 자신이 모든 것의 시초이길 원했던 것이다. 중국은 전적으로 자신의 창조물이어야만 했다. 진시황제는 중국 전역에 도로를 닦았을 뿐 아니라 만리장성을 쌓기 시작한 위업도 이루었다. 오늘날 남아 있는 만리장성은 길이가 2000킬로미터가 넘는 높은 장벽으로, 곳곳에 흉벽과 망루를 갖춘 채 평지와 계곡, 가파른 산악과 구릉을 넘어가며 뻗어 있다. 진시황제가 이 장벽을 쌓은 까닭은 부지런하고 유순한 백성들을 초원에 사는 야만족에게서 보호하기 위해서였다. 당시 중앙아시아의 드넓은 평원을 휩쓸던 사나운 기마 민족들은 끊임없이 중국에 침입해서 약탈과 살인을 일삼았다. 황제는 거대한 장벽으로 이들을 막을 수 있다 생각했으며, 실제로 장벽은 제 역할을 해냈다. 비록 잦은 보수 공사를 거치기는 했지만, 만리장성은 수천 년이 지난 오늘날까지도 꿋꿋이 버티고 서 있다.

그러나 진시황제의 통치는 오래 지속되지 않았다. 그가 죽고 얼마 지나지 않아 곧 다른 가문이 천자의 자리에 올랐다. 이것이 한 왕조(한나라/ 편집자)의 시작이다. 한 왕조는 진시황제가 도입한 제도들 중 좋은 것은 존속시켰고, 그 결과 중국은 더욱 강건한 통일 국가로 유지될 수 있었다. 한 왕조는 역사의 적이 아니었다. 오히려 중국이

공자의 가르침에 얼마나 큰 덕을 입고 있는지 알고 있었다. 그래서 사방을 뒤져 옛 서적들이 남아 있는지 알아보았다. 그 결과 많은 사람들이 용기 있게도 옛 서적을 불태우지 않고 간직했다는 사실이 밝혀졌다. 이렇게 수집된 책들은 전보다 갑절로 귀하게 여겨졌다. 이제 중국에서는 옛 문헌을 잘 아는 사람만이 관리가 될 수 있었다.

중국은 귀족이나 군인 혹은 성직자가 아니라 학자들이 오랫동안 나라를 다스린 곳이었다. 신분의 높낮이는 전혀 중요하지 않았고, 시험에 합격한 사람은 누구나 관리가 될 수 있었다. 가장 어려운 시험에서 가장 좋은 점수를 받은 사람이 가장 높은 관직을 얻었다. 이 시험은 결코 쉽지 않았다. 시험에 응시하는 사람은 수천 자의 한자를 쓸 수 있어야 했기 때문이다. 당신도 짐작하겠지만 결코 쉬운 일이 아니었다. 게다가 관리가 되려는 사람은 많은 옛 서적에 통달해야 했고 공자를 비롯한 성현들의 가르침을 막힘없이 암송할 수 있어야 했다.

결국 자신이 원하지 않는 책들을 세상에서 없애려 했던 진시황제의 계획은 수포로 돌아갔다. 참으로 다행스러운 일이다. 사실 누군가 당신에게 역사 공부를 금지한다면 그것만큼 어리석은 짓도 없을 것이다. 새로운 것을 만들어 내려 하는 사람은 옛 것을 철저히 알아야 하기 때문이다.

중국의
만리장성

131

15

서양의 지배자

로마인은 알렉산드로스 대왕과는 사고방식이 전혀 달랐다. 그들은 정복한 지역들을 단 하나의 제국으로 통일하여 모든 주민에게 동등한 권리를 부여할 생각이 없었다. 로마 군단이 정복한 나라들은 모두 로마의 속주가 되었다.(그리고 제국은 점점 더 빠른 속도로 팽창했다.) 이런 속주에는 로마 군대가 주둔했고 토착민은 로마 관리의 지배를 받았다. 로마군이나 관리들은 훨씬 더 우월한 존재로서 토착민에게 군림했다. 개중에는 페니키아인이나 유대인 혹은 그리스인처럼 로마인보다 훨씬 더 오랜 문화적 전통을 지닌 민족들도 있었지만 그런 것은 아무 소용 없었다. 로마인에게 이들은 그저 세금을 바치는 존재일 뿐이었다. 토착민은 엄청난 조세를 지불하고 곡식도 자주 로마로 보내야 했다.

세금만 어김없이 납부하면 토착민은 어느 정도는 평화롭게 살 수 있었다. 이들은 나름의 종교를 믿을 수 있었고 고유한 언어도 사용할 수 있었다. 또한 로마인 덕에 이득을 보는 점도 적지 않았다. 로마인은 무엇보다 도로를 만들어 주었다. 로마인이 닦은 포장도로는 로마를 기점으로 해서 수많은 평원과 산악으로 갈래갈래 뻗어 있었다. 물론 로마인이 이런 도로를 닦은 까닭은 변방의 토착민들을 위해서가 아니라 제

국 곳곳으로 신속히 소식을 전달하고 군대를 파견하기 위해서였다. 사실 로마인은 실용적 건축술에 일가견이 있는 편이었다.

특히 로마인의 수도 설비 기술은 정말이지 훌륭했다. 이들은 높은 산의 물을 도시로까지 끌어와 시내 곳곳에 맑은 샘물과 목욕 시설을 만들어 놓았다. 물론 그 목적은 로마 관리들로 하여금 이국땅에서도 고향처럼 편한 생활을 누릴 수 있게 하려는 데 있었다.

로마의 시민은 토착민들과는 전혀 다른 존재였다. 로마 시민은 로마법에 따라 살았으며 거대한 제국 내의 어디로 가든 로마 관리에게 도움을 청할 수 있었다. "나는 로마 시민이다!"라는 말은 당시에 마법의 주문과도 같은 것이었다. 교만함을 보이던 자들도 이 말을 들으면 얼른 태도를 바꿔 공손함과 친절함을 보였다.

　당시 세계의 실질적 지배자는 바로 로마군이었다. 이들이야말로 이 거대한 제국을 지탱하는 기둥이었다. 로마군은 반항하는 토착민들을 진압했고 거역하는 자들은 예외 없이 엄벌에 처했다. 이들은 전투에 단련된 용감한 군인들로 공명심도 무척 강했으며 거의 10년에 한 번꼴로 북방과 남방 혹은 동방의 새로운 영토를 정복했다. 금속이 박힌 가죽 갑옷을 입은 로마 군단이 방패와 투창, 투석 띠와 검을 들고 또 투창기와 투석기를 끌면서 질서 정연하게 진군해 오면 그 누구도 저항할 엄두를 내지 못했다. 로마군은 전투라면 이골이 난 사람들이었다. 그리고 전투에서 승리를 거둘 때마다 사령관을 앞세우고 사로잡은 포로와 노획물을 과시하면서 로마로 입성했다. 나팔소리와 군중의 환호를 들으면서 개선문을 통과한 로마군은 승리의 장면을 묘사한 그림과 동판을 플래카드처럼 들고 행진했다. 마차에 올라탄 사령관은 별이 수놓인 자줏빛 옷에 월계관을 쓰고 주신 유피테르(제우스)의 신전이 그려진 성스러운 예복을 걸쳐 입었다. 이렇게 사령관은 제2의 유피테르가 되어 가파른 언덕길을 올라 카피톨리누스 언덕의 신전으로 향했다. 신전에 도착한 사령관이 신에게 감사의 제물을 바치는 동안 언덕 아래서는 패배한 적의 수령들이 처형당했다.

　여러 차례 승리를 거두었거나 휘하 부대에 많은 전리품을 선사한 사령관, 혹은 나이 들어 퇴역한 병사에게 토지를 마련해 준 사령관은 병사들로부터 아버지와 같은 대접을 받았다. 병사들은 사령관을 위해서라면 무엇이든 할 각오가 되어 있었다. 그것은 전쟁터뿐 아니라 고국 로마에서도 마찬가지였다. 그처럼 훌륭한 전쟁 영웅이라면 고국의 문제도 시원스레 해결할 수 있으리라 생각했던 것이다. 그런 인물이 종종 필요하기도 했다. 로마의 상황이 늘 안정되었던 것은 아니기 때문이다. 로마는 아주 거대한 도시가 되었고 생계를 유지하기 어려울 만큼 가난한 사람들도 점점 늘어났다.

속주에서 곡식을 제때에 보내오지 않으면 로마에서는 기근이 일어났다.

카르타고가 멸망한 지 16년이 지난 기원전 130년경 로마의 어느 형제가 기아 상태의 가난한 대중을 구제하려는 시도를 펼쳤다. 이 형제는 가난한 이들을 아프리카에 농부로 이주시키려 했던 것이다. 이들이 바로 그라쿠스 형제이다. 그러나 정치적 분쟁의 와중에 두 사람은 살해되고 말았다.

병사들과 마찬가지로 평민들은 그저 먹을 곡식과 흥겨운 축제에만 관심이 있었고 이를 제공하는 사람이라면 그가 누구든 지지를 표명하고 나섰다. 로마인은 축제를 무척이나 좋아했기 때문이다. 로마의 축제는 귀족들이 직접 나서서 경기를 하고 노래를 불렀던 그리스의 제우스 축전과는 성격이 달랐다. 만약 그리스식 축전이 벌어졌다면 로마인들에게 웃음거리만 되었을 것이다. 어찌 점잖고 품위 있는 시민이 만인 앞에 나서 노래를 부르거나 우아하게 주름 잡힌 예복인 토가를 벗어부친 채 창이나 던질 수 있었겠는가? 그래서 그런 일은 포로들에게 맡겼다. 포로들은 원형 경기장에 끌려 나와 수천, 수만의 관중 앞에서 격투와 검투를 벌이거나 맹수와 싸웠고 때로는 전투도 치러야 했다. 실전을 방불케 하는 진지하고 참혹한 싸움이었다. 이러한 경기를 로마인들은 아주 흥겨워했다. 훈련받은 검투사들끼리만 싸웠던 것은 아니다. 사형 선고를 받은 사람들을 사자나 곰, 호랑이, 코끼리 같은 맹수가 있는 경기장에 들여보내기도 했다.

평민들에게 다채로운 검투 경기를 보여 주고 많은 곡식도 나눠 줄 수 있는 사람은 이 도시의 사랑을 받았으며, 따라서 무엇이든 제멋대로 할 수 있었다. 당신도 쉽게 짐작할 수 있겠지만, 그런 자리에 오르려는 사람은 많았다. 이따금 군대와 귀족들을 자기편에 둔 사람과 도시 평민 및 가난한 농부들을 자기편에 둔 사람이 다툼을 벌이곤 했다. 이런 싸움은 둘 중 하나가 마침내 권력을 쥘 때까지 오랫동안 계속되는 것이 보통이었다. 대표적인 맞수의 사례로 마리우스와 술라를 들 수 있다. 마리우스는

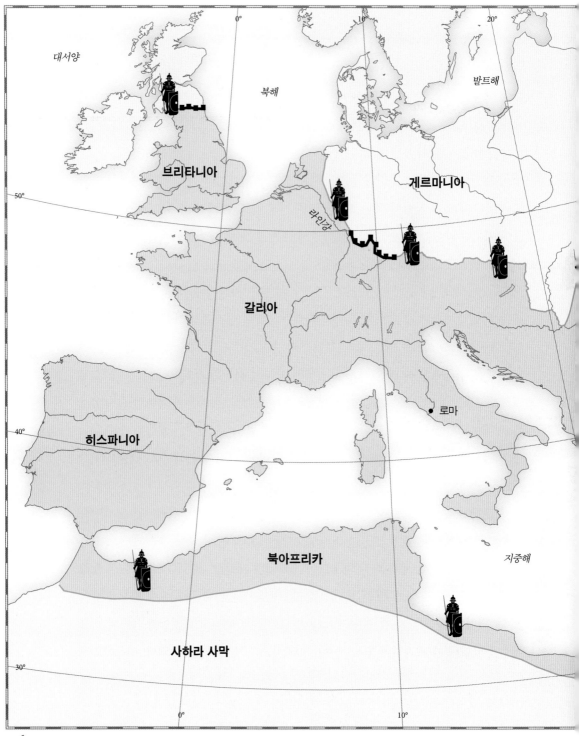

대서양

북해

발트해

브리타니아

게르마니아

라인강

갈리아

로마

히스파니아

북아프리카

지중해

사하라 사막

곰브리치 세계사

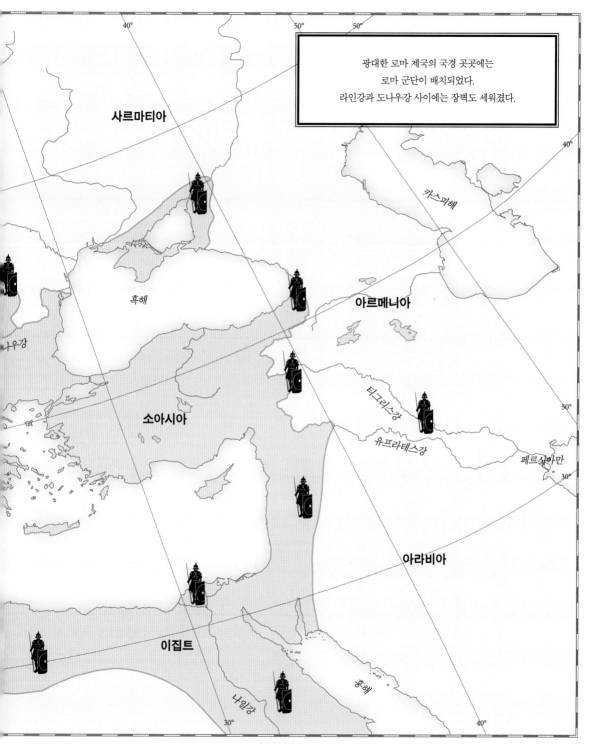

광대한 로마 제국의 국경 곳곳에는
로마 군단이 배치되었다.
라인강과 도나우강 사이에는 장벽도 세워졌다.

사르마티아

카스피해

흑해

아르메니아

다우강

소아시아

티그리스강

유프라테스강

페르시아만

아라비아

이집트

홍해

나일강

아프리카의 전쟁에서 이름을 떨쳤으며 후일 로마 제국을 커다란 위험에서 구해 내기도 했다. 기원전 113년 (일찍이 도리아인이 그리스를 침략했던 것처럼) 다시 북쪽으로부터 호전적인 민족이 이탈리아로 침입했다. 그 민족은 킴브리족과 테우토네스족(튜튼족이라 불리기도 한다./ 옮긴이)으로 오늘날의 독일인과 친척 간이다. 얼마나 용맹스러운 민족이었던지 로마 군단조차 도망칠 정도였다. 그러나 마리우스가 결국 이들을 제지하고 패퇴시켰다.

그 결과 마리우스는 로마에서 가장 칭송받는 사람이 되었다. 그런데 술라 역시 아프리카에서 계속 싸워 이겨 개선장군이 되었다. 이 두 사람 사이에 싸움이 벌어졌다. 마리우스는 술라의 친구들을 모두 죽여 버렸다. 그러자 술라도 마리우스의 편을 드

는 모든 로마인의 목록을 작성해서 이들을 살해했으며 이들의 토지는 국가에 헌납했다. 술라는 자신의 군대의 힘에 의지해서 기원전 79년까지 로마 제국을 지배했다.

끔찍한 혼란의 와중에서 로마인은 크게 달라졌다. 로마인은 더 이상 농부들이 아니었다. 소수의 부유한 사람들이 작은 농지들을 몽땅 사들였고 노예를 부려 막대한 토지를 경작했다. 로마인은 모든 일을 노예에게 시키는 데 익숙해졌다. 광산이나 채석장의 일꾼뿐 아니라 귀족 자녀를 가르치는 가정 교사도 대개는 노예나 전쟁 포로 혹은 전쟁 포로의 후예들이었다. 이러한 노예들은 물건처럼 취급되었고 소나 말처럼 사고 팔렸다. 노예를 산 사람이 그의 주인이었다. 주인은 노예를 마음대로 다룰 수 있었으며 죽여도 상관없었다. 노예들은 아무 권리도 없었다. 어떤 사람들은 노예를 경기장에서 맹수와 싸우게 하려고 팔아 버리기도 했다. 그런 노예를 검투사라 불렀다. 한번은 검투사들이 이런 취급에 반발해서 들고 일어났다. 스파르타쿠스라는 노예가 반란을 주동했고 농경지에서 일하던 많은 노예들도 여기에 합세했다. 이 노예들은 더 잃을 것이 없었기 때문에 아주 격렬하게 싸웠다. 때문에 로마인은 이 노예군의 반란을 간신히 진압할 수 있었다. 당연히 로마인의 보복은 아주 혹독했다. 이때가 기원전 71년이다.

이 당시에는 로마인의 사랑을 받는 새로운 사령관들이 등장했다. 그중에서도 으뜸인 인물은 단연 가이우스 율리우스 카이사르였다. 그도 다른 사람처럼 엄청난 돈을 빌려 평민들에게 화려한 축제를 베풀어 주고 곡식도 나눠 주곤 했다. 하지만 그 정도에 그치는 인물이 아니었다. 카이사르는 실제로 위대한 군인, 아니 역사상 가장 탁월한 군인 중의 한 사람이었다. 한번은 출정을 떠나고 며칠 지나지 않아 로마로 그의 편지가 도착했다. 편지에는 단 세 마디가 쓰여 있었다. "왔노라. 보았노라. 이

가이우스
율리우스
카이사르

겼노라." 그만큼 순식간에 전쟁을 치르고 승리를 거두었던 것이다.

카이사르는 당시 갈리아라 불렸던 프랑스 땅을 정벌해 로마 제국의 속주로 삼았다. 이것은 대단한 성과였다. 그곳 주민들은 쉽게 넘볼 수 없는 아주 용감하고 호전적인 부족들이었기 때문이다. 카이사르는 기원전 58년부터 51년까지 7년 동안이나 갈리아에서 싸웠다. 그의 적수는 갈리아인과 게르만족 그리고 당시 헬베티족이라 불렸던 스위스인이었다. 카이사르는 두 번이나 라인강을 건너 독일 땅까지 진격했고 두 번이나 바다를 건너 영국(당시에는 브리타니아라 불렸다.)을 침공했다. 원정을 벌인 이유는 주변 민족들에게 로마인에 대한 경외심을 심어 주기 위해서였다. 갈리아인은 여러 해 동안 끈질기게 저항했지만 매번 카이사르가 승리를 거두었다. 그는 갈리아 지방 곳곳에 군단을 주둔시켰으며, 이때부터 이 지역은 로마의 속주가 되었다. 얼마 지나지 않아 갈리아인은 라틴어로 말하는 데 익숙해졌다. 이는 지금의 에스파냐인 히스파니아에서도 마찬가지였다. 프랑스어와 에스파냐어는 라틴어에서 유래했기 때문에 흔히 로망어라 총칭된다.

갈리아를 정복한 카이사르는 군대를 이끌고 이탈리아로 돌아왔다. 이제 그는 세상에서 가장 강력한 인물이었다. 예전에는 동료였으나 적이 된 사령관들도 카이사르는 모두 제압해 버렸다. 또한 그는 이집트의 아름다운 여왕 클레오파트라와 친분을 맺고 이집트를 로마 제국에 통합시켰다. 그다음에는 제국을 정비하기 시작했으며 여기서도 탁월한 능력을 보여 주었다. 그는 두뇌가 아주 비상한지라 두 통의 편지를 동시에 구술하면서도 생각이 뒤엉키지 않는 사람이었다. 굉장하지 않은가?

카이사르는 로마 제국의 질서를 철저히 정비했을 뿐 아니라 시간의 질서도 새롭게 정리했다. 무슨 말이냐고? 바로 새로운 달력을 도입한 것이었다. 이 달력은 일 년을 열두 달로 나누고 윤년을 둔 것으로, 우리가 오늘날 사용하는 달력과 거의 같았다. 이 달력은 가이우스 율리우스 카이사르의 이름을 따서 '율리우스력'이라 불린다.

또한 일 년 중의 한 달은 그의 이름을 따서 부르게 되었다. 그는 아주 위대한 인물이었기 때문이다. 영어에서 7월은 '줄라이(july)'이고 독일어로는 '율리(Juli)'이다. 그러니까 7월을 뜻하는 서양의 단어는 대머리에 황금 월계관을 즐겨 썼던 깡마른 남자, 비록 몸은 병약했지만 의지가 굳고 두뇌도 명석했던 한 남자의 이름과 직접 관계가 있는 것이다.

아우구스투스
황제

카이사르는 당시 서양에서 가장 권세 있는 사람이었다. 그는 로마 제국의 황제가 될 만한 인물이었고 실제로 그렇게 될 뻔하기도 했다. 하지만 로마인은 시기심이 강한 사람들이었다. 카이사르의 절친한 친구였던 브루투스조차 예외가 아니었다. 그들은 카이사르의 지배를 받는 것을 원치 않았다. 카이사르가 자신들을 억압할까 봐 두려웠던 사람들은 결국 그를 살해하기로 결심했다. 브루투스와 사람들은 원로원 회당에서 단도를 들고 카이사르를 습격했다. 카이사르는 기를 쓰고 저항했지만 브루투스를 본 순간 이렇게 말했다 한다. "브루투스, 너마저." 그러고는 아무 저항 없이 칼을 맞고 쓰러졌다. 이때가 기원전 44년이었다.

7월 다음은 8월이고, 8월을 뜻하는 유럽의 언어로는 '오거스트', '아우구스트' 등이 있다. 이 말은 어디서 연원했을까? 카이사르의 양자였던 카이사르 옥타비아누스 아우구스투스란 사람이다. 그는 여러 사령관들과 함께 오랫동안 바다와 육지에서 싸웠으며 마침내 기원전 31년에는 로마 제국의 제1

인자로 부상했다. 로마 제국의 첫 번째 황제가 되었던 것이다. 황제를 뜻하는 독일어 '카이저'가 어디서 생긴 말인지 아는가? 바로 '카이사르'라는 말에서 왔다.

일 년 중 한 달은 율리우스 카이사르의 이름을 따서 불렀기 때문에 또 다른 한 달은 아우구스투스의 이름을 따서 붙이게 되었다. 아우구스투스는 그럴 만한 자격이 있는 사람이었다. 그는 카이사르만큼 탁월하지는 않았지만 아주 정의롭고 사려 깊은 사람이었기 때문이다. 아우구스투스는 자제력이 뛰어났고 다른 사람을 지배할 줄 알았다. 그는 화가 나 있는 동안은 어떤 명령을 내리거나 결정을 내리는 법이 없었다. 대신에 마음이 진정될 때까지 알파벳을 암송했다고 한다. 이처럼 명석하고 침착한 사람이었기에 광대한 제국을 훌륭하고 정의롭게 다스릴 수 있었다. 그는 뛰어난 군인이고 검투 경기도 즐겼지만 지극히 검소하게 생활했고 아름다운 조각이나 문학에 대한 안목도 높았다. 로마인은 그리스인과 달리 조각상을 만들거나 시를 짓는 데 서툴렀기 때문에 그는 그리스인의 아름다운 작품들을 모방해서 궁전과 정원에 세우게 했다. 아우구스투스 당대의 로마 시인들(이들이 로마 제국을 통틀어 가장 뛰어난 시인들이었다.)은 가능한 한 그리스인을 모방하려고 애썼다. 그리스인은 로마인의 모범이었다. 그때 이미 그리스적인 것은 가장 아름다운 것으로 간주되었다. 그래서 로마에서는 그리스어로 말하고 그리스 문학 작품을 읽고 그리스 예술 작품을 수집하는 것이 고상한 일로 생각되었다. 우리로서는 다행스러운 일이라 생각하지 않을 수 없다. 로마인에게 그런 취향이 없었다면 후세의 우리는 그리스 문화를 모른 채로 살았을 테니 말이다.

16

기쁜 소식

아우구스투스는 기원전 31년부터 기원후, 즉 서기 14년까지 로마 제국을 통치했다. 예수 그리스도가 태어난 때가 바로 이 시기이다. 그가 태어난 곳은 당시 로마의 속주였던 팔레스티나(팔레스타인의 라틴어 이름/ 옮긴이)였다. 예수가 어떤 삶을 살았고 어떤 가르침을 주었는지는 성경에 나와 있다. 예수의 가르침은 대략 이런 것이었다. 부유한 사람과 가난한 사람, 신분 높은 사람과 낮은 사람, 주인과 노예, 위대한 사상가와 어린아이 등의 구별은 전혀 중요하지 않다. 사람은 누구나 신의 아들딸이고, 아버지인 신의 사랑은 무한하다. 신 앞에서는 모든 사람이 죄인이지만 신은 이 죄인들을 가엾게 여긴다. 이 가르침에 의하면 신과 인간 사이에서 중요한 것은 정의가 아니라 은총이다.

은총이란 아낌없이 베풀고 용서하는 신의 무한한 사랑을 말한다. 그리고 신이 우리를 대하는 방식대로 우리도 다른 사람을 대해야 한다는 것이 예수의 가르침이었다. 예수는 이렇게 말했다. "원수를 사랑하고 너희를 박해하는 사람들을 위하여 기도하여라. 누가 오른뺨을 치거든 왼뺨마저 돌려 대고 또 재판에 걸어 속옷을 가지려고 하거든 겉옷까지도 내 주어라. 달라는 사람에게 주고 꾸려는 사람의 청을 물리치지 말아라."

　예수가 설교하고 가르치며 병든 사람을 치유하고 가난한 사람을 위로하면서 나라를 돌아다녔던 기간은 아주 짧다. 로마의 관리 폰티우스 필라투스(성경에 나오는 빌라도를 가리킨다.) 치하에서 예수는 유대인의 왕이 되려 한다는 혐의로 고발당했으며 반란자로 몰려 십자가에 못 박혔다. 당시 십자가형은 노예나 강도, 정복지의 주민들에게만 가해졌던 무시무시한 형벌이었다. 또한 이 형벌을 받는 것은 가장 치욕스러운 일로 여겨졌다. 하지만 예수 그리스도의 가르침에 의하면, 이 세상에서 겪는 고통에는 나름의 의미가 있으며 구걸하는 자나 슬퍼하는 자, 박해받고 고통받는 자들은 고통을 통해 축복받는 것이었다. 그리하여 고통과 수난을 당한 신의 아들은 초기 크리스트교인들에게 바로 자신이 가르친 것의 상징이 되었다. 오늘날 우리는 잘 모르는 사실이지만, 십자가형은 교수형보다 더 치욕스러운 것이었다. 그런데 바로 이런 치욕의 형틀이 새로운 교리의 징표가 된 것이다. 만약 당시 크리스트교의 위대한 설교자, 예컨대 아테네와 로마에서 예수의 가르침을 전했던 사도 바울의 설교를 로마의 관리나 군인이 들었다면 어떤 생각을 했을까? 또 그리스 교양을 갖추고 자신의 지혜와 웅변술, 철학적 지식에 자부심도 느꼈던 로마의 학자들은 어떤 반응을 보였을까? 사도 바울은 코린트인들에게 보낸 첫 번째 편지의 13장에서 다음과 같이 말하고 있다.

　"내가 이제 가장 좋은 길을 당신에게 보여 드리겠습니다. 내가 인간의 여러 언어를 말하고 천사의 말까지 한다 하더라도 사랑이 없으면 나는 울리는 징이나 요란한 꽹과리와 다를 것이 없습니다. 내가 하느님의 말씀을 받아 전할 수 있다 하더라도, 온갖 신비를 환히 꿰뚫어 보고 모든 지식을 가졌다 하더라도, 산을 옮길 만한 완전한 믿음을 가졌다 하더라도, 사랑이 없으면 나는 아무것도 아닙니다. 내가 비록 모든 재산을 남에게 나누어 준다 하더라도 또 내가 남을 위하여 불 속에 뛰어든다 하더라도 사랑이 없으면 아무 소용이 없습니다. 사랑은 오래 참습니다. 사랑은 친절합니다. 사랑은 시기하지 않습니다. 사랑은 자랑하지 않습니다. 사랑은 교만하지 않습니다. 사랑은 무례하지 않습니다. 사랑은 사욕을 품지 않습니다. 사랑은 성을 내지 않습니다. 사랑은 앙심을 품지 않습니다. 사랑은 불의를 보고 기뻐하지 아니하고 진리를 보고 기뻐합니다. 사랑은 모든 것을 덮어 주고 모든 것을 믿고 모든 것을 바라고 모든 것을 견디어 냅니다. 사랑은 가실 줄을 모릅니다."

바울이 이런 설교를 하면 법을 중요시하는 로마인들은 고개를 설레설레 저었을 것이다. 하지만 가난하고 고통 받는 사람들은 뭔가 아주 새로운 것이 세상에 나타났다는 생각부터 들었다. 그것은 법보다 더 귀한 신의 은총을 알리는 좋은 소식이었다. '좋은 소식' 또는 '기쁜 소식'은 그리스어로 '에브 안겔리온'이며, '복음'을 뜻하는 독일어 '에반겔리움'도 여기서 비롯됐다. 아버지 신의 은총에 관한 이 기쁘고 좋은 소식은(이런 은총에 관한 이야기는 그리스도에 앞서 유대인들이 설파했던 것이지만) 곧 로마 제국 전체로 퍼져 나갔다.

그러자 로마 관리들이 이 종교에 주목하게 되었다. 원래 로마 관리들은 종교 문제에는 전혀 개입하지 않았지만 이 경우는 달랐다. 유일신을 믿는 크리스트교도들은 황제의 조각상 앞에 향을 피우려 하지 않았기 때문이다. 이 관습은 로마에 황제 제도가 도입된 후부터 굳어진 것이었다. 로마의 황제도 이집트나 중국, 바빌로니아 또는 페르시아의 지배자들처럼 신으로 숭배되었다. 황제의 조각상은 제국 어디를 가나 있었고 훌륭한 국민이라면 이따금 그 상 앞에서 향을 피워야 했다. 그런데 크리스트교도들은 이 관습을 따르지 않았기에 관리들은 강제 수단마저 동원하곤 했다.

예수 그리스도가 십자가에 못 박혀 죽고서 30년쯤 후, 그러니까 서기 60년경에 로

마는 잔혹한 황제 네로의 지배를 받고 있었다. 오늘날에도 이 지독한 악당에 관한 이야기가 나오면 사람들은 몸서리를 치곤 한다. 그런데 말이 났으니 말이지만, 사실 이 네로란 인물은 말도 못할 정도로 극악무도한 악당은 아니었다. 그보다는 그저 의심과 허영심으로 가득 찬 게으르고 유약한 인간, 직접 시도 짓고 노래도 부르지만 맛난 음식을 탐식하는 것이 최대 관심사였던 인간, 예의범절을 몰랐던 경박하고 변덕스러운 인간에 불과했다. 네로는 그다지 추하지는 않지만 맥없는 얼굴에 이따금 자만의 잔혹한 미소를 띠곤 하는 사람이었다. 그는 자신의 생모와 아내, 스승을 살해했을 뿐 아니라 많은 친척과 친구들의 생명도 앗아 버렸다. 그는 겁이 많았기 때문에 늘 누군가 자신을 죽이지 않을까 두려워하며 살았다.

그런데 로마에서 큰 화재가 일어났다. 불은 몇 날 며칠을 꺼지지 않았고, 이로 인해 무수한 건물이 불탔으며 주민 수십만 명이 살 곳을 잃었다. 당시 로마는 인구가 100만 명 이상인 거대 도시였기 때문이다. 그러면 네로는 그때 무엇을 했을까?

네로 황제

네로는 화려한 궁전의 발코니에서 칠현금 소리에 맞춰 직접 작곡한 노래를 불렀다. 그는 불타는 트로이에 대한 자신의 노래가 이 순간과 썩 어울린다고 생각했다. 그때까지 네로는 가까운 친구나 친척만 죽였고 평민에게는 멋진 축제를 자주 베풀었기 때문에 평민들은 네로를 그렇게 싫어하지 않았다. 하지만 네로가 화재를 보며 노래를 불렀다는 소문이 들리자 평민들은 분노에 치를 떨었다. 이제 사람들은 네로가 로마에 불을 질렀다며 수군거렸다. 그것이 사실인지 아닌지 우리는 알지 못한다. 어찌됐든 네로는 자신이 의심받고 있다는 것을 알았다. 그래서 속죄양을 찾았으니 바로 크리스트교도들이었다. 사실 크리스트교도들은 더 깨끗하고 더 나은 세상이 도래하려면 지금의 세상이 끝장나야 한다고 늘 말해 왔다. 물론 당신은 이 말의 참뜻을 알 것이다. 하지만 당시 사람들은 이 말을 액면 그대로 이해했기 때문에 로마에서는 크리스트교도들이 세상의 종말을 원하고 사람들을 미워한다는 소문이 퍼졌다. 참으로 허무맹랑한 비난이었다.

네로는 크리스트교도를 발견하는 대로 붙잡아 잔인하게 처형했다. 네로는 원형 경기장에 이들을 가두고 맹수를 풀어 갈기갈기 찢어 놓는가 하면 자신의 정원에서 만찬을 여는 동안 산 채로 태워 횃불로 삼기

카타콤 벽화

도 했다. 그러나 크리스트교도들은 비범한 인내심을 발휘하여 당시나 그 이후의 모든 박해를 견뎌 냈다. 이들은 새로운 신앙의 힘을 증명하는 증인이 된다는 것에 긍지를 느꼈다. 이렇게 신앙을 위해 목숨을 바친 사람들, 즉 순교자들은 훗날 최초의 성자들로 추앙받았다. 크리스트교도들은 이들의 무덤을 순례하고 예배를 드렸다. 그런데 로마의 크리스트교도들은 대낮에 공공장소에서 모일 수는 없었으므로 도성 바깥의 공동묘지에서 비밀 집회를 가졌다. 외떨어진 곳에 있는 지하 공동묘지에는 많은 통로와 방이 있었으며, 크리스트교도들은 이곳의 벽에 소박하나마 성경의 이야기를 그려 놓

왔다. 신의 권세나 영원한 삶을 상기시키는 그림들이었다. 개중에는 사자 굴에 들어
간 다니엘이나 불가마 속의 세 남자, 바위에서 샘물을 끌어낸 모세의 그림도 있었다.

크리스트교도들은 밤이면 지하 묘지에 모여 그리스도의 가르침에 관해 얘기를 나
누고 성찬을 함께 들었으며 다시 박해가 시작될 즈음이면 서로 용기를 북돋기도 했
다. 온갖 박해에도 불구하고 그 후 100년 동안 로마 제국에서는 복음을 믿고 그리스
도의 고통을 함께 하겠다는 사람들이 점점 늘어만 갔다.

로마 제국의 냉혹함은 크리스트교도만이 맛봐야 했던 것이 아니다. 유대인의 사
정도 나을 것은 없었다. 네로가 죽고 얼마 후에 예루살렘에서는 로마인에 대항하는
반란이 일어났다. 자유를 원했던 유대인은 사력을 다해 용감히 싸웠다. 그래서 로마
군단은 유대인의 도시를 하나씩 어렵사리 공략해 나갔으며 반란을 완전히 진압하는
데 긴 시간이 걸렸다. 예루살렘의 경우는 당시 황제 베스파시아누스의 아들인 티투
스에게 2년 동안 포위당했으며 주민들은 굶주림에 시달려야 했다. 도망 나온 사람들
은 로마군에게 붙잡혀 성문 밖 십자가에 매달렸다. 서기 70년에 로마군은 마침내 예

루살렘을 탈환했다. 티투스는 유대인의 성전을 손상시키지 말라고 명했지만 병사들은 사원에 불을 지르고 약탈을 자행했다. 성전의 집기들은 로마의 개선 행진에서 전리품으로 과시되었다. 이 사실은 티투스가 로마에 세워 오늘날까지 남아 있는 개선문의 벽화에서도 확인할 수 있다. 예루살렘이 파괴되자 유대인은 각지로 흩어졌다. 이미 그 전부터 많은 유대인들이 외국 도시에서 상업을 영위했지만 이제는 고향 없는 민족이 되어 알렉산드리아나 로마 등 낯선 도시에서 살게 된 것이다. 유대인은 온갖 비웃음과 멸시에도 불구하고 이교도들 사이에서 기도 학교를 열고 오랜 전통을 지키며 성경을 읽고 자신들을 구원해 줄 메시아를 기다렸다.

17

로마 제국과 변경에서의 생활

크리스트교도나 유대인도 아니고 황제의 가까운 친척도 아니라면 로마 제국에서는 아주 편하고 안락하게 살 수 있었다. 원한다면 히스파니아에서 유프라테스강으로 혹은 도나우강에서 나일강까지 훌륭하게 닦인 로마 국도로 어디든 여행할 수 있었다. 로마 제국의 우편 마차는 국경 지대의 여러 집배소를 규칙적으로 오가면서 소식을 전했다. 알렉산드리아나 로마 같은 대도시에는 안락한 생활을 위한 온갖 편의 시설이 마련되어 있었다. 로마의 주거 지역에는 가난한 사람들이 사는 고층의 허술한 임대 주택이 모여 있었다. 그에 반해 로마의 개인 주택이나 별장은 최고의 그리스 예술품과 가구들로 치장되어 있었고 시원한 분수가 있는 멋진 정원도 구비하고 있었다. 이런 곳에서는 겨울이면 일종의 중앙난방, 즉 방바닥 아래 놓인 벽돌 관으로 뜨거운 공기를 이동시키는 방식으로 실내를 덥혔다. 부유한 로마인은 누구나 시골 별장을 몇 채씩 갖고 있었다. 대개 바닷가에 있는 별장에는 시중드는 노예도 많았고 그리스와 로마의 고전 문학 작품으로 가득한 훌륭한 서재도 있었다. 부자들의 별장에는 운동 경기장도 있었고 지하실은 최고급 포도주로 가득했다. 부유한 로마인은 집에 있기가 무료해지면 광장이나 법정에 나가 보거나 목욕탕으로 갔다. 공중목욕탕이라 불린 이런 거대한 시설은 멀리 떨어진 산악에서 물을 끌어왔고 내부 시설은 호화찬란했다. 실내에는 온탕과 냉탕, 사우나 시설은 물론 운동 연습장도 있었다. 이런 거대한 공중목욕탕의 폐허는 오늘날까지 남아 있는데, 엄청난 규모의 반구형 지붕과 화려한 대리석 기둥, 값진 돌로 만든 욕조를 보면 동화 속의 궁전이 연상될 정도이다.

로마의 원형 경기장들은 더욱 거대하고 호사스러웠다. 가장 큰 경기장이었던 로마의 콜로세움은 대략 5만 명 이상의 관중을 수용할 수 있었다. 현대의 대도시에도 이 정도의 인원을 받아들일 수 있는 경기장이 흔하지 않다. 이런 경기장에서는 대개 검투사의 대결이나 맹수 사냥을 관람했다. 당신도 알다시피, 크리스트교도들도 원형 경기장에서 죽음을 맞았다. 경기장은 계단식 관중석이 둘러져 있어서 거대한 깔때기를 연상시켰다. 이런 곳에 5만 명이 한꺼번에 모인다면 무척이나 시끌벅적했을 것이다! 화려한 차일을 드리운 귀빈석에는 황제가 자리 잡았고 많은 병사들의 경호를 받았다. 경기는 황제가 경기장에 수건을 던지면 시작되었다. 그러면 검투사들이 황제 앞에 줄지어 서서 이렇게 외쳤다. "황제 만세! 오늘 죽을 자들의 인사를 받으소서!"

하지만 로마의 황제들이 그저 경기 관람이나 일삼던 사람들이거나, 네로처럼 무위도식하는 폭군이었다고 상상해서는 안 된다. 오히려 폭군과는 반대였다. 황제는 제국의 평화를 유지하느라 무척 분주했다. 그러할 것이 광대한 국경 너머 곳곳에는 호전적인 야만족들이 살았고 이들은 기회만 나면 제국의 부유한 속주들을 침탈했기 때문이다. 특히 도나우강과 라인강 너머 북방에 살던 게르만족은 로마인의 골칫거리였다. 게르만족은 체구가 크고 건장했기 때문에 로마인은 그 몸집만 보고도 겁을 먹었다. 또한 게르만족이 살던 지역(오늘날의 독일)은 숲이 울창하고 늪이 많아 진군한 로마 군단이 길을 잃기 일쑤였다. 당시의 게르만족은 중앙난방식의 멋진 별장에 사는 사람들이 아니라 예전의 로마인처럼 농부였다. 이들은 소규모로 흩어져 농토를 일구고 나무로 지은 농가에서 살았다.

로마 제국의 도시인들이 라틴어로 쓴 문헌에는 게르만족의 지극히 검소한 생활과 소박하면서도 엄격한 풍습 그리고 족장에 대한 충성심 등이 자세히 기록되어 있다. 로마의 저술가들이 이 모든 것을 글로 남긴 까닭은, 로마인의 지나치게 섬세하고 유약한 생활 관습을 비판하고 광활한 숲에서 소박하고 순수하며 자연스럽게 살아가는 게르만족의 장점을 알리기 위해서였다.

게르만족은 정말로 사나운 전사들이었다. 로마인은 이미 아우구스투스 치하에서 이 사실을 경험했다. 당시에 게르만족의 한 부족인 케루스키족의 족장으로 아르미니우스 혹은 헤르만이라 불린 사람이 있었다. 그는 로마에서 자라났기 때문에 로마군의 전투 방식을 잘 알고 있었다. 그래서 로마군이 토이토부르거발트를 통과해 게르마니아로 진격해 올 때 이들을 기습해 전멸시킬 수 있었다. 그 후로 로마인들은 지금의 독일 땅으로 진군할 엄두를 내지 못했고 게르만족과의 국경을 지키는 데 주력했다. 서기 1세기에 로마인은 라인강에서 도나우강까지 이르는 지대에 (진시황제의 만리장성과 같은) 기다란 방벽, 이른바 리메스를 건설했다. 게르만족에게서 제국을 지키기 위해 방책을 짓고 곳곳에 참호를 팠으며 초소도 세웠던 것이다. 로마인들이 이렇게 불안해한 데는 이유가 있다. 게르만족은 자신들의 터전에 가만히 머물지 않고 자꾸만 국경을 넘어와 새로운 사냥터와 경작지를 찾아다니곤 했기 때문이다. 게르만족은 여자와 아이들을 소가 끄는 수레에 태우고서 새로운 거주지를 찾아 이동했다.

　제국을 수호하기 위해서는 국경 지역에 군단을 지속적으로 주둔시켜야 했다. 그리하여 라인강에서 도나우강에 이르는 국경 지역에 전국 각지에서 온 군단들이 배치되었다. 예컨대 오늘날의 빈 근처에는 이집트에서 온 군단이 배치되어서 도나우강 변에 이집트 여신 이시스의 성전이 세워지기도 했다. 이 지역이 오늘날 이브스라 불리는 도시로, 이 이름은 여신 이시스와 관련이 있는 것이다. 그 외에도 국경 지대에 주둔한 부대들은 지극히 다양한 신을 모셨다. 페르시아의 태양신 미트라를 섬기는 부대가 있는가 하면, 얼마 후에는 크리스트교도의 유일신을 섬기는 부대도 생겨났다. 이렇듯 변경 요새에서의 생활은 로마에서의 생활과 크게 다르지 않았다. 오늘날 독일의 쾰른이나 트리어, 아우크스부르크, 레겐스부르크, 오스트리아의 잘츠부르크와 빈 그리고 프랑스의 아를이나 영국의 배스 등지에도 경기장과 공중목욕탕, 관리들의 별장과 병사들의 병영이 세워졌다. 나이 든 군인들은 요새 근방의 땅을 사고 토착민 여자와 결혼해서 정착하기도 했다. 로마 속주의 주민들도 점차 로마 문물에 익숙해졌다. 하지만 도나우강과 라인강 너머의 부족들로 인한 불안은 점점 더 커졌다. 로마 황제들은 로마의 궁전보다 국경의 주둔지에서 더 많은 시간을 보냈다. 그러했던 황제들 중에는 훌륭한 인물이 많았는데, 서기 100년경에 살았던 트라야누스도 개중 한 사람이다. 그의 정의로움과 온화한 성품에 관해서는 많은 이야기가 전해 온다.

트라야누스의 부대는 도나우강을 넘어 오늘날의 헝가리와 루마니아까지 진격했으며 이곳 역시 로마의 속주로 만들어 제국 방어를 강화시켰다. 다키아라 불렸던 이 지역은 로마 제국의 일부가 되었다. 하지만 트라야누스가 원정에만 주력했던 것은 아니다. 그는 로마에 화려한 광장도 많이 세웠는데, 이를 위해 거대한 언덕들을 허물어 버리기도 했다. 그러고는 그리스 건축가를 시켜 광장에 신전과 상가, 법정, 주랑, 기념비 등을 세웠다. 오늘날에도 로마에는 이때의 잔해가 많이 남아 있다.

트라야누스 이후의 황제들도 제국 정비와 국경 수호에 힘썼다. 특히 서기 161년

로마 목욕탕,
영국 잉글랜드
배스

곰브리치 세계사

부터 180년까지 통치한 마르쿠스 아우렐리우스 황제는 도나우강 변의 주둔지인 카르눈툼과 빈도보나(오늘날의 빈)에 자주 머물렀다. 하지만 마르쿠스 아우렐리우스 황제는 전쟁을 좋아하는 사람이 결코 아니었다. 그는 온화하고 조용한 성품으로 책을 읽고 쓰는 것을 가장 좋아했다. 그는 황제이자 철학자였다. 마르쿠스 아우렐리우스가 주로 전쟁터에서 쓴 일기는 오늘날까지 남아 있는데, 여기서 그는 주로 자제심과 인내, 고통과 슬픔을 견디는 법, 침착한 영웅적 태도 등에 관해 성찰하고 있다. 그 내용은 부처가 마음에 들어 할 만한 것들이다.

그렇지만 마르쿠스 아우렐리우스는 숲속에 은둔해 명상에 잠겨 있을 수만은 없었다. 그는 당시에 특히 발흥하던 게르만족들에 맞서 빈도보나에서 싸워야 했다. 언젠가

마르쿠스
아우렐리우스
황제

는 도나우강 건너의 적들을 쫓아내기 위해 로마인들이 사자를 풀었다고 한다. 하지만 한 번도 사자를 본 적이 없던 게르만족은 이 동물을 전혀 겁내지 않았다. 게르만족은 이 '커다란 개들'을 그냥 때려 죽여 버렸다. 마르쿠스 아우렐리우스는 이 전쟁을 치르던 중 빈도보나에서 사망했다. 그때가 서기 180년이었다.

그 뒤를 이은 황제들은 로마보다 국경 지대에 훨씬 더 자주 머물렀다. 대부분이 군인 출신으로 군대에 의해 선출된 황제들이었다. 하지만 다시 군대에 의해 폐위되거나 심지어 살해당하기 일쑤였다. 이런 군인 황제들 중에는 로마가 아닌 이방 출신이 많았는데, 당시 로마 군단 내에서 로마인은 극히 소수에 불과했기 때문이다. 예전에는 이탈리아 지역의 농부들이 직접 병사가 되어 세계 정복에 나섰지만, 이제는 사정이 달라졌다. 그럴 것이 농부들의 경작지는 이제 소수 부자들의 거대한 농장으로 병합되었고 농사는 노예들이 지었기 때문이다. 군대 또한 이방인들로 구성되었다. 도나우강 변에 머물렀던 군인들이 이집트 출신이었다는 사실은 앞에서 이미 얘기했다. 하지만 로마 군단에서 가장 많은 수를 차지한 사람들은 게르만족이었다. 당신도 알다시피 게르만족은 뛰어난 전사들이었기 때문이다. 거대한 로마 제국의 동부와 서부를 지켰던 이방인 부대들, 즉 게르만 국경과 페르시아 국경 그리고 히스파니아와 브리타니아, 북아프리카, 이집트, 소아시아, 다키아에 주둔했던 군인들은 가장 마음에 드는 사령관을 황제로 선출했다. 그리고 사령관들은 예전의 마리우스나 술라처럼 권력을 차지하기 위해 서로 싸우고 서로 죽였다. 서기 200년대는 엄청난 혼란과 비참함의 시대였다. 당시 로마 제국에는 서로 이해하지 못하는 이방의 군인들과 노예들만 살았다 해도 과언이 아니다. 더 이상 세금을 낼 형편이 못 되었던 속주의 농부들은 지주들에 대항해 폭동을 일으켰다. 전염병과 도둑 떼가 전 제국을 휩쓸던 이 비참한 시대에 많은 사람들은 복음에서 위안을 찾았다. 점점 더 많은 자유민과 노예가 크리스트교를 믿었고 황제에 대한 숭배를 거부했다.

로마 제국의 혼란이 최고조에 달했을 무렵, 빈농 출신의 어느 군인이 통치권을 장악했다. 바로 서기 284년에 즉위한 디오클레티아누스 황제이다. 그는 붕괴될 찰나에 있는 국가를 새로이 정비하려고 애썼다. 먼저 도처에 만연한 기아 문제를 해결하기 위해 모든 식료품의 가격 상한제를 도입했다. 또한 그는 광대한 제국을 한곳에서 통치하기는 어렵다는 점을 깨달았기에 네 개의 도시를 수도로 정하고 네 사람의 부제를 임명했다. 그리고 황실에 대한 경외감과 존경심을 회복시키기 위해 엄격한 궁정 예식을 도입하고 왕궁과 관청의 사람들에게 호사스러운 예복을 입혔다. 디오클레티아누스는 황제의 조각상에 올리는 제사도 엄격히 시행했기 때문에 전국의 크리스트교도들은 그 어느 때보다 혹독한 탄압을 받았다. 이것이 크리스트교에 대한 최후이자 가장 참혹한 탄압이었다. 디오클레티아누스는 20여 년간 통치를 하고는 황제 자리를 버렸으며 달마티아의 어느 궁전으로 들어가 지치고 병든 노인으로 여생을 마쳤다. 그곳에서 그는 크리스트교와 싸우는 것이 얼마나 무의미한 일이었는지 지켜봐야 했다.

디오클레티아누스의 후계자인 콘스탄티누스 대제가 크리스트교와의 싸움을 포기했기 때문이다. 일설에 의하면, 콘스탄티누스는 디오클레티아누스의 부제 중 한 사람이었던 막센티우스

콘스탄티누스 황제

크리스트교의
상징물을 든
콘스탄티누스
황제

와 전투를 앞두고 어떤 꿈을 꾸었다. 꿈에서 그는 십자가를 보았으며 "이 상징과 함께 승리하리라."란 말도 들었다. 이 전투에서 실제로 승리한 콘스탄티누스는 서기 313년에 크리스트교 박해를 금지했다. 하지만 그 자신은 오랫동안 이교도로 머물렀으며 죽기 직전에야 세례를 받았다. 콘스탄티누스는 더 이상 로마를 거점으로 제국을 다스리지 않았다. 당시 제국에 가장 큰 위협이 된 것은 동방 세력, 특히 다시금 세력을 키운 페르시아인이었다. 그래서 콘스탄티누스는 옛 그리스의 식민지였던 흑해 주변의 비잔티움을 새로운 수도로 정했다. 그 후로 이 도시는 콘스탄티노플로 불렸는데, 이는 '콘스탄티누스의 도시'란 뜻이다. 오늘날 이 도시의 이름은 이스탄불이다.

그 얼마 후인 서기 395년부터 로마 제국에는 두 개의 수도뿐 아니라 두 개의 나라가 존재하게 되었다. 라틴어를 사용하는 서로마 제국과 후에 그리스어를 사용하는 동로마 제국으로 제국이 분할된 것이다. 서로마 제국에는 이탈리아와 갈리아, 브리타니아, 히스파니아 그리고 북아프리카가 포함되었고, 동로마 제국에는 이집트와 팔레스티나, 소아시아, 그리스, 마케도니아가 속했다. 크리스트교는 서기 380년부터 로마 제국의 국교로 공인되었다. 그 결과 크리스트교의 주교와 대주교가 국가의 고관으로서 커다란 영향력을 행사하게 되었다. 크리스트교도들은 이제 지하 묘지 대신 주랑을 갖춘 호화로운 교회에서 모임을 가졌으며, 고통을 통한 구원의 상징인 십자가는 로마 군단의 전투 휘장으로 사용되었다.

곰브리치 세계사

18

천둥 번개가 치던 시대

무더운 여름날 천둥 번개가 치는 것을 본 적이 있는가? 특히 산악 지대에서 그 모습은 장관이다. 처음에는 아무것도 보이지 않지만 곧 맥이 풀리는 듯한 기분과 함께 공기 중에서 무엇인가가 느껴진다. 그러고는 천둥이 울린다. 그 소리가 여기저기서 번갈아 들리기 때문에 도대체 어디서 들려오는 것인지 알 수가 없다. 그다음에는 갑작스레 산들이 무서울 만큼 가까이 보인다. 가벼운 바람결조차 느껴지지 않는데 멀리서 둥근 구름이 뭉게뭉게 솟는다. 산들은 뿌연 안개 뒤로 거의 모습을 감추고 사방에서 구름이 밀려오는데 바람은 전혀 느낄 수 없다. 천둥소리는 점점 자주 들리고 모든 것이 섬뜩하고 위협적으로 느껴진다. 사람들은 그저 다음 순간을 기다릴 뿐이다. 갑작스레 그 순간이 온다. 처음에는 무슨 구원의 순간처럼 느껴진다. 돌풍이 계곡을 휩쓸고 사방에서 번개가 친다. 그러고는 굵은 빗방울이 떨어지기 시작한다. 좁은 계곡 안에 번개 구름이 갇힌 것이다. 천둥소리가 계곡 절벽에 부딪혀 메아리를 만들고 여기저기서 거센 바람이 불어온다. 얼마 후 번개 구름은 물러가고 맑고 고적한 밤하늘에는 별들만 반짝인다. 얼마 전까지 번개 구름이 밀려와 천둥 번개가 쳤다고는 도저히 믿기지 않을 지경이다.

이제부터 내가 이야기하려는 시대도 이와 아주 비슷했다고 말할 수 있다. 천둥 번개가 쳐서 거대한 로마 제국을 산산이 조각냈던 것이다. 사실 천둥소리는 이미 그 전부터 들려오곤 했다. 게르만족이 국경 가까이로 이주했을 때나 킴브리족과 테우토네스족이 로마 제국으로 침입했을 때 그리고 카이사르와 아우구스투스, 트

로마 군단 병사와 싸우는 이방인

라야누스, 마르쿠스 아우렐리우스 등의 황제들이 게르만족의 침입을 막아야 했을 때를 말한다.

　그런데 이제 폭풍이 몰아쳐 왔다. 폭풍은 아주 먼 곳, 역사를 싫어한 진나라의 진시황제가 세운 만리장성 가까이에서 시작되었다. 아시아 초원에 살던 기마 부족이 더 이상 중국을 약탈할 수 없게 되자 서쪽으로 방향을 돌렸던 것이다. 이들은 바로 훈족이었다. 서양인은 그렇게 생긴 부족을 한 번도 본 적이 없었다. 키가 작고 눈도 작으며 누런 얼굴에 흉터투성이인 훈족은 말과 한 몸뚱이 같았다. 몸집이 작고 날렵한 말에서 좀체 내려올 줄 몰랐기 때문이다. 훈족은 말에 올라탄 채로 잠을 자고 회의도 열었으며 식사도 마찬가지였다. 식용 날고기를 안장 밑에 깐 채 말을 달려 고기를 부드

럽게 만들어 먹곤 했다. 이들은 적을 공격할 때면 무시무시한 소리를 지르면서 질주했고 하늘을 가릴 만큼 많은 화살을 쏘아 댔다. 그러고는 순식간에 방향을 돌려 쏜살같이 달아났다. 적군이 추격해 오면 훈족은 안장에서 상체만 돌려서 화살을 쏘았다. 지금까지 보았던 어느 부족들보다도 민첩하고 교활하며 잔인했다. 심지어 용맹스러운 게르만족조차 이들을 피해 도망칠 정도였다.

게르만족의 한 갈래인 서고트족은 안전한 로마 제국으로 피신하길 원했다. 로마 제국은 이들을 받아들였지만 얼마 후 기근이 일어나자 제국과 서고트족 사이에서 싸움이 벌어졌다. 서고트족은 아테네로 침입해 약탈을 자행하고는 콘스탄티노플까지 진격했다. 그리고 서기 410년에는 알라리크왕의 영도 아래 전체 부족이 이탈리아로 이동해서 로마를 정복했다. 알라리크가 죽자 서고트족은 다시 북쪽으로 이동해 갈리아를 정복하고 히스파니아로 나아가 그곳에 정착했다. 로마인은 서고트족을 막기 위해 갈리아와 브리타니아, 라인강, 도나우강 등의 국경 요새로부터 군대를 차출할 수밖에 없었다. 그러자 수백 년간 이 순간만을 기다려 왔던 여러 게르만 부족이 국경을 뚫고 밀려들어 왔다.

이들 게르만족 중 일부 부족의 이름은 오늘날 독일 지도에서 볼 수 있는 지명과 동일하다. 예를 들어 슈바벤과 프랑크, 알레만 등이 그것이다. 이들 부족은 삐꺽거리는 우마차에 처자식을 태우고 살림을 실은 채 라인강을 건너와서는 로마 군단과 싸워 이겼다. 한 부족이 패하면 또 다른 부족이 그 뒤를 이었으며 결국은 승리를 거두었다. 수천 명이 죽는 것은 아무 문제도 아니었다. 수만 명이 그 뒤를 이었기 때문이다. 그래서 이를 '게르만족의 대이동'이라 부른다. 바로 이것이 로마 제국을 뒤흔들고 파괴한 천둥 번개였다. 그도 그럴 것이 게르만족이 갈리아나 히스파니아에 눌러앉지는 않았기 때문이다. 동게르만의 여러 부족을 아우르는 반달족은 이탈리아를 거치고 시칠리아를 넘어 아프리카까지 전진했다. 이들은 일찍이 카르타고가 있던 자리에 해적

국가를 세우고는 주변의 해안 도시들을 정복하고 약탈했다. 이러한 약탈 행위에서 로마도 무사하지는 못했다. 반달족이 다른 부족보다 더 흉포하지는 않았지만 오늘날까지도 이와 비슷한 문화적 파괴 행위를 '반달리즘'이라 일컫곤 한다.

그 이후에 등장한 훈족은 훨씬 더 흉포했다. 훈족의 왕은 아틸라로, 그가 권력을 잡은 때는 서기 444년이었다. 혹시 기원전 444년에는 누가 정권을 잡았는지 기억하고 있는가? 아테네의 페리클레스였다. 그때는 그리스의 최전성기였다고 할 수 있다. 아틸라는 모든 면에서 페리클레스와 정반대의 인물이었다. 그가 지나간 곳에는 풀한 포기도 자라지 않는다는 말조차 나돌았다. 그의 군대는 가는 곳마다 불태우고 폐허로 만들어 버렸기 때문이다. 훈족이 그처럼 많은 금은보석을 강탈하고 대족장들이 화려한 장신구로 온몸을 감싸는 동안 정작 아틸라왕은 소박한 생활을 유지하면서 나무 주발로 식사를 하고 간소한 천막에서 지냈다. 그는 금과 은에는 아무 관심도 없었고 오직 권력만을 탐했다. 아틸라는 절대 웃는 법이 없는 무서운 지배자였으며 세상의 절반을 정복했다. 아직 제압되지 않은 모든 민족은 그와의 전쟁을 피할 수 없었다. 아틸라의 군대는 엄청난 규모였다. 개중에는 게르만족도 많이 섞여 있었는데 대다수가 동고트족이었다.(당시 서고트족은 이미 이베리아반도에 정착해 있었다.) 지금의 헝가리 지역에 주둔하고 있던 아틸라는 서로마 제국 황제에게 사신을 보냈고, 사신은 이런 말을 했다. "나와 그대의 주인이신 아틸라왕의 전갈이오. 그대의 제국 절반과 공주를 바치시오." 서로마 제국 황제가 이를 거부하자 아틸라는 어마어마한 군대를 이끌고 쳐들어왔다. 황제를 벌하고 그가 거부한 것을 힘으로 빼앗기 위해서였다. 그리하여 서기 451년 갈리아의 카탈루냐 평야에서 대전투가 벌어졌다. 로마 제국의 전 군단은 물론 게르만족까지 힘을 모아 아틸라의 사나운 무리에 맞섰다. 전투의 승패가 결정되지 않은 상태에서 아틸라는 로마로 방향을 돌렸다. 모두가 두려움과 공포에 떨어야 했다. 훈족은 점점 가까이 다가왔고, 군대의 힘으로는 이를 막을 도리가 없었다.

이때 로마 주교가 사제들과 함께 깃발만 들고서 훈족에 맞섰다. 당시 로마 주교는 대교황이라 불린 레오 1세였다. 사람들은 훈족이 이들을 깔아뭉개고 지나갈 것이라 생각했다. 하지만 아틸라는 교황에게 설득당해 철군을 결정했다. 아틸라는 정말로 이탈리아반도를 떠났고 로마도 구제될 수 있었다. 이로부터 얼마 후인 453년 아틸라는 어느 게르만족 공주와 결혼하던 날에 죽음을 맞았다.

만약 그때 교황이 서로마 제국을 구하지 못했다면 제국은 사라지고 말았을 것이다. 이미 황제에겐 아무 권세도 없었기 때문이다. 이제 제국을 지배하는 것은 군대였고, 군대는 거의 게르만족으로 구성되었다. 결국 게르만족 군인들은 황제가 아무 쓸모도 없다는 판단에 이르렀으며 황제를 폐위시키기로 결정했다. 기묘하게도 로마 제국의 마지막 황제 이름은 로물루스 아우구스툴루스였다. 로마를 건국한 첫 번째 왕의 이름은 로물루스였고, 로마 제국 최초의 황제는 아우구스투스였다. 그런데 이 두 이름이 마지막 황제의 이름에 섞여 있는 것이다. 아무튼 그는 서기 476년에 폐위되었다.

그 후 오도아케르란 사령관이 게르만족의 왕이 되어 이탈리아를 통치하기 시작했다. 이는 라틴어를 사용하는 서로마 제국의 종말을 의미했으며, 따라서 원시로부터 오랫동안 지속되어 온 시대, 즉 '고대'의 종말을 뜻하는 것이기도 했다.

그리하여 476년에 새로운 시대, 즉 '중세'가 시작된다. 이 같은 명칭을 사용하는 이유는, 이 시대가 고대와 근대 사이에 놓여 있기 때문이다. 하지만 당시 사람들은 새로운 시대가 시작되었음을 전혀 알아차리지 못했다. 모든 것이 혼란스럽기는 종전과 다를 바 없었기 때문이다. 예전에 훈족 군대에 합류했던 동고트족은 이제 동로마 제국에 정착했다. 이들에게서 벗어나고 싶었던 동로마 제국의 황제 제노는 차라리 서로마 제국으로 가서 오도아케르왕을 몰아내고 이탈리아를 정복하라고 부추겼다. 정말로 동고트족의 대왕 테오도리크는 493년 알프스산맥을 넘어 이탈리아로 쳐들어갔다. 싸움을 밥 먹듯 해 왔던 동고트족은 다 털리고 아무것도 없는 도시를 식은 죽 먹듯 정복해 버렸다. 테오도리크는 오도아케르왕과 그의 아들을 화해의 만찬에 초대하고는 칼로 찔러 죽여 버렸다.

테오도리크가 어떻게 그런 끔찍한 일을 저지를 수 있었는지를 생각하면 놀라울 뿐이다. 왜냐하면 이 일만 제외하면 그는 뛰어나고 교양 있는 지배자였기 때문이다. 그는 동고트족과 로마인이 평화롭게 살도록 배려했고 부하들에게는 먹고살 수 있을 만큼 토지를 내주었다. 수도는 이탈리아 북부의 항구 도시인 라벤나로 정했다.

테오도리크는 수도에 화려한 모자이크로 장식된 웅대한 교회들을 세웠다. 동로마 황제로서는 전혀 예상하지 못한 일이었다. 동고트족이 이탈리아에 강대한 제국을 세워 콘스탄트노플의 지배자를 위협하게 되리라고는 꿈에도 생각지 못했던 것이다.

당시 콘스탄티노플의 지배자는 유스티니아누스 황제였다. 서기 527년부터 동로마 제국을 다스렸으며, 야심이 크고 사치를 좋아하는 인물이었다. 그는 옛 로마 제국을 다시금 손아귀에 넣겠다는 포부를 품고 있었다. 유스티니아누스 황제의 궁정은 동양의 온갖 호사스러운 물건으로 가득했으며, 한때 서커스의 무희였던 황후 테오도라와 그는 보석이 박힌 무거운 비단 예복을 걸치고 금과 진주 목걸이를 쩔렁거리며 다녔다.

유스티니아누스는 콘스탄티노플에 돔 양식의 아야 소피아 대성당을 세우는 등 로마 제국의 영화를 되살리려고 애썼다. 특히 고대 로마

테오도리크

의 법전들과 위대한 학자 및 법관들이 집필한 모든 주해를 수집했다. 이렇게 해서 만들어진 로마 대법전을 '유스티니아누스 법전'이라 부른다. 이것은 오늘날에도 여러 가지 법의 기초가 되어서 법관이나 변호사가 되려는 사람이 읽어야 하는 기본서에 속한다.

테오도리크가 죽자 유스티니아누스는 고트족을 이탈리아에서 몰아내기로 마음먹었다. 고트족은 낯선 이탈리아 땅에서 수십 년 동안 영웅적인 싸움을 펼쳤다. 그러나 로마인들의 저항도 만만치 않았기 때문에 고트족의 싸움은 쉽지 않았다. 게다가 고트족에게는 불리한 점이 한 가지 더 있었다. 고트족이 크리스트교로 개종하기는 했지만 로마인이나 유스티니아누스의 백성들과 똑같은 교리를 믿은 것은 아니었다. 즉 고트족은 삼위일체설을 인정하지 않았다. 때문에 고트족은 이교도라 배척당

MAXIMIANVS·

유스티아누스
황제

하고 적으로 취급되었다. 결국 이 전쟁에서 고트족은 거의 모두 전사했다. 마지막 전투를 치르고 간신히 살아남은 1000명 남짓한 고트족은 자유 퇴각을 허락받자 북쪽으로 사라졌다. 이것이 막강한 고트족의 최후였다. 이제 라벤나까지 지배하게 된 유스티니아누스는 그곳에 아름다운 교회를 세우고 자신과 황후의 모습도 화려한 모자이크 장식으로 새겨 넣었다.

하지만 동로마 제국의 황제들은 이탈리아를 오랫동안 다스리지는 못했다. 568년 북쪽에서 또 다른 게르만족이 출현했기 때문이다. 이탈리아는 이들 랑고바르드족에게 정복되었으며, 그 후로 이탈리아의 한 지역은 이 부족의 이름을 따서 롬바르디아라 불린다. 이것이 그 시대를 뒤흔든 마지막 천둥 번개였다. 그러고는 서서히 별이 빛나는 밤이 찾아왔다. 중세로 접어든 것이다.

테오도라 황후

19

별이 빛나는 밤

이제 당신도 게르만족의 대이동을 천둥 번개에 비유한 맥락을 이해할 것이다. 하지만 중세가 별이 빛나는 밤이었다고 말한다면 분명 어리둥절한 표정을 지을 것이다. 그래도 그것은 사실이다. 당신도 '중세는 암흑의 시대'라는 말을 들어 봤을 것이다. 이런 말이 나온 이유는, 로마 제국이 멸망하고 난 당시에는 읽고 쓸 줄 아는 사람이 아주 소수였고 대부분의 사람들은 세상에 무슨 일이 일어나는지 알지 못했으며 온갖 기적이나 허황된 이야기를 좋아하고 지극히 미신적이었기 때문이다. 그리고 중세에는 집들도 옹색하고 어두침침했으며 로마인이 닦아 놓은 도로는 모두 붕괴되었고 로마 제국의 도시나 주둔지도 잡초가 우거진 폐허로 변하고 말았다. 또한 훌륭한 로마법은 사람들의 기억에서 사라졌으며 아름다운 그리스 조각들도 무수히 파괴되었다. 모두 맞는 말이다. 사실 끔찍한 전란으로 점철되었던 민족 대이동의 시대에 그런 일이 없었다면 오히려 이상한 일일 것이다.

그러나 그것이 전부는 아니었다. 중세는 칠흑 같은 밤이기보다는 별이 총총 빛나는 밤이었다고 말할 수 있다. 모든 것이 모호하고 불확실한 상황에서 당시 사람들이 어두움을 무서워하는 아이들처럼 마술사나 마녀 혹은 악마나 악령의 존재를 쉽게 믿었으며 그로 인해 두려움에 떨었던 것도 사실이다. 하지만 당대의 어두운 밤하늘에는 길을 가리키는 별들, 새로운 신앙의 별들이 반짝이고 있었다. 어두운 숲속에서도 큰곰자리나 북극성 같은 별을 보면 쉽게 길을 잃지 않는 것처럼, 중세 사람들은 이따금 어둠 속에서 발을 헛디디기도 했지만 완전히 길을 잃지는 않을 수 있었다. 그들에게는 한 가지 굳은 믿음이 있었다. 그것은 모든 인간에게 신이 주신 영혼이 있으며 거지든 왕이든 누구나 신 앞에서 동등하다는 믿음, 고로 인간을 물건처럼 취급하는 노예 제도는 허용될 수 없다는 믿음이었다. 이 세상을 창조하고 은총으로 인류를 구원하는 신, 사람 눈에 보이지 않는 이 유일신이 우리에게 원하는 것은 단 한 가지이니, 그것은 우리가 선해야 한다는 것이었다. 그렇다고 해서 오로지 선한 사람들만 살았다는 얘기는 아니다. 당시에도 잔인하고 난폭하며 냉혹한 싸움꾼들은 많았다. 비열하고 잔혹하며 무자비한 인간들은 이탈리아든 독일 땅이든 어디에나 있었던 것이다. 하지만 이들은 그런 행동을 할 때 로마인들보다는 좀 더 양심의 가책을 느꼈다. 자신의 행동이 나쁘다는 것을 알았으며 신의 징벌을 두려워했다.

많은 사람들이 오직 신의 뜻에 따라 살기를 원했다. 이들은 사람들이 북적이는 복잡한 도시에서 벗어나고자 했다. 도시에서는 나쁜 일을 저지를 위험도 컸기 때문이다. 인도의 은둔자들과 비슷하게 이들은 사막으로 가서 기도하고 참회하는 생활을 했다. 이런 수도사들은 이집트나 팔레스타인 지방 같은 동방에서 제일 먼저 등장했다. 이들 중 많은 사람들이 참회를 가장 중요한 일로 여겼다. 이같은 교리는 일정 부분 인도에서 전해진 것으로, 당신도 알다시피 인도인은 자신을 학대하는 방식으로 수행을 하곤 했다. 수도사들 중에는 시내 한복판의 높은 기둥에 올라앉아 거의 미동도 않은 채 인간의 죄에 관해 명상만 하면서 일생을 보내는 사람들도 있었다. 이들이 목숨을 잇기 위해 필요한 약간의 음식물은 줄에 묶인 바구니로 기둥 위까지 운반되었다. 기둥 위에서 번잡한 세속을 내려다보면서 신에게 좀 더 가까이 다가갈 수 있기를

성 베네딕트
(가운데)

희망했다. 이런 수도사들은 '기둥 위의 성자들'이라 불렸다.

　　서방의 이탈리아에는 부처와 아주 비슷하게 고독한 참회 생활에서 내면의 평온을 찾지 못한 수도사가 있었다. 그의 이름은 베네딕트였는데, 이는 '축복받은 사람'이란 뜻이었다. 베네딕트는 참회만이 그리스도가 가르친 전부는 아니라고 생각했다. 사람이란 스스로 선해지는 것에 머물러서는 안 되며 선한 일도 행해야 한다는 것이었다. 그리고 기둥에 앉아 있는 것만으로는 선한 행위가 실현되지 않으며 일을 해야 한다는 것이 그의 믿음이었다. 그리하여 '기도하고 일하라'가 그의 신조가 되었다. 베네딕트는 자신과 뜻이 같은 수도사들과 함께 삶을 실천할 수 있는 협회를 만들었다. 이런 협회를 보통 수도회라 하는데, 베네딕트가 세운 협회는 그의 이름을 따서 '베네딕트 수도회'라 불리게 되었다. 수도사들이 모여 사는 장소가 바로 수도원이다. 영원히 베네딕트 수도회의 일원이 되기 위해 수도원에 들어오려는 사람은 세 가지 덕목을 서약해야 했다. 그 세 가지란, 첫째로 아무것도 소유하지 말 것이며, 둘째로 결혼하지 말 것이고, 셋째로는 수도원장에게 항상 그리고 무조건 복종할 것이었다.

　　수도사로 서품을 받은 사람은 수도원에서 기도만 올리면 되는 것이 아니었다. 물론 기도는 아주 중요한 일이었고 하루에도 몇 번씩 미사가 있었다. 수도사들은 선한 일도 행해야 했다. 그런데 선한 일을 하려면 나름의 능력과 지식도 갖춰야 했다. 그래서 베네딕트 수도사들은 당시로서는 유일하게 고대의 사상과 발명을 연구하게 되었다. 이들은 고대의 두루마리 문헌을 가능한 한 많이 수집해서 연구했으며 이를 보급시키기 위해 필사본도 만들었다. 수도사들은 명확하고 유려한 필체로 쓴 두툼한 양피지 필사본을 몇 년씩 걸려 만들었다. 이들은 성경이나 성자들의 전기뿐 아니라 라틴어와 그리스어로 쓰인 시도 베꼈다. 수도사들의 노고가 없었다면 우리에게는 옛글이 단 한 편도 전해지지 않았을 것이다. 그런데 수도사들이 특히나 충실하게 필사한 것은 자연 과학과 농경에 관한 고서들이었다. 이들에게 성경 다음으로 중요한 것이 농토를 효과적으로 경작하는 일이었기 때문이다. 그래야만 자신들은 물론 가난한 사람들도 먹을 곡식과 빵을 많이 얻을 수 있었다. 당시 도시와 동떨어진 지방에는 여인숙이 거의 없었다. 그래서 여행을 하는 사람은 수도원에 묵을 수밖에 없었고, 수도원에서는 이들을 정성껏 대접했다. 수도원은 고요함과 근면함 그리고 명상의 분위기가 지배하는 장소였다. 수도사들은 수도원 주변에 사는 아이들에게 공부도 가르쳤다. 아이들은 읽고 쓰기를 배우고 라틴어로 말하는 훈련을 받았으며 성경 공부도 했다. 이처럼 당시의 수도원은 교양과 예절이 존재하고 그리스와 로마의 정신세계가 살아 숨쉬는 유일무이한 장소였다.

이런 수도원이 이탈리아에만 있던 것은 아니다. 복음을 전파하고 사람들을 교화하며 인간의 손길이 닿지 않은 야생의 숲을 개간하는 데 치중했던 수도사들은 오히려 머나먼 오지를 선호했다. 특히 지금의 아일랜드와 영국(브리튼 제도를 가리킨다./ 편집자)에 수도원이 많았다. 이 두 지역은 섬이었기 때문에 게르만족 대이동의 천둥 번개가 몰고 온 피해를 다소나마 비켜 갈 수 있었다. 이 지역에는 일부 게르만족도 정착해 살았는데, 일찍부터 크리스트교로 개종했던 앵글족과 색슨족이 그들이었다.

브리튼 제도의 수도사들은 갈리아족과 게르만족의 나라로 들어가 선교 활동을 벌였다. 아직 모든 게르만족이 크리스트교로 개종하지는 않았지만 이들 중 가장 막강한 영주는 명목상으로나마 크리스트교도였다. 클로비스라는 이름의 이 영주는 메로빙거 가문 출신이었다. 프랑크족의 왕이었던 그는 용기와 지략을 갖췄을 뿐 아니라 살인과 속임수도 마다하지 않았기에 머지않아 오늘날 독일의 절반과 프랑스에 속하는 지역의 대부분을 지배하게 되었다. 프랑스라는 국명은 클로비스왕이 지배했던 부

수도원은 점점
부유해지고
권력도 누리게
되었다.

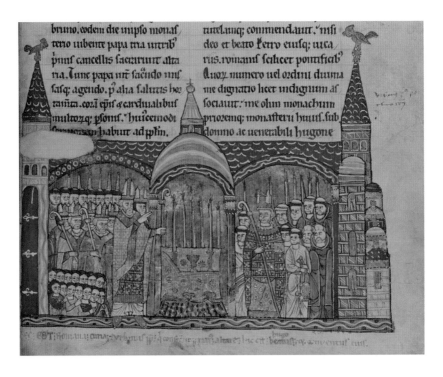

족의 이름에서 유래한 것이다.

496년 클로비스와 그의 부족은 세례를 받았다. 아마 크리스트교의 신이라는 강력한 마귀가 자신들의 승리를 위해 도와줄 것이라 믿었기 때문일 것이다. 클로비스는 결코 경건한 신자가 아니었다. 그래서 이 게르만족의 나라에서는 수도사들이 할 일이 무척 많았고 실제로 많은 일을 해냈다. 수도사들은 수도원을 세우고 프랑크족과 알레마니족에게 과수와 포도 재배법을 알려 주었다. 또한 사나운 전사들에게 세상에는 체력이나 담력 외에도 중요한 것이 있음을 가르쳐 주었다. 메로빙거 왕조의 궁전에서는 크리스트교도인 국왕의 고문으로 활동하는 수도사들이 적지 않았다. 이들은 누구보다도 잘 읽고 잘 쓸 수 있었기 때문에 법률의 기록이나 국왕의 문서 업무를 모두 처리했다. 이런 문서 업무는 통치와 직결되는 일이었다. 다른 나라 왕들에게 편지를 쓰고 로마 교황과 연락을 취하는 일도 문서 업무에 포함되었기 때문이다. 이렇게 보면, 소박하고 수수한 수도복을 걸친 수도사들이야말로 아직 제대로 정비되지 않은 프랑크 왕국의 실질적 지배자였던 셈이다.

브리튼 제도에서 온 수도사들은 야생 지대나 울창한 산림 지역으로도 진출했다. 현재의 독일 북부나 네덜란드에 해당되는 이 지역 주민들은 명목상으로도 크리스트교도가 아니었다. 이곳의 농부나 전사들은 조상 대대로 이어 온 신앙을 굳게 지켰으며, 때문에 이들에게 복음을 전파하는 것은 지극히 위험스러운 일이었다. 주민들은 폭풍의 신인 보탄을 믿었는데, 신전은 따로 없었고 들판이나 신성하게 여겨지는 고목 아래서 예식을 치렀다. 한번은 보니파키우스라는 수도사가 신성한 나무 아래서 설교를 하게 되었다. 그는 보탄이 그저 옛이야기 속의 신이란 것을 알려 주기 위해 신성한 나무를 도끼로 찍기 시작했다. 주위에 몰려 있던 북방의 게르만족들은 보니파키우스가 곧 벼락에 맞아 죽을 것이라 믿었다. 그런데 나무가 쓰러진 후에도 아무 일도 일어나지 않았다. 그러자 많은 사람이 보탄이나 여타 게르만 신들에 대한 강력한 믿음을 잃고 보니파키우스로부터 세례를 받았다. 반면에 다른 사람들은 보니파키우스에게 원한을 품었으며 754년에 결국 그를 살해하고 말았다.

그러나 독일 지역에서 토착 종교의 시대는 결국 지나갔다. 머지않아 거의 모든 사람들이 수도원 근처의 소박한 통나무 교회에서 예배를 올렸다. 예배가 끝나면 수도사들과 만나 병든 가축은 어떻게 치료하고 사과나무의 병충해는 어떻게 막는지 조언을 구했다. 지역의 권력자들도 수도사들을 찾아갔다. 특히 난폭하고 포악한 사람일수록 수도사들에게 넓은 영지를 선사하는 경우가 많았다. 그렇게 해서 신을 달랠 수 있으리라 생각했던 것이다. 이렇게 해서 수도원은 점점 부유해지고 권력도 누리게 되었다. 하지만 수도사들은 여전히 옹색한 거처에서 빈한하게 지내면서 성 베네딕트의 말대로 기도하고 노동하는 생활을 지켜 나갔다.

20
알라 외에 신은 없고 무함마드는 신의 예언자다

당신은 사막이 어떤 곳인지 상상할 수 있는가? 진귀한 물품을 가득 진 낙타들이 긴 행렬을 이루면서 지나가는 뜨거운 모래사막 말이다. 어디를 가나 보이는 것은 모래뿐이다. 그래도 이따금 하늘로 뻗은 야자수 몇 그루가 멀리서 모습을 보인다. 그곳으로 말을 타고 달려가면 아주 맑지는 않지만 샘물이 있다. 그 물을 마시고 나면 다시 여행이 시작된다. 마침내 좀 더 큰 오아시스를 끼고 있는 거대한 도시가 나타난다. 도시에는 정사각형의 하얀 집들이 옹기종기 모여 있고 하얀 옷을 입은 사람들이 살고 있다. 사람들의 살갗은 구릿빛이며 머리칼이 검고 두 눈도 검게 반짝인다.

첫눈에도 이들은 싸움에 이골이 난 사람들이라는 것을 알 수 있다. 이들은 놀랄 만큼 날렵한 말을 타고 사막을 가로지르면서 카라반(사막을 오가며 특산물을 교역하던 상인 집단/ 옮긴이)을 약탈하고 싸움을 일삼는다. 오아시스 대 오아시스, 도시 대 도시, 부족 대 부족의 싸움은 그칠 줄을 모른다. 수천 년 전에도 분명 크게 다르지 않았을 것이다. 그런데 많지도 않은 사람들이 서로 싸워 대는 이 기묘한 사막의 땅에서 오래 전 아주 이상한 일이 일어났다. 이제부터 당신에게 그에 관한 이야기를 들려주겠다.

독일 지역에서 수도사들이 소박한 농부들에게 조언을 해 주고 메로빙거 왕조가 프랑크 왕국을 지배하고 있을 무렵, 그러니까 서기 600년경만 해도 아랍인은 언급할 만한 특별한 점이 없는 사람들이었다. 이들은 말을 타고 사막을 떠돌다 천막에서 잠을 자고 서로 싸움질을 일삼았을 뿐이었다. 신앙도 단순했으며 그에 관해 깊이 생각하지도 않았다. 고대 바빌로니아인처럼 별을 숭배했고 무엇보다 하늘에서 떨어졌다고 하는 어떤 돌을 경배했다. 이 돌은 메카라는 오아시스 도시의 한 성전에 안치되어 있었는데, 이 성전의 이름은 카바였다. 아랍인들은 종종 이 돌에 경배하기 위해 사막을 지나 순례 여행을 하곤 했다.

당시 메카에는 무함마드라는 사람이 살았다. 그의 아버지 압달라는 부자는 아니었지만 메카의 카바 성전을 지키는 귀한 가문에 속했다. 압달라는 이른 나이에 세상을 떠났고 아들 무함마드에게 남긴 것은 낙타 다섯 마리가 전부였다. 아주 많은 유산이라고는 할 수 없었다. 그래서 무함마드는 다른 귀한 집안의 아이들처럼 사막의 천막 숙영지에서 살지 못하고 부자들의 염소지기로 일해야 했다. 후일 그는 자기보다 훨씬 나이가 많은 어느 부유한 여자의 사업을 돕게 되었다. 카라반과 함께 낙타를 몰면서 장거리 여행을 하는 일이었다. 그는 그 부유한 여자와 혼인해서 행복한 결혼 생활을 꾸려 나갔다. 그는 여섯 명의 아이를 낳았고 어린 사촌인 알리도 양자로 받아들였다.

메카에서 무함마드는 높은 존경을 받았다. 커다란 매부리코에 머리칼과 수염이 검고 걸음걸이에도 무게가 있는 이 건장하고 활기찬 남자를 사람들은 '정의로운 자'라 불렀다. 그는 어려서부터 종교에 관심이 많았기에 메카의 카바로 온 아랍인 순례자들뿐 아니라 가까운 아비시니아(지금의 에티오피아/ 편집자)에서 온 크리스트교도나 아랍의 오아시스에 모여 살던 유대인들과도 즐겨 대화를 나누었다. 그는 유대인과 크리스트교도들의 이야기에서 특히 깊은 인상을 받았다. 그것은 눈에 보이지 않지만 전능한 유일신에 관한 이야기였다.

무함마드는 저녁에 샘물가에 앉아 아브라함과 요셉 그리고 그리스도와 마리아에 관한 이야기를 듣는 것도 즐겼다. 그러던 어느 날 여행을 하던 무함마드가 갑자기 환영을 보았다. 무슨 말이냐고? 잠에 들지도 않았는데 꿈과 같은 일이 일어났다는 말이다. 무함마드 앞에 대천사 가브리엘이 나타나서는 이렇게 외쳤다. "읽으라!" 그러자 무함마드는 우물거리며 대답했다. "저는 글을 읽을 줄 모릅니다." 하지만 대천사는 두 번이나 더 "읽으라." 하고 외치더니 하느님이신 신의 이름으로 기도하라고 명했다. 환영에 충격을 받은 무함마드는 집으로 발길을 돌렸다. 자신에게 무슨 일이 일어난 것인지 알 수 없었다.

3년 동안이나 무함마드는 자신이 체험한 일에 관해 곰곰 생각하며 지냈다. 그리고 3년이 지났을 때 다시 한번 환영을 보았다. 성스러운 광채에 휩싸인 대천사 가브리엘이 또다시 무함마드 앞에 나타난 것이다. 몹시 놀란 무함마드는 몸을 덜덜 떨면서 집으로 달려갔고 혼란스러운 기분으로 침대에 몸져누웠다. 아내가 외투를 가져와 그에게 덮어 주었다. 그렇게 누워 있는 동안 다시금 목소리가 들렸다. "일어나서 경고하라. 그리고 네 주를 찬미하라." 무함마드는 이것이 신의 말씀이라 생각했다. 목소리는 인간들에게 지옥이 있음을 경고하고 눈에 보이지 않는 유일신의 위대함을 알리라고 명했다. 이때부터 무함마드는 자신을 예언자로, 인간에게 신의 뜻을 전하는 대변자로 느꼈다. 그는 유일하고 전능하신 신이 자신을 사도로 선택했다 말하면서 메카에서 신의 가르침을 설파했다. 하지만 대부분의 사람들이 무함마드를 비웃었다. 그를 믿은 사람들은 아내와 친척 그리고 가까운 친구들뿐이었다.

카바를 지키는 메카의 사제들은 무함마드가 어리석은 사람일 뿐 아니라 지극히 위험한 인물이라고 판단했다. 그래서 메카의 어느 누구도 무함마드의 가족이나 추종자들과 어울려서는 안 된다는 결정을 내렸으며 이런 내용의 공문을 카바 안에 붙여놓았다. 이것은 엄청난 타격이었으니, 예언자의 가족과 친지들은 그 후 몇 년 동안 굶주림과 곤궁에 시달려야 하였다. 오래전부터 메카와 적대 관계에 있던 오아시스 도시 출신의 순례자들 몇 명이 무함마드를 만나게 되었다. 그 오아시스 도시에는 유대인이 많이 살았기 때문에 유일신에 관한 교리도 널리 알려져 있었다. 그래서 그 도시에서 온 순례자들에게는 무함마드의 설교가 마음에 썩 들었다.

그러나 무함마드가 적대 관계인 부족에게 설교를 하고 그들과 점점 가까워지고 있다는 사실은 그 누구보다도 메카의 귀족인 카바의 감독관들을 분노케 했다. 감독관들은 무함마드를 대역죄로 처벌하기로 결정했다. 무함마드는 모든 신봉자를 자신에게 우호적인 사막 도시로 피신시켰다. 무함마드 역시 자신을 죽이려 하는 자들이 집으로 들이닥치자 창문으로 빠져나가 사막 도시로 도피했으니, 이때가 서기 622년 7월 16일이다. 이 도주를 아랍어로 '헤지라'라 부르며, 무함마드의 신봉자들은 이때를 기점으로 연도를 계산한다. 그리스인에게는 올림피아, 로마인에게는 로마 건국 그리고 크리스트교도에게는 그리스도의 탄생이 기점이 되는 것과 같은 이치이다.

사막 도시에서 무함마드는 융숭한 대접을 받았으며, 이 도시는 후일 무함마드를 기리기 위해 '예언자의 도시'란 뜻에서 '메디나'라 불리게 되었다. 모두가 그를 환대했고 앞다투어 집에 모시려 했다. 무함마드는 그 누구의 마음도 상하게 하지 않으려고 낙타의 발길이 닿는 집에 머물겠노라 말했다. 그리고 실제로 그렇게 했다. 메디나에서 무함마드는 신자들을 가르쳤고, 모두가 그의 이야기를 기꺼이 경청했다. 그는 신이 아브라함과 모세를 통해 유대인에게 나타났고 그리스도의 입을 통해 인간을 가르쳤으며 이제는 자신을 예언자로 선택했다고 이야기했다.

무함마드는 아랍어로 '알라'라 불리는 신 이외에는 그 무엇도, 그 누구도 두려워할 필요가 없다고 가르쳤다. 우리의 운명은 신에 의해 예정되어 있고 위대한 책에 기록되어 있으므로 두려워하거나 기뻐할 이유가 없다고 말했다. 와야 할 것은 오게 마련이고 죽음의 순간 또한 처음부터 정해져 있다는 것이다. 결국 우리는 신의 뜻에 복종할 도리밖에 없다. '복종'은 아랍어로 '이슬람'인데, 무함마드는 자신의 교리를 이슬람이라 불렀다. 그의 가르침에 의하면, 신자들은 이 교리를 위해 싸워서 이겨야 하며 무함마드를 예언자로 인정하지 않는 불신자들을 죽이는 것은 죄가 아니었다. 또한 이 신앙, 즉 알라와 예언자를 위해 용감히 싸우는 사람은 천국에 갈 것이지만 불

알라 외에 신은 없고 무함마드는 신의 예언자다

신자나 비겁한 자는 지옥에 갈 것이라고 그는 가르쳤다. 무함마드는 그의 설교나 계시 등에서 천국을 아름답게 묘사했는데, 그러한 글 전부를 '쿠란'이라 묶어 부른다.

"그곳에서는 푹신한 방석에 기대앉은 신자들이 영원히 죽지 않는 소년들의 시중을 받아 가며 최고급의 술을 실컷 마시지만 두통에 시달리거나 취하는 일이 없다. 진귀한 과일과 날새 고기도 있고 눈망울이 크고 진주처럼 아름다운 아가씨들도 대기하고 있다. 가시 없는 수련과 싱싱한 바나나 나무가 그늘을 드리우는 그곳, 맑은 물이 샘솟고 머리 위로 포도 덩굴이 뻗어 있는 그곳에서 신자들은 은잔에 술을 따라 주거니 받거니 한다. 모두들 은장식이 반짝이는 고급 비단옷을 입고 있다."

당신도 충분히 이해할 수 있겠지만, 뜨거운 사막에서 살던 가난한 사람들에게 이처럼 호화로운 천국의 약속은 싸우다 죽어도 좋을 만한 보상이었다.

그래서 메디나 사람들은 예언자 무함마드의 복수를 하고 카라반들을 약탈하기 위해 메카로 향했다. 처음에는 승리를 거두고 엄청난 전리품을 챙겼지만 곧 모든 것을 다시 잃고 도주해야 했다. 메카 사람들도 메디나로 진격해 도시를 공략하려 했지만 실패하고 열흘 만에 돌아갔다. 그러자 이번에는 무함마드가 1500명의 무장한 신봉자들을 이끌고 메카 순례를 감행했다. 메카 사람들은 이 위대한 예언자에게서 비웃음만 사던 가난뱅이 무함마드의 모습을 더 이상 찾아볼 수 없었다. 많은 사람이 무함마드의 신봉자가 되었다. 얼마 후 무함마드는 대군을 이끌고 와서 메카를 정복했다. 하지만 주민들은 해치지 않고 우상들만 성전 밖으로 내버렸다. 무함마드는 이제 막강한 존재가 되었으며, 각지의 천막 숙영지나 오아시스에서 사신을 보내와 그에게 충성을 맹세했다. 세상을 뜨기 직전 무함마드는 4만 명의 순례자들 앞에서 설교를 했으며 자신의 모든 원칙을 명심하라고 다시 한번 일렀다. 알라 외에는 어떤 신도 없으

며 무함마드는 신의 예언자이고 모든 불신자는 굴복시켜야 한다는 것이 그 원칙이었
다. 그리고 하루에 다섯 번 메카를 향해 기도하고 술은 마시지 말며 언제나 용감하라
고 당부했다. 서기 632년에 그는 세상을 하직했다.

쿠란에는 이런 말이 쓰여 있다. "불신자들은 더 이상 저항하지 못할 때까지 격퇴
하라." 그리고 이런 말도 있다. "우상을 숭배하는 자들은 찾기만 하면 죽여라. 그들을
붙잡고 포위하고 색출하라. 하지만 만약 개종하면 무사히 보내 줘라."

아랍인들은 예언자의 말을 엄격히 지켰다. 이들은 아라비아 사막에서 개종하지
않는 사람은 모두 죽였다. 이 일이 끝나자 '칼리프'라 불린 무함마드의 후계자들, 특
히 아부 바크르와 우마르는 백성을 이끌고 이웃 나라들을 정벌하러 나섰다. 이웃 나

라 사람들은 아랍인들의 열광적인 신앙 앞에서 맥을 추리지 못했다. 아랍의 전사들은 무함마드가 죽은 후 6년 동안 피비린내 나는 싸움을 벌였으며 마침내 팔레스타인 지역과 페르시아를 정복하고 철저하게 약탈했다. 또 다른 부대는 이집트로 향했다. 여전히 동로마 제국에 속해 있었지만 깊은 쇠락에 빠진 나라였던 이집트는 아랍인에 의해 4년 만에 정복되었다. 거대한 도시 알렉산드리아도 그들의 손아귀에 들어왔다. 당시 아랍인이 알렉산드리아의 웅대한 도서관을 어떻게 해야 하느냐고 칼리프 우마르에게 물었다. 이 도서관에는 그리스 시인과 문필가, 철학자들의 두루마리 책이 70만 권이나 소장되어 있었다. 우마르는 이렇게 대답했다 한다. "그 책들에 쿠란에도 나온 내용이 쓰여 있으면 그 책들은 불필요하다. 만약 다른 내용이 쓰여 있으면 그 책들은 유해하다." 이 이야기가 사실인지는 알 수 없지만 그런 식으로 생각하는 사람은 언제나 있게 마련이다. 아무튼 아주 값지고 소중한 알렉산드리아의 장서들은 이렇게 전쟁과 혼란의 와중에서 영원히 사라지고 말았다.

이제 아랍 제국은 강력하게 세력을 뻗어 나갔다. 무함마드가 메카에 당겨 놓은 불씨 하나가 순식간에 사방으로 번진 셈이다. 불길은 페르시아에서 멀리 인도까지, 그리고 이집트를 넘어 북아프리카 전역으로 퍼져 나갔다. 하지만 아랍인은 서로 간의 통합을 이루지 못했다. 우마르가 죽고 나자 칼리프가 여러 명이나 선출되었으며 이들은 서로 잔혹한 싸움을 벌였다. 서기 670년경 아랍 군대는 동로마 제국의 옛 수도인 콘스탄티노플도 점령하려 했다. 콘스탄티노플의 주민들은 7년 동안이나 결사적으로 버텼고 결국 아랍인은 물러가고 말았다. 그 대신 아랍인은 아프리카 대륙에서 배를 타고 나가 시칠리아를 정복했다. 그것으로 끝이 아니었다. 아랍인은 이베리아반도까지 넘보았다. 당신도 기억하겠지만, 이베리아반도는 게르만족 대이동 이후로 서고트족이 지배하고 있었다. 7일 동안 계속된 전투에서 아랍의 타리크 사령관이 승리를 거두었고, 이베리아반도는 이슬람교도의 지배를 받게 되었다.

아랍인은 여기서 멈추지 않고 메로빙거 왕조가 다스리는 프랑크 왕국으로 향했다. 이제 크리스트교를 믿는 게르만족의 농부 전사들과 싸우게 된 것이다. 프랑크족의 지휘관은 카롤루스 마르텔이었는데, 마르텔은 원래 망치라는 뜻이었다. 카롤루스 마르텔은 이름에 걸맞게 아주 용감한 사람이었으며 732년에 정말로 아랍인을 물리쳤다. 그해는 예언자 무함마드가 죽고서 정확히 100년이 되는 해였다. 만약 카롤루스 마르텔이 투르와 푸아티에에서 전쟁에 졌다면 아랍인들이 프랑크 왕국 전역을 점령했을 것이다. 그랬다면 수도원들도 모두 파괴되었을 것이고 유럽 사람들 역시 이슬람교도가 되었을 것이다. 오늘날 페르시아와 인도 일부 지역의 사람들, 메소포타미아와 팔레스타인의 아랍인들 그리고 이집트와 북아프리카의 사람들처럼 말이다.

아랍인은 무함마드가 살았던 시대처럼 도처에서 싸움을 일삼는 야만적인 전사로만 머물지는 않았다. 그와 달리, 초기의 전쟁 욕구가 다소 수그러들자 아랍인들은 정복한 나라의 개종한 주민들로부터 많은 것을 배우기 시작했다. 페르시아인에게서 동방의 호화스러운 문물을 익혔으며, 그 결과 아름다운 양탄자와 옷감, 화려한 건축, 멋진 정원과 아름다운 무늬가 새겨진 호사스러운 그릇들을 좋아하게 되었다.

이슬람교에서는 우상 숭배에 대한 일체의 기억을 말소시키기 위해 사람이나 동물을 그리는 것마저 금지했다. 그래서 이슬람의 궁전이나 사원은 화려하고 장식적이며 구불구불한 선으로만 장식되었는데, 이러한 선을 아랍 특유의 무늬란 의미에서 아라베스크라 부른다. 한때 동로마 제국에 속했으나 이제 아랍인에게 정복당한 도시에 사는 그리스인들은 페르시아인보다도 더 많은 것을 아랍인들에게 가르쳐 주었다. 머지않아 아랍인은 그리스 책들을 더 이상 불태우지 않고 오히려 열심히 수집해서 읽었다. 특히 알렉산드로스 대왕의 스승인 아리스토텔레스의 저술을 즐겨 읽었고 이를 아랍어로 번역하기도 했다. 아랍인은 아리스토텔레스에게서 자연의 모든 사물에 관심을 갖고 사물의 원인을 탐구하는 태도를 배웠으며 이를 열심히 실천했다. 오늘날

복잡한 무늬로
꾸며진 호화로운
이슬람식
건물 내부

유럽의 학교에서 흔히 들을 수 있는 학문 개념들 중에는 아랍어에서 온 것이 많다. 화학이나 대수에 해당하는 개념어들이 그런 예이다. 당신이 읽고 있는 이 책은 종이로 만들어졌다. 그런데 유럽인이 종이를 사용하게 된 것 역시 아랍인 덕분이다. 당시에 아랍인이 중국인 전쟁 포로에게서 제지술을 배웠기 때문이다.

하지만 내가 아랍인에게 특히나 고마워하는 이유는 두 가지이다. 그 하나는 당신이 『천일 야화』나 『아라비안나이트』란 책으로 읽었을 아랍인들의 놀랍도록 멋진 이야기이다. 이 이야기는 입에서 입으로 전해지다가 나중에 문자로 기록되었다. 다른 하나는 이 이야기보다 훨씬 더 경이로운 것이다.(당신이 당장 실감하기는 어렵겠지만 정말 그렇다.) 12라는 수를 예로 들어 보자. 어째서 12는 '일이'나 '일 더하기 이' 혹은 '삼'이라 읽지 않고 '십이'라 읽는 것일까? 당신도 잘 알다시피, 앞의 숫자 1은 일이 아니라 십이기 때문이다. 로마인은 12를 XII라고 표기했다. 그러면 112는? CXII이다. 그럼 1112는? MCXII이다. 이런 로마 숫자로 곱셈이나 덧셈을 해야 한다고 생각해 보라! 반면에 아라비아 숫자로는 그러한 셈을 하기가 아주 쉽다. 이 숫자가 예쁘고 쓰기 편하기 때문만이 아니라 어떤 새로운 점을 지니고 있기 때문이기도 하다. 그 새로운 점이란 자릿수를 말한다. 숫자가 세 개 쓰여 있으면 맨 왼쪽에 있는 것은 백 자리이다. 그래서 '백'을 나타낼 때는 1을 쓴 다음 0 두 개를 연이어 쓰면 된다.

당신이 이처럼 유용한 것을 발명했다면 어땠을까? 아무튼 나는 이런 것을 만들어 낼 자신이 없다. 이 같은 숫자 체계는 물론 '숫자'를 뜻하는 유럽어 '치퍼(Ziffer)'나 '사이퍼(Cipher)' 등도 아랍어에서 유래한 것이다. 물론 그 전에 아랍인은 인도인에게서 큰 자극을 받았다. 이 모든 것이 내가 『천일 야화』라는 옛이야기보다 더 경이롭게 생각하는 점들이다. 서기 732년에 카롤루스 마르텔이 아랍인을 물리친 것은 참 다행스러운 일이었다. 하지만 아랍인이 대제국을 세우고 페르시아인과 그리스인, 인도인 등을 정복해서 이들의 사상과 기술적 공식, 발명품을 모두 종합한 것도 잘된 일이라 볼 수 있다.

21

지혜로운 정복자

이 책을 읽는 당신은 세계를 정복하고 대제국을 세우는 것이 아주 쉬운 일이라 생각할지도 모른다. 세계사에서 한두 번 일어난 일이 아니기 때문이다. 실제로 예전에는 그런 일이 아주 어렵지만도 않았다. 어째서 그런 것일까?

당신은 당시에 신문이나 우편 제도가 없었다는 사실을 고려해야만 한다. 대부분의 사람들은 며칠이나 여행해야 닿을 수 있는 곳에서 무슨 일이 일어나는지 알 수 없었다. 사람들은 계곡이나 숲속 마을에서 땅을 경작하며 살았고 그들이 알고 있는 가장 먼 곳은 이웃 부족들이 사는 곳이었다. 그리고 대개의 경우 이웃 부족들과는 사이가 좋지 않았다. 사람들은 갖은 수를 다 써 가며 서로를 괴롭혔다. 예컨대 이웃 부족의 가축을 목초지에서 몰아내는가 하면 심지어 상대방 농가에 불을 지르기도 했던 것이다. 이웃 부족들끼리의 약탈과 복수, 싸움은 그칠 날이 없었다.

사람들은 자신들의 좁은 영역 너머에 다른 세계가 있다는 것을 그저 소문으로만 알고 있었다. 어느 날 수천 명의 낯선 무리가 계곡이나 숲 지역으로 쳐들어오면 이들로서는 별다른 수가 없었다. 사람들은 낯선 무리가 자신들의 적을 학살하면 그저 즐거워할 뿐 다음 차례는 바로 자신들이라는 것은 생각하지 못했다. 그리고 낯선 무리가 자신들을 죽이는 대신 합류할 것만 강요하는 경우에는 그저 감사할 따름이었다. 이런 식으로 무리는 점점 더 커졌고 개별 부족으로서는 아무리 용맹을 부린다 해도 그런 무리를 감당하기가 점점 더 어려워졌다. 아랍인의 정복 전쟁 때도 그랬고 지금부터 얘기할 프랑크족의 유명한 왕 카롤루스 대제 때도 마찬가지였다.(카롤루스 대제는 라틴어 이름이며 샤를마뉴 대제라고도 불린다./ 옮긴이)

당시에는 정복이라는 것이 오늘날만큼 어려운 일은 아니었지만 통치하는 것은 훨씬 더 어려운 일이었다. 통치를 제대로 하려면 사방의 외딴 지역까지 사신을 보내야 했으며 서로 다투는 부족들을 화해시켜 묵은 원한이나 복수보다 더 중요한 일이 있다는 점을 깨닫게 해야 했다. 훌륭한 통치자가 되려면 가난하고 고된 삶을 사는 농부들을 도와주고 또 학문의 연구 및 그 보존과 전승에도 신경을 써야 했다. 당시에 훌륭한 통치자란 한 가정의 아버지처럼 백성을 보살피고 모든 결정을 스스로 도맡을 수 있는 사람이었다.

카롤루스 대제가 바로 그런 통치자였다. 우리가 그를 '위대한 황제'란 의미로 '대제'라 부르는 것도 이런 이유에서이다. 메로빙거 왕조의 사령관으로 프랑크 왕국을 아랍인들로부터 지켜 냈던 카롤루스 마르텔이 바로 그의 조상이었다. 사실 메로빙거 왕조는 그렇게 품위 있는 가문이 아니었다. 그들은 머리와 수염을 길게 길러 멋이나 부리고 옥좌에 앉아 재상들이 써 준 연설문을 달달 외워 말하는 게 고작인 사람들이었다. 여행을 떠날 때나 백성들의 민회에 참석할 때도 이들은 말을 타지 않고 농부들처럼 황소가 끄는 수레를 탔다. 실제로 나라를 통치한 것은 다른 유능한 가문이었고, 카롤루스 마르텔이 바로 이 가문 출신이었다. 카롤루스 대제의 아버지인 피핀 역시 이 가문의

카롤루스 대제

한 사람이었다. 하지만 피핀은 다른 사람을 위해 연설이나 써 주는 재상에 머물고 싶지는 않았다. 그는 자신의 실권에 걸맞은 지위, 즉 왕위를 원해서 메로빙거 출신의 왕을 폐위시키고 프랑크 왕국의 새로운 지배자가 되었다. 당시 프랑크 왕국은 오늘날 독일 서부와 프랑스 동부를 포괄하는 나라였다.

하지만 당신은 당시의 프랑크 왕국이 관리와 치안 조직을 갖춘 견고한 나라, 예컨대 로마 제국에 비견될 만한 나라였다고 생각해서는 안 된다. 로마 시대와 마찬가지로 당시에는 아직 독일 민족이라는 것도 존재하지 않았다. 그저 서로 다른 방언을 쓰고 다른 풍습과 관습을 지녔으며 그리스의 도리아인과 이오니아인처럼 서로를 싫어했던 여러 부족이 살았을 뿐이다.

부족들의 우두머리, 즉 족장은 '헤어초크'라 불렸다. 독일어로 '헤어'는 무리나 군대를 뜻하고 '초크'는 진군이란 뜻과 연관이 있는데, 족장이 전쟁에서 무리의 선두에 나섰기 때문에 이 같은 명칭을 얻었다. 나중에 가서 '헤어초크'는 귀족 지위 중에서 '공작'을 뜻하는 말로 바뀌었다. 그런데 독일에는 이런 부족 단위의 공국이 몇 개 있었다. 바이에른 공국과 슈바벤 공국, 알레만 공국 등이 그 예로, 이중 가장 막강한 부족은 프랑크족이었다. 다른 부족들은 프랑크족을 위해 종군할 의무가 있었다. 다시 말해, 전쟁이 나면 프랑크족의 편이 되어 싸워야 했다. 카롤루스 대제의 아버지인 피핀이 통치하던 시대에 프랑크족은 이런 총사령권을 지녔기에 우세한 힘을 행사할 수 있었다. 그리고 카롤루스 대제는 768년 왕위에 오르자 이러한 군사적 힘을 최대한 활용했다.

카롤루스 대제는 먼저 갈리아 전역을 정복하고는 알프스산맥을 넘어 이탈리아 반도로 진군했다. 당신도 기억하고 있겠지만, 이탈리아는 게르만족 대이동의 시대에 랑고바르드족이 차지한 지역이었다. 카롤루스 대제는 랑고바르드족의 왕을 몰아내고 이탈리아 지배권을 로마 교황에게 넘겨주었다. 이런 예에서 볼 수 있듯, 대제는 평생 동안 자신을 교황의 수호자로 생각한 사람이었다. 아무튼 이탈리아를 정복한 카롤루스 대제는 이제 이베리아반도까지 진출해서 아랍인들과 싸웠지만 여기서는 곧 후퇴했다.

　왕국이 이렇게 남쪽과 서쪽으로 확장되었으니 이제 남은 곳은 동쪽이었다. 오늘날의 오스트리아에 해당하는 동쪽 지역은 당시 훈족과 아주 유사한 동방의 기마 부족인 아바르족의 지배를 다시금 받고 있었다. 다만 그들에게는 아틸라 같은 강력한 지배자가 없었다. 아바르족은 언제나 진영을 원형 장벽으로 둘러싸서 쉽게 뚫고 들어갈 틈을 내주지 않았다. 카롤루스 대제와 그의 군대는 오스트리아에서 8년 동안 싸운 끝에 아바르족을 철저하게 격퇴할 수 있었다. 하지만 예전에 훈족이 그랬듯 아바르족은 침략해 오면서 다른 민족도 함께 끌고 왔다. 이들이 바로 슬라브족이었다. 슬라브족도 나름대로 왕국을 이루고 있었지만 프랑크 왕국보다는 훨씬 불안정하고 야만적인 상태에 있었다. 카롤루스 대제는 이들과도 전쟁을 치른 끝에 일부는 종군시키고 일부는 해마다 공물을 바치게 했다. 그러나 카롤루스 대제는 전쟁을 치르는 동안에도 자신에게 가장 중요한 과제가 무엇인지 잊지 않았다. 그 과제란 모든 독일 공국과 부족들을 자신의 지배 아래 두어 하나의 나라로 뭉치게 하는 일이었다.

　당시 독일의 동부 전체는 아직 프랑크 왕국에 속해 있지 않았다. 그곳에는 로마 제국 시대의 게르만 부족들처럼 사납고 호전적인 작센족, 즉 색슨족이 살고 있었다. 작센족은 여전히 이교도였고 크리스트교에 관해서는 알고 싶어 하지도 않았다. 하지만 모든 크리스트교도의 수장을 자처했던 카롤루스 대제는 이슬람교도들과 사고방식이 크게 다르지 않았다. 인간에게 신앙을 강제할 수 있다 생각했던 것이다. 그래서 몇 년 동안 그는 작센족의 족장인 비두킨트와 싸움을 벌였다. 작센족은 굴복했지만 기회가 나자 다시 반격해 왔다. 카롤루스 대제도 군대를 돌려 작센족의 땅을 폐허로 만들어 버렸다. 하지만 카롤루스 대제가 떠나자마자 작센족은 다시금 그의 통치에서 벗어나려 했다. 이들은 카롤루스 대제에게 복종하여 전쟁에 동참했으나 갑작스레 방향을 돌려 대제의 군단을 공격했다. 결국 카롤루스 대제는 무시무시한 재판을 열어 작센족을 4000명 이상 처형했다. 이때 살아남은 사람들은 세례를 받았지만, 이들이 사랑의 종교를 사랑하기까지는 실로 오랜 시간이 걸렸다.

카롤루스 대제는 이제 진실로 막강한 사람이 되었다. 이미 말했듯, 그는 정복만 잘하는 사람이 아니라 통치도 잘하고 백성도 돌볼 줄 아는 사람이었다. 그는 학교를 아주 중요하게 여겼고 스스로도 일생 동안 배움을 게을리하지 않았다. 그는 독일어 못지않게 라틴어도 잘했고 그리스어도 이해했다. 그는 말하기를 즐겼으며 목소리도 맑고 분명했다. 그는 고대의 모든 학문과 예술을 익혔으며 브리튼 제도와 이탈리아에서 온 학식 있는 수도사들에게서 웅변술과 천문학도 배웠다. 하지만 펜으로 유려한 글자를 쓰기보다는 칼을 휘두르는 데 더 익숙했기 때문에 글을 쓰는 것은 무척 힘들어 했다고 한다.

카롤루스 대제는 승마 사냥과 수영을 무척 즐겼으며 대개는 아주 간소한 옷차림이었다. 평소에는 삼베 셔츠에 화려한 비단 줄무늬가 있는 겉옷을 입고 각반으로 묶는 바지를 입었으며 겨울에는 모피 옷을 입고 파란 망토를 걸쳤다. 그리고 금이나 은 손잡이가 달린 칼을 늘 차고 다녔다. 의식이 있을 때만은 금실을 짜 넣은 예복에 보석 박힌 구두를 신고 금줄로 장식한 망토를 걸쳤으며 금과 보석이 박힌 왕관도 썼다. 건장하고 키가 훤칠한 왕이 이렇게 차려입고 아헨의 궁전에서 외국 사신을 맞이하는 장면을 상상해 보라. 사신들은 프랑스 땅과 이탈리아, 독일 땅 그리고 오스트리아와 슬라브족의 여러 나라 등 그의 왕국에 속하는 모든 곳에서 왔다.

카롤루스
대제의 검

대제는 영토 각지에 관해 상세한 보고를 올리게 했으며 왕국 전역에서 수행되어
야 할 일을 꼼꼼히 결정했다. 그는 재판관을 임명하고 법률을 수집케 했으며 또한 누
가 주교로 임명되어야 할지를 결정했고 심지어 식료품 가격도 책정했다. 대제가 가
장 중요하게 여긴 문제는 독일 공국들의 융화였다. 카롤루스 대제는 몇 개의 분리된

공국을 지배하기보다는 하나의 통일된 왕국을 만들고 싶어 했다. 바이에른의 타실로 공작처럼 이에 반감을 갖는 사람은 지위를 빼앗아 버렸다. 당신이 이 자리에서 기억해야 할 것은, 모든 게르만 부족의 언어를 가리키는 단어가 이때 처음 생겨났다는 사실이다. 즉 프랑크어, 바이에른어, 알레만어, 작센어 등이 이때부터 '티우디스크'라고 총칭되었는데, 오늘날 독일어를 뜻하는 '도이치'라는 단어도 이 말에서 비롯되었다.

독일적인 것이라면 모든 것에 관심을 두었던 카롤루스 대제는 게르만족 대이동의 와중에서 탄생한 것으로 추정되는 고대 영웅 서사시도 기록하게 했다. 후일 디트리히 폰 베른이라고도 불린 테오도리크와 훈족의 왕 아틸라 그리고 용과 싸워 이겼지만 교활한 하겐의 칼에 찔려 죽은 지그프리트에 관한 서사시였다. 하지만 당시 기록되었던 서사시는 소실되었고, 오늘날 우리가 알고 있는 것은 그로부터 400년 후에 다시 기록된 이야기이다.

카롤루스 대제는 자신이 독일인들의 왕일 뿐 아니라 프랑크 왕국의 지배자로서 모든 크리스트교도의 보호자라 생각했다. 로마 교황의 생각도 다르지 않았다. 카롤루스 대제가 여러 차례나 교황을 랑고바르드족으로부터 구해 주었기 때문이다. 그래서 카롤루스가 서기 800년 성탄절 전야에 로마의 성 베드로 대성당에서 기도를 올릴 때 교황이 갑자기 다가가 그에게 관을 씌워 주었다. 그러고 나서 교황은 다른 모든 사람과 함께 카롤루스 앞에 무릎을 꿇었으며, 제국의 평화를 위해 신이 임명한 새로운 로마 제국의 황제인 카롤루스에게 충성을 맹세했다. 전해 오는 얘기에 의하면 카롤루스 자신도 이 계획을 몰랐기 때문에 몹시 놀랐다고 한다. 이제 그는 훗날 역사에서 언급되는 신성 로마 제국의 초대 황제가 된 것이었다.

카롤루스 대제의 제국은 옛 로마 제국의 권세와 위대함을 회복시켜야 했다. 다만 이제는 로마인 대신 크리스트교를 믿는 게르만족이 지배자가 되어야 했다. 게르만족이 크리스트교의 영도 세력이 되는 것, 바로 이것이 카롤루스 대제의 계획이자 목표

카롤루스 대제의
왕좌

였으며 이 황제의 오랜 숙원이었다. 하지만 이 계획이 실현에 근접한 것은 카롤루스 치하에서뿐이었다. 세계 각지에서 사신들이 몰려와 카롤루스 대제에게 충성을 맹세했다. 콘스탄티노플의 강력한 동로마 제국 황제만이 그와 우호 관계를 맺으려 한 것이 아니라 심지어 저 멀리 메소포타미아에 사는 아랍인들의 지배자 하룬 알라시드도 마찬가지였다. 훗날 옛이야기에도 흔히 등장하게 된 하룬 알라시드는 고대 도시 니네베 근방에 있는 바그다드의 아름다운 궁전에 살았다. 그는 카롤루스 대제에게 사절단을 보내 값비싼 보물과 호사스러운 예복, 진귀한 향료, 코끼리 한 마리를 선사했다. 그 밖에 물시계도 선사했는데 그렇게 화려한 기계 장치는 프랑크 왕국에서 보기 힘든 것이었다. 또한 하룬 알라시드는 강력한 황제 카롤루스를 위해 크리스트교 순례자들이 예루살렘의 그리스도 무덤까지 아무런 장애 없이 순례할 수 있게 하겠다고 전해 왔다. 당신도 물론 기억하겠지만, 당시 예루살렘은 아랍인의 지배 아래 있었다.

이 모든 것은 새로운 황제의 지혜와 의지력 그리고 탁월한 자질에 힘입은 것이었다. 이 사실은 서기 814년 황제가 세상을 떠나자 여실히 드러났다. 애처롭게도 모든 것이 단숨에 스러져 버렸다. 제국은 한동안 카롤루스의 손자 세 명에 의해 통치되다가 곧 독일 지역(동프랑크/ 편집자)과 프랑스(서프랑크/ 편집자), 이탈리아로 분열되었다.

일찍이 로마 제국에 속했던 지역에서는 계속해서 로망어인 프랑스어와 이탈리아어를 사용했다. 분열된 세 나라는 두 번 다시 통일되지 않았다. 독일의 공국들도 동요를 보이더니 다시금 자주권을 확보했다. 슬라브족은 카롤루스 대제가 죽자마자 제국과 절연하고는 최초의 위대한 왕 스바토플루크의 영도 아래 막강한 왕국을 건설했다. 카롤루스가 독일에 세웠던 학교는 모두 허물어졌고 읽기와 쓰기는 여기저기 흩어진 수도원에서나 배울 수 있게 되었다. 바이킹이라고 불린 북방의 게르만 부족들, 즉 노르만족은 해적이 되어 해안 도시들을 마구 약탈했다. 이들은 거의 무적이었다. 이들도 오늘날의 러시아와 프랑스 해안 사이에 왕국을 건설했다. 이들 노르만족의 이름을 따서 프랑스의 한 지역은 오늘날 노르망디라 불린다.

카롤루스 대제가 이룩한 신성 로마 제국은 그다음 세기에 이르러서는 유명무실한 것이 되었다.

22

크리스트교 세계의 지배권을 둘러싼 싸움

세계사는 유감스럽게도 아름다운 문학이 아니다. 세계사는 우리의 기분을 배려하지 않으며 심지어 불쾌한 일들도 자주 일어난다. 카롤루스 대제가 죽고 나서 100년쯤 지났을 때 서양은 참담한 상황에 빠져 있었다. 그런데 이런 상황에서 예전의 훈족이나 아바르족 같은 동방의 기마 부족이 또다시 침입해 왔다. 침입이 잦았던 것은 전혀 이상한 일이 아니다. 아시아의 초원 지대에서 유럽까지는 편한 길이 놓여 있어 약탈을 하러 가기에 좋았던 반면, 중국은 진시황제가 쌓은 만리장성에 둘러 싸여 있었을 뿐 아니라 당시에 이미 훌륭한 질서 체계를 갖춘 강력한 국가로 성장해 있었기 때문이다. 거대한 도시들이 번영을 구가했으며 황궁이나 고위 관리의 저택에서는 교양 높고 세련된 문화생활이 영위되었다.

독일에서 고대 영웅 서사시가 수집되었다가 곧 다시 이교적이라며 불태워지고 유럽에서는 수도사들이 성경을 조심스레 독일어나 라틴어 시가로 재현하려 애쓰던 무렵, 그러니까 서기 800년경 중국(당나라 시기/ 편집자)에는 역사상 가장 위대했던 시인들이 살았다. 이들은 먹을 묻힌 붓을 휘갈겨 비단 위에 아주 간결하고 단순한 시를 남겼다. 아주 많은 내용을 담고 있지만 너무나 간단해서 한번 읽으면 절대 머리

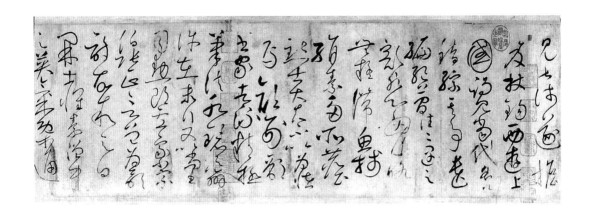

에서 떠나지 않는 그런 시였다. 중국은 행정과 외적을 방어하는 대책이 훌륭하게 정비된 나라였다. 그래서 기마 부족들이 자꾸만 유럽으로 방향을 돌린 것이었다. 이번에 침입한 부족은 마자르족이었다. 당시에는 기마 부족의 침입을 막을 수 있는 대교황 레오나 카롤루스 대제 같은 인물이 없었기 때문에 마자르족은 순식간에 오늘날의 헝가리와 오스트리아 지역을 점령했고 독일로도 침입해서 살인과 약탈을 일삼았다.

이러한 상황에 처하자 공국들은 싫든 좋든 영도자를 한 명 뽑을 수밖에 없었다. 그리하여 919년에 작센 공작 하인리히가 왕으로 선출되었고, 하인리히 1세는 마자르족을 독일에서 쫓아내는 데 성공할 수 있었다. 하인리히 1세의 후계자인 오토는 후일 오토 대제라 불린 인물로, 카롤루스 대제의 아바르족 격퇴에 비할 바는 못 되지만 어쨌거나 955년 마자르족에게 참혹한 패배를 안겨 주었다. 후퇴한 마자르족은 헝가리 대공국에 눌러앉았으며 지금의 헝가리인들이 바로 이들의 후손이다.

오토는 마자르족에게서 빼앗은 땅을 왕이라 하여 독차지하지는 않고 당시 관습에 따라 어떤 영주에게 내주었다. 오토 대제의 아들인 오토 2세도 마찬가지였다. 오토 2세는 오늘날의 오스트리아 동부인 바하우 지역을 976년 바벤베르크 가문 출신의 레오폴트에게 봉토로 주었다. 왕에게서 땅을 받은 귀족은 성채를 짓고 영주로서 그곳을 지배했다. 대개의 경우 영주는 왕을 대신해 지역을 다스리는 관리에 불과한 사람이 아니었다. 영주는 왕이 허용하는 한에서 자기 영지를 지배하는 주인이었다.

영지에 사는 대부분의 농부들은 예전의 게르만 농부들과는 달리 더 이상 자유민이 아니었다. 이들은 왕이 내린 땅이나 신분 높은 지주가 소유한 땅에 예속되어 있었다. 그곳에서 풀을 뜯는 양이나 염소, 숲에 사는 사슴이나 곰 혹은 멧돼지 그리고 강이나 숲, 목초지, 초원 혹은 농토와 마찬가지로 인간 역시 자신들이 경작하는 땅에 속해 있었던 것이다. 이처럼 땅에 예속되어 있었기에 이들은 '농노'라 불렸다. 농노는 사실상 왕국의 시민이 아니었기에 원하는 곳으로 이주할 권리도 없었고 농토를 경작하거나 경작하지 않을 자유도 없었다. 한마디로 자유가 없는 사람들이었다.

이제 당신은 이렇게 물을 것이다. "그러면 농노들은 고대의 노예와 같았나요?" 그렇다고는 말할 수 없다. 당신도 기억하다시피 크리스트교가 자리 잡은 이후로 서양에서 노예 제도는 금지되었기 때문이다. 농노는 노예가 아니었다. 농노는 땅에 속해 있었고, 땅은 설령 귀족에게 양도된 후라도 왕의 것이었기 때문이다. 따라서 귀족이나 영주는 예전에 노예의 주인이 노예에게 할 수 있던 것과 달리 농노를 팔거나 죽일 수 땅은 여전히 왕의 소유였다.

없었다. 하지만 그 외에는 어떤 명령이든 내릴 수 있었다. 농노들은 영주를 위해 땅을 경작하고 영주가 명하는 일이면 무엇이든 해야 했으며 직접 농사를 짓지 않는 영주를 위해 정기적으로 빵과 고기 등을 갖다 바쳐야 했다. 영주가 들판이나 숲에서 하는 일이라곤 심심풀이 사냥질이 전부였다. 땅은 원칙상 왕이 빌려준 것이긴 했지만 사실상 영주의 것이었다. 왕에게 잘못을 범하지 않는 한 영주는 아들에게 땅을 물려줄 수 있었기 때문이다. 영주가 왕에게서 땅을 빌린 대가로 지는 의무란 전쟁이 났을 때 왕을 위해 지주와 농민들을 데리고 참전하는 것밖에 없었다. 물론 전쟁은 자주 일어났다.

당시에 독일 땅은 전부 귀족에게 봉토로 수여되었다. 왕 자신이 차지한 영토는 별로 넓지 않았다. 프랑스 땅이나 영국 땅도 독일과 마찬가지였다. 프랑스에서는 987년 막강한 힘을 지녔던 공작 위그 카페가 왕이 되었고, 영국(당시의 잉글랜드/ 편집자)은 1016년 덴마크의 뱃사람인 크누트에게 정복되었다. 스웨덴 일부와 노르웨이도 지배했던 크누트는 강력한 영주들에게 봉토를 나눠 주어 다스리게 했다.

마자르족에게 승리를 거둔 독일왕들은 다시금 권력을 증대시켜 나갔다. 마자르족을 물리친 오토 대제는 심지어 슬라브와 보헤미아의 영주들, 폴란드왕까지 자신을 군주로 인정하게 했다. 다시 말해 이들은 자신의 땅을 독일왕에게서 하사받은 봉토로 간주하고 전쟁이 나면 왕에게 종군 의무를 수행해야 했다.

이처럼 막강한 군주로 부상한 오토 대제는 랑고바르드족 사이에서 엄청난 혼란과 처절한 전쟁이 벌어지자 이탈리아로 향했다. 그는 이탈리아 역시 독일의 영토로 선언하고는 랑고바르드족의 한 영주에게 이 땅을 봉토로 주었다. 이처럼 오토는 자신의 권력으로 랑고바르드의 귀족들을 어느 정도 제압할 수 있었다. 교황은 오토에게 감사하는 마음을 가졌으며 962년에는 신성 로마 제국 황제의 관을 씌워 주었다. 서기 800년 카롤루스 대제가 신성 로마 제국의 황제로 임명되었을 때와 비슷한 상황이었다.

그리하여 독일왕은 다시금 신성 로마 제국의 황제이자 크리스트교 세계의 보호자가 되었다. 신성 로마 제국의 영토는 이탈리아에서 북해까지, 라인강에서 엘베강 너머까지 이어졌다. 엘베강 너머에서는 슬라브족 농민들이 독일 귀족들의 농노로 일하고 있었다. 황제는 이 영토를 영주들뿐 아니라 사제나 주교, 대주교들에게도 봉토로 주었다. 이제 성직자들은 그저 종교 관리에 불과한 것이 아니라 귀족들과 마찬가지로 거대한 영토를 다스렸으며 전쟁이 일어나면 농노들을 거느리고 출정했다.

처음에 교황은 이 모든 것에 만족했다. 신성 로마 제국 황제는 교황을 보호하고 옹호해 줄 뿐 아니라 모두 독실한 신자였기 때문에 좋은 관계도 유지할 수 있었다.

상황은 곧 달라졌다. 그때까지 사제들 중 누가 마인츠나 트리어 혹은 쾰른이나 파사우의 주교가 될지를 결정하는 것은 황제의 권한이었다. 하지만 교황은 이를 더 이상 용납하고 싶지 않았기에 이렇게 말했다. "주교직은 교회의 직책이므로 결정권은 최고 성직자인 내게 있다." 그런데 주교직은 단순히 교회의 직책이 아니었다. 쾰른의 주교는 성직자인 동시에 그 지역의 영주였기 때문이다. 황제 역시 누가 그 지역의 영주가 될지를 결정하고 싶어 했다. 당신이 잘 생각해 본다면 황제와 교황의 입장이 모두 나름의 정당성이 있다는 것을 알 수 있을 것이다. 사제들에게 봉토가 주어지자 상황은 더욱 복잡해졌다. 모든 사제들의 수장은 교황이었고 모든 봉토의 주인은 황제였기 때문이다. 싸움의 불씨는 이미 있었고 불씨는 곧 당겨졌는데, 이 싸움을 성직 임명권 투쟁이라 부른다.

1073년 로마에서는 아주 경건하고 열정적인 수사가 교황이 되었다. 그는 이미 오래전부터 교회의 정화와 권위 획득을 위해 애쓴 사람이기도 했다. 힐데브란트라는 이름의 이 수사는 교황에 선출된 후 그레고리우스 7세라 불렸다.

당시 독일의 왕은 프랑크족 출신인 하인리히 4세였다. 이제 당신이 알아야 할 사실은 다음과 같다. 새로운 교황은 자신이 최고의 성직자일 뿐 아니라 신에 의해 모든 크리스트교도의 지배자로 임명되었다고 믿었다. 그런데 독일왕의 생각도 꼭 같았다.

독일왕은 자신이 옛 로마 황제들과 카롤루스 대제의 후계자이며 전체 크리스트교 세계의 보호자이자 최고 명령권자라고 생각했다. 당시 하인리히 4세는 아직 신성 로마 제국 황제로 즉위하지 않았지만 독일의 왕이므로 이미 황제의 자격을 갖추었다고 믿었다. 이런 상황에서 누가 양보를 하겠는가?

두 사람 사이에 싸움이 일어나자 서양 세계는 유례없는 큰 논쟁에 빠졌다. 어떤 사람들은 하인리히 4세의 편을 들었고 또 어떤 사람들은 교황 그레고리우스 7세의 편을 들었다. 당시 독일왕의 옹호자와 반대자들이 각자 작성한 찬반 논쟁문 155편이 오늘날까지 전해 오고 있다. 이 싸움에 관여한 사람들이 그토록 많았던 것이다. 논쟁문들을 읽어 보면 하인리히 4세가 성질 나쁘고 화를 잘 내는 사람으로 묘사되었는가 하면 교황이야말로 냉혹하고 지배욕이 강한 인물로 그려져 있기도 하다.

내 생각에는 양쪽의 주장 모두 액면 그대로 믿을 것은 못 된다. 양측 모두 나름의 관점에서 보면 정당한 점이 있다. 그러므로 하인리히 4세가 (그의 반대자들이 주장한 것처럼) 정말로 자신의 부인을 냉대했는지 아닌지나, 그레고리우스 7세가 (그의 반대자들이 주장한 것처럼) 정말로 정당한 절차를 어겨 가며 교황으로 선출되었는지 아닌지는 우리에게 그다지 중요한 문제가 될 수 없다. 과거로 돌아갈 수 없으므로 실상은 어떠했는지 파악할 수 없고 교황과 독일왕 중 누가 사실과 다른 비방을 들은 것인지도 확인할 길이 없다. 두 사람 모두 중상모략의 대상이 되었을 가능성이 크다. 사람이란 싸움을 벌이면 부당한 짓도 마다하지 않는 게 보통이기 때문이다. 이제부터 내가 하는 이야기를 들어 보면 900년 이상이나 지난 시점에서 진실을 밝혀낸다는 게 얼마나 어려운 일인지 이해할 수 있을 것이다.

당시 하인리히 4세는 아주 난처한 입장에 빠졌다. 그에게서 봉토를 받은 귀족들, 즉 독일 영주들이 그에게 반대하는 편에 섰기 때문이다. 영주들은 왕의 세력이 너무 커지는 것을 원하지 않았다. 왕의 세력이 커지는 것은 영주들의 힘이 약화되는 것을 의미했기 때문이다. 교황은 하인리히 4세를 파문시켜 적개심을 표현했다. 다시 말해, 왕을 위한 예배 집전을 사제들에게 금했던 것이다. 그러자 영주들은 파문당한 왕은 필요 없으니 다른 사람을 왕으로 뽑겠다며 나섰다. 그러니 하인리히 4세로서는 교황의 파문을 철회시키는 것이 급선무였다. 그렇지 않으면 왕위도 끝장이기 때문이었다. 하인리히 4세는 교황과 협상을 벌여 파문을 철회시키기 위해 호위대도 없이 홀로 이탈리아로 떠났다.

때는 겨울이었다. 게다가 하인리히 4세가 교황과 화해하는 것을 막기 위해 독일 영주들이 모든 길목을 지키고 서 있었다. 하인리히 4세와 왕비는 먼 우회로를 택할 수밖에 없었다. 추운 겨울에 몽스니 고개를 넘으면서 예전에 한니발이 이탈리아로 침입할 때 지났던 바로 그 협로를 택했던 것으로 보인다.

마침 교황은 왕의 반대파와 협의를 하기 위해 독일로 가는 중이었다. 하인리히 4세가 다가오고 있다는 소식을 듣자 교황은 북부 이탈리아에 있는 카노사란 이름의 성채로 피신했다. 하인리히 4세가 군대와 함께 오고 있다고 생각한 것이다. 하지만 하인리히 4세가 파문 철회를 요청하기 위해 홀로 온 것임을 알자 교황은 깜짝 놀란 동시에 무척이나 기뻐했다. 일설에 따르면 교황은 참회자의 거친 옷을 입고 나타난 왕을 사흘 동안이나 성채 앞마당에 세워 두었다 한다. 혹독한 겨울날 왕은 맨발로 눈 속에서 견디다 가까스로 교황의 자비를 받아 파문에서 벗어났다는 것이다. 또 다른 이야기에 따르면 울면서 은총을 호소하는 왕에게 교황이 동정심을 느낀 것이었다고 한다.

오늘날에도 누군가 자존심을 꺾고 적에게 자비를 구해야 하는 상황에 처하면 '카노사의 굴욕'이란 표현을 쓴다. 한편 하인리히 4세의 친구 한 사람이 이 사건을 어떻게 묘사하는지 소개해 보겠다. "하인리히는 자신이 얼마나 난처한 상황에 처했는지 알게 되자 아주 영리한 계획을 생각해 냈다. 갑자기 교황을 만나러 떠난 것인데, 이는 아무도 예기치 못한 일이었다. 이렇게 해서 하인리히는 커다란 이득 두 가지를 단번

1066년 윌리엄 왕이 이끄는 노르만족과 영국이 맞붙은 헤이스팅스 전투

에 취할 수 있었다. 파문에서 벗어나는 동시에 교황과 반대파가 만나 자신을 위태롭게 할 수 있는 상황을 막을 수 있었던 것이다."

교황의 친구들은 왕의 카노사행을 교황의 대단한 성공으로 간주했고, 왕의 옹호자들은 이를 주군의 커다란 이득으로 간주했다.

서로 싸우는 두 편에 관해 판단할 때는 신중을 기해야 함을 당신도 이제 알았을 것이다. 게다가 이 싸움은 카노사의 굴욕으로 끝나지 않았다. 이 싸움은 실제로 신성 로마 제국 황제에 오른 하인리히 4세나 교황 그레고리우스 7세가 죽은 후에도 계속 되었다. 하인리히 4세는 그레고리우스 7세를 폐위시키는 데 성공했지만, 위대한 교 황의 의지만은 점차 관철되어 갔다. 즉 주교들은 교회가 임명했고, 황제는 이에 관해 찬동 여부만을 말할 수 있게 되었다. 황제가 아닌 교황이 크리스트교 세계의 지배자가 된 것이다.

북방의 뱃사람들인 노르만족이 프랑스의 어느 해안 지역을 정복했으며 이곳이 오늘날 노르망디라 불린다는 사실은 당신도 기억하고 있을 것이다. 노르만족은 이웃의 부족들처럼 프랑스어를 사용하는 데 곧 익숙해졌지만 대담한 항해와 모험 그리고 정복에 대한 열정은 잃지 않았다. 이들 중 일부는 시칠리아까지 배를 타고 가서 그곳의 아랍인들과 싸우고 이탈리아 남부를 정복했다. 그곳에서 위대한 영도자 로베르 기스카르의 주도 아래, 하인리히 4세에 맞서 교황 그레고리우스를 옹호했다. 노르만족의 또 다른 일부는 윌리엄이란 왕의 지휘 아래 프랑스와 영국 사이의 해협을 건너가 (덴마크왕 크누트의 후손인) 잉글랜드의 왕을 제압했다. 이후 윌리엄은 '정복왕 윌리엄'이란 이름을 얻게 되었다. 이때가 서기 1066년인데, 이 연도를 모르는 영국인은 거의 없다. 이민족 군대가 영국 땅에 발을 들여놓은 것은 이때가 마지막이었기 때문이다.

윌리엄은 관리들로 하여금 모든 마을과 장원에 관한 정확한 보고서를 올리게 했고 이중 많은 땅을 전쟁 동지들에게 봉토로 내주었다. 이렇게 해서 노르만족은 영국의 귀족이 되었다. 이들 노르만족이 프랑스어를 사용했기 때문에 오늘날의 영어는 게르만어와 로망어가 합쳐진 언어가 되었다.

23

기사다운 기사

기사 시대의 기사들에 관해서는 분명 많은 얘기를 들어 봤을 것이며 아마 이에 관한 책도 읽어 봤을 것이다. 기사를 다룬 책들에는 기사들의 갑옷과 종자들, 투구의 깃털 장식과 좋은 혈통의 말, 다채로운 무기와 견고한 성채, 기사들의 결투와 마상 경기 그리고 그런 경기에서 감사의 뜻을 표현하는 귀부인들과 모험하는 여행, 성채의 버림받은 처녀들과 떠돌이 가수, 십자군 전쟁 등에 관한 이야기가 나온다. 더욱 흥미로운 사실은 이 모든 낭만적인 이야기가 허구에 불과한 것이 아니라 실제로 존재했다는 점이다. 오랜 옛날, 세상은 그처럼 다채로운 모험으로 가득 찼으며, 사람들은 대단하지만 기묘하고 이따금 아주 위험하기도 한 기사들의 경기를 보며 즐겼다.

그렇다면 기사들은 언제 살았고 그들의 참모습은 어떤 것이었을까? '기사'란 말은 원래 '말 타는 사람'을 뜻했으며, 기사도라는 것도 여기서 시작되었다. 기사란 훌륭한 군마를 타고 전쟁에 나갈 수 있는 사람이었다. 그럴 능력이 없는 사람은 걸어서 전쟁에 나가야 했으며 따라서 기사가 아니었다. 왕에게서 봉토를 하사받은 귀족들은 모두 기사였다. 농노들은 귀족들의 말먹이로 귀리를 조달해야 했다. 반면에 영주의 농장 관리인인 집사들은 권력은 크지 않았어도 장원의 일부를 봉토로 받았기 때문에

영주와 귀족들은
거대하고 튼튼한
성채를 지었다.

멋진 말을 소유할 여유가 있었다. 집사들은 자신의 영주가 왕의 부름을 받고 전쟁에 나가면 자기 말을 타고 함께 출정했다. 따라서 집사들 역시 기사였다. 하지만 농노와 가난한 하인들, 기사의 시종이나 군대의 보병은 기사가 아니었다.

이 모든 것은 하인리히 4세의 시대, 그러니까 서기 1000년경에 시작되었고 그 후로 수백 년 동안 지속되었다. 기사 제도는 독일뿐 아니라 다른 나라, 특히 프랑스에서도 발전했다.

하지만 이 기사들은 아직 우리가 상상하는 멋진 사람들이 아니었다. 좀 더 시간이 지나서야 영주와 귀족들은 거대하고 튼튼하며 위풍당당한 성채, 오늘날 우리가 산악 지대에서 볼 수 있는 성채를 짓기 시작했다. 이런 성채로 다가와 기사들을 괴롭히기란 쉽지 않았으리라! 성채들은 대개 가파르고 울퉁불퉁한 암벽 위에 세워져 있어 한쪽으로만 올라갈 수 있었으며, 도로라고 해 봤자 말을 타고 지날 수 있는 좁은 길이 전부였다.

성문에 다다르려면 대개 성채를 둘러싼 넓은 도랑, 즉 해자를 지나야 했다. 해자 위에는 도개교가 놓여 있어서 언제라도 사슬을 당겨 끌어 올릴 수 있었다. 이렇게 하면 성이 폐쇄되어서 그 누구도 들어올 수 없었다. 도랑 너머에는 두텁고 견고한 성벽이 있고 성벽의 구멍으로 활을 쏘거나 뜨거운 역청을 쏟아 낼 수 있었기 때문이다. 성벽 꼭대기는 톱니바퀴처럼 만들어져서 그 뒤에 숨어 적을 감시할 수 있었다. 게다가 두터운 성벽 뒤에는 종종 벽이 한두 개쯤 더 있어서 이 모든 것을 통과해야 성채의 안마당에 이를 수 있었다. 이곳을 지나면 기사들의 주거 공간이 나타났다. 벽난로에 불을 지피는 방은 남자들보다 신체가 덜 단련된 여자들이 거처하는 곳이었다.

성채에서의 생활은 안락함과는 거리가 멀었다. 부엌에서는 고기를 꼬챙이에 끼워 활활 타는 장작불에 바로 구웠기 때문에 사방의 벽이 온통 검댕투성이였다. 하인과 기사들이 묵는 거처 외에 공간은 두 가지가 더 있었다. 하나는 보좌 신부가 미사를 집전하는 예배당이었으며, 다른 하나는 망루였다. 망루는 거대한 탑으로 대개는 성채 가장 깊숙한 곳에 있었으며, 식료품 저장소로 활용되었다. 또한 망루는 적군이 산을 올라와 도랑과 도개교를 건너고 펄펄 끓는 역청과 세 겹의 성벽도 모두 뚫고 들어온 경우에 기사들이 피신하는 곳이기도 했다. 적군이 이 견고한 첨탑 앞까지 밀고 들어왔다 해도 기사들은 원군이 올 때까지 이곳에서 버텨 내는 경우가 많았다.

우리가 잊어서는 안 될 것이 한 가지 더 있으니, 그것은 성안의 지하 감옥이다. 깊고 좁으며 어둡고 추운 공간으로, 이곳에 갇힌 기사의 적들은 비싼 몸값을 치르지 못하는 한 추위와 배고픔에 시달리다 죽어 가야 했다.

당신도 이런 성채를 한 번쯤은 보았을 것이다. 언젠가 한 번 더 구경할 기회가 나면 쇠사슬 갑옷을 입은 기사만 떠올리지 말고 성벽이나 첨탑을 쌓아 올린 사람들도 생각해 보라. 높은 암벽 위에 첨탑을 짓고 낭떠러지 바로 위에 성벽을 쌓은 사람들을 말이다. 이런 일은 모든 영주에게 속한 농노들이 맡았다. 농노들은 돌을 깨서 날라야 했으며 밧줄에 묶어 끌어 올려서는 차곡차곡 쌓아 올려야 했다. 이들이 지쳐 더 이상 힘을 쓰지 못하면 아내나 자식들이 나서 일을 도와야 했다. 기사는 농노에게 무슨 일이든 시킬 수 있었다. 그러니 농노가 되기보다는 기사가 되는 편이 훨씬 좋았을 것이다.

작은 쇠사슬 엮어 만든 갑옷을 입은 기사

하지만 농노의 자식은 농노가 되었고 기사의 자식은 기사가 되었다. 중세 유럽의 신분 제도는 고대 인도의 카스트 제도와 크게 다를 것이 없었다.

기사의 아들들은 일곱 살이 되면 다른 기사의 성으로 가서 세상살이를 배웠다. 이들은 '시동'이라 불렸으며 귀부인들의 시중을 들었다. 예컨대 옷자락이 끌리지 않게 들고 간다거나 책을 읽어 주는 일을 했다. 당시 여인들은 글을 읽거나 쓰지 못하는 경우가 많았지만 시동들은 대개 글을 배웠기 때문이다. 열네 살이 되면 시동은 '종자'로 승격되어 더 이상 성채의 벽난롯가에나 앉아 있을 필요가 없었다. 이제는 기사와 함께 말을 타고 사냥을 나가거나 전쟁터로 떠나기도 했다. 종자는 기사의 방패와 창을 지고 다녔으며 전투에서 기사의 창이 부러지면 얼른 다른 창을 내주어야 했다. 그리고 종자는 자신의 주인에게 무조건 복종하고 충성을 지켜야 했다. 용감하고 충성스러운 종자는 스물한 살이 되면 기사로 서임되었다. 그 전에 종자는 오랫동안 금식을 하면서 성채의 예배당에서 기도를 드려야 했고 사제가 베푸는 성찬식에도 참여해야 했다. 기사 서임식은 아주 엄숙하게 치러졌다. 종자는 투구와 검과 방패는 없이 갑옷을 입고서 두 명의 증인 사이에 무릎을 꿇었다. 기사 서임을 맡은 영주는 칼을 눕혀 종자의 양어깨와 등을 한 번씩 치면서 이렇게 말했다.

하느님과 성모께 경의를 표하면서
그대를 기사에 서임하노라.
용감하고 정직하며 의롭게 행동하라.
종이 아닌 기사가 되어라.

이 말이 끝나면 종자는 다시 일어설 수 있었다. 이제는 더 이상 종자가 아니라 기사였다. 기사는 다른 사람을 기사로 서임할 수도 있었으며 자신의 방패에 사자나 표범 또는 꽃 같은 장식을 그려 넣고 멋진 좌우명도 새겨 넣을 수 있었다. 사람들은 엄숙한 태도로 그에게 칼과 투구를 건네주고 팔에는 방패를 들려 주었으며 발뒤축에 도금된 박차도 붙여 주었다. 이제 기사는 화려한 깃털 장식의 투구를 쓰고 쇠사슬 갑옷 위에 진홍빛 망토를 걸치고는 창을 높이 쳐들었다. 그러고는 종자를 거느린 채 말을 타고 가면서 자신의 신분을 마음껏 뽐냈다.

이처럼 성대한 의식에서 알 수 있듯 기사는 단순히 말을 타고 싸우는 전사가 아니었다. 수도사가 수도회에 소속되듯 기사는 기사단의 일원이었다. 그저 용감무쌍하다고 해서 훌륭한 기사가 될 수 있는 것은 아니었다. 수도사가 기도와 선행을 통해 신에게 봉사하듯, 기사는 자신의 힘을 통해 신에게 봉사해야 했다. 기사는 여자나 가난한 자, 과부 혹은 고아처럼 힘없는 사람을 보호해야 했다. 기사는 정의를 위해서만 칼을 뽑아야 했으며 어떤 일에서든 신에게 봉사하는 마음을 잃지 않아야 했다. 또한 기사는 주군인 영주에게 절대적으로 복종해야 했으며 영주를 위해서라면 무슨 일이든 해야 했다. 기사는 난폭해서도 안 되었지만 비겁해서도 안 되었다. 싸움터에서는 한 명의 적에게 둘이 달려들어서는 안 되었고 오로지 일대일의 결투만이 허용되었으며, 승리한 자가 패배한 적을 조롱해서도 안 되었다. 오늘날에도 이런 태도를 지키는 사람을 '기사답다'고 말한다. 기사의 이상에 따라 행동하는 것이기 때문이다.

기사는 어느 여인을 사랑하면 그녀의 명예를 기리기 위해 싸움을 했으며 온갖 위험을 견뎌 냄으로써 그녀에 대한 자신의 간절한 마음을 알리려 했다. 기사는 경외심을 잃지 않은 채 여인에게 다가가야 했고 그녀가 명하는 일이라면 어떤 일도 마다해서는 안 되었다. 이러한 태도 역시 기사도에 속했기 때문이다. 20세기에도 남자가 여자에게 문을 열어 주거나 여자가 떨어뜨린 물건을 대신 집어 주는 것이 아주 당연한 태도로 여겨지곤 했다. 여기에는 약자를 보호하고 여자를 존중해야 한다는 옛 기사도의 정신이 살아 있는 것이다.

마상 무술 시합

평화로운 때에도 기사들은 마상 무술 시합을 벌여 용기와 솜씨를 뽐냈다. 이러한 시합에는 수많은 나라의 기사들이 참가해서 서로 힘을 겨루었다. 완전 무장을 한 채 무딘 창을 겨누고서 말을 몰아 상대방을 말에서 떨어뜨리는 경기였다. 승자는 성주의 부인에게서 감사의 징표를 받았는데, 대개는 화환이었다. 여인의 마음에 들기 위해서는 무예가 뛰어난 것만으로 충분하지 않았다. 훌륭한 기사라면 행동거지에 절도와 품위가 있어야 하고 보통의 전사들과는 달리 욕설이나 저주를 내뱉어서도 안 되었으며 체스나 문학 같은 분야에도 조예가 깊어야 했다.

실제로 기사들 중에는 사랑하는 여인을 찬미한 노래, 여인의 아름다움과 덕성을 찬양한 노래를 지은 위대한 시인들이 적지 않았다. 또한 당시에는 옛 기사들의 업적을 기리는 노래를 즐겨 부르고 들었다. 운문체의 긴 이야기도 지었는데, 기사 퍼시벌과 그리스도의 성배를 지키는 기사들, 아서왕과 로엔그린 그리고 트리스탄과 이졸데의 불행한 사랑을 노래한 것이었으며 심지어는 알렉산드로스 대왕과 트로이 전쟁에 관한 작품도 있었다.

당시에는 악사들이 기사들의 성과 성을 떠돌면서 옛 전설을 노래했다. 용을 죽인 지크프리트 왕자나 동고트족의 대왕 테오도리크, 다른 이름으로 디트리히 폰 베른에 관한 노래였다. 당시 오스트리아의 도나우 지역을 중심으로 널리 퍼졌던 이 노래들이 오늘날 우리에게 전해지고 있는 것이다. 앞에서 얘기했듯, 일찍이 카롤루스 대제가 전설들을 수집하여 기록하게 했지만 이는 오래전에 소실되어 우리에게는 전해지지 않는다. 지크프리트에 관한 서사시인 「니벨룽겐의 노래」를 읽어 보면 옛 게르만족의 거친 전사들이 훌륭한 기사로 묘사되어 있는가 하면 훈족의 무시무시한 왕 아틸라가 기사답고 고귀한 성품의 에첼왕으로 변모되어 있기도 하다. 이 서사시에서는 에첼 왕이 지크프리트의 미망인 크림힐트와 빈에서 결혼식까지 올린다.

당신도 이미 알고 있듯, 기사들은 신과 크리스트교를 위해 싸우는 것을 주요한 사명이라 여겼다. 때마침 아주 좋은 기회가 왔다. 예루살렘에 있는 그리스도의 무덤은 팔레스타인 전역이 그렇듯 이교도인 아랍인의 손아귀에 있었다. 이 사실을 아주 과격한 어느 프랑스 설교자가 기사들에게 상기시켜 주었으며, 독일왕들과의 싸움에서 승리를 거두고 크리스트교 세계의 강력한 지배자로 부상한 교황 역시 성지 해방을 위해 나서라고 호소했다. 그러자 수천, 수만 명의 기사들이 열광적인 호응을 보내왔다. "신께서 원하신다! 신께서 원하신다!"

기사들은 고드프루아 드 부용이라는 프랑스 영주의 지휘 아래 1096년에 도나우 강을 따라 콘스탄티노플로 향했으며 여기서 소아시아로 건너가 팔레스타인에 도착했다. 모든 기사와 병사들은 빨간 천으로 만든 십자가를 양어깨에 붙였기 때문에 십자군이라 불렸다. 십자군은 한때 그리스도의 십자가가 세워졌던 땅을 해방시키고자 성배를 찾는 여정

했다. 숱한 어려움과 수 년 동안의 전투를 겪고서 마침내 십자군은 예루살렘 인근에 도착했다. 이들은 성경을 통해서만 알고 있던 성스러운 도시를 두 눈으로 직접 보자 감격의 눈물을 흘리며 흙에 입 맞추었다고 한다. 십자군에 포위된 아랍군은 용감히 방어했지만 결국 공략당하고 말았다.

　　하지만 예루살렘을 정복한 십자군은 참다운 기사이자 참다운 크리스트교도의 자세를 지키지 못했다. 이들은 이슬람교도를 모두 도륙했으며 아주 잔혹한 일도 서슴지 않았다. 그런 다음 참회를 하고는 성경의 시편을 읊으면서 맨발로 그리스도의 무덤까지 순례했다.

십자군은 예루살렘을 크리스트교 국가로 선포했으며, 고드프루아 드 부용이 그 수호자로 임명되었다. 유럽에서 멀리 떨어진 이 작고 허약한 나라는 이슬람 국가들 사이에 끼여 있었기 때문에 끊임없이 아랍인들의 침입을 받았다. 그럴 때면 다시금 프랑스와 독일의 설교자들이 새로운 원정을 호소하고 나섰다. 하지만 십자군 원정이 매번 성공적인 결과를 가져왔던 것은 아니었다.

그러나 십자군 원정은 기사들이 전혀 예상치 못한 방향에서 소득을 가져다주었다. 머나먼 동양에서 크리스트교도들이 아랍인의 문화, 즉 그들의 건축술과 미적 감각 그리고 학문 세계와 접하게 된 것이다. 십자군의 1차 원정이 끝나고 100년이 채 못 되어 알렉산드로스 대왕의 스승인 아리스토텔레스의 저서들이 아랍어에서 라틴어로 번역되었으며, 이 책들은 이탈리아와 프랑스 그리고 독일에서 열심히 연구되었다. 사람들은 아리스토텔레스 철학과 교회의 가르침을 일치시키는 문제를 두고 깊은 생각을 거듭했으며 이 문제와 관련해서 지극히 어려운 생각으로 가득 찬 두꺼운 라틴어 책들을 쓰기도 했다. 아랍인이 세계를 정복하는 과정에서 경험하고 터득한 모든 것이 이제 십자군에 의해 프랑스와 독일로 전파되었다. 많은 점에서 유럽의 이 거친 기마 전사들은 아랍인이란 적수가 있었기에 참다운 기사, 기사다운 기사로 발돋움할 수 있었다.

24

기사 시대의 황제

이처럼 다채로운 모험의 시대에 독일은 새로운 기사 가문의 지배를 받았다. 이 가문은 그들이 살았던 성곽의 이름에 따라 '호엔슈타우펜'이라 불렸다. 호엔슈타우펜 가문 출신의 신성 로마 제국 황제 프리드리히 1세는 멋진 붉은 수염을 길렀기 때문에 '붉은 수염 왕 프리드리히'란 별명으로 불렸다. 이탈리아인들은 그를 '프리드리히 바르바로사'라 불렀는데, '바르바로사'는 붉은 수염이란 뜻이었다. 프리드리히는 독일왕인데 어째서 지금까지도 이탈리아 이름으로 더 자주 언급되는지 궁금할 것이다. 왜냐하면 그가 이탈리아에 자주 머물렀고 훌륭한 업적도 주로 그곳에서 이루었기 때문이다. 프리드리히 바르바로사가 이처럼 이탈리아를 즐겨 찾았던 이유가 독일왕에게 로마 황제의 관을 수여할 권한을 가진 교황이 거기 살았기 때문만은 아니다. 그는 돈이 필요했기에 이 나라를 실제로 지배하기를 원했다. 이제 당신에겐 이런 의문이 생길 것이다. "독일에서는 돈을 구할 수 없었을까?" 그렇다. 당시 독일에는 돈이 거의 없었다.

돈이 어디에 필요한 것인지 생각해 본 적이 있는가? "당연히 먹고 살기 위해서죠!" 당신은 이렇게 대답할 것이다. 하지만 이것은 정확한 답이 아니다. 우리가 돈을

깨물어 먹는 것은 아니니까 말이다. 우리가 먹는 것은 빵이나 그 밖의 음식이다. 빵을 만들 곡식을 직접 재배하는 사람은 로빈슨 크루소와 마찬가지로 돈이 필요하지 않다. 또한 빵을 공짜로 제공받는 사람도 돈이 필요 없다. 당시 독일의 상황이 바로 그랬다. 농노들, 즉 영지에 예속된 농부들은 농사를 짓고 영주인 기사나 수도원에 수확량의 10분의 1을 바쳤다.

그러면 농부들은 쟁기나 옷, 안장은 어떻게 마련했을까? 대개는 교환을 통해 손에 넣었다. 예를 들어 어떤 농부가 황소 한 마리를 갖고 있지만 옷을 지을 양모가 더 필요한 경우에는 이웃 사람에게 찾아가 황소를 양 여섯 마리와 교환할 수 있었다. 농부가 황소를 도살했다면 기나긴 겨울 동안 황소 뿔 두 개로 멋진 술잔을 만들고는 그 중 하나를 이웃 사람의 밭에서 나온 아마와 교환해서 아내에게 외투를 지어 달라고 할 수 있었다. 이런 것을 '물물 교환'이라 한다. 당시 독일 사람은 농부 아니면 지주인 경우가 대부분이었기 때문에 돈이 없어도 잘 살아갈 수 있었다. 모든 수도원도 신자들이 증여하거나 유산으로 남겨 준 땅을 많이 소유하고 있었다.

당시 광대한 독일에는 넓은 산림 지대와 좁은 농경지들, 마을 몇 곳과 영주들의 성채 그리고 수도원들 외에는 아무것도 없었다. 도시가 아직 제대로 형성되지 않았던 것이다. 그런데 돈이 필요한 곳은 도시뿐이다. 구두장이나 직물 상인, 대서소 서기 등의 직업을 가진 사람들은 가죽이나 옷감 혹은 잉크로 배고픔과 목마름을 해결할 수 없다. 이들 역시 빵이 필요하다. 그런데 당신은 구두장이에게서 신발을 얻는 대가로 빵을 줄 수가 없다. 당신은 농부가 아니기 때문이다. 그러면 어디서 빵을 구해야 할까? 빵 만드는 사람에게서 구해야 한다. 빵 만드는 사람에게는 무엇을 줘야 할까? 어쩌면 잠시 그의 조수로 일할 수도 있을 것이다. 하지만 그 사람이 당신을 조수로 쓰지 않겠다면 어떻게 해야 할까? 만약 과일이 필요한 경우에는 과일 가게 주인을 도와야 하는 것일까? 이처럼 도시에서 물물 교환을 하며 살기란 상상할 수 없을 만큼 복잡한 일이다.

그래서 사람들은 누구나 가지려 하고 받고 싶어 하며 쉽게 나눌 수 있고 지니기에도 편한 무엇인가를 교환에 사용하기로 했다. 이것은 보관하기가 나빠서도 안 되었기 때문에 금이나 은 같은 금속으로 만들어졌다. 이것이 바로 돈이다. 예전에는 돈을 모두 금속으로 만들었으며, 부자들은 이런 돈을 주머니에 담아 허리춤에 차고 다녔다. 이제는 누군가 구두장이에게서 신발을 얻고 돈을 주면 구두장이는 빵가게에

이탈리아 상인들은
범선으로 바다를
건너다녔다.

가서 그 돈으로 빵을 살 수 있었다. 그러면 빵가게 주인은 다시 그 돈으로 농부에게
서 밀가루를 샀고, 농부는 그 돈으로 새 쟁기를 구할 수 있었다. 쟁기는 이웃집 농부
의 밭에서도 구할 수 없었을 것이다.

기사 시대에 독일에는 도시가 거의 형성되지 않아서 돈이 필요 없었다. 하지만 이
탈리아에서는 이미 로마 제국 시대부터 돈을 사용했다. 이탈리아에는 대도시가 많았
고 상인도 많았다. 상인들은 많은 돈을 주머니에 넣어 허리춤에 차고 다니거나 거대
한 궤짝에 넣어 보관했다.

이탈리아의 많은 도시들은 바다에 접해 있었다. 예컨대 베네치아는 바다 한가운
데의 작은 섬들로 이루어진 도시로 그 시민들은 훈족을 피해 도망 온 사람들이었다.

그 밖에도 제노바나 피사 같은 거대한 항구 도시들이 있었는데, 이곳의 시민들은 범선을 타고 세상을 돌아다니면서 동방의 아름다운 옷감이나 진기한 향신료, 귀한 무기들을 가져왔다. 사람들은 이러한 물품을 항구에서 사들여 피렌체나 베로나, 밀라노 같은 내륙 도시들로 날랐으며, 도시에서는 진귀한 옷감으로 의복이나 깃발, 천막 등을 만들어 냈다. 이 물건들은 다시 프랑스나 영국(당시의 잉글랜드 왕국/ 편집자) 혹은 독일로 팔려 나갔다. 프랑스의 수도인 파리의 인구는 그때 이미 10만 명에 가까웠다. 사실 독일에서는 이런 물건들이 별로 팔리지 않았는데, 지불할 만한 돈이 거의 없었기 때문이다.

도시의 시민들은 점점 더 부자가 되어 갔다. 시민은 농부가 아니어서 땅에 예속되지 않았기 때문에 그 누구의 명령도 받지 않았다. 하지만 한편으로 시민은 봉토가 없었기 때문에 영주라 할 수도 없었다. 시민은 (고대 그리스 사람들처럼) 자율적으로 살 수 있었고 재판도 직접 열었기 때문에 곧 자신들의 도시에서 성직자나 기사와 다름없이 자유롭고 독립적인 신분이 되었다. 그래서 시민은 제3계급이라 불리기도 했다. 농부는 계급으로 간주되지도 않았다.

이즈음에서 돈이 필요했던 프리드리히 1세 바르바로사 황제의 얘기로 돌아가 보자. 독일인으로서 신성 로마 제국의 황제였던 그는 이탈리아도 실질적으로 지배하고자 했다. 이탈리아 시민들에게서도 공물과 조세를 거두고 싶었던 것이다. 하지만 이탈리아 시민이 이를 좋아했을 리 없다. 늘 그래왔듯 자유롭게 살기를 원했기 때문이다. 바르바로사는 군대와 함께 알프스산맥을 넘어 이탈리아로 향했으며 1158년에는 저명한 법학자들을 불러들였다. 법학자들은 신성 로마 제국의 황제가 바로 로마 황제의 후계자이므로 1000년 전의 모든 권리를 가진다고 엄숙히 공표하지 않을 수 없었다.

그러나 이탈리아 도시들은 바르바로사 황제의 공표에도 아랑곳하지 않았고 아무것도 바치려 하지 않았다. 그러자 황제는 도시들로 쳐들어갔고 특히 반란의 중심지인 밀라노를 집중적으로 공격했다. 분노한 그는 밀라노를 정복하기 전에는 두 번 다시 왕관을 쓰지 않겠노라는 맹세까지 했다. 그리고 이 맹세를 지켰다. 밀라노를 함락해 완전히 파괴하고 나서야 황후와 함께 왕관을 쓰고 축하연에 나타났던 것이다.

이처럼 바르바로사 황제는 대승을 거두었지만, 이탈리아를 떠나 고국 독일로 향하자마자 모든 일은 허사로 돌아갔다. 밀라노 시민들은 도시를 재건했고 황제를 철저히 무시했기 때문이다. 바르바로사는 모두 여섯 번에 걸쳐 이탈리아로 출정했지만 허울뿐인 명성만 얻었을 뿐 실질적 효과는 끝내 거두지 못했다.

바르바로사는 전형적인 기사라 할 만한 인물로 능력이 많았다. 체력이 뛰어날 뿐 아니라 아량이 있었으며 축제를 즐길 줄도 알았다. 오늘날의 우리는 진짜 축제라는 것을 모르고 산다. 당시의 일상생활은 지금보다 훨씬 더 단조롭고 초라했지만 축제만큼은 형언하기 어려울 만큼 사치스럽고 화려했다. 옛이야기 속에 나오는 것처럼 말이다. 일례로 프리드리히 1세 바르바로사는 1184년 아들들의 기사 서임을 기념해 마인츠에서 축제를 벌였다. 이 축제에는 4만 명의 기사가 초대되었다. 기사들은 종자 및 하인들과 함께 화려한 천막에 묵었으며, 중앙의 가장 큰 비단 천막에는 황제와 그의 아들들이 머물렀다. 사람들은 도처에 모닥불을 피우고 황소와 멧돼지, 수많은 닭을 꼬챙이에 끼워 통째로 구웠다. 마인츠는 세계 각지에서 민속 의상을 입고 온 사람들로 들끓었다. 마술사와 외줄 타는 곡예사들도 보였고 저녁 식사 때면 떠돌이 악사들이 아름다운 전설을 노래로 부르곤 했다. 정말로 성대한 축제였던 것이다. 황제는 아들들과 함께 마상 무술 시합에서 힘을 과시했고 제국의 모든 귀족이 이를 지켜봤다. 며칠이나 계속된 이 축제는 노래로도 만들어져 오랫동안 불렸다.

프리드리히 1세 바르바로사는 전형적인 기사였기에 십자군 전쟁에도 참전했다. 1189년의 3차 원정 때였다. 영국왕 리처드 1세와 프랑스왕 필립 2세도 이때 참전했는데, 두 사람은 해로를 이용했다. 하지만 바르바로사는 육로를 택했다가 소아시아의 어느 강에서 익사하고 말았다.

바르바로사보다 더 특이하고 더 위대하며 더욱 경탄할 만한 인물은 마찬가지로 프리드리히라 불린 그의 손자였다. 호엔슈타우펜 가문의 프리드리히 2세는 시칠리아에서 성장했다. 그가 어린 나이라 아직 통치를 할 수 없던 시절에 독일에서는 세력 있는 가문들끼리 지배권을 둘러싼 싸움을 벌이고 있었다. 어떤 사람들은 바르바로사의 친척인 필립을 왕으로 선출했고, 또 다른 사람들은 벨프 가문의 오토란 사람을 지지했다. 예전부터 사이가 좋지 않던 사람들은 이를 기회로 삼아 다시금 싸움을 벌이기 시작했다. 누군가 필립을 지지하면 다른 사람은 의도적으로 오토 편을 들었다. 이두 당파는 이탈리아에서 구엘프당과 기벨린당으로 불렸는데, 이들의 싸움질은 오랫동안 끝나지 않았다. 심지어 필립과 오토가 죽은 후에도 이 당파 싸움은 계속되었다.

그러는 동안 시칠리아의 프리드리히 2세는 장성해서 큰 인물이 되어 있었다. 외양뿐 아니라 정신적인 면에서도 그랬다. 그의 후견인은 역사상 가장 중요한 인물 중 하나인 교황 인노켄티우스 3세였다. 독일왕 하인리히 4세의 강력한 적수였던 교황 그레고리우스 7세가 소망하고 추구한 것을 마침내 실현시킨 인물이 바로 그였다. 인노켄티우스 3세는 전체 크리스트교 세계의 실질적인 수장이었다. 두뇌가 비상하고 학식도 풍부했던 그는 성직자들뿐 아니라 전 유럽의 영주들도 철저히 지배했다. 그의 권력은 영국에까지 미쳐서 존왕이 자신에게 복종하지 않자 그를 파문시키고 영국 사제들의 예배 집전도 금지시켰다. 이 일로 분노한 영국 귀족들은 왕에게서 거의 모든 권한을 빼앗았다. 1215년 존왕은 두 번 다시 귀족들의 뜻을 거스르지 않겠노라고 엄숙히 맹세할 수밖에 없었다. 이때 영국왕이 백작과 기사들에게 넘겨준 문건, 왕의 여러 가지 권한을 영원히 이들에게 양도하겠노란 약속을 담고 있는 문건을 '마그나 카르타'라 한다. '대서약' 또는 '대헌장'이란 뜻의 마그나 카르타는 오늘날까지도 영국에서 준수되고 있다. 이때부터 영국은 교황 인노켄티우스 3세에게 공물과 조세를 바

처야 했다. 교황의 권력은 그토록 막강했던 것이다.

마그나 카르타

한편 호엔슈타우펜 가문의 청년 프리드리히 2세는 아주 영리한 데다 남의 마음
도 끄는 사람이었다. 독일왕이 되기 위해 시칠리아를 떠난 그는 이탈리아를 지나고
스위스의 산악 지대를 넘어 콘스탄츠에 이를 때까지 경호원도 거의 없이 험난한 여
행을 견뎌 냈다. 이때 적수인 벨프 가문의 오토가 군대를 이끌고 접근했다. 프리드리
히로서는 달아날 길이 거의 없었다. 하지만 콘스탄츠의 시민들은 프리드리히와 함께
콘스탄츠 성안으로 들어가서는 재빨리 성문을 잠가 버렸다. 프리드리히를 아는 모든
사람이 그의 인품에 반했듯이 콘스탄츠의 시민들도 마찬가지였기 때문이었다. 한 시
간 후에야 도착한 오토는 군대와 함께 물러갈 수밖에 없었다.

프리드리히 2세는 독일의 모든 영주를 자기편으로 끌어들이는 수완을 발휘하여 곧 강력한 지배자로 부상했다. 독일과 이탈리아의 모든 봉건 영주들을 지배하게 된 것이다. 그리하여 교황 그레고리우스 7세와 황제 하인리히 4세 때처럼 교권과 왕권이 충돌할 수밖에 없는 상황이 초래되었다. 하지만 프리드리히는 하인리히 4세가 아니었다. 카노사로 가서 교황에게 사죄하는 따위의 굴욕은 감수할 생각이 없었다. 교황 인노켄티우스 3세와 마찬가지로 프리드리히는 자신이 전 세계를 지배할 소명을 부여받았다고 굳게 믿었다. 프리드리히는 인노켄티우스 3세가 알고 있는 것은 모두 알았다. 교황이 바로 그의 후견인이었기 때문이다. 그는 독일인이 알고 있는 것도 모두 알았다. 그가 독일 가문 출신이었기 때문이다. 또한 시칠리아의 아랍인들이 알고 있는 것도 모두 알았다. 그 자신이 시칠리아에서 성장했기 때문이다. 훗날에도 그는 시칠리아에 주로 머물렀으며 세상 어느 곳에서보다도 이 섬에서 유익한 많은 것을 배울 수 있었다.

시칠리아는 이미 여러 민족의 지배를 겪은 지역이었다. 페니키아인과 그리스인, 카르타고인, 로마인, 아랍족, 노르만인, 이탈리아인 그리고 독일인이 이 섬을 지배했으며, 곧 프랑스인도 여기에 가세했다. 바벨탑의 전설에 비견될 만한 상황이었던 것이다. 한 가지 다른 점이 있었다면, 성경에서는 서로를 이해할 수 있는 사람이 전혀 없었던 반면 프리드리히는 거의 모든 것을 이해하고 있었다는 점이다. 그는 모든 언어를 알았을 뿐 아니라 여러 학문에 조예가 깊었고 시를 지을 줄도 알았으며 사냥 솜씨도 훌륭했다. 심지어 사냥에 사용하던 사냥매에 관한 책도 한 권 집필할 정도였다.

무엇보다 중요한 점은 프리드리히 2세가 세상의 종교를 잘 알고 있었다는 사실이다. 그가 이해할 수 없었던 단 한 가지는 왜 세상 사람들이 늘 싸우는가 하는 것이었다. 그는 이슬람교도인 학자들과도 즐겨 대화를 나누었지만 경건한 크리스트교도의 자세를 지켜 나갔다. 그런데도 교황은 이 사실을 듣자 프리드리히에게 더욱 악의를 품었다. 특히 인노켄티우스의 후임자인 그레고리우스 교황이 심한 거부 반응을 보였다. 그레고리우스 교황은 전임자만큼의 권력은 지녔지만 그만큼 현명한 사람은 아니었다. 교황은 프리드리히가 무조건 십자군 원정에 참여할 것을 요구했고 결국 프리드리히도 이를 받아들였다. 하지만 다른 사람들이라면 엄청난 희생을 치르고서야 얻을 수 있는 것을 프리드리히는 싸움 한 번 치르지 않고 얻어 냈다. 크리스트교 순례자들이 안심하고 그리스도의 무덤까지 순례할 수 있게 되었고 예루살렘과 그 주변 지역이 크리스트교도들의 영토가 된 것이다. 어떻게 이런 성과를 올렸을까? 그곳의 칼리프 및 술탄들과 함께 앉아서 협약을 맺었던 것이다.

피를 흘리지 않고서 좋은 결말에 이른 것에 양편 모두 기뻐했지만, 예루살렘의 주교는 자신의 의견은 묻지 않았다면서 불만을 품었다. 주교는 아랍인들과 사이가 좋다는 이유로 황제를 교황에게 고발했고, 교황은 황제가 정말로 이슬람교도가 되었다 믿으면서 그를 파문해 버렸다. 그러나 황제 프리드리히 2세는 이 모든 일에 전혀 개

프리드리히 2세와
매잡이들

의치 않았다. 크리스트교도들을 위해서 예전에 쌓은 모든 업적을 합친 것보다 더 큰 공로를 세웠다고 확신했기 때문이다. 어떤 성직자도 교황의 뜻을 거역하려 하지 않자 프리드리히 2세는 예루살렘의 왕관을 직접 자기 머리에 얹었다.

그러고는 술탄에게서 받은 온갖 선물을 배에 싣고 고국으로 향했다. 사냥용 표범과 낙타, 귀한 보석 등 갖가지 진기한 물건이었다. 프리드리히는 모든 선물을 시칠리아에 모아 놓고 뛰어난 예술가들을 시켜 아름다운 작품을 만들게 했으며 국정에 피곤해지면 이 모든 것을 보면서 즐겼다. 국정은 충실히 돌봤으며 통치권도 분명하게 행사했다. 그는 봉토를 내주는 것이 마뜩하지 않았다. 그래서 관리를 임명했으며 이들에게 봉토 대신 월급을 주었다. 이탈리아에서는 이미 화폐가 사용되었다는 점을 당신도 기억할 것이다. 프리드리히는 아주 공정할 뿐더러 엄격함도 잃지 않는 사람이었다.

하지만 프리드리히 2세는 다른 모든 사람과 너무 달랐기 때문에 아무도 그가 진정 원하는 것이 무엇인지 알 수 없었다. 교황조차도 그를 이해하지 못했다. 멀리 떨어진 독일의 백성들은 괴상한 생각에만 사로잡혀 있는 이 기묘한 황제에게 관심을 두지 않았다. 사람들의 몰이해로 인해 황제의 삶은 쉽지 않았다. 결국은 프리드리히의 아들조차 아버지에게 대항하도록 독일인을 부추겼으며 가장 충실했던 고문관도 교황의 편으로 넘어갔다. 프리드리히는 외톨이로 남았고 자신이 계획했던 현명한 정책의 대부분을 끝내 실현시키지 못했다. 점점 더 불운에 빠져 성격도 거칠어진 그는 1250년 세상을 떠났다.

프리드리히의 아들 만프레트는 권력 투쟁의 와중에서 젊은 나이로 전사했으며, 손자 콘라딘은 적의 포로가 되어 스물네 살의 나이로 나폴리에서 참수되었다. 이것이 위대한 기사 가문 호엔슈타우펜 왕가의 슬픈 종말이었다.

프리드리히 2세가 시칠리아에 머물면서 교황과 반목하고 있는 동안 서양 세계는 엄청난 불행에 직면해 있었다. 그러나 두 사람은 타협하지 못했기에 아무런 대책도 세울 수 없었다. 엄청난 불행이란 또 다른 아시아 기마 민족의 침입을 말한다. 이들은 지금까지의 기마 민족 중 가장 강력해서 진시황제의 만리장성조차 이들을 막을 수 없었다. 이들 몽골족은 칭기즈칸의 영도 아래 먼저 중국(금나라/ 편집자)을 정복하고 무자비한 약탈을 자행했다. 그런 다음 페르시아를 정복해서 약탈하고는 훈족과 아바르족, 마자르족이 달렸던 길을 따라 유럽으로 향했다. 이들은 헝가리와 폴란드를 휩쓸면서 끔찍한 만행을 저질렀다. 1241년 마침내 오늘날 폴란드 국경 근처의 브로츠와프에 도달해서 도시를 점령하고 불질러 버렸다. 발길이 닿는 곳마다 모든 사람을 죽였으며 결코 자비란 없었다. 몽골족은 역사상 가장 거대한 제국을 지상에 실현했다. 상상해 보라! 베이징에서 브로츠와프까지 뻗어 있는 광대한 제국을! 몽골족은 거칠고 사나운 떼거리가 아니라 잘 훈련된 군대였으며 지휘관들도 아주 영리했다. 크리스트교 세계는 몽골족 앞에서 속수무책이었으니 대규모의 기사 군대도 이들과 싸워 참패하고 말았다. 그런데 서양 세계가 사상 최대의 위기에 직면한 순간 이들의 지배자가 몽골의 어느 곳에서 죽었고 몽골 전사들은 갑자기 방향을 돌렸다. 이렇게 몽골족은 물러갔지만 이들이 지나간 나라는 철저히 폐허로 변하고 말았다.

독일은 호엔슈타우펜 왕가의 마지막 후손이 죽고 나자 지금까지보다 더욱 큰 혼란에 빠졌다. 저마다 다른 사람을 왕으로 뽑으려 해서 그 누구도 왕이 될 수 없었다. 왕이든 황제든 통치할 사람이 없었기에 나라가 온통 뒤죽박죽이 되었다. 당시는 약한 자가 강한 자에게 모든 것을 빼앗기는 시대, 약자는 강자의 먹이가 될 수밖에 없는 시대였다. 이런 시대를 흔히 '강자의 권리가 지배하는 시대' 또는 '약육강식의 시대'라 부른다. 당신도 알겠지만 이런 시대는 결국 불의의 시대이다.

당시 사람들도 이 점을 알고 있었기에 슬픔과 절망에 빠져 옛날을 그리워했다. 그런데 사람이란 무엇인가를 절실히 원하면서 그에 관해 자주 꿈꾸다 보면 마침내 그것이 현실이라고 믿어 버릴 수 있다. 독일인들은 호엔슈타우펜 왕가의 프리드리히 황제

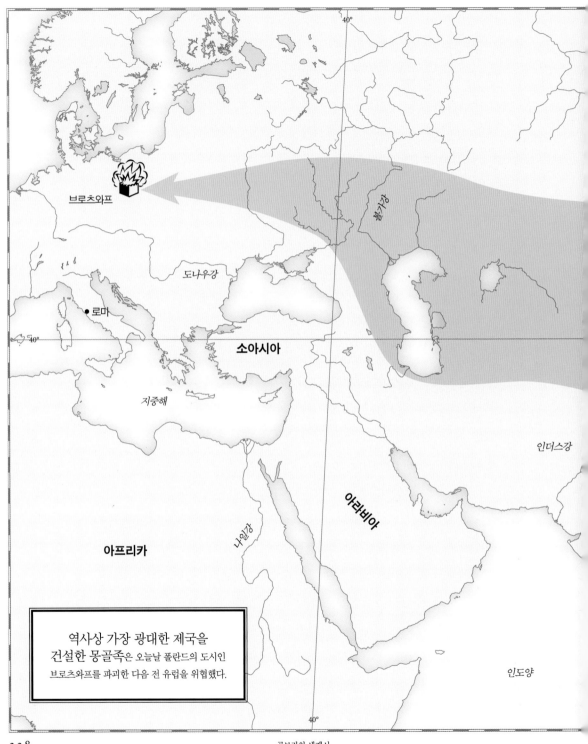

브로츠와프

도나우강

● 로마

소아시아

지중해

인더스강

나일강

아라비아

아프리카

인도양

역사상 가장 광대한 제국을
건설한 몽골족은 오늘날 폴란드의 도시인
브로츠와프를 파괴한 다음 전 유럽을 위협했다.

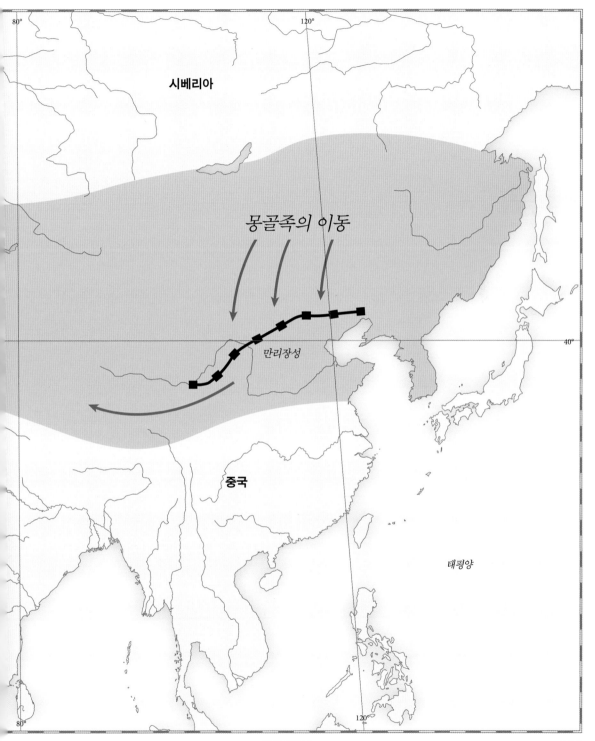

시베리아

몽골족의 이동

만리장성

중국

태평양

유럽으로
쳐들어 온
몽골족

는 결코 죽지 않았으며 그저 마법에 걸려 어떤 성에서 때를 기다리고 있을 뿐이라고 믿었다. 그리고 좀 묘한 일이 덩달아 일어났다. 어떤 사람이 다른 사람으로 변했다가 다시 원래의 모습으로 돌아오고, 그다음에는 동시에 두 사람으로 나타나는 꿈이라면 당신도 꾸어 본 적이 있을 것이다. 당시 사람들이 바로 그랬다. 독일인들은 지혜와 의로움을 겸비한 위대한 군주에 관해 꿈꾸었는데, 이 군주는 운터스베르크 아니면 키프호이저에 은거하고 있으며 언젠가 모든 사람이 그를 이해하는 날이 오면 다시 돌아올 것이라 믿었다.(시칠리아에 머물던 프리드리히 2세를 염두에 두었던 것이다.) 그와 동시에 기다란 수염을 기르고 있으며 힘이 장사인 군주가 와서 모든 적을 물리치고 예전의 마인츠 축제처럼 화려하고 멋진 제국을 세울 것이라고도 믿었다.(프리드리히의 할아버지인 프리드리히 바르바로사를 그리워했던 것이다.)

사는 것이 힘들어질수록 사람들은 더욱더 기적을 고대했다. 사람들은 산속에 앉아 있는 왕의 모습을 즐겨 묘사했으며 다음과 같은 이야기를 입에서 입으로 전했다. 길게 자란 붉은 수염이 돌 탁자를 뚫고 나올 만큼 왕은 오랫동안 잠들어 있다. 하지만 왕은 100년마다 깨어나서는 종자에게 아직도 까마귀들이 산 주위를 돌고 있는지 묻는다. "폐하, 한 마리도 볼 수 없습니다." 그 언젠가 종자가 이렇게 대답하면, 왕은 자리에서 일어나 수염이 박혀 있는 돌 탁자를 검으로 내려친다. 그러면 왕을 가두었던 마법의 산이 두 조각으로 갈라지며, 왕은 위엄 있는 갑옷을 입은 채 신하들과 함께 말을 타고 내려온다. 그 모습은 진정 장관일 것 같지 않은가?

하지만 마침내 세상의 질서를 다시 잡은 것은 그런 기적이 아니라 원기에 넘치고 노련하며 통찰력도 있는 어느 기사였다. 오늘날 스위스에 있는 그의 성채는 합스부르크였고 그의 이름은 루돌프여서 이 기사는 루돌프 폰 합스부르크라 불렸다. 1273년 영주들은 루돌프를 왕으로 선출했는데, 이는 그가 가난하고 이름 없는 기사이기에 자신들에게 대항하지 못하리라 생각한 때문이었다. 하지만 루돌프가 영리하고 능수능란한 사람이란 점을 미처 계산에 넣지 못한 결정이었다. 처음에는 영토가 별로 없어 권력도 작았지만 루돌프는 자신의 영토와 권력을 단숨에 증대시켜 나갈 수 있었다.

루돌프 폰 합스부르크는 가장 반항적인 영주인 보헤미아의 오토카르와 전쟁을 벌여 승리를 거두었으며 그의 영지 일부를 몰수했다. 왕으로서는 정당한 일이었다. 그리고 이 땅을 1282년에 친자식들에게 봉토로 하사했는데, 이 지역이 오늘날의 오스트리아다. 루돌프는 이런 방식으로 자신의 성채 이름에 따라 합스부르크라 불려 온 자신의 가문에 거대한 권력을 마련해 주었다. 또한 그의 가족들은 친척에게 봉토를 하사하거나 혼인 또는 상속의 방식을 동원해서 권력을 더욱 증대시켜 나갔다. 그 결과 합스부르크가는 유럽에서 가장 명망 높고 영향력이 큰 영주 가문으로 단숨에 부상했다. 이들은 독일의 왕이자 신성 로마 제국의 황제 가문이었지만 독일보다는 거대한 가족 영지(즉 오스트리아)에 더 자주 머물렀다. 때문에 독일에서는 공작이나 주교, 백작 같은 봉건 영주들이 각자의 영토에서 무제한의 권력을 휘둘렀다. 진정한 기사 시대는 호엔슈타우펜 왕가의 종말과 함께 막을 내렸다.

25

도시와 시민

　프리드리히 바르바로사가 죽은 1190년과 루돌프 폰 합스부르크가 죽은 1291년 사이의 약 100년 동안 유럽은 상상하기 어려울 만큼 큰 변화를 겪었다. 이미 이야기했듯 바르바로사 황제의 시대는 강대한 도시가 주로 이탈리아에 있었으며, 이곳 시민들은 황제와의 불화나 싸움도 마다하지 않았다. 기사와 수도사, 농부만 있던 독일도 이 100년 사이에 크게 달라졌다. 여러 차례의 십자군 원정 덕분에 독일인은 세상을 돌아보았으며 머나먼 이국과 교역도 하게 되었다. 그런데 이 교역에서는 황소를 양과 바꾸거나 뿔잔을 옷감과 바꾸는 물물 교환이 통하지 않았다. 돈이 필요하게 된 것이다. 돈이 쓰이게 되자 온갖 물건을 사고팔 수 있는 시장도 생겨났다. 하지만 시장은 아무 곳에서나 열릴 수 없었다. 시장은 성벽이나 탑으로 보호되는 곳, 대개는 영주의 성채 근처에 자리 잡았다. 이곳으로 이주해서 장사를 하는 사람들이 시민이었다. 시민은 더 이상 영주에게 예속되지 않았다. 규모가 큰 도시의 시민들은 왕 이외에 그 누구에게도 굴종하지 않았기에 당시에는 이런 말도 유행했다. "도시의 공기는 자유를 만든다."

　중세의 도시 생활을 오늘날의 경우와 비교해서는 곤란하다. 중세 도시는 대개 작고 옹색했으며, 비좁은 골목과 협소하고 높기만 한 건물들로 빽빽이 들어차 있었다.

이런 곳에 상인과 수공업자들이 가족과 함께 옹기종기 모여 살았다. 대부분의 상인
은 무장한 사람들의 호위를 받으면서 각지를 돌아다녔다. 당시에는 기사다움을 잃고
강도나 진배없는 기사들이 많았기 때문에 호위대를 거느리는 것이 필수였다. 이런 기
사들은 성에 앉아 상인들이 지나가기를 기다렸다가 약탈을 자행하곤 했다. 하지만 도
시의 시민들도 가만히 당하고 있지는 않았다. 시민들은 돈이 있었기에 군인들을 고용
했으며 종종 기사들과 싸움을 벌였고 승리를 거둔 적도 적지 않았다.

수공업자들, 예컨대 재단사나 구두장이, 직물공, 제빵사, 대장장이, 화가, 목수, 석수 그리고 조각가 등은 누구든지 '길드'라 불리는 자신들끼리의 조합에 소속되어 있었다. 이러한 길드는, 예를 들어 재단사 길드는 아주 폐쇄적인 집단이었고 기사단과 다름없이 엄격한 규율을 갖추고 있었다. 재단사 장인은 별다른 노력 없이 아무나 될 수 있는 것이 아니었다. 우선은 정해진 기간 동안 '도제'로 일해야 했고, '직인'이 되면 낯선 도시와 다양한 작업 방식을 경험하기 위해 유랑을 떠났다. 유랑 길에 오른 직인들은 종종 여러 해 동안 많은 지역을 떠돌다가 고향 도시로 돌아왔으며, 경우에 따라서는 재단사 '장인'을 필요로 하는 타향에 자리를 잡기도 했다. 도시의 규모가 작아 재단사가 많이 필요하지 않았기에 길드는 일거리에 비해 많은 장인이 배출되지 않도록 엄격히 통제했기 때문이다. 그래서 직인들은 자신의 솜씨를 한껏 발휘해서 예컨대 멋진 외투 같은 명품을 완성해야만 했다. 이 과정을 통과하면 엄숙한 의식을 거쳐 재단사로 임명되었으며 길드에도 속하게 되었다.

기사단과 마찬가지로 길드는 나름의 규칙과 자기들끼리의 시합, 알록달록한 깃발 그리고 기본적인 원칙을 갖고 있었다. 물론 기사들의 경우가 그렇듯, 원칙이 언제나

대성당을 짓는 모습

준수되었던 것은 아니다. 하지만 원칙이 존재한 것은 사실이며 그것만으로도 대단한 일이었다. 길드의 회원은 서로 도와야 했고 손님 앞에서 다른 회원을 흉봐서는 안 되었으며 손님에게 질 나쁜 물건을 제공해서도 안 되었다. 또한 도제나 직공을 잘 대우해야 했으며 자신의 직업과 도시의 명성을 유지하기 위해 애써야 했다. 기사가 신의 전사였다면, 길드의 회원인 장인은 신의 수공업자였던 셈이다.

십자군 원정에 참가한 기사들이 성지 탈환을 위해 자신을 희생한 것처럼 시민과 수공업자들은 도시에 교회를 세울 경우 자신들의 재산과 노동력 등을 정말로 아끼지 않았다. 새로 짓는 교회나 대성당이 이웃 도시의 자랑거리들보다 더 크고 더 아름다우며 더 화려해야 한다는 것이 이들에게는 무척이나 중요한 문제였다. 도시 전체가 공명심에 불탔고 시민은 각자 맡은 일에 열중했다. 가장 유명한 건축가가 초빙되어 교회를 설계했으며 석수들은 돌을 깎아 조각상을 만들고 화가들은 제단용 그림을 그리거나 교회로 빛을 받아들일 창문에 채색을 했다. 하지만 누가 이 교회를 구상하고 설계했으며 누가 건축했는가는 아무에게도 중요하지 않았다. 교회는 도시 전체의 작품이었고, 교회를 세운다는 것은 모든 사람의 공동 예배와 같은 것이었다. 이런 생각은 교회의 외양에서도 잘 드러났다. 이 시대의 교회는 바르바로사 황제 시대에 독일에 세워졌던 것 같은 견고한 요새 모양의 교회가 아니었다. 둥근 지붕의 화려한 내부는 도시 주민 모두가 앉아 설교를 들을 수 있을 만큼 넓었고 늘씬하고 높은 종탑도 딸려 있었다. 마침 당시에는 새로운 종류의 수도회가 창건되었는데, 이곳의 수사들은 수도원의 밭을 갈거나 책을 필사하는 대신 거지꼴로 전국을 떠돌면서 사람들에게 참회의 설교를 하거나 성경을 풀이해 주는 일을 중요하게 여겼다. 도시의 시민들은 수사들의 설교를 듣기 위해 교회를 찾았으며 설교를 듣는 동안 참회의 눈물을 흘리거나 사랑의 가르침에 따라 새로운 삶을 살겠노라는 맹세를 했다.

그러나 신앙심 깊은 십자군이 예루살렘을 정복하고 끔찍한 학살을 자행했던 것처럼 당시 시민들 중 많은 사람은 수도사들의 설교에서 가르침을 얻기보다 신앙이 다른 모든 사람을 증오하는 것을 배웠다. 특히 유대인은 언제나 박해의 대상이었는데, 신 앙심이 깊다고 자부하는 시민일수록 유대인들을 심하게 다루었다. 당신이 알아야 할 것은, 유대인은 고대의 민족들 중 유럽에 남은 유일한 민족이었다는 점이다. 바빌로 니아인이나 이집트인, 페니키아인, 그리스인, 로마인, 갈리아인 그리고 고트족은 모 두 몰락했거나 다른 민족과 융합되어 버렸다. 오직 유대인만은 예루살렘이 파괴된 후 이 나라 저 나라로 쫓겨 다니고 온갖 박해를 받으면서도 2000년 동안 희망을 놓지 않 고 자신들의 메시아를 기다렸다. 유대인은 경작지를 소유할 수 없었고 농부도 될 수 없었으며 기사가 되는 것은 말할 나위도 없었다. 이들은 수공업에도 종사할 수 없었 으니, 유일하게 허용되는 일은 상업이었다. 도시의 특정 지역에만 거주할 수 있었고 특정한 옷을 입어야 했지만, 시간이 흐르면서 많은 사람들이 큰돈을 벌었으며 기사나 시민들도 이들에게서 돈을 빌려 쓰게 되었다. 바로 이 때문에 유대인은 더욱 미움을 샀고 습격을 받아 돈을 강탈당하는 일도 자주 겪었다. 하지만 이들은 저항할 수 없었 고 그래서도 안 되었으며 이따금 왕이나 성직자의 보호를 기대할 수 있을 뿐이었다.

그러나 유대인보다 더 혹독한 대우를 받은 이들은 오랫동안 성경을 깊이 연구하 여 특정 교리에 회의를 품기 시작한 사람들이었다. 이 사람들은 이단자라 불렸으며 끔찍한 핍박을 받았다. 이단자로 몰리면 예전에 크리스트교도들이 네로에게 당했듯 공개적으로 화형에 처해졌다. 사람들은 이런 회의론자들을 색출한다는 이유로 모든 도시를 들쑤시고 모든 지역을 황폐화시켰다. 이제는 이슬람교도 대신 이른바 이단자 에 대한 십자군 전쟁을 시작한 것이다. 이런 일을 벌인 장본인은 신의 은총과 복음을 위해 거대한 대성당을 세운 사람들이자, 높다란 종탑과 조각으로 장식된 교회 문을 짓고 그림으로 채색된 창문과 수많은 조각상으로 웅대한 천국의 광경을 교회 안에 실현하려 애썼던 바로 그 사람들이었다.

도시와 교회는 독일보다 프랑스에서 먼저 생겨났다. 프랑스는 더 부유하고 역사도 더 안정적인 나라였다. 프랑스의 왕들은 곧 제3계급인 시민을 이용하는 방법도 터득했다. 이미 1300년경부터 왕은 영토를 더 이상 귀족들에게 봉토로 내주지 않고(일찍이 프리드리히 2세가 시칠리아에서 그랬던 것처럼) 자신이 소유한 채 시민들에게 관리를 맡겼으며 그 대신 돈을 받았다. 이렇게 해서 프랑스왕은 점점 더 많은 토지를 소유하게 되었다. 당신도 알다시피 그 당시에 토지란 농노와 군인을 포함했고 따라서 권력을 의미하는 것이었다. 따라서 프랑스왕은 이미 1300년대로 접어들기 직전부터 유럽에서 가장 강력한 지배자로 부상해 있었다. 그에 비해 독일왕 루돌프 폰 합스부르크는 그제야 자기 가족들끼리 봉토를 독점해서 권력을 증대시키는 중이었다. 당시 프랑스인은 이미 자국뿐 아니라 이탈리아 남부도 지배하고 있었으며 1309년에는 교황마저 로마에서 프랑스로 이주하도록 강제할 만큼 막강한 위치에 올랐다. 이때부터 교황은 프랑스왕들의 감시를 받았다. 교황은 화려한 예술품으로 가득한 아비뇽의 대궁전에 살았지만 포로 신세나 다름없었다. 이 사건을 유대인이 바빌론에 잡혀 있던 것(기원전 586년~기원전 538년)에 빗대어 '교황의 바빌론 유수'(서기 1309년~1377년)라 부른다.(아비뇽 유수라고 일컫기도 한다./ 옮긴이)

프랑스왕들은 이 정도에서 만족하지 않았다. 당신도 기억하고 있겠지만, 영국은 1066년 프랑스에서 건너간 노르만 왕가에 정복되어 그 지배를 받고 있었다. 노르만 왕가는 굳이 따지자면 프랑스인이었다. 이런 이유에서 프랑스왕들은 영국에 대한 통치권도 요구했다. 그런데 프랑스에서 왕위를 물려받을 왕자가 태어나지 않자 오히려 영국왕들이 프랑스왕의 친척이자 신하로서 왕위를 계승할 자격이 있다는 주장을 펼치기 시작했다. 그 결과 1337년에 전쟁이 일어나 100년도 넘게 계속되었다.(그래서 이 전쟁은 '백 년 전쟁'이라 불리게 되었다./ 옮긴이) 이 전쟁은 기사들 몇몇이 기사답게 검투를 벌이는 싸움이 아니라 봉급을 받는 시민 군대가 서로 싸우는 전쟁이었다. 그리고 시민

군은 전투를 고귀한 행동으로 여기는 거대한 기사단의 일원이 아니라 각각 영국인과 프랑스인으로서 자기 나라의 독립을 위해 싸우는 사람들이었다. 이 전쟁에서는 영국인이 꾸준히 승리를 거두면서 프랑스에서 점령지를 넓혀 나갔다. 특히 전쟁 말기에 영국인이 큰 성과를 거둘 수 있었던 것은 당시 프랑스왕이 어리석고 무능했기 때문이다.

프랑스인들은 영국인의 지배를 원하지 않았다. 이때 기적이 일어났다. 17세의 순박한 양치기 소녀 잔 다르크가 신의 부름을 받았다고 믿으면서 완전 무장을 한 채 프랑스군을 이끌었고 마침내 영국군을 격퇴시킨 것이다. 잔 다르크는 이렇게 말했다. "영국인들이 영국으로 돌아가야 평화가 찾아온다." 영국인들은 그녀에게 무섭게 복수했다. 이들은 잔 다르크를 포로로 잡아 마녀로 몰아 버리고는 사형 선고를 내렸다. 그녀는 1431년 화형에 처해졌다. 당시 사람들이 그녀를 마녀라 생각한 것도 무리는 아니었다. 용기와 열정 외에는 아무것도 없는 일자무식의 시골뜨기 소녀가 단 2년 만에 100년 동안의 패배를 종식시키고 프랑스와 왕을 구해 낸 것은 거의 마술에 비길 만한 일이었기 때문이다.

잔 다르크

이 백 년 전쟁의 시대, 즉 도시가 성장했으며 기사 계급이 더 이상 그들의 고독한 성채만을 고집하지 않고 부유하고 강력한 영주들의 궁정에 살았던 시대의 생활은 당신이 상상하기 어려울 만큼 화려하고 다채로웠다. 특히 이탈리아와 플랑드르 그리고 브라반트(지금의 벨기에) 지방은 당시 아주 멋진 곳이었다. 그곳에는 금란이나 비단 같은 귀한 옷감을 거래해서 부유해진 도시들이 많았다. 기사와 귀족들은 비싼 보석으

곰브리치 세계사

로 장식된 화려한 옷을 입고 궁중 축제에 참석했으며 무도장이나 꽃이 만발한 정원에서 바이올린과 류트 소리에 맞춰 귀부인들과 원무를 추었다. 가능하기만 하다면 한번쯤 직접 보고 싶은 광경이 아닌가? 귀부인들의 옷차림은 더욱 화려하고 환상적이었다. 귀부인들은 길고 섬세한 베일이 달린 뾰족 모자에 뾰족한 구두를 신고 금빛으로 반짝이는 화려한 옷을 입고는 인형처럼 귀엽고 우아하게 움직였다. 이제는 옛날처럼 연기만 자욱한 성채에 사는 생활에는 더 이상 만족할 수 없었다. 귀족들이 사는 곳은 수많은 돌출된 창과 첨탑이 있고, 성 위에 톱니 모양으로 담을 쌓은 거대한 성이었다. 그 안에는 널찍한 방이 아주 많았고 방마다 화려한 양탄자가 깔려 있었다. 성에서는 사람들의 말투도 부자연스러울 만큼 세련되고 장식적이었다. 귀족들이 화려하게 치장된 식탁으로 귀부인을 안내할 때는 손가락 두 개만으로 부인의 손을 살

귀부인들의 모자는 교회 첨탑처럼 길고 뾰족했다.

며시 잡았다. 이런 도시에서는 읽고 쓸 줄 아는 것이 이미 오래전부터 당연한 것이 되었다. 상인과 수공업자는 읽고 쓸 줄 알아야 일을 할 수 있었고, 많은 기사들은 사랑스러운 귀부인들을 위해 정교하고 우아한 시를 지었다.

학문 역시 더 이상은 수도원 방에 틀어박힌 일부 수도사들의 전유물이 아니었다. 유명한 파리 대학은 이미 1200년대로 접어든 직후부터 세계 각지에서 몰려든 2만 명의 학생을 확보하고 있었다. 학생들은 주로 아리스토텔레스의 이론을 연구했으며 이 이론이 성경과 일치하는지에 관해 많은 의견을 개진하고 활발한 토론을 벌였다.

궁정과 도시의 이런 모든 생활 방식은 곧 신성 로마 제국, 특히 황제의 궁전으로 전해졌다. 당시 황제의 궁전은 프라하에 있었는데, 이는 루돌프 폰 합스부르크가 죽은 뒤에 다른 가문에서 황제가 선출되었기 때문이다. 1308년 이후로 프라하에 거주하는 룩셈부르크 가문이 왕이자 신성 로마 제국의 황제로서 독일을 다스렸던 것이다. 하지만 이 가문의 왕들이 실제로 독일 전역을 통치한 것은 아니고 여러 봉건 영주들이 바이에른과 슈바벤, 뷔르템베르크, 오스트리아 등지를 각기 통치했다. 황제는 이들 중 가장 강력한 영주에 불과했다. 룩셈부르크 가문의 원래 영지는 보헤미아였으며, 1347년 이후로 이 지방에 속하는 프라하에서 카를 4세가 나라를 다스렸다. 공정하지만 화려함을 좋아했던 그의 궁전에는 플랑드르의 궁전들과 마찬가지로 귀족과 기사들이 살았으며 아비뇽의 궁전들과 마찬가지로 아름다운 그림도 많이 걸려 있었다. 카를 4세는 1348년 프라하에 대학을 세웠는데 이것이 유럽 중부에서는 최초의 대학이었다.

카를 4세의 사위로 '설립자'라 불렸던 루돌프 4세의 궁전은 빈에 있었는데, 이 궁전도 카를 4세의 왕궁 못지않게 화려하고 풍요로웠다. 군주들은 더 이상 외떨어진 성채에 살지 않았으며 험한 원정 길을 떠나지도 않았다. 군주의 성은 도시 한가운데에 자리 잡았다. 이미 여기서 알 수 있듯 도시는 이제 아주 중요한 장소가 되었다. 하지만 이 역시 아직은 시작에 불과했다.

26

새로운 시대

당신은 어릴 때 쓴 공책 같은 옛날 물건을 지금도 보관하고 있는가? 예전에 쓰던 공책을 넘기다 보면 그새 자신이 얼마나 변했는지 깨닫고 놀라게 될 때가 한두 번이 아니다. 당시에 쓴 글을 읽으면 묘한 기분이 든다. 부끄럽게 느껴지는 면도 있지만 자랑스럽게 느껴지는 면도 있다. 그런 옛날 물건을 꺼내 보지 않았다면 자신이 변했다는 사실을 미처 깨닫지 못했을 것이다. 세계사에서도 마찬가지이다.

갑자기 나팔수가 말을 타고 다니면서 이렇게 외친다면 얼마나 좋을까? "여러분, 새로운 시대가 시작되었어요!" 하지만 현실은 이와 다르다. 사람들의 생각은 서서히 바뀌며 스스로는 이를 감지하기 어렵다. 그러다 옛날 공책을 들여다본 당신처럼 어느 날 문득 뭔가 깨닫게 된다. 그러면 자부심에 차서 이렇게 말하는 것이다. "우리는 새로운 시대에 살고 있어." 그리고 흔히 이런 말도 하곤 한다. "옛날 사람들은 참 멍청했어!"

이와 비슷한 일이 1400년 이후 이탈리아의 여러 도시, 특히 중부의 거대하고 부유한 도시들에서 일어났으며, 개중에서도 피렌체가 대표적이었다. 피렌체에도 길드가 있었고 대성당이 세워졌다. 하지만 프랑스나 독일과 달리 이곳에는 고귀한 신분인 기사 계급이 없었다. 피렌체 시민들은 신성 로마 제국 황제의 간섭에서 벗어난 지

곰브리치 세계사

이미 오래였다. 예전의 아테네 시민들이 그랬듯 이들은 자유롭고 독립적이었다. 그리고 자유롭고 부유한 시민과 상인, 수공업자들은 중세의 기사나 장인과는 전혀 다른 관심사를 갖고 있었다.

경외하는 마음으로 오직 신께 봉사하는 신의 전사나 수공업자가 되는 것은 피렌체 시민들에게 별로 대단한 일이 아니었다. 이들은 지식과 능력을 갖춘 완전한 인간이 되기를 원했다. 즉 자신의 의지에 따라 스스로 판단하지 그 누구에게도 의견을 묻거나 찬동을 구하지 않는 인간, 낡은 책을 뒤적이면서 전통적 관습이나 풍습을 따지는 대신 두 눈을 크게 뜨고 두 손으로 움켜쥘 줄 아는 인간이 되기를 원했던 것이다. 바로 이것, 직접 관찰하고 다룰 줄 아는 것이 이들에게는 중요한 일이었다. 누가 귀족인지 가난한 사람인지, 크리스트교도인지 이단자인지, 아니면 길드의 모든 규칙을 준수하는지 아닌지는 사실상 부차적인 문제였다. 중요한 것은 자립심과 유능함, 지성과 지식 그리고 행동력이었다. 출신이나 직업, 종교, 국적 따위는 중요하지 않았다. 중요한 것은 어떤 인간인가 하는 문제였다.

1420년경 피렌체 시민들은 이런 자신들이 중세의 사람들과 전혀 다르다는 사실을 문득 깨달았다. 중요함에 대한 관점이나 아름다움에 대한 감각이 선조들과는 전혀 달랐던 것이다. 중세의 대성당이나 그림이 이들에게는 너무 칙칙하고 경직되게 보였으며 전해 오는 관습 역시 지루하게만 느껴졌다. 이들은 자유롭고 자주적이며 스스럼없는 무엇, 한마디로 자신들이 좋아하는 것을 찾아보았다. 그리고 이 과정에서 고대를 발견하게 되었다. 고대 사람들이 이교도였다는 사실은 전혀 중요하지 않았다. 오히려 고대인의 유능함에 경탄할 수밖에 없었다. 고대인은 자연과 세상의 모든 문제에 관심을 가졌으며 이런 문제에 관해 아주 자유롭게 토론했다. 이제 고대인들은 위대한 모범이 되었으며, 특히 학문의 영역에서 그랬다.

사람들은 이제 라틴어 문헌을 긁어모았으며 과거의 로마인만큼 명확하고 올바른

맞은편:
피렌체

라틴어를 쓸 수 있기 위해 노력했다. 이들은 그리스어도 배웠으며 페리클레스 시대의 아테네인들이 남긴 저작을 특히 즐겨 읽었다. 그리고 카롤루스 대제나 바르바로사보다 테미스토클레스나 알렉산드로스, 카이사르, 아우구스투스 등에게 더욱 큰 관심을 기울였다. 마치 그사이에 놓인 긴 시간은 한갓 꿈에 지나지 않으며, 자유 도시 피렌체가 아테네나 로마 같은 도시가 된 것 같았다. 오래전 지나가 버린 옛 시대, 그리스와 로마 문화의 시대가 갑작스레 '되살아난' 것만 같았다. 사람들은 고대 문물을 통해 자신들이 새롭게 태어나는 듯한 기분에 사로잡혔던 것이다. 그래서 당시 이탈리아인들은 '재생'이나 '부활'을 뜻하는 '리나시멘토'라는 말을 즐겨 사용했다. 물론 오늘날에는 이 말보다 '르네상스'라는 용어가 더 많이 사용된다. 사람들은 그동안 고대 문화가 암흑 속에 묻혔던 것이 로마 제국을 멸망시킨 게르만족의 탓이라고 생각했다. 피렌체 사람들은 자신들의 힘으로 고대의 정신을 소생시키고자 했다.

피렌체 시민들은 로마 시대의 모든 것, 탁월한 조각상과 이탈리아 곳곳에 폐허로 남아 있는 화려하고 웅대한 건축물에 열광했다. 예전에는 '이교도 시대의 잔재'라 불렸으며 감상의 대상이기보다 두려움의 대상이었던 것이었다. 그런데 이것들이 얼마나 아름다운지 새삼스레 깨닫게 된 것이다. 이제 피렌체 사람들은 다시 기둥을 사용해서 건물을 짓기 시작했다.

당시 사람들이 옛 물건에만 탐닉했던 것은 아니다. 이들은 자연을 대하는 시각도 새롭게 변화시켰다. 2000년 전의 아테네인들처럼 자연을 편견 없이 바라보게 되었다. 이들은 세상이 얼마나 아름다운지, 하늘과 나무, 사람, 꽃 그리고 동물이 얼마나 아름다운지 새삼 깨달았고 이것들을 눈에 보이는 대로 그렸다. 수도사의 책에 나오는 성자 이야기나 대성당의 창문처럼 대상을 엄숙하고 위대하며 성스럽게 그린 것이 아니라 다채롭고 쾌활하며 자연스럽고 분명하게 그리고 편견 없이 정확히 묘사했다. 두 눈으로 직접 보고 직접 만져 보는 것, 예술에서도 이러한 태도가 최선으로 간주되었다. 그래서 당시 피렌체에는 위대한 화가와 건축가들이 많이 살았다.

이 화가들은 과거의 수공업자들처럼 세상을 묘사하는 재주만 뛰어난 사람들이 아니었다. 새로운 시대의 화가들은 자신들이 묘사하는 대상을 충분히 이해하고자 했다. 특히 피렌체에 살았던 한 화가는 아주 아름다운 그림을 그릴 줄 알았고 그 솜씨는 누구보다도 탁월했지만 이것만으로 만족하지 못하는 사람이었다. 화가는 자신이 묘사하는 사물들이 어떤 성질을 지녔고 서로 어떤 연관을 맺고 있는지도 알고자 했다. 이 화가의 이름은 레오나르도 다빈치였다. 농가의 하녀에게서 태어난 그는 1452년부터

자연의 아름다움을 그려 낸 보티첼리의 「프리마베라」 중 일부

1519년까지 살았다. 그는 사람들이 울고 웃을 때의 정확한 모습은 물론, 근육과 뼈와 힘줄을 지닌 신체 내부에 관해서도 정확히 알고 싶었다. 그래서 병원에서 시체까지 구해다가 해부하고 연구했는데 당시로서는 상식을 완전히 벗어난 일이었다. 다빈치는 여기서 멈추지 않고 식물과 동물도 정확히 관찰했다. 새들이 나는 모습을 연구해서 인간도 날 수 있는 방법을 고안하려 했다. 그는 인공 새, 즉 비행기의 가능성을 정밀하고 상세하게 연구한 최초의 사람이었다. 인간이 언젠가 날 수 있으리라는 확신을 결코 버리지 않았다. 그는 자연의 모든 것을 연구했지만 아리스토텔레스의 저작이나 아랍인들이 남긴 책을 뒤적이는 방식은 아니었다. 그는 책에서 읽은 내용이 실제와 일치하는지를 항상 확인하려 했다. 그렇게 눈을 크게 떴기에 예전의 누구보다도 많은 것을 볼 수 있었다. 물론 그저 사물을 관찰하는 데서 그치지 않고 생각에 생각을 거듭한 때문이었다. 예를 들어 물이 소용돌이를 치는 원리가 무엇이고 뜨거운 공기가 위로 올라가는 이유는 무엇인지 알고 싶으면 곧바로 실험을 해 보았다. 그는 당대인들이 책에 써 놓은 지식에 크게 기대지 않고 자연의 모든 현상을 실험에 의해 해명하려 한 최초의 사람이었다. 그는 자신이 관찰한 것을 쪽지나 공책에 그림이나 글로 기록해 놓았는데 그 양이 엄청나다. 오늘날 우리가 이 기록을 살펴보면 당시까지 아무도 알지 못했고 알려 하지도 않았던 그 모든 것을 단 한 사람이 연구했다는 사실에 경탄을 금치 못하게 된다.

그러나 이 유명한 화가가 그처럼 많은 새로운 것을 알아냈고 특이한 견해를 가졌다는 사실을 아는 사람은 극히 드물었다. 왼손잡이였던 다빈치는 글자를 거꾸로 썼고 글씨도 아주 작았기 때문에 그의 글은 읽기가 쉽지 않았다. 그에게는 분명 다행스러운 일이었을 것이다. 당시에는 독자적인 견해를 품는 것이 때로 위험한 일이었기 때문이다. 그의 기록 중에는 이런 말이 나온다. "태양은 움직이지 않는다." 이 말 외에는 아무것도 쓰여 있지 않다. 하지만 이 문장은 다빈치가 무엇을 알고 있었는지 말

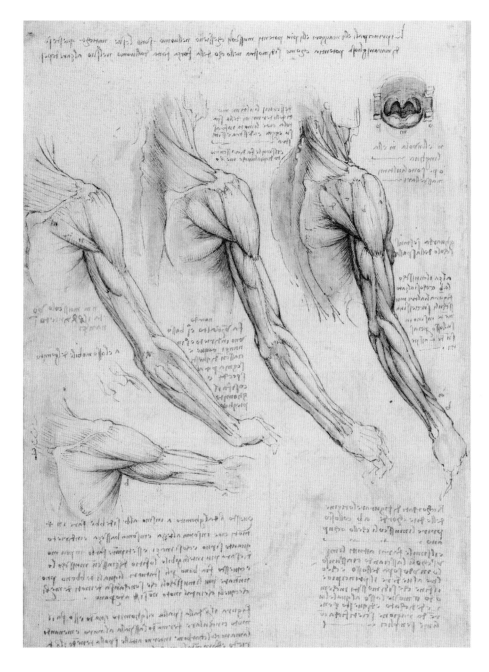

해 준다. 수천 년 동안 사람들이 믿어 왔던 것과 달리, 태양이 하루에 한 바퀴씩 지구 주위를 도는 것이 아니라 지구가 태양 주위를 돈다는 사실을 그는 알고 있었던 것이다. 아마 의도적으로 이 문장만 써 놓았을 것이다. 성경에는 그런 말이 나와 있지 않고 2000년이 지난 당시까지도 성경이 탄생한 시대에 유대인이 보던 방식대로 사물을 봐야 한다고 믿는 사람이 다수였기 때문이다.

그런데 이단자로 몰릴 수 있다는 두려움 때문에 다빈치가 자신의 모든 놀라운 발명들을 혼자 간직한 것은 아니었다. 그는 인간의 속성을 꿰뚫어 보았으며 인간들이 이 모든 발명을 서로 죽이는 데 사용하리라는 것도 잘 알고 있었다. 그의 기록 중에는 이런 구절이 있다. "나는 사람들이 식량을 공급받지 않고도 물속에서 오래 견딜 수 있는 방법을 알고 있다. 하지만 아무에게도 공표하지 않을 것이며 설명하지도 않을 것이다. 인간이란 사악하기에 이 기술을 물속에서 서로 죽이는 데 사용할 것이기 때문이다. 사람들은 배의 밑창에 구멍을 내어 배에 탄 사람을 모두 익사시키고 말 것이다." 유감스럽게도 훗날의 발명가들은 레오나르도 다빈치만큼 훌륭한 인물이 못 되었던 것 같다. 그가 숨기려 했던 방법은 이미 오래전에 사람들에게 알려지고 말았다.

레오나르도 다빈치가 살던 시대에 피렌체에는 부와 권력을 한 손에 쥔 가문이 있었다. 바로 양모 무역과 금융업을 주도하던 메디치 가문이었다. 일찍이 페리클레스가 아테네를 지배했던 것처럼 메디치 가문은 1400년에서 1500년 사이의 기간 동안 직간접적으로 피렌체의 역사를 주도해 나갔다. 특히 로렌초 데 메디치는 엄청난 재물을 바람직한 곳에 사용했기 때문에 훌륭한 사람으로 추앙받았다. 그는 예술가와 학자들을 육성하는 데 많은 노력을 기울였다. 그는 재능 있는 젊은이가 있다는 이야기를 들으면 당장 자신의 집으로 불러들여 교육을 받게 했다. 이 가문의 관습을 보면 당시 사람들이 어떤 사고방식을 가졌는지 짐작할 수 있다. 메디치 가문에서는 연장자나 신분 높은 사람이 상석에 앉아야 한다는 식사 예법이 없었다. 아무리 나이 어린

화가라도 먼저 오면 로렌초 데 메디치 옆에 앉았고 외교관이라도
늦게 오면 아래쪽에 앉을 수밖에 없었다.

현실 세계와 인간의 재능, 아름다운 사물에서 즐거움을 찾고 고
대의 유적과 문헌에 강한 애착을 갖는 것은 얼마 지나지 않아 거
의 모든 피렌체 사람들의 관심사가 되었다. 일단 어떤 것이 발
견되거나 발명되면 다른 사람들이 그것을 배우는 것은 순
식간이기 때문이다. 그새 다시 로마로 돌아온 교황 역시
교회나 성당을 새로운 양식으로 짓거나 그림과 조각으
로 장식하기 위해 위대한 예술가들을 궁전으로 불러들
였다. 특히 메디치 가문의 부유한 성직자들이 교황으
로 선출되고부터는 이탈리아 전역의 위대한 예술가들
이 로마로 몰려와 최고의 걸작들을 양산했다. 물론 사물

로렌초 데
메디치

을 바라보는 이 새로운 방식이 전통적인 종교적 경건함과 늘 조화를 이루는 것은 아
니었다. 그리고 당시의 교황은 크리스트교 성직자나 사제라기보다 이탈리아 지배를
꿈꾸는 사치스러운 영주였다. 교황은 수도인 로마로 경이로운 예술작품들을 끌어 모
으기 위해 엄청난 돈을 쏟아부었다.

이교적인 고대를 재생하겠다는 이념은 독일이나 프랑스의 도시에도 점차 확산되
었다. 이런 도시의 시민들도 서서히 새로운 사상과 형식에 몰두했고 새롭게 쓰인 라
틴어 서적들을 읽기 시작했다. 그리고 1453년 이후에는 책들을 훨씬 저렴한 가격으
로 쉽게 구할 수 있게 되었다. 어느 독일인의 위대한 발명 덕분이었다. 그 발명이란
인쇄술을 말하며, 이는 페니키아인의 알파벳 발명에 버금갈 만큼 위대한 것이었다.
나무판에 글자를 새기고 검은 먹을 칠한 다음 종이에 찍어 책을 내는 방법은 이미 오
래전 중국에서 고안되었으며 수십 년 전부터 유럽에도 알려져 있었다. 하지만 독일인

구텐베르크는 나무판에 글자를 새기는 대신 글자 하나하나를 나무토막으로 깎아 만드는 방법을 택했다. 나무토막들을 틀에 끼워 조이면 원하는 면을 몇 장이든 찍어 낼 수 있었다. 한 면이 충분히 인쇄되면 다른 글자가 새겨진 토막들을 틀에 끼워 다음 면을 인쇄했다. 그리스와 로마의 노예나 중세의 수도사들이 몇 년씩 걸려 베껴 썼던 것에 비하면 정말이지 간단하고 저렴한 방법이었다. 곧 독일과 이탈리아에는 인쇄소들이 우후죽순으로 생겨났으며, 이렇게 인쇄된 서적이나 성경, 여러 문서들이 도시는 물론 시골에도 널리 보급되었다.

15세기의
인쇄술

당시 세상을 한층 더 크게 변화시킨 발명품이 있었으니, 그것은 바로 화약이었다. 화약도 이미 오래전 중국인에 의해 발명된 것으로 알려져 있는데, 중국인은 폭죽이나 불꽃놀이에 이를 사용해 왔다. 화약은 1300년 이후 유럽에서 처음으로 성곽을 무너뜨리거나 사람을 살상하는 대포에 사용되었다. 얼마 후에는 병사들도 커다랗고 무거운 화승총을 들고 다녔다. 당시에는 활과 화살을 사용하는 것이 총을 쏘는 것보다 훨씬 빨랐다. 영국의 어느 훌륭한 궁수는 15분 동안 화살을 180개나 쏠 수 있었다 하는데, 화승총에 탄약을 장전하고 불을 댕기기까지 바로 그만큼의 시간이 걸렸다. 그렇지만 대포와 총은 이미 영국과 프랑스의 백 년 전쟁에서 조금씩 사용되었고 1400년 이후에는 점점 더 그 활용도가 커졌다.

그러나 기사들에게 총은 쓸모없는 물건이었다. 멀리서 어떤 사람의 몸에 총알을 날리는 것은 기사다운 태도가 아니었기 때문이다. 당신도 알다시피 기사들이란 서로를 향해 말을 달려 상대방을 안장에서 떨어뜨리는 데 익숙한 사람들이었다. 그런데 성안의 병사들이 쏘는 총알을 막기 위해 기사들은 점점 더 무겁고 두꺼운 갑옷을 입어야 했다. 기사들은 쇠사슬 갑옷만 입고 말에 올라타는 대신 온몸을 철갑으로 두르고 다녀야 했기에 제대로 몸을 움직일 수조차 없었다. 겉보기도 흉측했지만 덥고 불편하기로는 더할 나위가 없었다. 그래서 기사들은 아무리 용감해 봤자 그다지 두려움의 대상이 되지 못했다. 프랑스의 부르고뉴 공작인 샤를 공은 용맹함 때문에 '담대한 샤를'이란 별칭을 얻은 유명한 기사였다. 1476년 그는 갑옷을 두른 기사 부대를 이끌고 스위스를 정벌하러 나섰다. 하지만 굼뜨게 움직이는 이 철갑 기사들은 모르가르텐이란 도시 근처에서 스위스 자유농민들과 시민들의 기습을 받았다. 스위스인은 기사들을 말에서 떨어뜨려 몰살시켰으며 이들이 휴대하고 있던 값진 천막과 양탄자도 노획했다. 이 전리품은 오늘날까지도 스위스의 수도 베른에 전시되어 있다. 이렇게 해서 스위스는 자유 국가가 되었으며 기사 제도는 사양길로 접어들었다.

이러한 맥락에서 1500년경 독일을 포함한 신성 로마 제국을 다스렸던 막시밀리안 황제는 최후의 기사라 불린다. 그는 루돌프 폰 합스부르크 왕 이후로 권력과 부를

16세기의
대포

확장시켜 가던 합스부르크 가문 출신이었다. 1438년 이후로 이 권세 있는 가문의 영
향력은 영지인 오스트리아를 넘어섰으며, 그 결과 신성 로마 제국의 황제도 이 가문
에서만 선출되었다. 하지만 막시밀리안이 그랬듯 황제는 대부분 여전히 기사의 사고
방식을 가진 사람들이어서 독일 지역의 귀족이나 영주와의 알력 때문에 골머리를 앓
았다. 독일의 귀족과 영주들은 각자의 봉토에서 절대권을 휘둘렀고 황제의 종군 명
령을 따르지 않는 경우도 자주 있었기 때문이다.

　　돈과 도시와 화약이 생겨난 다음부터 전쟁 공로에 대한 대가로 봉토와 농노를 주는 관습은 기사 제도만큼 시대에 뒤떨어진 것이 되었다. 막시밀리안 황제는 이탈리아 지배권을 둘러싸고 프랑스와 전쟁이 일어났을 때 기사들을 동원하는 대신 돈을 받고 싸우는 병사들을 고용했다. 이처럼 돈을 받고 싸우는 군인을 '용병'이라 한다. 당시 용병은 희한하고 황당하기 그지없는 옷차림을 한 거칠고 사나운 무리로 약탈에만 혈안이 된 사람들이었다. 용병은 조국이 아니라 돈을 위해 싸웠기 때문에 돈만 많이 준다면 어느 편이 되든 상관하지 않았다. 때문에 황제에게는 많은 돈이 필요했다. 하지만 황제 자신은 돈이 없었기 때문에 도시의 부유한 상인들에게서 빌려 써야 했다. 이런 이유에서 막시밀리안은 시민들과 좋은 관계를 유지할 수밖에 없었고, 그렇지 않아도 소외감을 느끼고 있던 기사들은 이로 인해 더욱 분노를 느꼈다.

막시밀리안은 이 모든 복잡한 문제에 신경을 쓰고 싶지 않았다. 할 수만 있다면 옛 시대의 기사처럼 마상 무술 시합이나 벌이고 자신의 모험을 아름다운 시로 지어 흠모하는 여인에게 바치고만 싶었다. 막시밀리안은 옛것과 새것이 묘하게 뒤섞인 사람이었다. 그는 새로운 예술에 무척 호감을 가졌으며 이탈리아 화풍을 많이 연구한 독일의 대화가 알브레히트 뒤러에게 여러 작품을 맡겼다. 황제가 원한 것은 대개가 자신의 명성을 기리는 초상화류의 그림이나 동판화였다. 그래서 독일 최초의 근대적 화가가 그린 빼어난 그림들에서 우리는 이 최후의 기사가 실제로 어떻게 생겼는지 확인할 수 있다. 뒤러의 그림은 이탈리아 예술가들의 회화 작품이나 건축과 마찬가지로 새로운 시대가 도래했음을 알리는 나팔수였다. 이 작품들은 당대인들에게 이렇게 외쳤다. "여러분, 새로운 시대가 시작되었습니다!" 우리가 중세를 가리켜 별이 빛나는 밤이라 불렀다면 피렌체에서 시작된 이 새로운 시대는 청명한 아침에 비유될 수 있다.

27

새로운 세계

우리가 지금까지 세계사라고 부른 것은 사실 세계 전체의 역사라 보기 어렵다. 지금까지는 지중해 지역, 그러니까 이집트와 메소포타미아, 팔레스타인, 소아시아, 그리스, 이탈리아, 에스파냐 그리고 북아프리카 등을 포함하는 지역이 주요 무대였다. 그 밖의 지역이라야 독일이나 프랑스, 영국처럼 지중해에서 아주 가까운 곳이었다. 물론 가끔은 동방으로도 눈길을 돌려 만리장성에 둘러싸인 중국과 이슬람교도의 지배를 받던 시대의 인도에 관해서도 알아보았다. 하지만 유럽 대륙의 서편, 영국을 훨씬 넘어선 지역에 관해서는 관심을 두지 않았다. 사실 그 옛날에는 아무도 이 지역에 관심을 갖지 않았다. 언젠가 북방의 바이킹족 몇 명이 서쪽으로 항해하다 거친 땅을 발견하기는 했지만 약탈할 것이 없어 얼마 후 돌아왔다. 하지만 바이킹처럼 용감한 항해자가 그렇게 많았던 것은 아니다. 어느 누가 감히 영국과 프랑스, 에스파냐 서쪽에 있는 미지의 넓은 바다, 끝이 없을지도 모를 그 바다로 나가 볼 엄두를 냈겠는가?

과감한 시도는 새로운 발명품이 있고 나서야 가능해졌다. 이 발명품도 '당연히'(이쯤에서는 '당연히'란 말이 거의 당연한 듯하다.) 중국에서 유래한 것이었다. 그 발명품이란 언제나 북쪽을 가리키는 자석, 즉 나침반이었다. 이미 오래전부터 중국인들은 사막을 횡단할 때면 나침반을 사용했는데, 이 마법의 도구는 아랍인의 손을 거쳐 유럽인에게 전해졌다. 십자군 전쟁이 한창인 1200년경의 일이었다. 처음에는 나침반이 별로 사용되지 않았는데, 사람들이 이 도구에 겁을 먹었기 때문이다. 왠지 무섭게 느껴졌던 것이다. 하지만 사람들의 호기심이 서서히 두려움을 압도해 나갔다. 호기심만 커진 것이 아니었다. 바다 너머 먼 나라에는 신기한 보물이 가득할지 모르고 나침반을 사용하면 가져올 수 있을 것이란 생각도 하게 되었다. 그렇지만 서쪽 바다를 건너갈 엄두를 내는 사람은 아직 없었다. 바다는 너무 넓은 미지의 영역이었기 때문이다. 먼 바다로 나가면 어디에 다다를지 아무도 알 수 없었다.

당시 가난하지만 모험심이 강하고 야심도 큰 제노바 출신의 이탈리아인이 살았는데, 그의 이름은 콜럼버스였다.(이탈리아식으로는 크리스토포로 콜롬보라 부른다./ 옮긴이) 콜럼버스는 지구에 관한 옛날 서적들을 열심히 읽다가 어떤 착상을 하게 되었으며, 이 착상에서 좀체 벗어날 수가 없었다. 서쪽으로 계속 항해하면 어디에 다다르게 될까? 결국 동양에 닿게 될 것이다! 지구는 공처럼 둥글다고 하지 않던가! 고대로부터 전해 오는 적지 않은 문헌에 그렇게 나와 있다. 그러므로 서쪽으로 계속 항해해서 세상을 반 바퀴쯤 돌면 머나먼 동양에 다다르게 될 것이다. 풍요한 나라 중국이나 옛이야기 같은 인도에 닿게 되는 것이다. 그곳에 가면 황금과 상아 그리고 진귀한 향신료를 얼마든지 구할 수 있다. 그 옛날 알렉산드로스 대왕이나 중국과 유럽 사이에서 비단 무역을 했던 당대의 카라반처럼 뜨거운 사막과 험한 산악 지대를 통과하는 대신 나침반을 갖고 대양을 건널 수 있다면 얼마나 편하겠는가. 자신이 구상한 새로운 항로를 이용하면 종래의 길로는 몇 달이 걸리는 곳에 단 며칠 안에 도착할 수 있을 것이라고 콜럼버스는 생각했다. 그는 만나는 모든 사람에게 이 계획을 떠벌렸고, 그 이야기를 들은 모든 사람이 그를 비웃었다. 어리석다는 말을 수없이 들었지만 그는 자신의 계획을 포기하지 않았다. "단 한 척이라도 좋으니 내게 배를 주시오. 그러면 요술의 나라 인도에서 황금을 가져다주겠소.”

　콜럼버스는 에스파냐로 가서 기회를 엿보기로 했다. 그런데 에스파냐에서는 1479년에 크리스트교를 믿는 두 왕국이 결혼을 통해 통일을 이루었으며, 치열한 전쟁 끝에 (700년 이상 이베리아반도를 지배해 온) 아랍인들을 그들의 웅대한 수도 그라나다에

크리스토퍼
콜럼버스

서 쫓아내고 결국은 에스파냐에서 완전히 몰아냈다. 하지만 포르투갈 왕가와 에스파냐 왕가는 모두 콜럼버스의 계획에 별다른 흥미를 보이지 않았다. 어쨌거나 이 계획의 검증을 맡은 유명한 살라망카 대학은 실현 불가능한 발상이라는 판정을 내렸다. 콜럼버스는 7년을 더 버티면서 배를 달라고 호소했지만 아무 소용이 없었다. 결국 그는 에스파냐를 떠나 프랑스로 향했다. 프랑스로 가던 도중 콜럼버스는 우연히 어느 수도사를 만났는데, 그는 에스파냐 여왕 이사벨 1세의 고해 신부이기도 했다. 콜럼버스의 생각을 분명하게 이해한 신부는 이를 여왕에게 전했으며, 결국 여왕은 콜럼버스를 다시 불러들였다. 하지만 콜럼버스의 계획은 다시금 수포로 돌아갈 위기에 처했다. 여왕에게 내건 조건이 결코 사소하지 않았기 때문이다. 콜럼버스는 탐험에 성공할 경우 귀족 작위를 받는 것은 물론 새로 발견된 모든 지역에서 여왕의 대리인이자 총독으로 부임하고, 또 이 지역에서 거두는 조세의 1할을 갖겠다고 하는 등 무수한 조건을 내걸었다. 이 제안이 거부되자 콜럼버스는 다시 프랑스로 발길을 돌렸다. 만약 프랑스왕이 자신의 제안을 받아들인다면 탐험에서 발견하는 나라가 모두 프랑스왕에게 귀속될 수밖에 없는 상황을 만든 것이다. 이를 두려워한 에스파냐 사람들은 그를 다시 불러들이고 그의 제안을 수락했다. 그러고는 형편없는 배 두 척을 그에게 내주었다. 두 척 모두 침몰한다 해도 크게 손해 볼 일은 없다는 것이 에스파냐 사람들의 계산이었다. 콜럼버스는 배 한 척을 더 빌려 선단을 꾸렸다.

그리하여 콜럼버스는 인도에 도착할 계획을 품고 서쪽 바다로 향했다. 그가 에스파냐를 출발한 날은 1492년 8월 3일이었다. 도중에 배 한 척을 수리하기 위해 어느 섬에 장기간 머물렀던 때를 제외하면 서쪽으로의 항진을 중단하지 않았다. 그러나 인도는 나타나지 않았고, 선원들은 초조하다 못해 절망감에 사로잡혔다. 선원들은 배를 돌리기를 원했다. 하지만 콜럼버스는 고향에서 얼마나 떠나왔는지를 정확히 알려 주지 않고 선원들을 속였다. 마침내 1492년 10월 11일 밤 2시에 배 한 척에서 포를 쏘

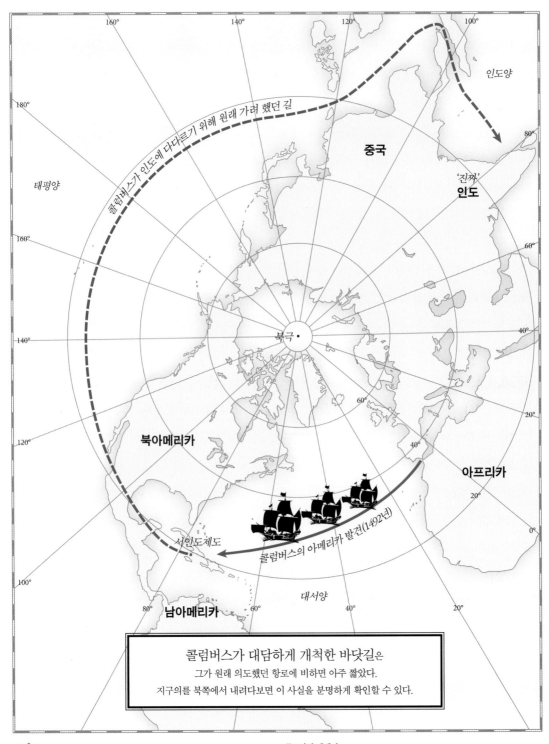

인도양

중국

'진짜'
인도

태평양

콜럼버스가 인도에 다다르기 위해 원래 가려 했던 길

북극·

북아메리카

아프리카

서인도제도

콜럼버스의 아메리카 발견(1492년)

남아메리카

대서양

콜럼버스가 대담하게 개척한 바닷길은
그가 원래 의도했던 항로에 비하면 아주 짧았다.
지구의를 북쪽에서 내려다보면 이 사실을 분명하게 확인할 수 있다.

곰브리치 세계사

았다. 육지가 보인다는 신호였다.

　콜럼버스는 행복과 긍지를 느꼈다. '드디어 인도에 도착했다! 저기 해변에 보이는 온순한 사람들이 바로 인도인, 그러니까 인디언들이로구나!' 오늘날 우리는 이것이 착각이었음을 알고 있다. 콜럼버스는 인도에 닿은 것이 아니라 아메리카 대륙 근처의 어느 섬에 도착한 것이었다. 오늘날에도 아메리카 원주민은 인디언(20세기까지 쓰였다./ 옮긴이)이라 불리고 콜럼버스가 상륙한 섬들은 그의 착각을 존중해서 서인도 제도라 불린다. 실제의 인도는 한없이 먼 곳에 있었다. 에스파냐에서 서인도 제도까지 보다 훨씬 더 먼 길을 가야 했으니 최소한 두 달은 더 항해해야 닿을 수 있는 곳이었다. 만약 그곳까지 가려 했다면 콜럼버스와 선원들은 끝내 성공하지 못하고 비참한 최후를 맞았을 것이다. 하지만 콜럼버스는 인도에 도착했다 믿었고 에스파냐왕의 이름으로 그곳을 점령했다. 더 많은 탐험 경험을 쌓은 훗날까지도 그는 자신이 발견한 곳이 인도라는 생각을 버리지 않았다. 설령 다른 얘기를 들었다 해도 한때 자신을 사로잡은 위대한 신념이 그릇된 것이었다는 점은 끝내 받아들일 수 없었을 것이다. 그리고 자신이 상상했던 것보다 지구가 훨씬 더 크고, 인도에 도달하려면 대서양과 인도양을 지나는 해로보다 육로가 훨씬 더 빠르다는 사실도 인정할 수 없었을 것이다. 그는 자기가 꿈꾸었던 나라 인도의 부왕이 되고 싶었다.

　이미 알 수도 있겠지만, 이 대담한 모험가 크리스토퍼 콜럼버스가 우연히 아메리카를 발견한 1492년은 근대의 시점으로 간주된다. 중세의 시점으로 간주되는 서기 476년에 비하면 아주 우연한 날짜이다. 그럴 것이 476년에는 실제로 서로마 제국이 몰락했고 로물루스 아우구스툴루스라는 묘한 이름을 가졌던 마지막 황제도 자리에서 물러났기 때문이다. 그러나 1492년의 이 항해는 낯선 땅에서 황금을 실어 오는 것보다 훨씬 더 큰 의미를 가진 사건이었다. 물론 당시에는 이 사실을 아는 사람이 없었고 콜럼버스 자신도 알지 못했다. 에스파냐로 돌아온 콜럼버스는 성대한 환영을 받았지만 모험을 계속하는 가운데 지나친 야심과 자만심, 탐욕, 현실감이 떨어지는 기질 등을 보였기에 점점 더 미움을 샀다. 결국 에스파냐왕은 서인도 제도의 부왕이자 제독인 콜럼버스를 체포하라고 명령했으며 쇠사슬에 묶어 본국으로 송환케 했다. 훗날 콜럼버스는 사면을 받아 명예와 재산을 되찾았지만 평생토록 이 쇠사슬을 간직했다. 자신이 받은 모욕을 끝내 잊을 수 없었고 잊고 싶지도 않았던 것이다.

콜럼버스와 선원들을 태운 최초의 에스파냐 선박들이 발견한 것은 온순하고 가난하며 소박한 원주민이 사는 섬뿐이었다. 그런데 에스파냐 모험가들이 원주민들에게서 알아내고 싶은 유일한 것은 원주민들이 코에 걸고 있는 황금 장신구를 어디서 얻었는가 하는 것이었다. 원주민은 서쪽을 가리켰다. 이제 에스파냐 사람들은 꿈에 그리던 곳에 정말로 도착했다고 믿었다. 그들이 찾으려 한 것은 바로 황금의 나라였기 때문이다. 황금의 나라에 관해 온갖 황당한 상상을 했고 지붕이 황금으로 덮인 도시들을 기대했다. 이 거칠고 난폭한 사내들은 에스파냐왕에게 바칠 땅을 찾고, 약탈로 한몫 잡을 요량으로 미지의 나라를 찾아온 것이었다. 현실감이 없는 이 모험가들은 점점 더 탐욕에 눈이 어두워졌으며 원주민에게 온갖 속임수와 계략을 쓰는 것은 물론 잔혹한 행위도 마다하지 않았다. 무자비한 도둑 떼에 지나지 않는 모험가들은 황금을 위해서라면 수단과 방법을 가리지 않았고 어떤 위험도 피하지 않았다. 이들은 이해할 수 없을 만큼 대담했고 이해할 수 없을 만큼 비인간적이었다. 가장 슬픈 것은 이들이 크리스트교도로 자처했을 뿐 아니라 이교도에 대한 모든 잔혹한 행위를 크리스트교를 위한 것이라 믿었다는 점이다.

정복자들 중 에르난 코르테스는 특히 말도 못할 만큼 야심이 큰 인물로 한때는 대학에서 공부도 한 사람이었다. 그는 대륙 깊숙이 들어가 전설의 보물을 약탈하겠다고 마음먹었다. 1519년 그는 에스파냐 병사 150명과 기병 13명, 대포 서너 문을 끌고서 해안에서 출발했다. 원주민들은 백인이나 백인이 타고 있는 말을 한 번도 본 적이 없었다. 이들은 대포의 위력에 엄청난 공포심을 느꼈다. 원주민들은 백인 침입자들이 신이 아니라면 적어도 강력한 마술사일 것이라 생각했다. 그럼에도 원주민들은 용감하게 저항했으며 낮에는 행군 대열을 습격하고 밤이면 야영지를 기습했다. 그러자 코르테스는 원주민 마을을 불사르고 수천 명을 죽이는 등 무서운 복수를 자행했다.

머지않아 먼 곳에 있는 강력한 왕이 사신을 보내왔고 황금과 알록달록한 깃털 등 화려한 선물도 전했다. 사신은 코르테스에게 돌아가 달라고 부탁했다. 하지만 선물은 코르테스의 호기심과 탐욕을 더욱 부채질할 뿐이었다. 코르테스는 온갖 난관을 겪으면서도 계속 전진했고 정복자들이 으레 그렇듯 많은 원주민

에르난
코르테스

들을 강제로 동원했다. 마침내 코르테스는 자신에게 사신과 선물을 보내왔던 강력한 왕의 제국으로 들어섰다. 왕의 이름은 몬테수마 2세였고, 그 나라는 지금의 멕시코에 있었던 아스테카 제국이며 수도는 테노치티틀란이었다. 몬테수마는 두 개의 호수 사이에 놓인 도시 입구에서 코르테스와 그의 부대를 정중히 기다리고 있었다. 기다란

제방을 지나 거대한 도시로 들어가는 동안 에스파냐 사람들은 그 화려함과 아름다움과 웅대함에 두 눈이 휘둥그레졌다. 도시의 규모는 유럽에서 가장 큰 도시들에 비길 정도였으며, 곧은 도로와 운하가 사방으로 뻗어 있고 곳곳에 다리가 세워져 있었다. 또한 수많은 광장과 넓은 시장에서는 날마다 수천 명이 오가면서 물건을 사고팔았다.

코르테스는 에스파냐왕에게 보낸 보고서에 이렇게 썼다. "여기서는 온갖 종류의 식료품이 거래되며, 금과 은, 아연, 황동, 동물 뼈, 조개, 가재 껍데기와 깃털 등으로 만든 장신구는 물론이거니와 다양한 크기의 석재와 석회, 벽돌 그리고 건축용 원목 등을 사고팝니다." 코르테스는 온갖 종류의 새와 동물을 파는 거리가 있는가 하면 갖가지 식물을 파는 거리도 있고 그 밖에 약국과 이발소, 술집이 있으며 진귀한 정원수와

몬테수마

과실, 그림용 안료, 식기와 빵을 파는 가게도 있다고 전했다. 그의 보고에 의하면, 장터에는 열 명의 판사가 상주하고 있어서 분쟁이 일어나는 즉시 판결을 내려 주었다. 다음으로 코르테스는 작은 도시만 한 규모의 웅대한 신전에는 높은 탑과 화려한 홀, 무서운 모습의 거대한 신상들이 있으며 이 신상 앞에 인간을 제물로 바친다고 보고했다. 또한 도시의 거대한 저택들에는 널찍한 방과 예쁜 정원, 수도 시설이 있으며 시내에서 파수꾼과 세관원들도 근무한다고 쓰고 있다.

몬테수마 2세의 궁전은 코르테스

에게 특히 강한 인상을 남겼다. 코르테스의 보고에 의하면, 에스파냐에는 그와 비교할 만한 것이 없었다. 기둥과 벽옥 판을 사용해 여러 층으로 쌓아 올린 왕궁은 아름답기 그지없는 정원 안에 우뚝 서 있었고 여기서는 아주 먼 곳까지 내다보였다. 궁전에는 널찍한 홀과 새들이 날아다니는 연못이 있었으며 온갖 종류의 동물을 우리에 가둬 키우는 거대한 동물원까지 있었다. 몬테수마 곁에는 늘 고위 관리들이 모여 있었는데 이들은 왕에게 최대의 경의를 표했다. 왕은 하루에 네 차례나 옷을 갈아입었으며 같은 옷을 두 번 입는 법이 없었다. 왕에게 다가갈 때는 고개를 숙여야 했으며, 왕이 가마를 타고 멕시코 거리를 지날 때면 백성들은 땅에 엎드려야 했고 왕의 얼굴을 봐서도 안 되었다.

이처럼 강력한 군주를 코르테스는 계략을 써서 포로로 잡았다. 몬테수마는 코르테스의 불경스러움과 무례함에 전신이 마비될 것만 같았다. 하지만 이 백인 침입자에게 맞설 엄두를 내지 못했다. 왜냐하면 아스테카 제국에는 오래된 전설이 있었는데, 그에 의하면 태양신의 아들인 하얀 신들이 언젠가 이 나라를 차지하려고 동쪽에서 온다 하였기 때문이다. 이곳 원주민들은 에스파냐 사람들이 바로 그 하얀 신들이라고 믿었다. 오히려 하얀 악마라 불릴 만한 사람들이었는데 말이다. 코르테스는 어느 신전 축제에 모인 아스테카 귀족들을 습격해 무방비 상태에 있던 이들을 모두 살해했다. 이 일로 원주민들이 들고 일어나자 코르테스는 몬테수마 2세를 궁전 지붕에 세워 놓고는 백성들을 진정시키라고 강요했다. 그러나 백성들은 더 이상 왕의 말에 따르지 않았다. 심지어 백성들 중 누군가 돌을 던졌고 몬테수마는 그 돌에 맞아 죽었다. 이후 끔찍한 학살극이 시작되었고 이 와중에 코르테스는 엄청난 대담성을 보여주었다. 적은 수의 에스파냐군이 병자와 부상자까지 이끌고 분노와 적개심으로 들끓는 도시에서 빠져나온 것은 기적에 가까운 일이었다. 코르테스는 당연히 새 병사들을 데리고 돌아왔으며 찬란한 도시를 파괴하고 불태워 버렸다. 에스파냐 사람들

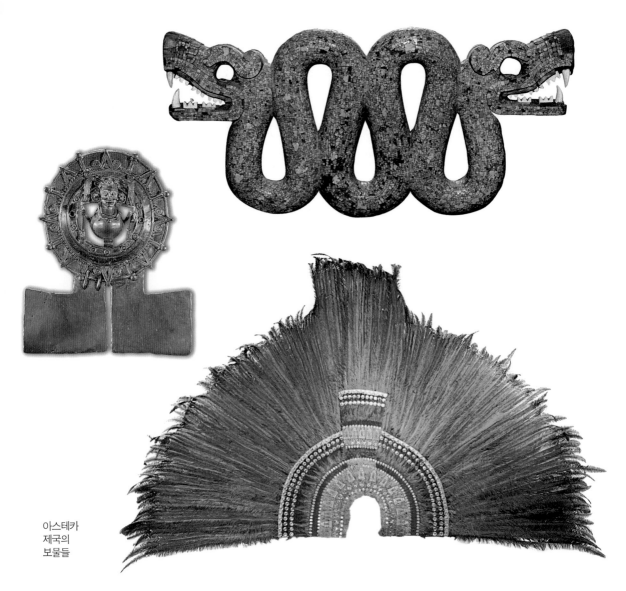

아스테카
제국의
보물들

은 오늘날의 멕시코뿐 아니라 아메리카의 다른 많은 지역에서도 오랜 역사를 지닌
문화 민족들을 끔찍한 방식으로 말살시켰다. 인류 역사의 이 처참한 장을 떠올릴 때
면 우리 유럽인들은 수치심을 느낄 수밖에 없으니 나 역시 이제 입을 다물고만 싶다.

그러는 동안 포르투갈 사람들이 인도로 가는 올바른 항로를 개척했다. 이들이 인도에서 부린 만행은 에스파냐 사람들이 원주민들에게 자행한 것에 결코 뒤지지 않았다. 포르투갈 사람들은 고대 인도인들의 지혜에는 아무 관심이 없었다. 이들이 원하는 것 역시 오직 황금뿐이었다. 인도와 아메리카에서 들여오는 황금 때문에 유럽에는 돈이 점점 쌓여 갔다. 이로 인해 시민들은 점점 부자가 됐으나 기사와 지주들은 오히려 점점 더 빈곤해졌다. 배들은 서쪽으로 드나들었기 때문에 특히 유럽 서부의 항구들이 중요해지고 그 세력도 커졌다. 에스파냐뿐 아니라 프랑스와 영국, 네덜란드의 항구 도시들이 여기에 속했다. 하지만 독일은 바다 너머에서 이루어지는 정복 활동에 끼지 못했다. 당시 국내 문제만으로도 버거운 상황에 있었기 때문이다.

28

새로운 신앙

당신도 기억하겠지만, 1500년 이후에는 교황이 로마에 머물렀으며 사제직보다 사치와 권력에 더 관심을 두었다. 교황들은 유명한 예술가들을 불러들여 웅대한 교회를 짓게 했다. 특히 피렌체의 예술과 호사스러운 생활에 길들여졌던 메디치 가문에서 두 명의 교황이 배출된 이후로는 로마에도 하늘을 찌를 듯한 화려한 건물들이 여러 채 생겨났다. 교황들은 콘스탄티누스 황제가 세웠다고 전해지며, 카롤루스 대제의 대관식도 열렸던 성 베드로 대성당이 만족스러울 만큼 화려하지 못하다고 생각했다. 그래서 규모에서나 아름다움에서 유례가 없을 만큼 빼어난 교회를 새로 짓고 싶어 했다. 그러기 위해서는 엄청난 액수의 돈이 필요했다. 어떻게 돈을 조달하느냐는 교황에게 그다지 중요하지 않았다. 돈은 무조건 조달되어야 하고 교회는 완성되어야 한다고 생각했을 뿐이다. 그러자 교황의 환심을 사려는 많은 사제와 수도사들이 교회의 가르침과 일치하지 않는 방법으로 모금을 시작했다. 신자들에게 죄에 대한 벌을 면해 줄 테니 돈을 내라고 요구한 것이다. 이를 면벌부라 불렀다. 교회는 회개하는 사람만이 죄를 용서받을 수 있다고 가르쳤지만 면벌부 장사꾼들은 이 가르침을 무시했다.

당시 독일의 비텐베르크에는 아우구스티누스 수도회에 속한 마르틴 루터라는 수

도사가 살았다. 1517년 면벌부 장사꾼들은 비텐베르크까지 찾아와서 새로운 성 베드로 대성당을 세울 자금을 모았다. 이 성당의 건립은 당대 가장 유명한 화가인 라파엘로의 감독 아래 마침 시작된 상태였다. 루터는 교회의 가르침에 어긋나는 직권을 남용하는 것에 주의를 환기시키고자 했다. 그래서 95개 조 반박문을 실은 벽보를 교회 정문에 붙여서 면벌부 매매를 공개적으로 비난했다. 신의 은총을 주선하는 대가로 돈을 요구한다는 것이 너무나 끔찍한 일로 여겨졌기 때문이다.

루터는 자신을 늘 죄인으로 느껴 왔으며 모든 죄인은 신의 노여움을 두려워해야 한다고 생각했다. 그리고 신의 징벌에서 우리를 구할 수 있는 유일한 것은 신의 무한한 은총이라고 믿어 왔다. 그의 생각에 의하면, 은총은 돈으로 살 수 있는 것이 아니었다. 만약 돈으로 살 수 있다면 그것은 더 이상 은총이 아닐 것이기 때문이다. 아무리 선한 인간일지라도 모든 것을 보고 모든 것을 알고 계시는 신 앞에서는 죄인일 뿐이며 결코 벌을 면할 수 없다. 따라서 신께서 내리시는 은총에 대한 믿음 외에는 인간을 구할 수 있는 것이 아무것도 없다.

면벌부 남발로 점화된 격렬한 논쟁에서 루터는 자신의 생각을 좀 더 분명하고 단호하게 밝혔다. 그는 이렇게 가르치고 썼다. "믿음 외에는 그 무엇도 필요하지 않다. 예배를 통해 신자들에게 신의 은총을 나눠 준다고 하는 사제나 교회도 마찬가지이다. 신의 은총은 중재될 수 있는 것이 아니기 때문이다. 오로지 신의 은총에 대한 신자 개인의 확신과 믿음만이 구원을 가져올 수 있다. 크리스트교 교리의 위대한 신비에 대한 믿음, 즉 성찬식에서 그리스도의 성체를 먹고 성배에 든 그의 피를 마신다고 하는 믿음만이 우리를 구제할 수 있다. 그 누구도 다른 사람이 신의 은총을 얻도록 도와줄 수는 없다. 달리 말해 모든 신자는 그 스스로가 사제이다. 교회의 사제란 교사나 원조자에 지나지 않는다. 따라서 사제 역시 결혼도 하면서 다른 모든 사람처럼 살 수 있다. 신자는 교회의 가르침을 무조건 받아들여서는 안 되며 각자 성경을 열심히 읽어 신의 생각을 알아내야 한다. 성경에 나와 있는 것만이 타당하다." 루터의 생각은 이런 것이었다.

이렇게 생각한 사람은 루터가 처음이 아니었다. 그보다 100여 년 전 프라하에 살았던 후스라는 이름의 사제도 비슷한 견해를 밝혔다. 그러자 황제는 해명의 기회를 주겠다며 후스를 콘스탄츠 공의회로 불렀다. 황제의 약속과 달리 교회 측은 후스를 이단자로 몰아 1415년 화형에 처했다. 후스의 많은 신봉자들은 피비린내 나는 참혹한 전쟁에서 말살되었으며 보헤미아 지방의 절반이 폐허로 변했다.

루터와 그의 신봉자들 역시 비슷한 운명을 겪을 뻔했지만 다행히 시대는 변해 있었다. 무엇보다 인쇄술의 발명이 큰 역할을 했다. 다소 거친 면도 있지만 힘차고 간명한 루터의 글은 인쇄되어 독일 전역으로 팔려 나가 널리 읽혔다. 많은 사람들이 루터의 견해에 동조했다. 이런 사정을 알게 된 교황은 루터를 파문하겠다고 위협했지만, 이미 많은 신봉자를 확보한 루터는 전혀 굴하지 않았다. 오히려 교황의 칙서를 공개적으로 불태워 파문을 재촉했다. 루터와 신봉자들은 교회와의 완전한 결별을 선언했다. 이제 독일 전역에서 소요가 일었으며 많은 사람들이 루터 편을 들었다. 사치를 좋아하는 부자 교황은 독일인들에게 호감을 주지 못했기 때문이다. 많은 독일 영주들역시 주교나 대주교의 권력이 줄고 교회 소유의 거대한 영지가 자신들의 몫이 된다는 데 불만이 있을 수 없었다. 그래서 초기 크리스트교의 경건함을 부흥시키자는 루터의 '종교 개혁'에는 영주들도 많이 동참했다.

그런데 이즈음, 좀 더 정확히는 1519년 유럽에서는 마지막 기사인 막시밀리안 황제가 죽고 그의 손자인 합스부르크가의 카를 5세가 신성 로마 제국의 황제가 되었다.

카를 5세는
루터에게 첫 번째
제국 의회에
출두하라는
명령을 내렸다.

곰브리치 세계사

카를 5세는 에스파냐 여왕 이사벨 1세의 손자이기도 했다. 당시 열아홉 살이던 카를 5세는 독일에는 단 한 번도 온 적이 없었고 언제나 벨기에나 네덜란드, 에스파냐 등의 세습 영지에만 머물렀다. 그는 에스파냐왕도 겸했기에 코르테스가 한창 정벌 중인 신대륙 아메리카의 지배자이기도 했다. 주변의 아첨꾼들은 이런 카를 5세에게 그의 제국은 해가 지지 않는다고 떠벌리곤 하였다. 사실 유럽이 밤이면 아메리카는 낮이었으니 틀린 말도 아니었다. 카를 5세의 거대한 제국은 합스부르크 왕가의 오랜 영지인 오스트리아와 부르고뉴의 샤를 대공이 물려준 네덜란드 지역, 게다가 에스파냐와 독일 지역까지 포괄하고 있었으니 유럽에서 이에 필적할 만한 나라는 프랑스밖에 없었다.

프랑스는 카를 5세의 제국만큼 광대하지는 않았지만 뛰어난 왕 프랑수아 1세의 영도 아래서 단합을 이루며 부강해지고 있었다. 이제 두 나라의 왕은 유럽에서 가장 풍요로운 땅인 이탈리아의 지배권을 두고서 끔찍이도 길고 혼란스러운 전쟁을 벌였다. 교황들은 그때그때 상황에 따라 지지하는 편을 바꾸었다. 1527년 마침내 로마는 카를 황제의 용병들에게 점령되어 약탈당했고 이탈리아의 풍요로움도 파괴되었다.

카를 5세는 1519년 황제로 즉위했을 때만 해도 경건한 젊은이로서 교황과 사이가 좋았다. 그래서 아헨에서 대관식을 거행하고 나자 이단자 루터의 문제를 신속히 처리하고자 했다. 마음 같아서는 당장이라도 루터를 구속하고 싶었지만, 루터가 사는 도시의 지배자인 작센 공이 이를 허락하지 않았다. 현자 프리드리히라 불린 작센 공은 그 후로도 루터의 보호자가 되어 그를 지켜 주었다.

그러자 카를 5세는 이 반항적인 수도사에게 신성 로마 제국에서 처음으로 열리는 제국 의회에 출두하라는 명령을 내렸다. 제국 의회는 1521년 보름스에서 열렸다. 엄숙하고 화려한 분위기의 의회에는 신성 로마 제국의 모든 영주와 귀족들이 모였고, 루터는 수도사 복장으로 이들 앞에 섰다. 그에 앞서 루터는 자신의 교설이 성경에 위배된다는 사실이 증명된다면 곧바로 철회할 수 있다는 입장을 밝혔다. 당신도 이미 알고 있듯, 루터는 성경만을 신의 말씀으로 인정했다. 하지만 제국 의회에 모인 영주와 귀족들은 박식하고 열정적인 루터와 논쟁을 벌일 생각이 없었다. 황제는 루터에게 다짜고짜 교설을 철회하라고 요구했다. 그러자 루터는 생각할 시간을 하루만 달라고 요청했다. 그는 자신의 신념을 고수할 결심을 굳혔기에 한 친구에게 이런 편지를 썼다. "나는 방점 하나도 철회할 생각이 없으며 오직 그리스도만을 신뢰할 걸세."

다음 날 루터는 의회로 나가 라틴어와 독일어로 긴 연설을 했다. 이때 루터는 자신의 믿음을 설명했고 자신이 열렬하게 투쟁하는 과정에서 누군가에게 모욕을 주었다면 유감이라 생각한다고 말했다. 그러나 자신의 교리를 철회할 생각은 추호도 없다는 점 역시 분명히 했다. 필경 한마디도 알아듣지 못했을 젊은 황제는 루터에게 요점만 말하라고 요구했다. 그러자 루터는 성경에서 적절한 근거를 제시할 경우에만 철회할 수 있다는 입장을 단호히 반복해 설명했다. "내 양심은 하느님의 말씀 안에 사로잡혀 있습니다. 나는 아무것도 철회할 수 없으며 철회하지 않을 것입니다. 양심에 반해 행동하는 것은 위험하기 때문입니다. 신의 가호가 있기를. 아멘."

제국 의회는 루터를 이단자로 규정하고 파문한다는 법령을 공표했다. 이에 따르면, 그 누구도 루터를 도와주어서는 안 되며 음식과 숙소를 제공해서도 안 되었다. 이를 어기는 사람도 파문을 면치 못했으며 루터의 책을 사거나 소유한 사람도 마찬가지였다. 그리고 설령 누군가 루터를 살해한다 해도 처벌은 전혀 따르지 않았다. 한마디로 루터는 법률의 보호 바깥에 놓인 것이다.

그러자 작센의 프리드리히 공은 루터의 보호자로서 아무도 모르게 그를 붙잡아 바르트부르크성으로 데려오게 했다. 이곳에서 루터는 변장을 한 채 가명으로 살았다. 이렇게 자발적인 구금 생활을 하는 동안 루터는 성경을 독일어로 번역했다. 라틴어를 모르는 사람도 성경을 읽고서 생각할 수 있게 하려는 의도였다. 결코 쉬운 작업이 아니었다. 루터는 모든 독일인이 성경을 읽기를 원했지만 당시에는 표준 독일어

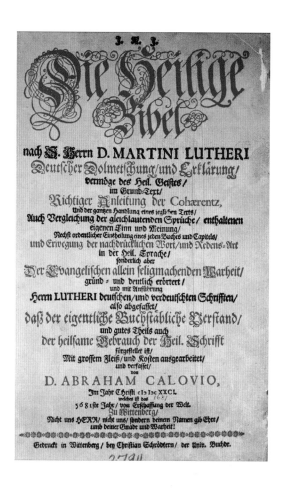

가 없었다. 바이에른에서는 바이에른 방언으로 말했고, 작센에서는 작센 방언을 사용했다. 그래서 루터는 모든 사람이 똑같이 이해할 수 있는 독일어를 창안했다. 그가 성경 번역 과정에서 만든 이 독일어는 400여 년이 지난 오늘날까지도 별다른 변화를 겪지 않고 표준어로 사용된다.

루터는 오랜 시간 바르트부르크에 머무는 동안 자신의 연설과 글이 사람들에게 뜻하지 않은 영향을 주고 있음을 깨달았다. 루터의 추종자들은 루터 자신보다 더 과격한 루터주의자가 되어 있었다. 이들은 교회에 걸린 그림들을 떼어 냈고 아이들에게 세례를 주는 것도 부당하다고 가르쳤다. 세례를 받고 안 받고는 모든 사람이 자유롭게 결정할 수 있는 문제라는 것이었다. 그래서 이들은 우상 파괴자나 재세례파라고 불렸다. 특히 농부들은 루터의 교리에서 깊은 감명을 받았고 나름대로 교리를 이해했다. 루터의 교리에 따르면, 인간은 오직 양심에만 따르면 되고 다른 누구에게도 복종할 필요가 없었다. 각자 자유로운 개체로서 철저히 자주적으로 신의 은총을 얻기 위해 노력해야 했다. 인간은 누구나 자유롭고 아무에게도 종속되지 않는다는 이

우상 파괴자들

교리는 농노들로 하여금 자신들도 철저히 자유로울 수 있다는 생각을 갖게 했다. 그

래서 농노들은 저마다 도리깨나 낫을 들고 일어나 지주들을 살해하거나 수도원과 도성으로 쳐들어갔다. 얼마 전까지 교회를 상대로 싸웠던 루터는 이제 설교와 연설을 통해 우상 파괴자와 재세례파, 농부들을 공격하라고 역설했다. 농민 반란군을 진압하고 처벌하는 것도 도왔다. '프로테스탄트'라 불리던 루터의 추종자들 사이의 불화는 단합된 가톨릭교회에 엄청난 이득이 되었다.

당시에 이런 생각을 설파했던 사람은 루터 혼자만이 아니었다. 취리히에서는 츠빙글리라는 교구 신부가 비슷한 길을 갔고, 제네바에서는 칼뱅이라는 학자가 교회의 틀에서 벗어났다. 이들의 교리는 서로 상당히 유사했지만, 각 교리의 추종자들은 서로 화합하지 못했다.

그런데 당시 교황권에 중대한 손실을 미친 또 다른 사건이 일어났다. 이 사건의 장본인은 당시 영국을 통치하던 헨리 8세였다. 그는 카를 5세의 숙모뻘 되는 여자와 결혼했지만 아내를 좋아하지 않았으며 왕비의 시녀인 앤 불린과 재혼하고 싶어 했다. 하지만 최고 사제인 교황은 이를 허용할 수 없었다. 그러자 헨리 8세는 1533년 영국을 로마 교회와 분리시키고 독자적인 교회를 설립하여 결혼 무효 판결을 얻어 냈다. 루터의 추종자들은 계속해서 영국왕의 박해를 받았지만 어쨌든 영국은 로마 교회와 영원히 분리된 것이었다. 헨리 8세는 얼마 되지 않아 앤 불린에게도 싫증을 느끼고 그녀를 참수시켜 버렸다. 그로부터 열하루가 지난 뒤 헨리 8세는 다시 재혼했지만, 새 부인은 왕이 죽일 수 있기도 전에 먼저 세상을 떠났다. 왕은 네 번째 부인과도 이혼했으며 다섯 번째 부인은 또다시 참수를 했다. 여섯 번째 부인만이 헨리 8세보다 오래 살아남았다.

한편, 카를 5세는 늘 혼란이 끊이지 않고 신앙의 이름으로 격렬한 싸움만 되풀이되는 자신의 거대한 제국에서 아무런 즐거움도 찾을 수 없었다. 그는 루터의 신봉자인 독일 영주들과 전쟁을 했는가 하면 교황과도 알력을 빚었고 프랑스나 영국의

헨리 8세

왕과도 싸웠으며 오스만 제국의 튀르크족과도 전쟁을 치렀다. 튀르크족은 동쪽에서 쳐들어와 이미 1453년에 동로마 제국의 수도인 콘스탄티노플을 점령했다. 그 후 튀르크족은 헝가리를 폐허로 만들었으며 1529년에는 빈 근처까지 밀고 들어왔다. 하지만 빈을 함락시키는 데는 성공하지 못했다.

결국 카를 황제는 해가 지지 않는다는 자신의 제국에 염증을 느꼈다. 그는 동생인 페르디난트에게 신성 로마 제국의 황제 자리를 물려주었고 아들 펠리페에게는 에스파냐와 네덜란드를 내주었다. 카를 자신은 1557년 늙고 병든 몸으로 에스파냐의 산 헤로니모 데 유스테 수도원으로 들어갔다. 그곳에서 시계를 수리하고 시간을 맞추는 일에 전념했다고 한다. 모든 시계가 동시에 같은 시각을 가리키게 하고 싶었으나 성공하지 못하자 그는 이런 말을 했다고 한다. "시계 몇 개도 시간을 일치시키지 못하면서 제국의 모든 백성을 통솔하려 했으니 내 얼마나 주제넘었던가." 그는 삶에 환멸을 느끼면서 외롭게 죽어 갔다. 한때 그의 것이던 제국의 시계들은 점점 더 제멋대로 돌아가기 시작했다.

29

교회 사이의 투쟁

신성 로마 제국의 황제 카를 5세와 프랑스왕 프랑수아 1세 사이에 일어난 전쟁에서 에스파냐의 한 젊은 귀족이 중상을 입었다. 그의 이름은 이그나티우스 데 로욜라였다. 몇 년간의 고통스러운 병상 생활 동안 로욜라는 젊은 귀족으로서 지금까지 살아온 삶을 반추했으며 성경과 성자들의 이야기를 열심히 읽었다. 그러고는 자신의 삶을 변화시키겠다는 생각을 했다. 물론 투사로 살고 싶다는 생각만큼은 예전과 다름없었다. 하지만 이제는 가톨릭교회를 지키는 투사, 루터와 츠빙글리, 칼뱅, 헨리 8세 등에 의해 중대한 위기에 처한 교회를 위한 투사가 되고 싶었다.

마침내 건강을 회복한 로욜라는 루터파와 가톨릭교회 사이의 싸움이 벌어지는 전쟁터로 곧장 나서지 않았다. 대신 그는 대학에 입학했으며 앞으로의 싸움을 대비하겠다는 각오로 열심히 배우고 생각을 넓혔다. 남을 지배하려는 자는 스스로를 지배할 줄 알아야 한다는 점을 그는 분명히 깨달았다. 그래서 각고의 노력을 기울여 자신의 주인이 되는 법을 배웠다. 부처의 경우와 비슷했지만 목적만큼은 달랐다. 로욜라 역시 내면의 모든 욕심을 제거하려 했다. 하지만 현세의 고뇌에서 벗어나기 위해서가 아니라 교회나 교회의 목표 외에는 그 어떤 의지나 목적에도 따르지 않기 위해서였

다. 수 년간의 훈련 끝에 어떤 특정한 생각은 금하고 또 어떤 특정한 것은 언제라도 눈앞에 있듯 생생하게 상상할 수 있는 경지에 이르렀다. 이제 새로운 일을 시작할 수 있는 준비 단계를 마친 것이다. 그는 친구들한테도 같은 것을 요구했다. 모두들 자신의 생각을 제어할 수 있는 단계에 이르자 로욜라와 친구들은 '예수의 군대'라 불리는 수도회를 창설했다. 바로 '예수회'가 설립된 것이다.

훈련이 잘된 이 소규모의 정예 부대는 교황에게 자신들을 교회의 투사로 받아들여 달라고 제의했으며 교황은 1540년 이들의 제의를 수락했다. 이제 이들의 싸움이 시작되었다. 예수회는 실제의 군대 못지않게 신중하고 강력한 집단이었다. 이들은 루터의 비판을 야기한 교회의 폐단을 제거하는 일부터 착수했다. 1545년부터 1563년까지 티롤 남부에서 열린 트리엔트 공의회에서는 교회의 권력과 권위를 높이

이그나티우스 데 로욜라

는 많은 개정안과 개선책이 채택되었다. 그에 의하면, 사제는 사치스러운 영주로 머물러선 안 되고 사제 본연의 임무에 충실해야 했다. 또한 교회는 빈민을 배려해야 하며 무엇보다 사람들을 교화하는 데 힘써야 했다. 이러한 교화 활동에는 예수회가 가장 적격이었다. 이들은 학식이 풍부하고 절도가 있으며 교회의 충직한 일꾼이었기 때문이다. 예수회는 교화 활동을 통해 사람들에게 자신들의 이념을 알릴 수 있었다. 그리고 이들은 대학에서도 활동했기 때문에 귀족들에게도 영향을 미칠 수 있었다. 교사와 설교사가 되어 먼 이국땅에서만 영향력을 전개한 것이 아니었다. 이들은 현명하

고 시야가 넓으며 인간의 정신세계에 관해 잘 아는 사람들이었기 때문에 왕궁의 고해 신부로도 자주 활동했고 권력자들이 결정을 내릴 때마다 커다란 영향력을 행사했다.

가톨릭교회에서 이탈하는 대신 교회 자체를 혁신하는 길을 통해 초기 크리스트 교도의 경건함을 회복시키고, 그리하여 종교 개혁에 효과적으로 맞서려 한 이런 노력을 '반종교 개혁'이라 부른다. 종교 전쟁이 벌어지던 시기의 사람들은 모두 진지하고 엄격했다. 이그나티우스 데 로욜라만이 예외적 인물이 아니었던 것이다. 르네상스의 피렌체인들처럼 화려하고 활동적인 사람들을 높이 평가하던 시대는 지나갔다. 사람을 평가할 때는 얼마나 신앙심이 깊으며 교회에 봉사할 자세가 되어 있는가 하는 것이 다시금 중요한 기준이 되었다. 귀족들도 더 이상 화려하고 풍성한 옷을 입지 않았다. 거의 모두가 하얀 레이스 깃이 달린 검은 정장을 단정히 차려입었으며 그

성 바르톨로메오
축일 밤의 학살

모습은 마치 수도사 같았다. 뾰족한 턱수염을 기른 얼굴 표정은 엄숙하다 못해 침울할 정도였다. 귀족들은 누구나 칼을 차고 다녔으며 누구라도 자신을 모욕한 자에게는 결투를 청했다.

침착하고 절도 있게 행동하며 예의를 깍듯이 지킨 이 사람들은 거의 모두가 끈질긴 투사였으며 믿음에 관한 한 타협을 몰랐다. 당시 프로테스탄트(종교 개혁의 결과로 가톨릭교회에서 떨어져 나온 분파를 통틀어 이르는 말/ 옮긴이)와 가톨릭 영주 사이의 싸움은 독일에서만 일어난 것이 아니었다. 가장 혹독한 싸움이 벌어진 곳은 프랑스로, 여기서는 프로테스탄트를 위그노라 불렀다. 1572년 프랑스 왕태후는 위그노파 귀족들을 왕궁의 결혼식에 초대해서는 성 바르톨로메오 축일 밤에 모두 살해했다. 당시의 싸움은 이처럼 가혹하고 잔인했다.

모든 가톨릭 영주 중에서 가장 진지하고 엄격하며 가차 없던 인물은 에스파냐의 왕 펠리페 2세였다. 카를 5세의 아들이었던 그의 왕궁에서는 매사가 엄숙하고 형식적인 규정에 묶여 있었다. 왕 앞에서 무릎을 꿇어야 하는 사람은 누구이고 모자도 벗을 필요가 없는 사람은 누구인지, 또 연회석에서는 어떤 순서로 식사를 해야 하고 귀족들이 예배를 드리러 갈 때는 어떤 순서로 줄을 서야 하는지 등이 엄격히 정해져 있었던 것이다.

펠리페왕은 비범할 만큼 부지런한 군주로 모든 국사를 손수 처리하고 편지 한 장도 직접 썼다. 그는 아침 일찍부터 저녁 늦게까지 고문관들과 함께 일했는데, 그런 고문관 중에는 성직자들도 많았다. 그의 삶에서 가장 중요한 일은 모든 종류의 그릇된 신앙과 싸우는 것이었다. 에스파냐 국내에서만 수천 명의 사람들이 이단자로 몰려 화형을 당했는데, 여기에는 프로테스탄트만이 아니라 유대인도 포함되었고 아랍인이 에스파냐를 지배하던 시절부터 살아온 이슬람교도도 예외가 아니었다. 펠리페왕은 예전의 신성 로마 제국 황제들처럼 자신을 교회의 수호자이자 투사라고 생각했다. 왕은 콘스탄티노플을 정복한 후로 점점 더 막강한 해상 국가로 부상하던 튀르크족을 이탈리아 함대와 함께 공격했다. 오스만 제국 함대는 1571년 레판토 근처에서 완전히 괴멸되었고, 그 결과 오스만 제국은 두 번 다시 바다로 진출하지 못했다.

그러나 프로테스탄트와의 싸움은 그만큼 순조롭지 못했다. 물론 펠리페왕은 에스파냐 본토의 프로테스탄트를 완전히 말살시킬 수 있었다. 하지만 당시 에스파냐 영토에 속한 네덜란드(오늘날의 벨기에와 네덜란드를 아우르던 나라), 특히 북부의 부유한 도시에는 프로테스탄트 시민들이 많이 살았다. 펠리페왕은 개종을 강요했지만 이들은 결코 받아들이지 않았다. 그러자 펠리페왕은 에스파냐 귀족 한 사람을 전권 대사로 파견했다. 이 귀족은 펠리페왕보다 더 열렬하고 진지하며 음산할 뿐더러 엄하고 혹독한 사람이었다. 알바 공이라 불렸으며 창백하고 표정 없는 얼굴에 뾰족한 수염을 기르고 몸도 비쩍 마른 사람으로 펠리페왕이 좋아할 만한 전형적인 투사였다. 알바 공은 네덜란드 시민과 귀족들을 냉혹하게 처형했다. 그러자 더 이상 참을 수 없던 네덜란드 사람들이 들고 일어나면서 무시무시한 전쟁이 시작되었다. 이 전쟁은 1579년 네덜란드의 프로테스탄트 도시들이 에스파냐 군대를 몰아내고 에스파냐에서 독립하는 것으로 끝을 맺었다. 독립적이고 진취적이며 자유롭고 부유한 이 상업 도시의 시민들은 이제 바다 너머의 인도와 아메리카에서 운을 시험해 보기 시작했다.

하지만 이것이 펠리페왕이 당한 최악의 참패는 아니었다. 또 다른 실패는 한층 더 참담했다. 당시 영국(잉글랜드/ 편집자)의 지배자는 여인이었는데, 여러 차례 결혼한 것으로 유명한 헨리 8세의 딸 엘리자베스였다. 엘리자베스 여왕은 열렬한 프로테스탄트로 아주 영리하고 의지가 강하며 목표 의식도 뚜렷하지만 냉혹한 면도 있고 허영심도 강한 사람이었다. 그녀에게 가장 중요한 문제는 가톨릭교도의 공세에서 영국을 지키는 일이었다. 그래서 나라 안의 가톨릭 신자들에게 사정없이 박해를 가했다. 또 가톨릭 신자이자 스코틀랜드 여왕이던 아름답고 우아한 메리 스튜어트가 잉글랜드의 왕권도 주장하자 그녀를 붙잡아 처형시켜 버렸다. 더 나아가 엘리자베스 여왕은 펠리페왕과 싸우던 네덜란드의 프로테스탄트 시민들도 도왔다. 엘리자베스 여왕이 보여 준 적대적 태도에 분노한 펠리페왕은 가톨릭 교권을 지키기 위해 영국을 정벌해서 없애 버리기로 결심했다.

펠리페왕은 엄청난 돈을 들여서 막강한 함대를 정비했다. 범선이 130척이고 대포는 2000문, 병사는 2만 명이 넘는 대함대였다. 그냥 읽고 넘어가지 말고 130척의 함선이 바다에 떠 있는 모습을 상상해 보라. 정말로 엄청난 규모의 함대였다. 1588년 이 함대가 무장한 병사와 온갖 무기, 여섯 달치의 군량을 싣고 에스파냐를 출발했을 때만 해도 조그만 섬나라 영국이 이 함대를 막아 낸다는 것은 거의 불가능한 일로 여겨졌다.

그러나 이 전쟁은 예전의 페르시아 전쟁과 다르지 않았다. 많은 것을 적재한 거대한 군함은 전투에서 기동성이 떨어졌다. 영국인의 전술로 이 군함들은 전투를 시작조차 하지 못했다. 영국군은 작고 빠른 배를 타고 함대에 다가와서는 포를 쏘고 얼른 달아났던 것이다. 그다음에는 빈 배에 불을 붙여 에스파냐 함대로 띄워 보냈다. 그러자 바다에 밀집해 있는 거대한 함선들 사이에서 일대 혼란이 일어났다. 결국 에스파냐 함대는 영국 근처의 낯선 바다에서 방향을 잃고 뿔뿔이 흩어졌으며 무수한 함선이 거친 풍랑을 만나 침몰했다. 에스파냐로 돌아온 함선은 절반에도 채 못 미쳤으며 개중 영국 땅 가까이로 접근해 본 배는 단 한 척도 없었다. 펠리페왕은 매우 실망했지만 이를 내색하지는 않았다. 그는 함대 사령관의 노고를 치하하고는 이렇게만 말했다. "경을 보낸 것은 영국인들을 무찌르라는 뜻이었지 풍랑과 싸우라는 뜻은 아니었소."

영국인은 에스파냐 함선을 영해에서만 쫓아낸 것이 아니었다. 아메리카와 인도의 해안 지역에서도 영국인들은 에스파냐 상선을 공격했다. 머지않아 영국인과 네덜란드인은 인도와 아메리카의 부유한 항구에서 에스파냐 사람들을 완전히 몰아내 버렸다. 영국인과 네덜란드인들은 에스파냐 식민지의 북부 지역인 북아메리카에 무역소를 설치하기 시작했다. 옛날 페니키아인들처럼 말이다. 그리고 종교 전쟁에서 박해받거나 추방된 많은 영국인이 자유로운 삶을 찾아 이곳으로 이주했다.

인도 항구와 이주지의 실질적 지배자는 영국과 네덜란드 정부가 아니었다. 이곳의 실질적 지배자는 영국과 네덜란드의 상인으로, 이들은 서로 협력해서 무역업을 하고 인도의 보물을 유럽으로 보냈다. '무역 상사'라 불린 이들 상인 집단은 불친절하거나 싼값에 물건을 넘기지 않는 인도인들이 있으면 고용한 용병을 시켜서 '응징'했다. 에스파냐 사람들이 아메리카 인디언에게 자행한 것과 크게 다를 것 없는 만행을 저지른 것이다. 영국과 네덜란드 상인들은 인도의 해안 지역도 쉽게 정복할 수 있었는데, 이는 인도 영주들이 서로 불화를 일삼았기 때문이다. 머지않아 북아메리카와 인도에서는 프랑스 북서쪽에 놓인 작은 섬나라의 언어, 즉 영어를 사용하게 되었다. 새로운 세계 제국이 탄생한 것이었다. 로마 제국 시대에 라틴어가 세계 공용어로 사용되었다면 이제는 영어가 그러한 언어로 자리 잡았다.

30

참혹한 시대

가톨릭과 프로테스탄트의 싸움에 관해 한참은 더 이야기할 수 있다. 하지만 그 이야기는 이 정도에서 그치기로 하자. 당시는 정말이지 참혹한 시절이었다. 상황은 날이 갈수록 혼란스러워져서 사람들은 대체 무엇을 위해 무엇과 싸우는지도 판단하기 어려운 지경이 되었다. 합스부르크가의 신성 로마 제국 황제들은 프라하와 빈에 번갈아 머물면서 통치했지만 당시 실권이 미치는 곳은 오스트리아와 헝가리 일부에 지나지 않았다. 황제들은 신앙심이 두터운 사람들이었기 때문에 제국 내에서 가톨릭교회의 지배력이 회복될 수 있기를 원했다. 처음에는 프로테스탄트의 예배 활동을 막지 않았지만, 얼마 후 보헤미아에서 싸움이 일어났다.

1618년 불만을 품은 프로테스탄트들이 세 명의 황제 대표단을 프라하성의 창문 밖으로 내던지는 사건이 일어났다. 다행히 대표단은 거름 구덩이에 빠졌고 개중 둘은 크게 다치지도 않았다. 하지만 이 일은 그 후 30년간이나 지속된 끔찍한 삼십 년 전쟁의 발단이 되었다. 전쟁이 30년간 지속된다는 게 과연 어떤 것일까? 창문 사건이 일어났을 때 열 살이었던 사람이 마침내 평화가 찾아왔을 때는 마흔 살이 되어 있는 것이다. 물론 죽지 않고 살아남았을 경우에 말이다! 당시의 싸움은 전쟁이라기보다 각지에서

몰려든 사나운 용병들이 벌이는 끔찍한 학살에 가까웠다. 용병은 급여가 형편없었기 때문에 강도질과 약탈을 일삼았다. 흉포하고 잔혹하기 그지없는 온갖 무리가 노획물에 혈안이 되어 군대로 몰려든 것이었다. 신앙이라는 명분은 이미 사라졌다. 프로테스탄트가 가톨릭 군대에 들어갔고 가톨릭교도가 프로테스탄트 군대에서 싸웠다. 용병은 대적하는 나라의 백성뿐 아니라 명목상 같은 편인 나라의 백성에게도 끔찍한 존재였다. 용병은 막사를 칠 때마다 주변 농부들에게서 먹을 것과 마실 것을 조달했다. 농부들이 순순히 말을 듣지 않으면 폭력을 동원했고 살인도 마다하지 않았다. 현란하고

프라하에서 벌어진
황제 대표단
축출 사건

참혹한 시대

기괴한 옷차림에 커다란 깃털 모자를 쓴 용병들은 허리에는 칼을 차고 손에는 총을 든 채 말을 타고 온 지역을 누비면서 방화와 살인, 노략질을 일삼았다. 무고한 사람들을 기분 내키는 대로 마구 괴롭히는 이들을 제지할 수 있는 것은 당시 아무것도 없었다. 용병은 그저 마음에 드는 사령관의 명령만 맹목적으로 따랐다.

황제군의 발렌슈타인은 인기 있는 사령관 중의 하나였다. 가난한 시골 귀족 출신인 그는 의지력과 지략에서 따라갈 자가 없는 인물이었다. 발렌슈타인은 군대를 이끌고 독일 북부로 진군해서 그곳의 프로테스탄트 도시들을 정벌했다. 그의 전술과 노련함 덕분에 황제와 가톨릭교회의 승리는 이미 굳어진 것만 같았다. 그때 또 다른 나라, 즉 스웨덴이 전쟁에 새로 개입했는데, 그 막강한 지배자는 독실한 프로테스탄트인 구스타브 아돌프 왕이었다. 그는 프로테스탄트의 신앙을 지키고 스웨덴의 영도 아래 광대한 프로테스탄트 제국을 건설하려는 포부를 품었다. 실제로 스웨덴은 북부 독일을 재탈환했으며 오스트리아를 향해서 진군했다. 하지만 1632년에 구스타브 아돌프 왕이 전사하고 말았다. 이 끔찍한 전쟁이 일어난 지 14년 되는 해였다. 그래도 일부 스웨덴군은 빈 바로 앞까지 진군해 와서 무시무시한 약탈 행위를 벌였다.

구스타브
아돌프 왕

그 무렵 프랑스도 전쟁에 뛰어들었다. 프랑스인은 가톨릭교도이므로 이 종교 전쟁에서 당연히 황제 편을 들었을 것이며 북부 독일과 프랑스의 프로테스탄트들에 맞서 싸웠으리라고 당신은 짐작할 것이다. 하지만 이 전쟁은 이미 오래전부터 종교 전쟁이 아니었다. 모든 나라가 이 대혼란의 정국에서 저마다의 이익을 챙기기에 급급했다. 당시 프랑스인들은 지략이 비상한 재상 리슐리외 추기경의 지휘 아래 유럽 최강의 세력가인 신성 로마 제국 황제와 에스파냐인들을 굴복시키고 프랑스를 유럽 최강의 국가로 만들 기회를 엿보았다. 그래서 프랑스군은 황제군에 맞서 싸웠다.

그러는 동안 황제군의 사령관 발렌슈타인은 막강한 세력가가 되어 있었다. 병사들은 발렌슈타인을 존경했고 그와 그의 작전에만 따라 싸웠다. 이 사나운 군대에게 황제는 아무 관심거리도 되지 못했다. 가톨릭 신앙도 마찬가지였다. 이런 상황에서 발렌슈타인은 자신이야말로 참된 지배자라고 느끼기 시작했다. 자신과 자신의 군대가 없으면 황제는 무력한 인간에 지나지 않았다. 발렌슈타인은 독자적으로 적국과 평화 협상을 시작했고 황제의 명령도 무시해 버렸다. 그러자 황제는 그를 체포하라고 명령했다. 하지만 발렌슈타인은 이미 옛 친구에 의해 살해당한 후였다. 이때가 1634년이었다.

전쟁은 갈수록 참혹하고 무질서하게 변하면서 14년간이나 더 지속되었다. 마을이란 마을은 모두 불탔고 도시는 약탈당했으며 여자와 아이들은 살해당하고 강도와 도둑질은 일상사가 되었다. 도대체 끝이 보이지 않는 상황이었다. 병사들은 농부들에게서 가축을 빼앗고 농토를 짓밟아 버렸다. 굶주림과 무서운

리슐리외 추기경

전염병, 사나운 이리 떼가 독일 전역을 휩쓸면서 참담한 폐허를 남겼다. 이 모든 참혹한 고통을 겪고 나서야 각국 사신들이 만났고 지루하고도 혼란스러운 협상을 벌인 끝에 1648년 강화 조약(베스트팔렌 조약/ 편집자)을 체결했다. 조약의 골자는 모든 것을 삼십 년 전쟁 이전의 상태로 되돌린다는 것이었다. 프로테스탄트 지역이었던 곳은 프로테스탄트 지역으로 남고, 원래 황제의 세력권이었던 오스트리아와 헝가리 그리

고 보헤미아는 가톨릭 지역으로 머물게 되었다. 스웨덴은 구스타브 아돌프 왕이 죽은 후 영향력을 거의 상실했지만 북부 독일과 발트해 연안의 일부 지역은 계속 다스리게 되었다. 그러나 프랑스 재상 리슐리외가 보낸 사절단은 라인강 변의 독일 성채들과 도시들이 프랑스 소유라고 주장했고 이를 얻어 냈다. 결국 원래는 이 전쟁과 상관이 없던 프랑스가 유일한 승자가 된 셈이다.

독일은 거의 전 지역이 폐허로 변해 버렸다. 전쟁에서 살아남은 국민은 절반도 되지 못했고 이들의 생활상은 말로 표현할 수 없을 만큼 참담했다. 많은 사람이 아메리카로 이주해 버렸고 외국 군대에 들어간 사람들도 적지 않았다. 그동안 배운 것은 싸움밖에 없었기 때문이다.

이 모든 불행과 절망도 모자랐는지 점점 더 많은 사람들이 끔찍한 광기에 사로잡혔다. 그 광기란 사악한 마법과 마녀에 대한 두려움과 연관이 있다. 물론 중세 사람들 역시 꽤나 미신적이어서 온갖 도깨비나 귀신의 존재를 믿었다. 하지만 당시 상황이 그렇게까지 심각한 정도는 아니었다.

상황이 악화된 것은 사치와 권세를 누리던 르네상스 교황들의 시대, 즉 성 베드로 대성당을 새로 짓고 면벌부를 판매하던 1500년경부터였다. 이 시기의 교황들은 신앙이 깊지 못하고 오히려 미신을 꽤나 믿는 사람들로 온갖 마법과 악마를 두려워했다. 웅대한 예술 작품을 만들게 해서 후세에 이름을 떨친 1500년경의 교황들은 예외 없이 마법사나 마녀를 잡으라는 어리석은 명령을 내린 인물들이기도 한데, 이런 명령이 실행된 주요 지역이 또한 독일이었다.

이제 당신은 이런 의문이 들 것이다. '세상에 있지도 않고, 있던 적도 없는 것을 어떻게 잡아들일 수 있을까?' 바로 그 때문에 끔찍한 일들이 시작되었다. 어떤 마을에 사람들의 호감을 얻기는커녕 불편함과 섬뜩함만 주는 여자가 있다고 하자. 어느 날 사람들이 그 여자를 두고 이런 말을 한다. "저 여자는 마녀야! 갑자기 우박이 내린 것이나 이장이 요통을 앓는 것은 다 저 여자 탓이야."(서양에서는 오늘날에도 요통을 '마녀의 저주'라 부르곤 한다.) 이제 여자는 체포되어 악마와 결탁했느냐는 심문을 받는다. 깜짝 놀란 여자는 당연히 아니라고 대답한다. 하지만 온갖 잔인한 방법으로 고문을 당해 초주검 상태가 되다 보면 고통과 절망을 못 이겨 혐의를 시인할 수밖에 없게 된다. 이것으로 여자의 운명은 결판난 것이다. 여자는 마녀라고 자백했으므로 산 채로 화형을 당한다. 대개 고문을 당하는 동안에는 마을 안에 나쁜 일을 공모한 다른 마녀가 있느냐는 질문을 받았다. 그러면 고통에 시달리는 여자들은 잠시라도 고문이 중단되도록 아무 이름이나 대곤 했다. 이렇게 해서 다른 사람들도 잡혀 왔으며 마찬가

"저 여자는
마녀야!"

지로 자백을 강요당하고는 불에 타 죽었다. 악마와 마녀에 대한 공포가 극에 달했던 때는 삼십 년 전쟁이 끝난 직후의 참담한 시절이었다. 독일 각지에서 수백, 아니 수천 명이 화형을 당했다. 가톨릭 지역이나 프로테스탄트 지역이나 별 차이가 없었다. 많은 예수회 사제들이 광기 어린 처형을 중단하라고 경고했지만 별로 소용이 없었다. 당시 사람들은 미지의 마법이나 악마의 요술에 대한 극심한 두려움에서 쉽게 벗어나지 못했던 것이다. 수천 명의 무고한 사람들에게 그렇게 끔찍한 일이 자행된 이유는 두려움에서밖에 찾을 길이 없다.

참으로 묘한 것은, 대다수 백성이 미신에 사로잡혀 있던 바로 그 시대에 레오나르도 다빈치 같은 위대한 피렌체인의 사상을 잊지 않았던 사람들이 소수나마 있었다는 점이다. 피렌체인과 마찬가지로 이들은 눈을 크게 뜨고 세상을 있는 그대로 보려고 노력했다. 그리고 진정한 마법을 알아내고 말았다. 그 마법이란 미래는 어떠할 것이고 과거는 어떠했는지를 알 수 있는 방법, 수십억 킬로미터나 떨어져 있는 별들의 구성 성분을 알아낼 수 있는 방법, 혹은 일식이 정확히 언제 일어나고 지구의 어느 지점에서 일식을 구경할 수 있는지를 알아낼 수 있는 방법이었다.

이 마법은 바로 산술이었다. 물론 산술은 이미 오래전부터 상인들에 의해 사용되었으니 1500년경의 사람들이 발명한 것은 아니었다. 그렇지만 이들은 자연에는 산술에 의해 밝혀낼 수 있는 사실이 무척이나 많다는 점을 분명히 깨달았다. 한 가지 예로 이들이 밝혀낸 바에 따르면 98.1센티미터 길이의 진자는 어느 것이든 예외 없이 정확히 1초에 한 번씩 진동한다. 이런 것을 '자연법칙'이라고 부른다. 이미 레오나르도 다빈치도 이 점을 알고 있었기 때문에 이런 말을 남겼다. "자연은 자신의 법칙을 깨지 않는다." 모든 자연 현상은 정확히 계측해서 기록해 놓은 것과 언제나 일치하며 결코 다를 수 없다는 사실이 당시에 분명하게 인지되었다. 이것은 유례없는 발견이었고 불쌍한 마녀들이 사용한다고 믿었던 모든 마법보다 훨씬 더 대단한 마법이었다. 전체

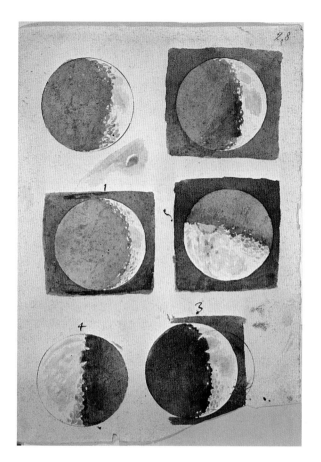

자연과 행성의 움직임, 물방울의 작용, 운석과 바이올린 줄의 떨림 등은 이제 더 이상 설명될 수 없는 무엇이 아니었으며 따라서 두려움을 줄 수도 없었다. 올바른 계산 공식만 알면 이 모든 것을 해명할 마법의 주문은 마련된 것이었다. 이제는 바이올린 줄에게 이렇게 말할 수 있었다. "라(A) 음을 내고 싶으면 1초에 435번 진동해야 한다." 라(A) 음을 내고 싶은 바이올린 줄은 그렇게 할 수밖에 없다.

자연의 영역에 엄청난 마력이 숨어 있다는 사실을 처음으로 분명하게 알아낸 사람은 피렌체인 갈릴레오 갈릴레이였다. 갈릴레이는 여러 해 동안 이 분야를 연구하고 그 결과를 기록해 놓았다. 그런데 누군가 이 기록에서 갈릴레이가 아무 설명 없이 적어 놓은 한 문장을 발견하고는 그를 고발했다. 그 문장이란 태양은 움직이지 않으며 지구와 다른 행성들이 태양 주위를 돈다는 것이었다. 이러한 지동설의 이론은 레오나르도 다빈치가 죽고 얼마 지나지 않은 1543년 코페르니쿠스라는 폴란드 학자가 몇 년에 걸친 계산 작업 끝에 공표한 바 있었다. 당시 코페르니쿠스는 이미 임종을 앞두고 있었지만 가톨릭과 프로테스탄트 사제들 모두에 의해 이단이라 비난받고 배척되었다. 사실 구약 성경를 보면 위대한 전사 여호수아가 적군을 섬멸할 때까지 밤이 오지 않게 해 달라고 신께 비는 대목이 나온다. 기도를 올리고 나자 여호수아의 모든 적이 죽거나 사로잡힐 때까지 해와 달이 정지해 있었다 한다. 이처럼 성경에 태양이 정지했다고 나오기 때문에 평소에는 움직인다는 것이 당시 사람들의 생각이었다. 따라서 태양이 언제나 정지해 있다는 학설은 성경에 위배되며 이단일 수밖에 없다는 것이었다. 결국 오랫동안 학자로 살아온 갈릴레이는 1632년 일흔에 가까운 나이로 교회 법정에 서게 되었다. 갈릴레이는 이단자로 화형당하거나 지구가 태양 주위를 돈다는 자신의 학설을 부정해야 하는 양자택일의 기로에 섰다. 결국 지동설을 주장한 자신은 비천한 죄인이라는 문서에 서명한 갈릴레이는 그보다 앞서 살았던 많은 선구자들과 달리 화형만은 면할 수 있었다. 하지만 문서에 서명을 하고 난 후에 그는 이렇게 중얼거렸다 한다. "그래도 지구는 돈다."

그 어떤 편견과 선입견, 경직된 사고도 갈릴레이의 사상과 연구 방식, 연구 결과와 계획 등이 점점 더 많은 사람들에게 영향을 미치는 것마저 막을 수는 없었다. 오늘날 우리가 계산 공식을 사용해서 자연을 원하는 대로 통제할 수 있고 비행기나 로켓, 라디오 등의 다양한 기술을 발전시킬 수 있는 것은 갈릴레이 같은 사람들 덕분이다. 계산에 의해 자연법칙을 연구하는 것이 네로 황제의 시대에 크리스트교인이 되는 것만큼 위험했던 시대에 이들은 참된 용기를 발휘한 사람들이다.

31

불행한 왕과 행복한 왕

영국은 유럽의 강국 중에서 삼십 년 전쟁에 관여하지 않은 유일한 나라였다. 영국인은 운이 좋았다고 말할 수도 있다. 하지만 당시에는 이들도 혼란스러운 시대를 보냈다. 비록 그 결말이 독일만큼 끔찍하지는 않았지만 말이다. 당신도 아직 기억하겠지만, 1215년 영국의 존왕은 자신의 후계자들은 귀족들과 사전에 합의하지 않고는 아무 일도 하지 않을 것이라고 마그나 카르타에서 엄숙히 맹세했다. 영국왕들은 400년 동안이나 이를 준수해 왔다. 하지만 참수형을 당한 메리 스튜어트의 손자인 찰스 1세는 이를 지키려 하지 않았다. 그는 귀족이나 의회에 모인 시민들의 의견에 귀를 막은 채 제멋대로 통치를 했다. 게다가 흥청망청 돈 쓰기를 무척이나 좋아했다.

영국 국민들이 이를 용납했을 리가 없다. 영국에는 아주 엄격하고 신앙심이 투철한 프로테스탄트들이 많이 살았는데, 이들은 청결한 사람들이란 뜻에서 청교도라 불렸다. 일체의 사치나 호의호식을 혐오한 청교도들은 곧 찰스 1세에게도 대항하기 시작했다. 청교도들의 우두머리는 올리버 크롬웰이라는 가난한 귀족으로, 비범할 만큼 신앙심이 깊고 용감한 전사였으며 의지가 무척 강하고 마음먹은 일에서는 가차 없는 사람이었다. 크롬웰은 엄격한 훈련을 쌓고 신앙심도 깊은 군대와 함께 오랫동안 싸

찰스 1세의
참수

Endhauptung des Konias in Engeland. den 1649.

올리버 크롬웰

운 끝에 찰스 1세를 붙잡아 군사 법정에 세울 수 있었다. 찰스 1세는 약속을 지키지 않고 권력을 남용한 죄로 사형 선고를 받았으며 1649년에 참수되었다. 그 후로 영국의 지배자는 크롬웰이었다. 하지만 왕이 아니라 자칭 '국가의 수호자'로서 영국을 통치했다. 크롬웰은 이름뿐이 아닌 실제의 수호자였다. 그에게 가장 중요한 일은 엘리자베스 여왕이 시작한 모든 것을 계승하는 것, 즉 아메리카의 영국 식민지나 인도의 무역소, 유능한 함대와 대규모 해상 무역을 발전시키는 것이었다. 크롬웰은 모든 통찰력과 의지력을 동원하여 이 모든 방면에서 영국의 세력을 강화시키는 한편, 이웃 나라 네덜란드의 세력을 최대한으로 약화시켰다. 그가 죽고 왕권이 다시 회복되었을 무렵에는(1688년 이후부터는 네덜란드계 왕가가 영국을 다스렸다.) 영국을 통치하는 것이 더 이상 어려운 일이 아니었다. 영국은 계속해서 번영을 이루었다. 하지만 오늘날에 이르기까지 마그나 카르타의 약속을 파기한 왕은 두 번 다시 나타나지 않았다.

프랑스왕들의 사정은 영국왕에 비하면 좋은 편이었다. 프랑스에는 마그나 카르타 같은 것이 없었다. 게다가 이들이 다스린 나라는 풍요롭고 인구도 많아서 30년간의 끔찍한 전쟁도 완전히 파괴시킬 수는 없었다. 특히 삼십 년 전쟁 시대에는 탁월한 재상 리슐리외 추기경이 프랑스의 실질적 지배자로 활동하면서 크롬웰이 영국을 위해 이룬 것에 필적할 만한 업적을 남겼다. 어쩌면 그 이상의 업적이라 할 수도 있을 것이다. 리슐리외 추기경은 기사와 귀족들에게서 국정에 개입할 만한 가능성을 모두 앗아 버렸다. 온갖 노회한 정략을 펼쳐 실제로 권력을 쥔 자들로부터 조금씩 권력을 빼앗은 것이다. 그는 체스의 고수처럼 모든 말을 이용할 줄 알고 작은 것을 양보해 큰 것을 얻어 내는 사람이었다. 이렇게 해서 그는 점차 모든 권력을 손에 쥐었고, 당신도 알고 있듯이 마침내 유럽의 지배권을 프랑스로 가져왔다. 리슐리외 때문에 신성 로마 제국 황제의 힘은 삼십 년 전쟁 동안 약화되었고 에스파냐는 쇠락했으며 이탈리아는 조각조각 나뉘었다. 영국은 아직 대단한 강국으로 부상하지 않았기 때문에 리슐리외가 세상을 뜰 무렵 유럽의 패권은 프랑스가 쥐게 되었다. 추기경이 죽은 직후인 1643년 루이 14세가 다섯 살의 나이로 프랑스 왕위에 올랐다. 그는 장기 집권의 세계 기록을 세운 인물로, 이 기록은 오늘날까지 깨지지 않았다. 그의 재위 기간은 1715년까지 무려 72년이나 된다. 게다가 그는 참된 의미의 통치자였다. 물론 어렸을 때는 아니었지만 말이다. 리슐리외 못지않게 전권을 휘둘렀던 후견인 마자랭 추기경이 죽자마자 루이 14세는 통치에 직접 나서기로 결심했다. 그는 자신의 승낙 없이는 어떤 프랑스인도 여권을 발급받을 수 없다는 법령을 내렸다. 궁정 사람들은 그저 어린 군주의 일시적인 객기려니 하면서 코웃음을 쳤다. 하지만 루이 14세는 결코 싫증을 내지 않았다. 왕의 행세를 한다는 것은 왕의 혈통으로 태어난 것처럼 우연에 맡길

일이 아니라고 생각했다. 그것은 자신이 일생 동안 맡아야 하는 연극의 주역이었다. 일찍이 루이 14세만큼 이 역할을 정확히 익히고 위엄과 화려함을 잃지 않은 채 마지막까지 충실하게 역할을 수행한 사람은 없었다.

루이 14세는 리슐리외와 마자랭이 장악했던 모든 권력을 자신의 것으로 만들었다. 귀족들에게 주어진 것이라고는 왕이 역할을 수행하는 모습을 곁에서 구경할 수 있는 권리뿐이었다. 한바탕 벌어지는 연극이라 할 수 있는 엄숙한 아침 접견은 왕이 옥체를 일으키는 아침 8시경부터 시작되었다. 이 시간이 되면 시종과 의사 그리고 왕자들이 왕의 침실로 들어왔다. 누군가 무릎을 꿇고는 엄숙한 자세로 왕에게 가발 두 개를 내밀었다. 분을 뿌린 커다란 가발은 사자의 휘날리는 갈기를 연상케 했다. 왕은 기분 내키는 대로 하나를 고르고는 화려한 가운을 걸친 채 침상 옆에 앉았다. 이제 최고 귀족인 공작들이 방으로 들어왔고, 왕이 면도를 하는 동안 서기관과 장교 등도 입장했다. 그다음에 침실 문이 활짝 열리면 화려하게 차려입은 한 무리의 고관들이 들어왔다. 궁내 대신과 총독, 고위 성직자, 그 밖에 왕의 개인적 총애를 받는 사람들이었다. 신하들은 국왕 폐하께서 옷을 입는 엄숙한 의식을 경탄하는 표정으로 지켜보았다.

모든 일이 세세한 면까지 규정되어 있었다. 최고의 영예는 미리 세심하게 덥혀 놓은 속옷을 왕에게 바치는 일이었다. 이 영예는 왕의 동생 차지였고 그가 부재중일 때는 다음 서열의 사람에게 돌아갔다. 속옷의 한쪽 소매를 시종이 잡고 다른 한쪽을 공작이 붙들고 있으면 왕이 그 안에 몸을 쏘옥 넣었다. 이런 식으로 의식은 계속되어 왕이 알록달록한 비단 양말을 신고 짤막한 비단 바지와 화려한 공단 셔츠를 입고는 담청색의 어깨띠를 걸치고 칼을 차고 수놓은 재킷을 입고 나면 왕의 목깃 받침을 담당하는 고위 관리가 목깃 받침을 은 쟁반에 내왔다. 이제 왕은 깃털 모자를 쓰고 지팡이를 손에 든 채 미소 띤 얼굴로 침실을 나서 유유히 넓은 홀로 들어섰다. 그러면 홀에 모인 사람들은 감탄의 눈길로 왕을 우러러보면서 폐하께서 오늘은 그리스의 태양신 아폴론보다 더 아름다우며 그리스 신화의 영웅 헤라클레스보다 더 힘차 보인다거나 빛과 온기로 모두에게 생명을 주는 태양과 같다는 둥 온갖 아부의 말을 늘어놓았다. 당신이 보기에도 이런 의식은 오래전 파라오의 경우와 상당히 비슷하게 느껴질 것이다. 하지만 둘 사이에는 커다란 차이가 있다. 고대 이집트인들은 파라오가 정말로 태양의 아들이라 믿었던 반면, 루이 14세의 경우에는 모든 것이 일종의 연극이었다. 왕은 물론 다른 사람들도 이것이 연습을 많이 해서 무대에 올린 그럴듯한 연극과도 같은 것임을 잘 알고 있었다.

'태양왕'

왕은 아침 기도를 끝내면 접견실로 가서 그날의 일정을 공표했다. 실제로 많은 시간이 국정에 할애되었는데 왕은 국가의 모든 일을 친히 살피고 싶었기에 하루도 빠짐없이 이 업무 시간을 준수했다. 그 외에 사냥 행사나 무도회가 자주 열렸고 유명 작가나 배우들의 연극이 상연되었는데 이런 공연은 왕도 빠짐없이 관람했다. 매끼 식사는 아침 기상만큼이나 그 격식이 엄숙하고 까다로웠다. 취침 의식 역시 발레에 비할 만큼 복잡한 격식에 따라 수행되었다. 이때의 과장스러움은 하루 중에서도 가장 희극적이었다. 일례로, 이 시간이 되면 모두들 왕의 침대 곁에서 고개를 숙이고 있어야 했다. 왕이 아직 침상에 눕지 않았어도 교회 제단 앞에서처럼 경건한 모습으로 대기하고 있어야 했던 것이다. 왕이 카드놀이를 하거나 누군가와 담화를 나눌 때면 늘 그 주위에 한 무리의 사람들이 모여 있었다. 경외감의 표현으로 약간 거리를 두고 서서는 마치 계시라도 듣는 양 왕의 세련되고 재치 있는 대화에 귀를 기울였다.

왕처럼 옷을 입고 왕처럼 지팡이를 들거나 모자를 쓰는 것 그리고 왕처럼 앉거나 걷는 것은 궁중 내 모든 남자들의 목표였다. 그리고 모든 여자들의 목표는 왕의 마음에 드는 것이었다. 여자들도 레이스 목깃을 달고 값비싼 옷감으로 지은 풍성한 옷을 입었으며 값진 장신구도 몸에 걸었다. 이러한 생활이 영위된 곳은 역사상 유례없이 크고 화려한 궁전이었다. 루이 14세는 화려한 궁전들을 짓는 데 엄청난 열정을 기울였다. 특히 파리 근교에 세운 베르사유 궁전은 도시 하나에 맞먹는 규모였다. 수많은 홀에는 황금과 다마스크(색실로 무늬를 짜 넣은 천/ 옮긴이)를 바르고 크리스털 샹들리에를 달았으며, 거울 수천 개와 우아한 가구를 들인 것은 물론 우단과 비단 커튼을 달았고, 화려한 그림들도 무진장으로 걸려 있었다. 그림에는 루이 14세가 자주 등장했는데, 모든 유럽 민족의 경배를 받는 태양신 아폴론의 모습으로 그려졌다. 그러나 이 궁전에서 가장 장관을 이루는 곳은 뭐니 뭐니 해도 정원이었다. 정원은 궁전의 모든 생활이 그렇듯 정밀한 규격을 갖췄으며 엄숙한 동시에 경쾌함을 지니고 있었다. 어떤 나무도 원하는 대로 자랄 수 없었고 어떤 관목도 자연스러운 형태를 유지할 수 없었다. 식물이란 식물은 모두 베고 잘라서 반듯한 담장을 세우거나 둥근 울타리를 만들었으며 나선형 꽃밭이 있는 넓은 잔디밭을 조성하거나 원형 광장과 입상, 연못, 분수 등을 갖춘 가로수 길을 만들기도 했다. 이 정원에서 한때 세력가였던 공작들이 귀부인들과 함께 하얀 자갈길을 거닐면서 우아하고 기교적인 말투로 잡담을 나누었다. 예를 들면 조금 전 마주쳤던 스웨덴 귀족이 인사를 건넨 방식 등에 관해서 말이다.

큰 규모의 궁전에서 그처럼 사치스럽게 생활하려면 얼마나 많은 돈이 필요할지는 충분히 상상할 수 있을 것이다. 왕은 시종만 200명을 두었고 호화로운 생활 방식을 결코 포기하려 하지 않았다. 그러나 루이 14세에게는 영리한 장관들이 있었다. 장관들은 대개 평민 출신으로 탁월한 능력 덕분에 왕에게 발탁된 사람들이었다. 이들

은 돈을 끌어 모으는 방법을 잘 알고 있었다. 무엇보다 외국과의 무역을 중시하여 프랑스의 수공업과 공업을 최대한 장려했다. 그에 반해 농민들은 조세와 공물 납부 등으로 엄청나게 착취당했다. 왕궁에서 금은 식기에 최고급 음식을 담아 먹는 동안 농부들은 말 그대로 쓰레기와 잡초로 연명했다.

하지만 가장 큰 비용이 드는 것은 궁정 생활이 아니었다. 가장 돈이 많이 드는 것은 루이 14세가 자꾸만 일으키는 전쟁이었다. 그가 전쟁을 일으키는 목적은 그저 자신의 세력을 확장하고 이웃 나라에서 뭔가 빼앗으려는 데 있었다. 루이 14세는 훈련이 잘된 대규모 상비군을 이끌고 네덜란드나 독일 지역으로 쳐들어갔다. 한 예로 그

베르사유 궁전

는 별다른 핑계도 대지 않고 스트라스부르를 독일에게서 빼앗았다. 그는 자신이 유럽 전체의 주인이라 생각했다. 어떤 점에서는 그 생각이 틀린 것도 아니었다. 모든 강대한 군주들이 루이 14세를 모방했다. 얼마 후에는 가난하고 옹색한 지역을 다스리는 독일의 소제후들조차 너도나도 베르사유풍의 거대한 궁전을 지었다. 이들은 궁전에 황금과 다마스크도 바르고 나뭇가지를 쳐서 반듯한 가로수 길도 냈다. 그리고 궁전에서는 커다란 가발을 뒤집어쓴 귀족이나 풍성한 드레스 차림에 얼굴 가득 분을 칠한 귀부인들, 아첨꾼과 노련한 말재간꾼 들이 판을 쳤다.

귀족들은 모든 면에서 루이 14세를 모방했지만 그와 꼭 같을 수는 없었다. 이들은 루이 14세를 '흉내' 냈을 뿐으로, 번지르르한 모습을 뽐내기는 하지만 어쩔 수 없이 우스꽝스러움도 드러내는 복제품에 불과했던 것이다. 루이 14세는 이들보다 한 수 높았다. 무슨 말인지 당신이 이해할 수 있도록 루이 14세가 쓴 편지 한 구절을 인용해 보겠다. 이 편지는 에스파냐왕에 즉위한 손자에게 보낸 것이었다. "아부가 심한 사람을 총애하지 말고 네 심기를 거스를 줄 알면서도 선한 일을 하려는 사람을 높이 평가해라. 여흥을 즐기느라 네 임무를 등한히 하지 말고 생활의 질서를 잡아 휴식과 오락 시간도 정해 놓아라. 국정에는 네 모든 주의력을 쏟도록 해라. 어떤 일을 결정할 때는 먼저 가능한 한 많은 이야기를 들어 보라. 최선을 다해 능력 있는 사람들을 찾아내고 이들을 적재적소에 투입해라. 모든 사람을 친절히 대하고 그 누구에게도 모욕적인 말은 삼가라." 바로 이것이 허영과 우아함과 사치와 위엄과 무자비함과 경쾌함과 근면함을 묘하게도 함께 지니고 있던 루이 14세의 대원칙이었다.

32

동유럽의 변화

　루이 14세가 파리와 베르사유를 오가며 프랑스를 다스리는 동안 독일에는 다시금 불행이 닥쳤다. 오스만 제국의 튀르크족이 침입한 것이다. 당신이 알고 있듯, 튀르크족은 200년도 훨씬 전인 1453년 콘스탄티노플을 점령한 이후 이집트와 팔레스타인, 메소포타미아, 소아시아, 그리스를 아우르는 광대한 이슬람 제국을 건설했다. 비록 영광과 화려함은 별로 남지 않았지만 어쨌거나 옛 동로마 제국의 영토를 모두 차지한 것이다. 그 후 튀르크족은 도나우강 상류로 계속 진출했으며 1526년에는 헝가리 군대를 격퇴시켰다. 그때 왕을 포함한 거의 모든 헝가리 귀족들이 전사했다. 오스만 제국군은 헝가리 대부분을 점령하고 빈까지 넘봤지만 얼마 후 다시 퇴각했다. 당신도 기억하겠지만, 오스만 제국 해군은 1571년 에스파냐의 펠리페 2세와 베네치아 연합군에 의해 격퇴된 바 있다. 하지만 오스만 제국은 여전히 막강했고, 부다페스트는 오스만 제국의 파샤(오스만 제국에서 장군이나 총독 등 신분이 높은 사람을 부르던 이름/ 옮긴이)가 통치하고 있었다. 헝가리인은 왕이 죽은 후 신성 로마 제국 황제의 지배를 받았는데, 이들 중 다수가 프로테스탄트였기 때문에 종교 전쟁에서 황제에게 맞섰다. 삼십 년 전쟁이 끝난 후에도 헝가리 귀족들은 여러 차례 반란을 일으켰고 마침내 이웃 나라인 오스만 제국에 원조를 청했다.

　오스만 제국의 술탄은 헝가리 귀족들의 원조 요청을 기꺼이 받아들였다. 튀르크족의 왕은 술탄이란 이름으로 불렸다. 그는 이미 오래전부터 전쟁을 원하고 있었다. 나라 안에서 전사들의 세력이 너무 커졌기 때문이었다. 전사들이 힘을 모아 자신을 제압할까 봐 두려워했던 술탄은 이들을 멀리 보낼 수 있다는 사실이 기쁠 따름이었다. 만약 승리한다면 무척 좋은 일이겠지만 설령 패배한다 해도 근심거리 하나는 줄이는 셈이었다. 술탄은 꽤나 느긋한 성격의 사람이었던 듯하다. 그리하여 1683년 술탄은 각지에서 엄청난 규모의 군대를 불러 모았다. 메소포타미아와 이집트의 파샤도 병사를 보냈고 타타르족과 아랍인, 그리스인, 헝가리인, 루마니아인들도 콘스탄티노

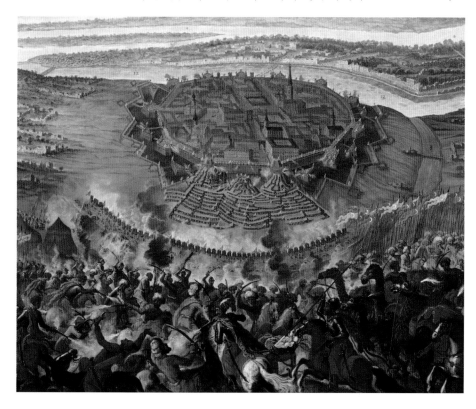

오스만 제국군의
빈 포위

플로 집결했다. 훌륭하게 무장한 병사들은 대재상 카라 무스타파의 지휘 아래 오스트리아를 향해 진군했다. 약 20만 명의 병사는 각양각색의 민족의상에 터번을 두르고 이슬람의 상징인 초승달 깃발을 들고 있었다.

헝가리에 주둔한 신성 로마 제국 황제군은 이들의 침공을 저지할 수 없었다. 후퇴를 거듭한 황제군은 빈을 제외한 지역을 모두 내주었다. 빈은 당시의 도시가 모두 그렇듯 요새화되어 있었다. 황제군은 급히 요새를 정비하고 대포와 식량을 긁어모았다. 황제의 동맹국이 원군을 보낼 때까지 2만 명의 병사가 이 도시를 사수해야 했다. 황제 자신은 신하들과 함께 급히 린츠로 물러났다가 다시 파사우까지 후퇴했다. 빈 시민들은 튀르크족이 마을과 근교 지역을 불사르는 모습을 멀리서 바라볼 수밖에 없었다. 약 6만 명의 시민이 도시에서 빠져나왔기에 수레와 마차 행렬은 끝없이 이어졌다.

머지않아 오스만 제국의 기병들이 나타났다. 엄청난 수의 군대가 빈을 포위했고 성벽에 대포를 쏘거나 하단부를 폭파시켰다. 빈 시민들은 사력을 다해 성을 방어했다. 자신들의 생사가 걸린 일임을 누구보다 잘 알았기 때문이다. 그러나 오스만 제국군의 공격은 중단되지 않았고 폭발로 성벽의 구멍들이 위태로울 만큼 커졌지만 한 달이 지나도록 원군은 도착하지 않았다. 엎친 데 덮친 격으로 성내에 전염병이 돌아 오스만 제국군의 포탄을 맞고 죽은 사람보다 더 많은 수가 죽었다. 이따금 용감한 병사들이 성 밖으로 나가 황소 몇 마리를 끌고 오기는 했지만 식량은 크게 부족해졌다. 종내는 고양이 한 마리가 20~30크로이처에 거래되었는데, 당시로서는 상당한 금액이 비위 상하는 식량값으로 지불되었던 것이다. 성벽은 더 이상 지탱하기 어려운 지경에 이르렀다. 마침내 황제의 원군이 도착했다. 빈 시민의 기쁨은 이루 말할 수 없을 정도였다! 게다가 원군은 오스트리아와 독일에서만 온 것이 아니었다. 얼마 전 폴란드왕 얀 소비에스키도 오스만 제국에 맞서 황제와 동맹을 맺고는 원군을 보내겠다는 약속을 세상에 천명했다. 하지만 폴란드왕은 총사령권을 갖기를 원했고 황제도 포기하려

하지 않았기에 협상을 하느라 귀중한 시간이 흘러갔던 것이다. 어쨌거나 원군은 마침내 소비에스키의 지휘 아래 빈 근처 고지에 진을 쳤고 오스만 제국군을 향해 돌격했다. 격렬한 전투 끝에 오스만 제국군은 막사도 챙기지 못한 채 달아나 버렸다. 황제군은 이를 전리품으로 챙겼는데, 4만 개의 천막으로 이뤄진 오스만 제국군의 진영은 도로가 뻗어 있는 작은 도시에 비할 만했고 그 호화로움도 이루 말할 수 없을 정도였다.

오스만 제국군은 계속해서 후퇴할 수밖에 없었다. 만약 이때 오스만 제국군이 승리해서 빈을 정복했다면 어떻게 되었을까? 아마 1000년 전 카롤루스 마르텔이 투르

외젠 드 사부아 공

와 푸아티에 근방에서 아랍인들을 막아 내지 못했던 경우만큼 좋지 않은 상황이 도래했을 것이다.

황제군은 오스만 제국군을 계속 추격했고 폴란드군은 고국으로 돌아갔다. 프랑스군의 사령관은 외젠 드 사부아 공이란 사람으로, 한때 루이 14세는 그의 외모가 볼품없다는 이유로 군대에 받아들이기를 거부한 적이 있었다. 그러나 이 탁월한 인물은 이제 신성 로마 제국 및 오스트리아군의 유명한 지휘관이 되어 이후 몇 년에 걸쳐 그동안 오스만 제국이 지배하고 있던 나라들을 하나둘 정복해 나갔다. 술탄이 내놓을 수밖에 없었던 헝가리는 이제 오스트리아 차지가 되었다. 빈의 황실은 엄청난 권력과 금을 획득했으며, 이제 오스트리아에도 화려한 궁전과 수도원들이 세워졌다. 이 건축물들의 화려한 양식은 바로크 양식이었다. 오스만 제국의 세력은 점점 더 축소되었다. 또 다른 막강

'무시무시한
이반 4세'

한 적 러시아가 배후에서 나타났기 때문이다.

이 책에서 러시아는 지금까지 별로 언급된 적이 없다. 러시아는 스텝 지대가 넓게 펼쳐진 북방의 광활한 삼림 국가였다. 러시아의 지주들은 가난한 농부들을 무자비하게 지배했고, 지주들은 다시금 왕으로부터 한층 더 잔혹한 억압을 받았다. 1580년경 러시아를 다스리던 왕은 '무시무시한 이반'이라 불렸다. 이런 별명은 지나친 것이 아니었다. 이반과 비교하면 네로는 온화한 편이었기 때문이다. 러시아인은 유럽이나 그곳에서 일어나는 일에 관해서는 아랑곳하지 않았다. 서로 싸우고 죽이느라 관심 가질 틈도 없었기 때문이다. 이들은 크리스트교도였지만 로마의 교황이 아니라 콘스탄티노플에 있는 동로마 제국의 대주교를 따랐다. 그래서 이들은 서방 세계와 거의 접촉이 없었다.

그런데 튀르크족이 빈을 포위한 해로부터 6년 후인 1689년, 새로운 군주가 러시아의 왕위에 올랐다. 그는 표트르 대제라 불린 인물이었다. 표트르 대제는 난폭하고 잔혹한 점에서 이전의 어느 왕보다 덜하지 않은 사람이었다. 술을 좋아하고 폭력을 즐긴다는 점에서도 마찬가지였다. 하지만 표트르 대제는 러시아를 프랑스나 영국, 독

일 등의 서방 세계처럼 만들겠다는 포부를 품고 있었다. 이를 위해서는 돈과 무역, 도시가 필수라는 점도 그는 알고 있었다. 그래서 다른 나라들이 어떻게 이런 것들을 성취했는지 알아보려고 여행을 떠났다. 네덜란드에 도착한 그는 커다란 항구 도시들을 목격했고 무역을 하러 인도와 아메리카로 떠나는 거대한 범선들도 보았다. 표트르 대제도 거대한 범선을 갖고 싶었고 배를 만드는 방법도 배우고 싶었다. 그는 주저 없이 네덜란드 조선소에 들어가 도제로 일했고 정말로 선박 제조 기술을 배웠다. 그러고는 자신과 함께 배를 만들 다수의 목수들을 데리고 고국으로 돌아왔다.

이제 러시아에 없는 것은 항구 도시뿐이었다. 표트르 대제는 항구 도시를 만들라고 명령했다. 네덜란드에서 본 것 같은 바닷가 도시를 세우라는 것이었다. 하지만 러시아 북부의 해안은 황량한 늪지대였고 그나마도 러시아와 전쟁 중인 스웨덴에 속해 있었다. 표트르 대제는 이 모든 것에 개의치 않았다. 그는 근처에 사는 농부들을

동원해서 늪지의 물을 빼고 말뚝을 박게 했다. 8만 명의 농부가 혹사당한 끝에 마침
내 항구 도시가 탄생했다. 대제는 이 도시를 상트페테르부르크라고 이름 지었다. 이
제는 러시아인이 유럽인으로 변해야 할 차례였다. 러시아인은 머리칼과 수염을 길게
기르고 기다란 상의를 입는 전통적 차림을 금지 당했고 프랑스인이나 독일인처럼 옷
을 입어야 했다. 명령을 따르지 않거나 표트르 대제의 개혁에 이의를 제기하는 사람
들은 채찍질을 당한 후에 처형되었다. 대제의 아들도 개중 한 사람이었다. 표트르 대
제는 온화한 성품이 결코 아니었고 원하는 것은 반드시 이루는 사람이었다. 러시아

인은 그렇게 빨리 유럽인으로 변모하지는 못했지만, 이때부터 러시아는 유럽의 피비린내 나는 권력 싸움에서 한몫을 하게 되었다.

이미 표트르 대제 생전에 변화가 시작되었다. 제일 먼저 표적으로 떠오른 나라는 스웨덴이었다. 스웨덴은 삼십 년 전쟁 동안 구스타브 아돌프 왕이 세력을 확장시킨 결과 북유럽에서 최대 강국의 자리를 지키고 있었다. 그러나 표트르 대제와 동시대의 스웨덴왕은 구스타브 아돌프처럼 명석하고 신심 깊은 인물이 아니라 아직 젊고 지극히 몽상적인 모험가였다. 1697년부터 스웨덴을 다스려 온 칼 12세는 독일의 모험 소설가 카를 마이의 작품이나 서부 모험담에 나올 법한 인물이었다. 그는 허황된 일만 저지르고 다녔으며 무모할 만큼 대담한 성격이었다. 이런 성격이 어떤 결과를 가져올지 충분히 짐작할 수 있을 것이다. 칼 12세는 수적으로 다섯 배나 우세한 표트르 대제의 군대와 맞서 승리를 거두었다. 그다음에는 폴란드를 정복했으며 한참 오는 중이었던 지원군을 기다리지 않고 계속해서 러시아로 쳐들어갔다. 칼 12세는 병사들과 함께 가까스로 강물을 건너고 늪을 헤쳐 가면서 점점 더 깊숙이 러시아로 들어갔지만 러시아 기병들은 어디서도 나타나지 않았다. 가을이 지나고 겨울이 되었다. 러시아의 혹독한 추위가 시작된 것이다. 하지만 칼 12세는 적들에게 용맹을 과시해 볼 기회를 여전히 만날 수 없었다. 그러다가 스웨덴군이 추위와 피로에 지치고 아사 직전에 이르렀을 때 마침내 러시아군이 나타나 이들을 완패시켰다. 1709년의 일이었다. 칼 12세는 간신히 오스만 제국으로 도주했으며 5년 동안 그곳에 머물면서 러시아와 싸우도록 튀르크족을 부추겼지만 별다른 성과를 거두지 못했다. 1714년 칼 12세는 조국 스웨덴의 사람들이 오스만 제국에서 모험이나 하는 왕은 필요 없다면서 왕국의 새로운 왕을 선출하려 한다는 소식을 들었다.

그러자 칼 12세는 독일 장교로 변장을 하고 호위병 한 사람만 동반한 채 낮에는 말을 타고 밤에는 우편 마차에서 잠을 자면서 고국으로 향했다. 온갖 우여곡절을 겪

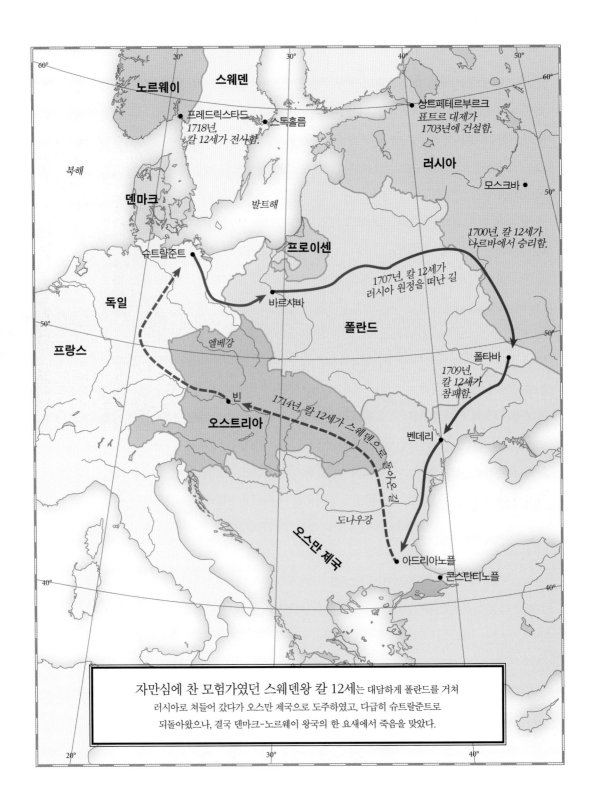

자만심에 찬 모험가였던 스웨덴왕 칼 12세는 대담하게 폴란드를 거쳐
러시아로 쳐들어 갔다가 오스만 제국으로 도주하였고, 다급히 슈트랄준트로
되돌아왔으나, 결국 덴마크-노르웨이 왕국의 한 요새에서 죽음을 맞았다.

으면서 화급히 적국을 통과한 끝에 칼 12세는 오스만 제국을 떠난 지 16일 만에 스웨덴령인 슈트랄준트(오늘날은 독일령)에 도착했다. 한밤중에 깨어난 요새의 사령관은 오스만 제국에 있는 줄 알았던 왕이 난데없이 나타나자 자기 눈을 의심했다. 이 대담무쌍한 행보에 온 도시가 열광했지만 칼 12세는 침대에 누워 며칠 동안 잠만 잤다. 왕의 발은 오랜 행군으로 부어올라 구두를 칼로 잘라 내야 했다고 전해진다. 이제는 다른 사람을 왕으로 뽑겠다는 생각을 아무도 하지 않았다. 하지만 칼 12세는 스웨덴으로 귀국하자마자 다시 전쟁을 일으켜서 영국, 독일, 덴마크-노르웨이 왕국을 적으로 만들었다. 제일 먼저 덴마크-노르웨이 왕국을 공격 대상으로 삼았다. 칼 12세는 1718년 노르웨이의 어느 요새를 공격하다가 전사하고 말았다. 전쟁에 시달리는 나라를 걱정하던 어느 신하가 죽였다는 설도 있다.

칼 12세

표트르 대제는 이제 적수에게서 벗어날 수 있었다. 그리고 차르라 불리던 그의 지배 아래서 러시아 제국은 유럽과 오스만 제국뿐 아니라 페르시아와 아시아의 나라들로 세력을 뻗어 나갔다.

33

계몽의 시대

빈이 오스만 제국군에 포위됐던 시대의 사람이 이야기하는 것을 들으면 당신은 참 이상하단 생각이 들 것이다. 말하는 투, 그러니까 중간 중간 프랑스어나 라틴어 단어들을 섞어 써서 이상할 것이고, 미사여구를 넣어 가며 장광설을 늘어놓아 황당할 것이며, 또 정중하게 허리를 굽혀 인사를 한다든가 기회만 닿으면 출처도 알 수 없는 라틴어 문구를 남발하는 것이 모두 기묘하게 느껴질 것이다. 게다가 단정한 가발 아래 있는 머릿속엔 맛난 음식에 관한 욕심만 가득 차 있으리란 생각이 들 것이며, 레이스와 자수가 박힌 비단옷을 걸치고 향수도 잔뜩 뿌렸지만 좀처럼 목욕을 하지 않은 몸에서는 악취가 진동한다는 것도 알게 될 것이다.

더욱이 이 사람이 자신의 평소 견해를 펼쳐 보이기 시작하면 당신은 놀란 입을 다물지 못할 것이다. 그 사람은 이런 말을 할 것이기 때문이다. "아이들은 매질을 해서 키워야 합니다. 여자들은 어린 나이에 얼굴도 모르는 남자와 결혼해야 마땅하죠. 농부는 일하기 위해 세상에 태어난 것이니 불만을 품어서는 안 되고말고요. 거지와 부랑자는 사람들이 보는 앞에서 채찍질을 당하고 사슬에 묶인 채 광장에서 사람들의 조롱을 받아야 해요. 도둑은 교수형에 처하고 살인자는 광장에서 능지처참을 당해야

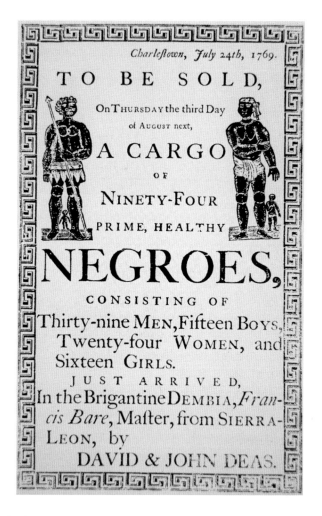

노예 시장
광고

하고요. 위험한 일을 저지르는 마녀와 마법사는 화형에 처해야 하고, 이교도는 박해하고 추방하거나 깜깜한 지하 감옥에 가두는 게 마땅해요. 최근 하늘에 나타난 혜성은 불길한 징조예요. 얼마 전 베네치아에서 많은 희생자를 낳은 전염병을 막으려면 붉은 완장을 차야 한다더군요. 영국 신사 아무개 씨는 오래전부터 아프리카 흑인을 아메리카에 노예로 팔아넘겨 큰 재미를 보고 있는데 참 훌륭한 발상이에요. 인디언들은 노동에는 좀체 쓸모가 없거든요."

그런데 이런 이야기는 무지하고 험한 사람들뿐 아니라 신분과 국적을 막론해 아주 분별 있고 신앙심 깊은 사람들에게서도 들을 수 있는 것이었다. 이런 생각은 1700년 이후에야 서서히 변하기 시작했다. 종교 전쟁의 여파로 참담한 불행을 겪는 동안 사람들은 반성할 기회를 가졌던 것이다. "교리 문답서의 어느 조항을 참으로 간주할 것인지가 그렇게 중요한 문제일까? 어떤 사람이 착하고 점잖은지 그렇지 않은지가 더 중요한 문제가 아닐까? 견해와 신앙이 다를지라도 서로 화합해서 사는 게 더 낫지 않을까? 서로 존중하며 다른 사람의 신념을 인정하는 것이 더 바람직한 태도가 아닐까?" 맨 마지막에 언급된 것, 즉 상호 인정 또는 관용은 가장 중요한 제1의 사상이었다. 신앙의 문제에서만은 견해의 차이가 존재할 수 있다는 것이었다. 2 곱하기 2가 4라는 사실은 분별 있는 사람이라면 그 누구도 부정하지 않는다. 그래서 이성(즉 건전한 인간의 지성)은 모든 사람을 결속시킬 수 있고 결속시켜야 하는 무엇인 것이다. 이성의 영역에서는 근거를 대면서 논쟁할 수 있고 상대방을 설득시키는 것이 가능하다. 하지만 신앙은 모든 이성적 근거를 초월한 것이기에 이 문제에 관한 한 서로 존중하고 관용을 보여야 한다.

이런 생각을 품은 사람들에게 이성은 두 번째로 중요한 것이었다. 여기서 이성이란 인간과 자연에 관한 명석하고 의식적인 생각을 말한다. 이와 관련해서 당시 사람들은 다시금 고대 그리스인과 로마인들의 저작 그리고 르네상스 시대의 피렌체인들이 남긴 저작을 많이 읽었다. 특히 이들은 갈릴레이처럼 대범한 사람들, 자연을 다루는 마법 같은 계산 공식을 연구한 사람들의 저술에서 많은 것을 찾아냈다. 이런 문제에서는 신앙의 차이가 중요하지 않았다. 중요한 것은 오직 실험과 증명이었다. 자연이 어떤 모습이고 천체가 어떻게 움직이는가를 판단하는 것은 이성이었다. 가난하든 부유하든, 피부색이 어떻든 간에 모든 사람이 똑같이 지니고 있는 것이 바로 이성이었다.

이들의 생각에 따르면, 사람은 누구나 이성이 있기에 근본적으로 똑같이 귀중한 존재였다. 당신도 알고 있듯, 일찍이 크리스트교의 교리는 모든 인간이 신 앞에서 평등하다고 가르쳤다. 그러나 관용과 이성의 설교자들은 여기서 한 걸음 더 나아갔다. 이들에 의하면, 인간은 근본적으로 동등할 뿐 아니라 동등한 대우를 받아 마땅하다. 신의 피조물로서 이성을 갖고 태어난 모든 인간은 어느 누구에게도 빼앗길 수 없으며 그래서도 안 되는 권리를 갖고 있다. 또한 모든 인간은 자신의 직업과 삶을 스스로 결정할 권리를 요구할 수 있고, 이성과 양심에 따라 행동할 수 있는 자유도 누려야 한다. 아이들 역시 회초리로 키워져서는 안 되고 무엇이 옳고 그른지 판단할 수 있도록 이성적으로 일깨워져야 한다. 범죄자 또한 잘못은 저질렀어도 개선될 여지가 있는 사람들이다. 한 번 실수했다 하여 붉게 달군 인두로 이마나 뺨에 지울 수 없는 낙인을 찍어 만천하에 범죄자임을 알리는 것은 끔찍한 만행이다. 인간은 누구나 존엄하므로 공공연한 모욕의 대상이 되어서는 안 된다.

1700년 이후, 특히 영국과 프랑스에서 확산된 이러한 사상을 '계몽주의'라 한다. 이런 명칭이 붙은 것은 명석한 이성에 의해 미신의 거대한 암흑을 타파하려 했기 때문이다.

일부 사람들은 계몽주의가 너무 자명한 사실만 가르쳤고 자연과 세계의 많은 위대한 비밀에 관해서는 지나치게 단순한 생각으로 일관했다고 비판한다. 틀린 지적은 아니다. 하지만 그렇게 자명한 사실이 당시에는 아직 자명하지 않았다. 당시만 해도 오늘날 우리가 자명한 것으로 여기는 사상을 공공연히 말하는 데는 커다란 희생과 용기 그리고 인내가 필요했다. 그리고 이성은 비록 자연의 모든 비밀을 밝혀낼 수는 없었지만 많은 실마리를 제공했다는 점도 고려해야 할 것이다.

계몽주의의 탄생 이후 200년 동안 사람들은 지난 2000년 동안보다 훨씬 더 많은 자연의 비밀을 탐구하고 알아냈다. 특히 계몽주의의 세 가지 주요 신조인 관용과 이성, 인도주의는 인간의 삶에서 지대한 의의를 갖는 것으로, 당신은 이 점을 잊지 말아야 한다. 범죄의 혐의가 있다는 것만으로 온갖 비인간적 고문을 가해 혼절 직전에서 모든 것을 시인하게 하는 일은 없어야 한다. 또 마법 따위는 존재하지 않으며 따라서 화형당할 마녀도 세상에 없다.(독일에서는 1749년, 스위스에서는 1783년 이후로 더 이상 마녀를 화형시키는 만행이 일어나지 않았다.) 질병은 미신적 방법이 아니라 위생적으로 생활하고 과학적으로 원인을 규명하여 퇴치할 문제이다. 그리고 농노나 노예라는 신분은 있어선 안 되며 한 국가 안의 모든 인간은 동일한 법률의 적용을 받고 여자들도 남자들과 같은 권리를 누려야 한다. 이 모든 변화가 받아들여진 것은 과감히 계몽주의를 주장했던 시민이나 저술가들 덕분이다. 이는 참으로 용감한 행동이었다. 물론 낡은 것, 전승된 것과 싸우는 가운데 이들도 가끔은 이해가 부족하고 부당한 때가 있었다. 하지만 이들은 관용과 이성과 인도주의를 위해 아주 힘들고 난폭한 싸움을 치러야 했다.

당시 유럽에서 계몽주의를 위해 가장 선두에서 싸웠던 몇몇 군주들이 없었더라면 이 싸움은 더 오래 지속되었을 것이며 훨씬 더 많은 희생을 치러야 했을 것이다. 이런 군주들 중의 한 사람이 바로 프로이센의 프리드리히 대왕이었다.

당신도 알다시피, 당시 합스부르크가가 지닌 신성 로마 제국의 세습 황제직은 영예로운 칭호에 불과했다. 합스부르크가가 실제로 다스린 지역은 오스트리아와 헝가리, 보헤미아뿐이었고, 독일은 바이에른이나 작센 등의 크고 작은 공국으로 나뉘어 여러 제후의 지배를 받았다. 특히 북부의 프로테스탄트 공국들은 삼십 년 전쟁 이후로 빈의 가톨릭 황제를 우습게 여겼다. 이런 프로테스탄트 제후국들 중에서 가장 막강한 나라가 프로이센이었다. 프로이센은 1640년에서 1688년까지 재위한 위대한 지배자 프리드리히 빌헬름 덕분에 스웨덴에 빼앗겼던 북부 독일의 땅을 차츰 되찾아

갔다. 그리고 1701년부터 프로이센의 제후는 왕이라 불리게 되었다. 이 나라는 엄격한 군사 국가였고 귀족들은 왕의 정예 군대에서 장교로 복무하는 것을 최대의 영예로 여겼다.

　　프로이센의 3대 왕인 프리드리히 2세는 호엔촐레른가 출신으로 1740년부터 프로이센을 통치했으며 프리드리히 대왕이라 불렸다. 실제로 그는 당대에 가장 교양 높은 사람 중의 하나였다. 프리드리히 대왕은 계몽주의를 설파한 많은 프랑스 시민들과 친분이 있었고 그 자신이 프랑스어로 많은 저작을 집필했다. 그는 프로이센의 왕이었음에도 불구하고 삼십 년 전쟁으로 인해 쇠락한 독일어와 독일의 풍습을 멸시했다. 하지만 그는 프로이센을 모범적 국가로 만들고 프랑스인 친구들의 계몽사상이 지닌 가치를 입증할 의무가 있다고 느꼈다. 프리드리히 대왕은 자신이 국가의 주인이 아니라 국가 제일의 공복이라 생각했고 또 그런 말을 자주했다. 공복으로서 대왕은 사소한 모든 일에 관심을 보였고 매사에서 계몽주의를 관철시키려 애썼다. 그가 제일 먼저 시행한 것은 끔찍한 고문을 폐지하는 일이었다. 농부가 지주에게 져야 하는 부담도 경감시켰다. 더 나아가 대왕은, 가난하거나 권력이 있거나 국가 내의 모든 사람이 법 앞에서 평등한 대우를 받게 하려고 노력했다. 당시로서는 결코 당연한 일이 아니었다.

강력한 군주,
마리아 테레지아
여제

곰브리치 세계사

무엇보다 프리드리히 대왕은 프로이센을 독일 지역의 최강국으로 만들고 합스부르크가 황제의 힘을 완전히 빼앗으려 했다. 그는 이것이 결코 힘든 일은 아니라고 생각했다. 왜냐하면 오스트리아 대공국의 지배자는 1740년 이후로 여자, 즉 마리아 테레지아 여제였기 때문이다. 그녀가 23세의 젊은 나이로 즉위하자 프리드리히 대왕은 합스부르크 왕가에게서 나라를 빼앗을 수 있는 절호의 기회가 왔다고 판단했으며 우수한 군대를 동원해 슐레지엔 지방을 점령해 버렸다. 이후로 그는 거의 평생 동안 오스트리아를 지배하는 여제와 맞서 싸웠다. 군대는 프리드리히 대왕에게 가장 중요한 것이었다. 그는 프로이센의 부대들을 혹독하게 훈련시켜 세상에서 가장 우수한 군대로 만들었다.

그러나 마리아 테레지아는 프리드리히 대왕의 예상과 달리 만만치 않은 적수였다. 그녀는 결코 호전적인 인물이 아니었다. 오히려 신앙심이 깊은 훌륭한 어머니로 자녀도 열여섯 명이나 둔 여자였다. 그녀는 비록 자신의 적수이기는 했지만 많은 점에서 프리드리히 대왕을 본보기로 삼았고 그의 개혁 정책을 오스트리아 대공국에도 도입했다. 그녀 역시 고문을 폐지했으며 농부들의 고통을 줄여 주었고 무엇보다 국민 교육에 관심을 쏟았다. 마리아 테레지아는 정말로 자신을 온 국민의 어머니로 생각했다. 그래도 모든 면에서 남들보다 더 잘 알아야 한다는 그릇된 욕심에는 빠지지 않았다. 그녀는 가장 유능한 사람들을 고문관으로 삼았는데, 이들 중 많은 사람이 오랜 전쟁 동안 프리드리히 대왕에 필적할 만한 인물로 더욱 성장했다. 마리아 테레지아는 전쟁에만 주의를 기울인 것이 아니었다. 유럽 각국의 황실에 사절을 보내 친선을 맺는 데도 성공했다. 수백 년 전부터 기회만 나면 신성 로마 제국 황제와 싸웠던 프랑스도 그녀의 편이 되었다. 마리아 테레지아는 새로운 친선 관계의 담보로서 자신의 딸 마리 앙투아네트를 프랑스 왕태자에게 시집보냈다.

결국 프리드리히 대왕은 적들에게 포위된 신세가 되었다. 오스트리아와 프랑스,

스웨덴, 게다가 막강하고 광대한 제국 러시아가 프로이센을 둘러싸고 있었다. 프리드리히 대왕은 이들의 선전 포고가 있기 직전 적대적인 작센 공국을 점령했고 위의 나라들과 7년 동안이나 혹독한 싸움을 벌였다. 이 전쟁에서 프로이센을 지원한 나라는 영국 하나뿐이었다. 하지만 대왕은 최대한 수완을 발휘해서 강대국들과의 전쟁을 견디어 나갔으며 슐레지엔 지방까지 차지해 버렸다.

1765년 이후로 오스트리아의 통치자는 마리아 테레지아 한 사람이 아니었다. 아들인 요제프가 어머니의 통치를 도왔고 마리아 테레지아가 죽은 후에는 뒤를 이어 오스트리아의 군주(요제프 2세)가 되었다. 요제프 2세는 프리드리히 대왕이나 자기 어머니보다 더 열렬히 계몽주의를 위해 싸웠다. 관용과 이성, 인도주의는 그에게 가장 중요한 가치였다. 요제프 2세는 사형 제도와 농노제마저 폐지했다. 또한 그 자신은 독실한 가톨릭 신자였지만 오스트리아의 프로테스탄트에게 다시금 예배를 허용했고 심지어 가톨릭교회로부터 토지와 재산을 일부 빼앗았다. 그는 병약했기에 오랫동안 살아남아 통치할 수는 없으리라 예감했다. 그래서 모든 개혁을 너무 열심히, 너무 성급히 추진했으며 그로 인해 신하들은 모든 것이 너무 빠르고 너무 한꺼번에 바뀐다는 불만을 가졌다. 요제프 2세는 많은 사람에게서 경탄을 자아냈지만, 백성들은 그보다 신중하고 경건했던 어머니 마리아 테레지아를 훨씬 더 사랑했다.

오스트리아와 독일에서 계몽주의가 득세했던 바로 그 시대에 아메리카에서는 영국 식민지의 많은 주민들이 영국 국왕의 신하로서 조세를 바치는 것을 거부했다. 이러한 독립 전쟁의 지도자는 벤저민 프랭클린이란 인물로, 그는 자연 과학에 몰두해서 피뢰침을 발명하기도 한 평범한 시민이었다. 프랭클린은 지극히 정의로운 동시에 이성적이고 검소한 사람이었다. 아메리카의 영국인 이주지와 무역 도시의 주민들은 그와 조지 워싱턴의 지휘 아래 영국에 대항했고 오랜 싸움 끝에 영국군을 몰아냈다. 이들은 새로운 사상의 원칙에 따라 살고자 했기에 1776년 자유와 평등에 기초한 신성한 인권을 신생 국가의 기본법으로 천명했다. 하지만 흑인 노예를 부리는 것은 아직 포기하지 않았다.

34

프랑스 혁명

유럽의 거의 모든 나라는 계몽주의를 올바른 것이라 여기고 그에 따라 통치하려 애썼다. 심지어 러시아 황제인 예카테리나 여제조차 프랑스 계몽주의자들과 지속적으로 편지를 주고받았다. 하지만 프랑스의 왕들만은 계몽주의에 관해서 아무것도 모르는 것처럼, 자신과는 아무 상관도 없는 것처럼 행동했다. 태양왕 루이 14세의 후계자인 루이 15세와 루이 16세는 위대한 선왕이 이룬 것의 겉모습만 모방할 줄 아는 무능한 사람들이었다. 이들은 호화롭고 사치스러운 향연과 오페라 상연에 엄청난 비용을 들였고 새로운 궁전과 거대한 공원을 자꾸만 지었으며 비단옷과 레이스로 치장한 무수한 시종과 관리들을 고용했다. 그 많은 돈을 어떻게 조달하는지에 관해서는 아무도 관심을 갖지 않았다. 사기꾼들이 재무 장관이 되어 협박과 사기로 막대한 돈을 긁어모았다. 농부들은 죽도록 고생해야 했고 시민들은 세금이 너무 많아서 등골이 휘었으나 귀족들은 왕궁에서 재담이나 나누고 노름이나 즐기면서 돈을 탕진했다.

영주인 귀족이 왕궁을 나와 자기 영지로 돌아오기라도 하면 농부들은 최악의 재앙을 각오해야 했다. 귀족은 신하들을 거느리고 토끼나 여우 사냥을 벌여서 농부들이 애써 일구어 놓은 농토를 말발굽으로 짓밟아 버렸기 때문이다. 하지만 불평을 한

마디라도 내뱉는 사람은 결코 무사할 수 없었다. 영주가 말채찍으로 농부의 얼굴을 직접 갈기는 것은 운이 좋은 편에 속했다. 영주는 영지의 재판관도 겸했기 때문에 농부를 제 마음대로 처벌할 수 있었다. 게다가 왕의 총애를 받는 영주는 왕에게서 종이를 한 장 받았는데, 거기에는 "…… 를 금고형에 처한다."라는 문장과 함께 루이 15세의 서명이 있었다. 영주는 빈칸에 이름만 써 넣으면 누구든지 자기 마음에 들지 않는 사람을 간단히 처리할 수 있었다.

왕궁의 귀족들은 온갖 우아한 치장을 다 하고 분과 향수를 뿌리고 레이스로 장식한 비단옷을 살랑거리며 지냈다. 루이 14세 시대의 격식을 갖춘 화려함은 귀찮은 일로 여겨졌다. 이제는 좀 더 우아하고 자유분방한 대화를 즐기는 풍습이 선호되었다. 남자들은 예전의 무거운 가발을 벗어던지고 하얀 분을 뿌린 가벼운 가발을 썼으며 꽁지처럼 땋은 머리를 달랑거리며 다녔다. 이들은 멋지게 인사를 하고 춤을 추는 데 일가견이 있었으며, 여자들은 한층 더 뛰어났다. 여자들은 꼭 조이는 코르셋형 상의에 종처럼 둥글고 풍성한 치마를 입었다. 이른바 파니에 스커트가 유행한 것이다. 귀족들이 잘 차려입고 왕궁의 가로수 길을 노니는 동안 영지는 황폐해지고 농부들은 굶주림에 시달렸다. 그러나 귀족들은 격식을 중요시하는 생활에도 곧 싫증을 내고 참신한 것을 떠올렸다. 소박함과 자연스러움을 가장한 놀이를 시작한 것이었다. 이들은 왕궁의 정원에 매혹적인 양치기 오두막을 짓고 지냈으며 저마다 그리스 전원시에 나오는 양치기의 이름을 하나씩 가졌다. 바로 이런 것이 귀족들이 생각한 자연스러움과 소박함이었다.

이처럼 화려하고 우아하며 지극히 세련된 궁정 생활 한가운데로 마리아 테레지아의 딸인 마리 앙투아네트가 들어왔다. 프랑스의 왕태자비가 되었을 때 그녀는 겨우 열네 살인 어린 소녀였다. 어린 나이의 그녀는 현실이야말로 최상의 상태라고 여겼다. 그녀는 매혹적인 가면무도회나 오페라에 아주 열심이었고 무대에서 직접 서서 어

여쁜 양치기 소녀 역할도 해냈다. 그녀에게 프랑스 왕궁의 생활은 그저 경이로울 뿐이었다. 마리 앙투아네트의 어머니와 큰오빠인 요제프 2세는 사치와 경박함으로 불쌍한 백성을 괴롭히지 말고 검소하게 생활하라고 끊임없이 타일렀다. 1777년 요제프 2세가 동생에게 쓴 장문의 진지한 편지에는 이런 구절이 나온다. "그런 식으로는 오래가지 못한다. 예방책을 강구하지 않으면 무시무시한 혁명이 일어나고 말 것이다."

화려한 궁정 생활은 12년이나 더 계속되었고, 실제로 일어난 혁명은 한층 더 무서운 것이었다. 왕실은 국고를 탕진했고 나날의 사치스러운 생활을 유지할 돈이 한 푼도 남지 않았다. 그러자 1789년 루이 16세는 삼부회, 즉 귀족과 성직자와 시민 계급의 대표자들을 불러 의회를 소집했다. 왕실의 재정 위기를 타개할 방도를 찾기 위해서였다.

그러나 왕은 삼부회에서 나온 의견과 요구 사항이 마음에 들지 않았기 때문에 궁정 의전관을 시켜 삼부회를 해산시키라고 명했다. 그러자 미라보라는 아주 영리하고 열정적인 사람이 나서서 의전관에게 말했다. "당신 주인에게 가서 말하시오. 우리는 국민의 힘으로 여기 모여 있는 것이며, 아무도 이 힘을 우리에게서 앗아 가지는 못한다고 말이오. 총검을 사용하면 또 모를까."

프랑스왕에게 그런 식으로 말한 사람은 일찍이 없었다. 왕실은 어떤 조처를 내려야 할지 알 수 없었다. 왕실에서 이 문제로 씨름을 하는 동안 삼부회는 나라의 경제난을 타개할 방안을 두고 회의를 계속했다. 당시만 해도 왕을 폐위시키겠다는 생각을 가진 사람은 없었다. 그저 다른 모든 나라에서 이미 도입한 것과 유사한 개선책을 관철시켜야겠다는 생각뿐이었다. 하지만 왕은 다른 누구에게서 지시를 받는 것에 익숙하지 않았다. 비록 왕이 취미인 세공에나 시간을 쏟는 유약하고 우유부단한 인물이었지만 당시로서는 왕의 뜻을 거스를 자는 없다는 것이 자명한 사실처럼 여겨졌다. 그래서 왕은 군대를 시켜 삼부회를 해산시키고 말았다. 이 소식을 접한 파리 시민들

은 분노에 치를 떨었다. 삼부회야말로 이들의 마지막 희망이었기 때문이다. 시민들은 함께 뭉쳐 절대 왕권의 상징인 바스티유 감옥으로 쳐들어갔다. 일찍이 여러 계몽주의 사상가들이 투옥되었고 무고한 사람들도 많이 갇혀 있다고 여겨지던 곳이었다. 왕은 파리 시민들을 더욱 자극할까 봐 발포 명령을 주저했다. 거대한 감옥의 벽은 곧 시민들에 의해 허물어졌으며 경비병들은 살해당했다. 시민들은 감옥에서 풀려난 사람들을 데리고 환호성을 지르며 온 시내를 돌아다녔다. 당시 감옥에는 진짜 범죄자밖에 없었다는 것이 밝혀졌는데도 그렇게 했다.

그동안 삼부회에서는 유례없는 일이 결의되었다. 계몽주의의 원칙을 완전하게 관철시키기로 결의한 것이다. 무엇보다 강조된 것은 모든 인간이 이성적 존재로서 평등하며 법 앞에서 동등한 대우를 받아야 한다는 원칙이었다. 이 자리에서 귀족 대표들은 모범을 보여서 자발적으로 모든 특권을 포기했으며, 이에 모든 사람이 열광했다. 결의에 따르면, 프랑스인은 누구나 관직에 오를 수 있고 모든 사람이 동일한 의무와 권리, 즉 인권을 가졌다. 그리고 국가의 진정한 지배자는 국민이며 왕은 국민의 대리인에 불과했다.

삼부회가 이런 결의를 통해 말하려 한 것이 무엇인지는 당신도 잘 알 것이다. 국민이 왕을 위해 존재하는 것이 아니라, 왕이 국민을 위해 존재하는 것임을 밝히려 한 것이다. 따라서 왕은 자신의 권력을 남용해서는 안 된다. 그런데 신문에서 이 결의를 읽은 시민들은 국민의 통치라는 개념을 좀 다르게 이해했다. 이제는 저잣거리의 사람들이 직접 통치를 맡아야 한다고 이해한 것이다. 그런데도 루이 16세는 여전히 정신을 못 차리고 자국민들을 진압하기 위해 외국 왕실과 협상을 벌였다. 이 소식을 들은 시장의 아낙네들과 소시민들은 베르사유 궁전으로 몰려갔다. 경비병을 때려죽이고 크리스털 샹들리에와 거울, 다마스크 벽지 등으로 화려하게 꾸며진 왕궁으로 들이닥쳐 국왕 내외와 아이들은 물론 모든 시종을 잡아서 파리로 끌고 갔다. 왕과 그 가

족은 이제 국민의 감시 아래서 생활하게 되었다.

루이 16세는 가족들을 이끌고 외국으로 도망치려 했다. 도망치는 와중에도 가면 무도회에라도 가는 듯 온갖 격식과 범절을 다 갖추려 했기 때문에 곧 발각되고 말았다. 다시 끌려온 왕은 가족과 함께 더욱 엄중한 감시를 받았다. 그러는 동안 신분 제도가 폐지되었기에 삼부회 대신 결성된 국민 의회는 아주 많은 개혁안을 결의했다. 가톨릭교회는 모든 영지를 몰수당했고 혁명을 피해 외국으로 도망친 귀족들의 재산도 마찬가지였다. 그리고 이제부터 여러 법률을 제정할 대표자들은 국민에 의해 선출된다는 결의도 채택되었다.

1791년에는 프랑스 각지의 수많은 젊은이들이 파리로 몰려들어 혁명을 추진했다. 그러나 다른 유럽 국가의 왕이나 제후들은 프랑스 국왕의 권력이 점차 제한되고 약화되는 것을 오랫동안 방관하지는 않았다. 물론 그렇다고 해서 열성적으로 루이 16세를 지원한 것도 아니다. 그 첫 번째 이유는 루이 16세가 그 처신 때문에 대단한 존경을 얻지 못했기 때문이며, 두 번째 이유는 프랑스의 국력이 약해지는 것은 다른 나라 군주들에게는 어느 모로 보나 환영할 만한 일이었기 때문이다. 어쨌거나 프로이센과 오스트리아는 왕을 보호하기 위해 소규모의 부대를 프랑스로 보냈다. 그러나 이러한 조처는 프랑스 국민의 분노를 더욱 키우는 결과만 가져왔다. 온 국민이 들고 일어나 외국의 간섭에 저항했다. 특히 귀족과 왕의 추종자들은 외국 세력과 결탁한 반역자라는 의심을 받았다. 성난 국민들은 어느 날 밤 수천 명의 귀족들을 집에서 끌어내어 감금하고 살해했다. 상황은 악화일로에 접어들었다. 사람들은 전통적인 모든 것을 제거하고 말살하려 했다.

제일 먼저 달라진 것은 옷차림이었다. 혁명의 신봉자들은 가발을 쓰지 않고 반바지를 입지 않았으며 비단 양말도 신지 않았다. 이들은 뾰족한 빨간 모자를 쓰고 요즘과 비슷하게 긴 바지를 입었다. 훨씬 간소하고 돈도 적게 드는 복장이었다. 사람들은

이런 차림으로 거리를 돌아다니며 외쳤다. "귀족에게 죽음을! 자유, 평등, 박애!" 그러나 박애라는 말은 가장 과격한 정파인 자코뱅파에게 결코 어울리지 않는 구호였다. 자코뱅파는 귀족뿐 아니라 견해가 다른 사람은 모두 제거하려 했다. 사람들의 머리를 간단하고 신속하게 잘라 낼 수 있는 단두대가 발명되었다. 혁명 재판소가 설치되어 날이면 날마다 사형 선고를 내렸으며, 선고를 받은 사람들은 파리의 여러 광장에서 단두대로 처형되었다.

당통

이처럼 흥분해 있는 민중의 지도자들은 참으로 묘한 사람들이었다. 개중 한 사람인 당통은 열정적인 연설로 이름을 떨쳤는데, 대범하고 무자비한 성격의 이 인물은 왕당파에 대한 투쟁을 멈추지 말라고 국민을 선동했다. 또 다른 지도자인 로베스피에르는 당통과는 정반대의 유형이었다. 고지식하고 검소하며 냉정한 성격의 변호사였던 그는 지루할 만큼 긴 연설로 유명했고, 연설에는 고대 그리스와 로마의 영웅들이 매번 등장했다. 빈틈없는 옷차림에 자로 잰 듯 정확히 걸음을 옮기면서 연단에 오르는 그의 모습은 좀 우스꽝스러우면서 무서운 학교 선생님을 연상시켰다. 로베스피에르의 연설은 언제나 미덕에 관한 것이었다. 예를 들어 카토의 미덕, 테미스토클레스의 미덕, 인간 본연의 미덕, 혹은 악덕에 대한 증오가 주요 주제로 등장했던 것이다. 그리고 악덕을 증오하는 사람이라면 프랑스의 적들을 잡아서 머리를 베어야 한다고 주장했다. 그래야만 미덕이 승리한다는 것이었다. 그런데 프랑스의 적이란 로베스피에르와 견해가 다른 모든 사람을 지칭했다. 결국 로베스피에르는 인간 본연의 미덕이라는 이름으로 자신의 적을 수백 명이나 죽음으로 몰아넣었다. 하지만 그를 위선자로 평가할 수는 없다. 그는 자신의 신념대로 행동한 것이기 때문이다. 그에게는 어떤 뇌물도 통하지 않았고 눈물의 호소도 소용없었다. 그는 정말로 두려움을 주는 사람이었다. 게다가 그 두려움을 널리

로베스피에르

곰브리치 세계사

확산시키고자 했다. 이성의 적들에게는 두려움을 줘야 한다는 것이 그의 생각이었다.

　　루이 16세 역시 혁명 재판소에서 사형을 언도받았다. 외국의 힘을 끌어들여 자국민을 해하려 했다는 죄목이었다. 얼마 후 마리 앙투아네트도 참수되었다. 죽음의 순간에 두 사람은 평소보다 더 위엄 있고 당당한 태도를 보였다. 외국의 왕실은 두 사람이 처형되고 나서야 사태의 심각성을 깨달았다. 그래서 많은 병력을 파리로 보냈지만, 프랑스 국민은 자유를 빼앗기려 하지 않았다. 프랑스 남자들은 모두 군대에 소집되었고 프로이센군, 오스트리아군 등은 격퇴되었다. 그동안 파리와 지방 도시들에서는 공포 정치의 광기가 점점 더 극에 달하고 있었다.

루이 16세는
사형을 언도받고
단두대에서
참수되었다.

로베스피에르와 일부 지도자들은 크리스트교를 낡은 미신이라 선포하고 신의 자리에 법을 올려놓았다. 신 대신 이성을 경배해야 마땅하다는 것이었다. 그러더니 어느 인쇄공의 젊은 신부에게 하얀 드레스와 파란 망토를 입히고는 이성의 여신이라 부르면서 장중한 음악에 맞춰 시내를 돌게 하는 행사를 벌였다. 하지만 이 정도의 행사로는 로베스피에르가 생각하는 미덕을 충분히 표현할 수 없었다. 그래서 신은 존재하며 인간 영혼은 불멸임을 규정한 새로운 법령을 발효시켰다. 이제 '지고한 존재'(당시 신을 지칭하던 명칭)의 사제인 로베스피에르는 머리에 깃털 장식을 꽂고 손에는 꽃다발을 들고서 의식을 집전했다. 엄숙한 의식을 치르는 그의 모습은 꽤나 우스웠을 것이며 당시 사람들은 간신히 웃음을 참았을 것이다. 얼마 후에는 로베스피에르의 권력도 종지부를 찍었다. 당통은 매일같이 사람들의 머리를 자르는 일에 염증을 느낀 나머지 이제는 자비와 연민을 베풀자고 주장했다. 그러자 로베스피에르는 이렇게 응수했다. "범죄자에게 연민을 베풀자고 주장하는 자는 범죄자다." 당통 역시 목이 잘렸지만, 로베스피에르의 승리도 이것이 마지막이었다. 로베스피에르는 다시금 장구한 연설을 시작했다. 자유의 적들이 도처에 도사리고 있기에 악이 승리하고 조국이 위험에 처해 있으며 따라서 반역자들의 처형에도 박차를 가해야 한다는 것이 연설의 골자였다. 이때 여태껏 볼 수 없었던 일이 일어났다. 그 누구도 박수를 치지 않았고 장내는 쥐 죽은 듯 조용했던 것이다. 며칠 뒤에는 로베스피에르도 목이 달아났다.

프랑스의 적은 모두 격퇴되었다. 귀족들은 모두 죽거나 추방되지 않으면 자발적으로 평민이 되었다. 법 앞의 평등이 실현되었고 교회와 귀족의 재산은 농노의 굴레에서 해방된 농부들에게 분배되었다. 프랑스 사람은 누구나 원하는 직업을 가질 수 있었고 능력만 있으면 어떤 직책이든 오를 수 있었다. 그러나 투쟁에 지친 국민들은 거대한 승리의 결실을 평화와 질서 속에서 누리고 싶었다. 1795년 혁명 재판소는 폐지되고 다섯 명의 대표가 이끄는 총재 정부가 새로운 원칙에 따라 나라를 다스렸다.

그동안 혁명의 이념은 프랑스 너머까지 전파되었고 인접 국가들에서도 열광적인 환영을 받았다. 벨기에와 스위스도 인권과 평등이란 기본 원칙에 따라 공화국을 세웠으며, 프랑스 정부는 군대를 보내 이 나라들을 지원했다. 그런데 이 지원군 중에는 훗날 혁명 전체보다 더 거센 힘을 갖게 되었던 한 군인이 복무하고 있었다.

단두대에
오르기 전의
마리 앙투아네트

35

마지막 정복자

　내가 세계사에서 가장 재미있게 여기는 점은 그 모든 사건이 실제로 발생했다는 것이다. 기이하기 짝이 없는 그 모든 일이 당신과 내가 살아 있는 것처럼 엄연한 현실로 존재했다는 점을 생각하면 신기하다는 생각마저 든다. 이렇게 실제로 일어난 사건들은 꾸며 낸 이야기보다 더 흥미로워서 절로 경탄을 자아낸다. 이제부터 흥미롭고 경탄을 금치 못하게 하는 사건, 하지만 당신과 내가 살아 있는 것만큼 엄연한 현실이었던 사건을 이야기하려 한다. 이 사건은 그다지 오래전에 일어난 일이 아니다. 내 할아버지가 지금의 당신 나이였을 때 몸소 체험한 일이기도 하니까 말이다.

　물론 이 경우에도 어디서부터를 시작으로 잡을지는 어렵다. 대략 이렇게 시작하자. 이탈리아에 산세가 험하고 햇볕이 잘 드는 가난한 섬인 코르시카가 있다. 그곳에 아내와 자식 여덟 명을 거느린 변호사가 살았다. 그의 성은 이탈리아어로 부오나파르테였다. 1769년 그의 둘째 아들인 나폴레옹이 태어났을 때 제노바인들이 이 섬을 프랑스에 팔아 버렸다. 코르시카의 원주민들은 이를 반기지 않았기에 프랑스 관리와 주민들 사이에 싸움이 끊이지 않았다. 나폴레옹은 아버지의 뜻에 따라 장교가 되기로 하고 열 살의 나이에 프랑스의 군사 학교로 진학했다. 나폴레옹은 아버지의 재정적 지원을 거의 받지 못했기에 가난하게 생활했다. 그래서인지 어린 나폴레옹은 성격이 침울했고 동급생들과도 어울리지 않았다. "학교에 가면 나는 구석 자리를 찾아 앉아서 마음 가는 대로 이런저런 공상에 잠기곤 했다. 친구들이 내 구석 자리를 빼앗으려 하면 나는 사력을 다해 막았다. 의지만 강하면 승리할 수 있고 원하는 것이 내 차지가 될 수 있다는 것을 나는 그때 이미 감지했다." 후일 나폴레옹은 이렇게 말했다.

　나폴레옹은 기억력이 비상했고 공부도 열심히 했다. 그는 열일곱 살 때 프랑스군의 소위로 임관되었다. 키가 아주 작았던 그는 꼬마 대장이란 별명을 얻었다. 그는 배불리 먹은 적이 거의 없었지만 책을 아주 많이 읽고 모든 것을 이해하려 애썼다. 3년 후인 1789년 프랑스 혁명이 일어나자 코르시카는 프랑스의 지배에서 벗어나려 했다. 나폴레옹도 고향으로 가서 잠시 프랑스인들에 맞서 싸우다가 다시 파리로 돌아왔다. 당시 편지에서 그는 이렇게 쓰고 있다. "파리에 있어야 뭔가 큰일을 성취할 수 있다." 그의 생각은 틀리지 않았다. 실제로 파리에서 뭔가를 성취한 것이다. 나폴레옹의 고향 사람 하나가 마침 프랑스군의 한 부대에서 고위 장교로 근무하고 있었는데, 혁명 정부는 반항적인 지방 도시 툴롱을 진압하기 위해 이 부대를 파견했다. 그는 25세의 나폴레옹 중위를 데려갔는데, 이 결정을 후회할 일은 결코 일어나지 않았다. 나폴레옹은 어디에 대포를 설치하고 어느 곳을 포격해야 할지 정확히 알았기 때문에 도시는 곧 점령되었다. 이렇게 세운 공훈 덕에 나폴레옹은 장군에 임명되었다. 하지만 혼란의 시대에는 그 정도만으로 출세가 보장될 수 없었다. 한 정당과 가까워지면 다른 정당과는 적대적이 될 수밖에 없었기 때문이다. 그를 장군으로 임명한 정부는 로베스피에르를 지지하는 파였는데, 이 정파가 권력에서 밀려나자 나폴레옹도 체포되었다. 얼마 후 나폴레옹은 풀려났지만 자코뱅파와 친분이 있었다는 이유로 강등된 후 군대에서 쫓겨났다. 다시금 빈한한 생활을 시작한 그에게는 아무런 희망도 남아 있지 않았다. 그런데 이번에도 나폴레옹을 아는 어떤 사람이 파리의 5인 총재 정부에 그를 추천했고, 그는 젊은 귀족들이 일으킨 반란을 진압하는 데 나섰다. 나폴레옹은 군중을 향해 가차 없이 발포하라는 명령을 내렸고 결국 진압에 성공했다. 다시금 공훈을 인정받은 나폴레옹은 장군으로 복귀했고 소규모 부대의 사령관을 맡아 이탈리아로 파견되었다. 여기서도 프랑스 혁명의 이상을 전파하는 것이 그가 맡은 사명이었다.

하지만 성공하리란 전망은 거의 없는 사명이었다. 당시 프랑스는 경제적 위기에 처해 있었고 정치적으로도 혼란스러웠기 때문에 군대의 장비마저 형편없었다. 이제 프랑스식으로 보나파르트라 불리는 나폴레옹 장군은 1796년 출정하기 직전 병사들에게 연설을 했다. "병사들이여! 제군들은 헐벗고 굶주렸다. 정부는 고된 복무에 시달리는 당신에게 봉급조차 주지 못하고 있다. 그러나 나는 제군들을 세상에서 가장 풍요로운 곳으로 인도할 것이다. 부유한 시골과 커다란 도시들이 당신에 의해 점령될 것이다. 그리고 당신은 명예와 명성과 부귀를 얻을 것이다. 병사들이여! 용기와 인내를 보여 주지 않겠는가?" 이처럼 나폴레옹은 병사들의 사기를 진작시킬 줄 알았고 우세한 적군을 물리칠 지략도 있었기에 도처에서 승리를 거두었다. 전장으로 떠난 지 몇 주도 되지 않아 그는 명령서에 다음과 같이 썼다. "병사들이여! 2주 만에 제군들은 여섯 번 승리를 거두었고 스물한 장의 군기와 55문의 대포를 노획했다. 제군들은 대포도 없이 승리를 거두었고 다리가 없어도 강을 건넜으며 군화가 없어도 행군을 쉬지 않았다. 먹을 빵이 없을 때도 적지 않았다. 내 확신하건대, 제군들이 고향에 돌아가면 자랑스러운 목소리로 이렇게 말할 수 있으리라. 나는 이탈리아를 정복한 군대에 있었소."

실제로 나폴레옹의 부대는 아주 짧은 시간 내에 이탈리아 북부를 정복했고 그곳에 프랑스나 벨기에와 같은 공화국을 수립시켰다. 나폴레옹은 훌륭한 이탈리아 예술품 중 마음에 드는 것이 있으면 파리로 보냈다. 그러고는 계속해서 북쪽의 오스트리아로 향했다. 합스부르크가의 황제가 보낸 군대와는 이미 이탈리아에서 싸운 적이 있

었다. 나폴레옹의 부대가 슈타이어마르크 지방의 레오벤이란 도시에 머물 때, 황제가 빈에서 보낸 사절단이 도착했다. 회의장에 황제의 사신이 앉을 높은 의자가 마련되자 나폴레옹이 말했다. "저 의자를 치우게. 나는 옥좌만 보면 앉고 싶어지니까." 그는 황제로 하여금 라인강 너머의 모든 땅을 프랑스에 넘기게 하고는 파리로 돌아갔다. 하지만 파리에는 그가 할 일이 아무것도 없었다. 그래서 정부에 자신의 대담한 계획을 밝혔다. 당시 프랑스의 최대 적국은 영국이었다. 영국은 아메리카와 아프리카, 인도, 오스트레일리아에 많은 식민지를 가진 강대국이었다. 이런 영국을 직접 공격하기에 프랑스군은 너무 약했다. 게다가 쓸 만한 함선도 충분하지 않았다. 그나마 영국의 식민지를 공격하는 것은 훨씬 수월한 일이었다.

그리하여 나폴레옹은 영국이 지배하는 이집트로 자신을 파견시켜 달라고 요청했다. 그는 알렉산드로스 대왕처럼 동방 전체를 정복하겠다는 포부를 품고 있었다. 그는 병사들뿐 아니라 고대 유적을 연구할 학자들도 데려갔다. 이집트에 도착한 나폴레옹은 이슬람교도들을 모아 놓고 자신이 무함마드 같은 대예언자라도 되는 양 연설을 했다. 나폴레옹은 이슬람교도들이 마음속에 품고 있는 생각을 속속들이 알고 있으며 자신이 이집트에 오리라는 것은 수백 년 전부터 예언된 사실이고 쿠란에도 적혀 있노라고 호언장담했다. "그러므로 내게 대항하려는 모든 시도는 부질없는 짓임을 알라. 내가 벌이는 모든 일은 성공하도록 예정되어 있기 때문이다."

처음에는 정말로 그런 것처럼 보였다. 1798년 피라미드 근처에서 벌어진 대전투에서 나폴레옹은 이집트 군대를 격퇴했고 몇 차례의 다른 전투에서도 승리했다. 육지전에서는 나폴레옹을 능가할 사람이 없었던 것이다. 물론 해전에서는 여전히 영국인이 가장 뛰어났다. 특히 영국의 유명한 넬슨 제독은 이집트 해안의 아부키르 근처에서 프랑스 함대를 거의 전멸시켰다. 그러던 중 나폴레옹의 군대 안에서 전염병이 돌았고 프랑스 정부 내에서 불화와 반목이 심해졌다는 소식도 들려왔다. 나폴레옹은

병사들을 내버려 두고 혼자 비밀리에 프랑스로 귀국했다. 나폴레옹은 이제 유명한 1798년
피라미드 전투 장군이었으며, 모두들 그가 적국과의 싸움에서처럼 국내 정치에서도 유능함을 발휘할 인물이라 믿었다. 그리하여 1799년 나폴레옹은 파리의 정부 청사에 대포를 겨눴고 병사들을 시켜 의원들을 의사당에서 내쫓았다. 최고 권력을 장악한 그는 고대 로마인들의 집정관 제도를 흉내 내서 통령 제도를 마련했다.

통령 자리에 오른 나폴레옹은 화려한 프랑스 왕궁에서 국정을 돌봤고 쫓겨난 귀족들도 다시 불러들였다. 그가 밤이고 낮이고 가리지 않고 전념했던 문제는 프랑스의 질서를 다시 잡는 일이었다. 그는 언제 어디서든 자신이 원하는 방식으로 사회 질서가 유지되기를 원했다. 그리고 이 목표를 달성하고야 말았다. 그는 새로운 원칙에 근거한 법전을 내놓았고 여기에 '나폴레옹 법전'이란 이름을 붙였다. 그리고 다시 이탈리아로 출정하는 과정에서 오스트리아를 한 번 더 짓밟았다. 나폴레옹은 병사들의 우상이었고 모든 프랑스인이 그를 숭배했다. 나폴레옹 덕분에 프랑스는 다시 명성을 얻었고 점령지도 많이 확보했기 때문이다. 프랑스 국민은 그를 종신 통령에 임명했다.

프랑스의
황제가 된
대관식

그러나 나폴레옹은 그 정도에 만족하지 못했다. 그 이상의 것을 원했다. 1804년 나폴레옹은 스스로 황제의 자리에 올랐다. 프랑스인의 황제가 된 것이다. 그에게 황제의 관을 씌워 주기 위해 교황이 몸소 파리로 왔다. 얼마 후 나폴레옹은 이탈리아왕의 자리에도 올랐다. 유럽 여러 나라는 막강한 힘을 얻은 이 새로운 인물을 두려워했다. 영국과 독일의 공국들, 오스트리아, 러시아, 스웨덴은 동맹을 맺어 나폴레옹에 대항했다. 하지만 나폴레옹은 전혀 움츠러들지 않았다. 적국의 군대가 아무리 막강해도 그에게 두려움을 줄 수는 없었다. 나폴레옹은 과감히 맞섰고 1805년 모라비아 지방의 아우스터리츠에서 동맹군을 완패시켰다. 이제 그는 거의 전 유럽의 지배자라 할 수 있었다. 그는 모든 친인척에게 작은 선물을 주었다. 왕국을 하나씩 나눠 주었던 것이다. 그의 의붓아들은 이탈리아를 얻었고 그의 형은 나폴리를 차지했다. 또 남동생은 네덜란드를 얻었으며 처남은 독일의 일부, 여동생들은 이탈리아 여러 공국의 주인이 되었다. 약 20년 전 코르시카의 초라한 식탁에 둘러앉았던 가난한 변호사의 자식들이 눈부신 출세를 이룬 것이었다.

나폴레옹은 독일 지역에서도 모든 권력을 장악했다. 이미 오래전부터 빈의 황제를 무시해 왔던 독일 영주들이 강력한 나폴레옹과 동맹을 맺었기 때문이다. 얼마 후 프란츠 황제는 신성 로마 제국 황제의 칭호를 포기했다. 카롤루스 대제의 로마 대관식에서 시작된 신성 로마 제국은 1806년 이렇게 종말을 고했다. 합스부르크가의 프란츠는 이제부터 오스트리아 제국의 황제로만 불렸다.

그 직후 나폴레옹은 호엔촐레른을 공격했고 단 며칠 만에 프로이센 군대를 완패시켰다. 1806년 베를린에 입성한 그는 전 유럽에 법령을 선포했다. 무엇보다 그는 어느 유럽 국가도 프랑스의 적국인 영국과 교역을 해서는 안 된다는 명령을 내렸다. 이것을 '대륙봉쇄령'이라 한다. 나폴레옹은 강력한 나라인 영국을 군사적으로 제압할 함대가 없었기 때문에 이런 방식으로 파멸시키려 했다. 여러 나라가 힘을 합쳐 다시 저항해 나서자 한 번 더 독일 지역으로 쳐들어갔고 프로이센과 동맹을 맺은 러시아 군대와 싸웠다. 1807년에 그는 막냇동생에게도 독일의 한 지역을 왕국으로 선사할 수 있었다.

다음은 에스파냐 차례였다. 나폴레옹은 이 나라 역시 정복해서 형인 조제프에게 왕국으로 선사했다. 개중 나폴리만은 처남에게 나눠 주었다. 그러나 유럽의 여러 민족은 나폴레옹 가족의 선물로 취급당하는 것을 더 이상 참을 수 없었다. 1808년 이후 프랑스인의 지배를 허용하려 하지 않은 최초의 민족은 에스파냐 사람들이었다. 이들은 군대를 조직해서 전투를 벌이지는 못했지만 전 국민이 지속적으로 싸움과 폭동을 일으켰고 그만큼 프랑스인들의 진압도 잔혹해졌다. 오스트리아 황제 역시 더 이상은 나폴레옹의 명령을 감내하려 하지 않았다. 그리하여 1809년 다시 전쟁이 일어났다.

나폴레옹은 군대를 이끌고 빈으로 향했다. 그의 군대는 빈 근처의 아스페른에서 사상 처음 패배를 당했지만 며칠 후 바그람에서 오스트리아군을 완전히 섬멸했다. 나폴레옹은 빈에 입성했고 쇤브룬궁에 머물렀다. 게다가 그는 프란츠 황제에게 공주를 자신의 아내로 줄 것을 강요했다. 500년 이상 빈을 통치해 온 합스부르크가의 황제로서는 쉬운 결정이 아니었다. 나폴레옹은 영주 가문이 아니라 하찮은 장교 출신이었고 그저 남다른 재능 덕분에 유럽의 주인이 된 인물이었기 때문이다.

1811년 황후 마리 루이즈가 낳은 아들에게 나폴레옹은 '로마 왕'이라는 칭호를 주었다. 이제 그의 제국은 카롤루스 대제의 제국보다 훨씬 더 넓었다. 그럴 것이 그의 형제자매나 장군들은 모두가 여러 왕국의 이름뿐인 주인이었기 때문이다. 이들의 행동거지가 마음에 들지 않으면 나폴레옹은 편지를 써서 나무랐다. 일례로 베스트팔렌 지방의 왕인 동생에게는 이런 편지를 썼다. "네가 평소에 병사들에게 어떤 명령을 내

'로마왕'

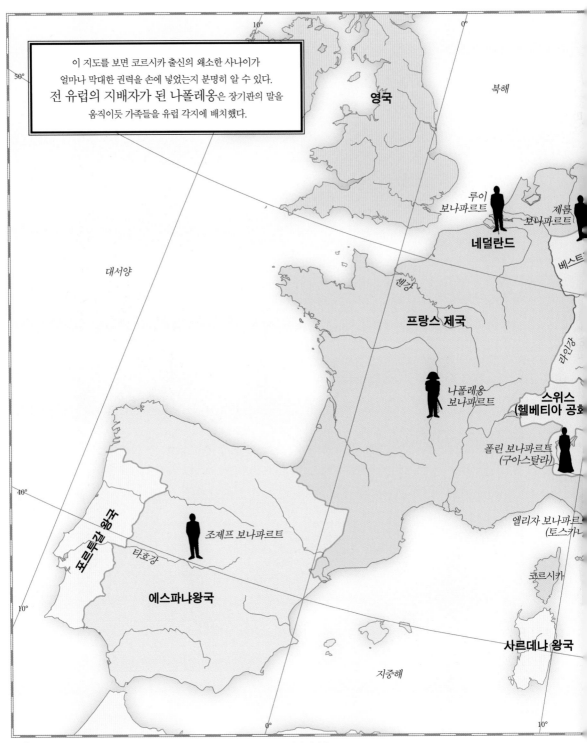

이 지도를 보면 코르시카 출신의 왜소한 사나이가
얼마나 막대한 권력을 손에 넣었는지 분명히 알 수 있다.
전 유럽의 지배자가 된 나폴레옹은 장기판의 말을
움직이듯 가족들을 유럽 각지에 배치했다.

10°

0°

50°

북해

영국

루이
보나파르트

제롬
보나파르트

네덜란드

베스트

대서양

렌강

프랑스 제국

라인강

나폴레옹
보나파르트

스위스
(헬베티아 공화

폴린 보나파르트
(구아스탈라)

40°

엘리자 보나파르트
(토스카나

포르투갈왕국

조제프 보나파르트

타호강

코르시카

10°

에스파냐왕국

사르데냐 왕국

지중해

0°

10°

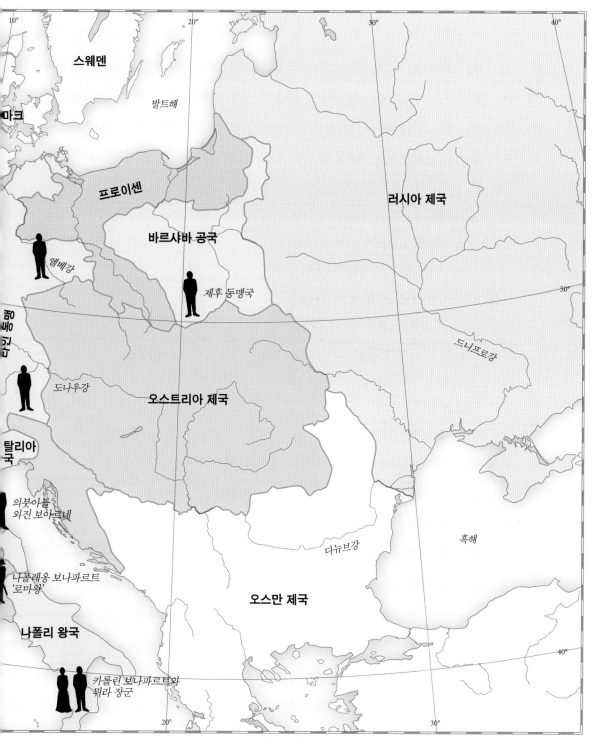

스웨덴

발트해

프로이센

마크

엘베강

바르샤바 공국

러시아 제국

제후 동맹국

드니프로강

도나우강

오스트리아 제국

탈리아 국

의붓아들 외젠 보아르네

나폴레옹 보나파르트 '로마왕'

다뉴브강

흑해

오스만 제국

나폴리 왕국

카롤린 보나파르트와 뮈라 장군

리는가 확인해 보면 독일과 오스트리아, 프랑스 사람들이 얼마나 너를 비웃고 있을
지 눈에 선하다. 네 주위에는 몇 마디나마 진실을 말해 주는 친구도 없단 말이냐? 너
는 왕이고 황제의 동생이다. 하지만 전쟁이 일어나면 그런 건 아무 도움도 되지 않는
다. 너는 철저히 군인이어야 한다. 장관을 부리고 사신을 파견하고 호사스러운 생활
을 영위하는 것. 이 모든 것은 금물이다. 잠은 전위대와 함께 막사에서 청하고 밤낮으
로 말을 타고 생활하며 전위대와 함께 진군해야 제때 보고를 받을 수 있단 말이다."
이 편지의 마지막 말은 다음과 같다. "이런 제기랄, 편지를 쓰거나 말을 할 때는 정신
좀 똑바로 차려라!" 나폴레옹은 유럽의 왕인 형제들을 이런 식으로 다루었다. 하물
며 유럽의 다른 민족은 말할 것도 없었다. 이들에게서는 돈과 병사만 공급받으면 될
뿐, 이들의 생각이나 감정은 관심 밖의 문제였던 것이다. 그러나 여러 나라의 국민들
은 더 이상 압제를 견디려 하지 않았다. 나폴레옹이 오스트리아 황제에게서 빼앗아
바이에른 왕국에 선사한 티롤 지방의 농부들이 에스파냐의 뒤를 이어서 프랑스와 바
이에른 군대에 저항했다. 그러자 나폴레옹은 농민군의 우두머리인 안드레아스 호퍼
를 사로잡아 총살했다.

독일에서도 프랑스 황제의 횡포와 폭력에 대한 전 민족의 흥분과 분노가 들끓었
다. 프랑스의 지배를 받게 되자 이제 대다수 독일 영주국은 역사상 처음으로 자신들
이 운명 공동체임을 깨달았다. 자신들은 모두가 독일인이지 프랑스인이 아니라는 점
을 분명히 깨달은 것이다. 프로이센왕이 작센왕과 동맹을 맺었거나 바이에른왕이 나
폴레옹의 동생과 동맹을 맺은 것 따위는 별로 중요하지 않았다. 외세의 지배를 당하
고 있다는 모든 독일인의 공통적 체험이 독일인 공통의 의지, 즉 해방의 의지를 낳
은 것이다. 학생과 시인, 농부와 귀족을 가릴 것 없이 모든 독일인이 영주들의 뜻을
거스르고 함께 뭉쳐 해방을 도모한 것은 역사상 처음 있는 일이었다. 물론 결코 쉬
운 일은 아니었다. 나폴레옹은 막강했다. 독일의 가장 위대한 시인 괴테는 당시 이런

말을 했다. "그대들을 묶고 있는 쇠사슬만 흔드시오. 그 사람은 그대들이 맞서기에는 너무 위대하오." 실제로 모든 영웅심과 열정도 나폴레옹의 권세는 오랫동안 꺾지 못했다. 나폴레옹을 무너뜨린 것은 그 자신의 지나친 명예욕이었다. 그는 자신이 지닌 권력에 좀처럼 만족할 줄 몰랐다. 이제 겨우 시작이라고 생각한 것이다. 이제는 러시아 차례였다. 러시아는 영국과 무역을 하지 말라는 나폴레옹의 명을 어겼으므로 응분의 대가를 치러야 했다.

나폴레옹은 거대한 제국의 각지에서 병사를 징집해 60만 대군을 모았다. 100만의 절반이 넘는 규모는 유럽의 역사에서 유례가 없었다. 나폴레옹의 대군은 1812년 러시아를 향해 진군했다. 그러나 러시아 내륙으로 아무리 깊이 들어가도 전투는 일어나지 않았다. 러시아인은 스웨덴의 칼 12세에게 침략당했을 때와 비슷하게 후퇴만

나폴레옹의
러시아 침략

거듭했다. 나폴레옹 군대가 마침내 모스크바 성문 앞에 이르자 그제야 대규모의 러시아군이 나타났다. 나폴레옹은 이들을 물리쳤다. 당연한 일이었다. 나폴레옹에게 전투란 퀴즈 박사가 퀴즈를 푸는 것만큼 쉬운 일이었기 때문이다. 그는 적군의 배치만 봐도 어디로 부대를 보내 어떻게 적을 포위하고 어떻게 공격해야 할지 알고 있었다. 그리하여 나폴레옹은 모스크바로 입성했지만 도시는 텅 비어 있었다. 대다수 시민들이 도주해 버렸던 것이다. 계절은 이미 늦가을로 접어들었다. 나폴레옹은 유서 깊은 크렘린 궁전에 눌러앉았고 러시아인들이 나타나 자신의 강화 조건에 서명을 하기만 기다렸다. 그때 모스크바 근교가 모두 불타고 있다는 소식이 들려왔다. 당시 모스크바에는 목조 건물이 무척 많았다. 프랑스인들을 궁지로 몰아넣기 위해 러시아인들이 지른 것으로 보이는 이 불은 도시 전체로 점점 번져 나갔다. 나폴레옹 군대는 갖은 애를 썼지만 끝내 불길은 잡을 수 없었다.

모스크바가 잿더미로 변한다면 60만 명의 병사는 어디서 무엇을 먹으며 지낼 것인가? 결국 나폴레옹은 퇴각을 결심했다. 하지만 이미 겨울이었고 견딜 수 없는 추위가 시작되었다. 게다가 모스크바로 진군하는 동안 군대는 근처 모든 지역에서 식량을 약탈하고 먹어 치운 상태였다. 매서운 추위를 견디면서 사람 그림자 하나 보이지 않는 넓디넓은 러시아의 대평원을 행군하는 것은 비참하기 그지없는 일이었다. 추위와 굶주림에 쓰러져 죽는 병사가 점점 늘어만 갔다. 수천 마리의 말도 목숨을 잃었다. 게다가 러시아의 카자크족 기마대가 측면과 배후에서 공격해 왔다. 프랑스군은 필사적으로 저항했으며 모진 눈보라와 카자크족의 포위망을 뚫고 가까스로 거대한 베레지나강을 건널 수 있었다. 그러나 완전히 기진맥진한 병사들은 절망감 외에는 아무것도 느낄 수 없었다. 이 혹독한 참패의 와중에서 부상과 병마를 견디고 살아남아 국경을 넘은 병사는 전체의 20분의 1 정도였다. 간신히 러시아를 벗어난 나폴레옹은 농부로 변장한 채 썰매를 타고 급히 파리로 향했다.

파리에 도착한 나폴레옹이 가장 먼저 착수한 일은 군대를 소집하는 것이었다. 그의 힘이 약해지자 모든 민족이 들고 일어났기 때문이다. 실제로 나폴레옹은 젊은이들로 구성된 대군을 조직할 수 있었다. 이 프랑스 청소년들은 나폴레옹이 정복지 민족들을 제압하기 위해 보낼 수 있는 마지막 병력이었다. 프로이센으로 진군한 그에게 오스트리아 황제가 재상인 메테르니히를 보내왔다. 강화 협상을 제안하려는 것이었다. 메테르니히는 온종일 나폴레옹과 협상을 벌였다. 메테르니히가 말했다. "이번에 폐하가 소집한 이 어린 병사들이 모두 죽으면 어떻게 하실 겁니까?" 이 말을 들은 나폴레옹은 분노에 휩싸인 나머지 낯빛이 변해서 이렇게 소리쳤다. "당신은 군인이 아니라서 군인의 영혼 속에 무엇이 흐르는지 모르오. 나는 전쟁터에서 성장한 사람이오. 나 같은 사람에게는 100만 명의 목숨쯤은 아무것도 아니오." 메테르니히가 후일 전하는 바에 따르면, 나폴레옹은 이렇게 소리치면서 방구석으로 모자를 집어 던졌다.

메테르니히는 몸을 일으켜 모자를 집어 주는 대신 침착한 목소리로 이렇게 말했다. "방 안의 저에게만 그런 말씀을 하시는 이유는 뭡니까? 아예 방문을 활짝 열고 프랑스 구석구석까지 들리도록 큰 소리로 말씀하시죠?" 나폴레옹은 오스트리아 황제의 강화 조건을 받아들이지 않았다. 그는 자신이 승리하지 못하면 프랑스인의 황제로 머물 수 없을 것이라고 메테르니히에게 말했다. 그리하여 1813년 라이프치히 근처에서 나폴레옹 군대와 유럽 동맹군 사이의 전투가 벌어졌다. 나폴레옹은 첫날을 잘 견뎌 냈다. 하지만 둘째 날에는 원래 나폴레옹 편이었던 작센 군대가 갑자기 편을 바꾸었다. 나폴레옹은 전투에 패해 도망쳐야만 했다. 그는 추격해 오는 유럽 동맹군을 물리치고 파리로 후퇴했다.

나폴레옹의 생각은 옳았다. 나폴레옹이 패배하자 프랑스인들은 그를 폐위시켰다. 그리고 나폴레옹에게 엘바라는 작은 섬을 영지로 주고는 그곳에서 조용히 지내길 바랐다. 하지만 그를 격퇴한 유럽의 제후와 황제들은 1814년 빈에서 회의를 열고 유럽을 다시 분할하기로 결정했다. 이들의 판단에 따르면, 계몽주의의 기본 원칙, 이른바 인간의 자유라는 이념이야말로 수차례의 혁명과 나폴레옹의 등장을 낳은 것이고 이런 사건들로 인해 온갖 무질서와 희생이 초래된 것이었다. 이들은 모든 혁명을 완전히 무효로 만들고 싶었다. 특히 메테르니히는 모든 것을 혁명 이전의 상태로 되돌리고 다시는 혁명이 일어날 수 없게 만들고자 했다. 그래서 그는 오스트리아에서 정부나 황제의 허락을 받지 않은 인쇄물이나 저작물을 금하는 정책을 주도적으로 펼쳤다.

프랑스에서는 혁명의 불씨가 완전히 꺼져 버렸다. 단두대에서 처형된 루이 16세의 동생이 루이 18세로 즉위했다.(혁명 중에 목숨을 잃은 루이 16세의 아들은 왕위에 오르지 못했지만 루이 17세로 친다.) 이 새로운 루이왕은 26년에 걸친 혁명과 황제 시대는 아무것도 아니었다는 듯 불행한 죽음을 맞은 형과 다름없이 사치스럽고 몰지각한

빈 회의

곰브리치 세계사

궁정 생활을 했다. 프랑스인들의 불만은 극에 달했다. 이 소식을 들은 나폴레옹은 1815년 병사 몇 명과 함께 몰래 엘바 섬을 빠져나와 프랑스에 도착했다. 루이 18세가 군대를 보냈지만 병사들은 나폴레옹을 보자마자 그의 편으로 돌아섰다. 다른 모든 군인도 마찬가지였다. 며칠 만에 다시 황제에 오른 나폴레옹은 민중의 환호성을 들으며 파리에 입성했고 루이 18세는 도망쳤다.

웰링턴 공작

여전히 빈에 남아 회담 중이었던 유럽의 제후들은 이 소식을 듣고 깜짝 놀랐다. 이들은 나폴레옹을 인류의 적이라고 선언했다. 영국의 웰링턴 공작을 총사령관으로 하여 영국군과 프로이센군이 주력을 이루는 병력이 벨기에에 집결했다. 나폴레옹은 곧장 이들을 공격했으며 워털루 근처에서 치열한 전투가 벌어졌다. 다시금 나폴레옹이 승리를 거둘 것 같았으나 그의 장군 한 사람이 명령을 오인해서 부대를 잘못된 방향으로 보내고 말았다. 프로이센군의 사령관 블뤼허 장군은 패잔병들을 끌어모아 이렇게 말했다. "사실 불가능한 일이다. 하지만 가능해야만 한다."

엘바섬에서
돌아온
나폴레옹이
크게 패배한
1815년
워털루 전투

그러고는 그날 저녁 다시금 공격 명령을 내렸으며, 나폴레옹은 최후의 패배를 맛보
았다. 나폴레옹은 군대를 이끌고 도주했지만 다시금 황제 자리에서 쫓겨났고 프랑
스를 떠나야 했다.

　이제 나폴레옹은 영국 배로 도망을 쳤고 자신이 한 번도 이기지 못한 유일한 적
국의 처분에 순순히 응하기로 했다. 그는 영국 법의 보호를 받으며 일개 평민으로 살
고 싶다는 의사를 밝혔다. 그리고 영국인들의 관대한 처분을 바랐다. 하지만 나폴레

옹 자신은 살아오면서 관용을 베푼 적이 많지 않았다. 영국인들은 그를 포로로 취급했고 멀리 대서양 한가운데 떠 있는 황량한 외딴 섬 세인트헬레나에 유배시켰다. 다시는 도망쳐 나올 수 없게 하려는 것이었다. 이 섬에서 그는 6년 동안 무력하고 외로운 생활을 했다. 그는 자신의 업적과 승리에 관한 회고록을 받아쓰게 하고, 감시 없이는 산책조차 허락하지 않는 영국 관리들과 다투면서 하루하루를 보냈다. 키가 작고 낯빛은 창백했으나 이전의 어느 지배자보다도 강한 의지력과 명석한 정신력을 지녔던 한 남자의 최후는 그런 모습이었다. 그리고 유럽은 다시금 지난 시대의 위대한 권력자들, 유서 깊은 여러 제후 가문의 손아귀에 놓였다. 나폴레옹의 모자를 집어 들지 않았던 엄격하고 고집 센 메테르니히는 빈에서 사절단을 파견해 유럽의 운명을 좌우했고 혁명의 여파를 지우기 위해 애썼다.

36
인간과 기계

    메테르니히와 러시아, 오스트리아, 프랑스 그리고 에스파냐의 보수적 군주들은 프랑스 혁명 이전의 생활상을 외형적으로는 복구할 수 있었다. 왕궁은 다시금 웅장해졌고 가슴에 커다란 훈장을 단 귀족들이 커다란 영향력을 행사했다. 시민들 사이에서는 정치적 논의가 금기시되었으며, 이런 상황을 반긴 사람도 적지 않았다. 시민들은 가족들과 많은 시간을 보냈으며 독서를 즐기고 무엇보다 음악에 지대한 관심을 기울였다. 과거에 음악은 춤이나 민요, 성가를 위한 부수적 기예에 지나지 않았으나 지난 100년 동안에 인간에게 가장 많은 것을 전할 수 있는 예술로 부각되었다. 그렇지만 '비더마이어 시대'라 불린 이 시절의 평온과 여유로움은 동전의 한 면에 불과했다. 메테르니히는 계몽사상을 금지시킬 수 없었을 뿐 아니라 그런 생각은 꿈에도 하지 않았다. 일찍이 계몽의 시대에 사람들의 마음을 끌었던 것은 갈릴레이의 이념, 즉 자연을 이성적이고 수리적으로 고찰하려는 이념이었다. 그런데 계몽주의의 내밀한 부분이라 할 수 있는 이 측면이 이윽고 훨씬 더 거대한 혁명을 야기했다. 이 혁명은 파리의 자코뱅파가 사용했던 단두대보다 훨씬 더 맹렬한 힘으로 낡은 형식과 제도를 때려 부쉈다.

자연법칙을 계산하고 제어할 수 있게 됨에 따라 사람들은 자연 현상을 이해하는 차원을 넘어섰고, 그 과정에서 인식된 여러가지 힘을 이용하는 방법도 터득했다. 이제는 자연의 여러 힘을 제어해서 인간을 위해 활용할 수 있게 된 것이다.

모든 발명의 역사는 흔히 생각하는 것만큼 단순하지가 않다. 대부분의 발명은 우선 가능성이 있는 것으로 밝혀진 후 여러 가지 실험을 거치고 다시금 방치되었다가 누군가에 의해 재착수되는 과정을 거쳤다. 그러고는 의지력과 인내심이 충분한 어느 발명가가 나서서 고민에 고민을 거듭한 끝에 누구나 사용할 수 있는 무엇인가를 만들어 낸 것이다. 우리의 삶을 크게 바꾸어 놓은 기계들도 마찬가지다. 이런 중요한 기계들로는 메테르니히 시대에 등장한 증기 기관과 증기선, 증기 기관차, 전신 등이 있다.

제임스 와트가
고안한 증기 기관

제일 먼저 등장한 것은 증기 기관이다. 이 기계는 이미 1700년경 프랑스 학자 파팽에 의해 여러 차례 실험되었지만, 제대로 된 증기 기관은 1769년 영국의 노동자 와트가 특허를 얻었다. 처음에 증기 기관은 주로 광업용 펌프에 사용되었으나 얼마 후에는 이를 이용해 자동차나 배를 움직이는 가능성이 타진되었다. 이미 1788년과 1802년 어느 영국인이 증기선 제작을 시도했으며, 1803년 미국의 풀턴이라는 기술자가 증기외륜선을 건조했다. 당시 나폴레옹은 이렇게 썼다. "이 기획은 세상의 모습을 바꾸어 버릴 수 있다." 1807년에는 커다란 외륜을 달고 있는 최초의 증기선이 덜거덕거리는 소음과 연기를 내면서 뉴욕에서 이웃 도시로 운항했다.

거의 같은 시기 영국에서는 증기로 수레를 움직이는 실험이 이루어졌다. 하지만

증기 기관차
블뤼허

곰브리치 세계사

레일이 발명된 1802년에 이르러서야 이용할 수 있는 기계가 만들어졌고 최초의 증기 기관차는 1814년 영국인 스티븐슨에 의해 제작되었다. 그 후 1821년 영국의 두 도시를 잇는 최초의 철도가 개통되었고 10년 후에는 프랑스와 프로이센, 오스트리아, 러시아에도 철도가 들어섰다. 그리고 다시 10년이 지나자 유럽에서 광대한 철도 노선이 깔려 있지 않은 곳은 거의 없었다. 철도는 산을 넘고 터널을 지나 거대한 강 너머까지 이어졌고, 사람들은 예전에 가장 빠른 우편 마차를 탔을 때보다 최소한 열 배는 더 빨리 여행할 수 있었다.

30년 사이에 영국 전역으로 증기 기관차가 운행되었다.

전신의 발명도 비슷한 과정을 거쳤다. 이미 1753년에 어느 학자가 전신의 가능성을 연구했고, 1770년 이후로 많은 시도가 있었다. 그러나 실질적 성과가 이뤄진 때는 1837년으로, 당시 미국의 화가 모스가 친구들에게 짧은 전보를 보냈다. 그 뒤 10년도 채 안 되어 여러 나라가 전신을 도입했다.

새뮤얼 모스가 만든 전신기

그러나 세상을 더욱 크게 변화시킨 것은 또 다른 기계들, 즉 자연력을 이용해서 인간의 노동력을 대신한 기계들이었다. 예를 들어 실을 잣고 직물을 짜는 일을 생각해 보자. 예전에는 수공업자들이 이 일을 했다. 옷감 수요가 늘자 (루이 14세의 시대에) 공장이 생겨나기는 했지만, 작업은 아직 많은 직인들의 손을 거쳐야 했다. 사람들은 점차 자연에 관한 지식을 활용해 보려는 생각을 품게

되었다. 그리고 다른 기계들이 탄생한 것과 거의 비슷한 시기에 이 분야에서도 발명

이 이뤄졌다. 최초의 방적기는 1740년에 탄생했고 1783년에 개량되었으며 1825년

에 와서야 비로소 이용할 수 있는 기계가 만들어졌다. 직조기도 거의 같은 시기에 사

용되기 시작했다. 이러한 기계들도 영국에서 제일 먼저 제작되어 이용되었다. 기계

와 공장을 가동시키려면 석탄과 철이 필요했다. 그래서 석탄과 철을 보유한 나라들

이 단번에 선두로 나섰다.

이 모든 발명품들로 인해 사람들의 생활은 엄청난 변화를 겪었다. 그 변화는 모든 것을 뒤흔들 정도여서 옛 자리에 남아 있는 것은 아무것도 없다고 할 정도였다. 중세 도시의 길드에서는 모든 것이 얼마나 질서정연하고 확고했던지 상기해 보라. 길드는 프랑스 혁명과 그 이후 시대까지 존속했다. 물론 이 당시에는 직인에서 장인으로 올라가는 것이 중세 때보다 훨씬 더 어려운 일이 되었다. 그래도 직인에게는 여전히 가능성과 희망이 있었다. 하지만 순식간에 모든 것이 달라졌다. 기계를 소유한 사람들이 등장한 것이다. 기계를 사용하기 위해서는 많은 것을 배울 필요가 없었다. 기계가 모든 것을 혼자 처리했기 때문이다. 단 몇 시간만 기계를 보고 있으면 이 사실을 충분히 확인할 수 있었다. 방직기의 소유주에게는 많은 사람이 필요하지 않았고 여자나 아이여도 괜찮았다. 기계를 사용하면 직조공 100명이 할 수 있는 것보다 더 많은 일을 처리할 수 있었기 때문이다. 그런데 이런 기계가 도시에 갑자기 들어오면 직조공들은 어떻게 되었을까? 그들은 필요 없는 사람들이 되었다. 도제로, 직인으로 일하면서 여러 해 동안 배웠던 기술이 아무짝에도 쓸모없게 된 것이다. 기계를 이용하면 더 훌륭한 성과를 더 빠르게 거둘 수 있었으며 비용은 비교할 수 없을 만큼 적게 들었다. 기계는 사람과 달리 먹거나 잠잘 필요도 없었으며 휴식도 취하지 않았기 때문이다. 기계를 사용하면 공장주는 100명의 직조공들에게 편안하고 행복한 삶을 마련해 주기 위해 들여야 할 모든 것을 절약할 수 있었다. 그 모든 것을 자신이 취할 수도 있었다. 과연 기계를 작동시킬 노동자는 필요하지 않았을까? 물론 필요했다. 그렇지만 아주 소수만 있으면 됐고, 그들에게 일을 하기 위한 특별한 교육은 필요하지 않았다.

이로 인해 또 다른 문제가 발생했다. 100명의 도시 직조공들이 실업자가 된 것이다. 기계 한 대가 이들 모두를 대신하니 직조공들은 입에 풀칠조차 하기 어렵게 되었다. 그래서 가족과 함께 굶어 죽지 않기 위해 이들은 무슨 일이든 할 태세가 되어 있었다. 간신히 생계나 유지할 수 있는 형편없는 보수라도 상관없었다. 이때 기계를 소유하고 있는 공장주가 나타나 굶주리는 100명의 직조공들에게 말한다. "기계와 공장을 돌볼 사람 다섯이 필요하오. 얼마를 주면 되겠소?" 제일 먼저 누군가 말한다. "예전처럼 행복하게 살 수 있을 만큼은 주셔야죠." 그런데 다른 사람이 나서서 말한다. "매일 빵 한 덩어리와 감자 1킬로그램을 살 수 있을 정도면 충분합니다." 그러자 생계를 유지할 수 있는 마지막 기회를 빼앗기지 않으려고 또 다른 사람이 끼어든다. "저는 빵한 덩어리만 주면 돼요." 그리고 다른 네 사람이 입을 모아 말한다. "우리도 마찬가지예요." 이제 공장주는 흡족한 표정으로 말한다. "좋소. 그러면 당신들에게 일을 맡겨보겠소. 한데 하루에 몇 시간이나 일할 수 있소?" 누군가 "열 시간."이라고 대답하자다른 사람이 일자리를 빼앗기지 않으려고 얼른 말한다. "저는 열두 시간 일할 수 있어요." 그러자 또 다른 누군가 말한다. "열여섯 시간이라도 문제없어요." 가족의 생계가걸린 중대한 문제였던 것이다. 이제 공장주가 말한다. "좋아요. 당신을 고용하죠. 하지만 당신이 잠잘 때면 내 기계는 놀아야 하나? 기계는 잠잘 필요가 없는데." 직조공은 풀이 죽어 이렇게 대답한다. "그때는 여덟 살짜리 제 아들을 보낼게요." "그 애한테는 얼마를 줘야 하오?" "버터 바른 빵값으로 1페니를 주세요." 그러자 공장주는 이렇게 말한다. "버터는 안 바른 빵으로 합시다." 이런 식으로 타협이 이뤄지고 나면, 나머지 95명의 직조공들은 굶어 죽거나 다른 공장에서 일자리가 나기를 기다려야 한다.

당시의 모든 공장주가 이렇게 악랄한 사람들이었다고 생각할 필요는 없다. 하지만 임금을 가장 적게 주는 악덕 공장주들이 가장 싼 값으로 상품을 팔았기 때문에 가장 큰 성공을 거두었다. 그래서 다른 공장주들 역시 양심의 가책이나 동정심을 느끼면서도 노동자들을 착취하지 않을 수 없었다.

사람들은 절망에 빠졌다. 섬세한 수공 기술을 습득하는 일이 무슨 소용이 있단 말인가? 기계는 같은 일을 100배나 빠르게 처리하고 품질도 훨씬 더 고르며 비용은 말

할 나위도 없다. 예전에 직조공이나 대장장이, 방적공, 목수로 일하던 사람들은 점점 더 빈궁한 처지가 되었으며 단 몇 푼이라도 벌기 위해 이 공장 저 공장을 기웃거렸다. 자신들의 행복을 짓이겨 버린 기계에 분노를 느낀 나머지 공장으로 몰려가 방직기를 부수어 대는 사람들도 생겼지만 아무 소용이 없었다. 1812년 영국에서는 기계를 파괴한 자는 사형에 처한다는 법령이 발표되었다. 그리고 100명이 아니라 500명

밤에도
가동되는
공장

의 일을 대신할 수 있는 개량된 기계들이 새롭게 등장하자 노동자들의 생활은 더욱 참담해졌다.

그러자 이런 식으로 계속되어서는 안 된다고 생각하는 사람들이 나타났다. 기계를 소유하고 있다는 이유만으로, 어쩌면 부모에게서 그냥 물려받은 기계를 가지고 있다고 해서 귀족이 농노를 다루듯 다른 사람을 심하게 다룰 수 있다는 것을 부당한 일로 여겼다. 이들의 견해에 따르면, 공장이나 기계처럼 다른 사람의 운명을 좌우할 힘을 갖게 하는 물건은 개인이 아닌 공동의 소유가 되어야 했다. 이러한 생각을 '사회주의'라 한다. 이런 견해를 가진 사람들은 사회주의적 노동 방식을 통해서 굶주리는 노동자들의 참상을 척결하겠다는 의도로 사회 전체의 질서를 변화시킬 수 있는 여러 가능성을 모색했다. 예를 들어 노동자들에게 공장주가 멋대로 정한 임금을 주는 대신 공장주가 얻는 이윤의 큰 부분을 내놓는 방안도 제기되었다.

19세기 초 프랑스와 영국에 주로 머물렀던 이들 사회주의자 가운데 특히 유명한 사람은 프로이센 트리어 출신의 학자 카를 마르크스였다. 그는 다른 사람들과 약간 다른 견해를 품고 있었다. 그의 생각에 의하면, 기계가 모든 노동자의 공동 소유물이 된다면 얼마나 좋을까를 생각하는 것은 쓸모없는 짓이다. 노동자들이 투쟁해서 그런 상황을 몸소 쟁취하는 것이 마땅하다. 공장주가 노동자에게 자발적으로 공장을 내주지는 않을 것이기 때문이다. 하지만 몇몇 노동자가 뭉쳐 이미 발명된 방적기를 부순다 해도 투쟁에는 아무 도움이 되지 않는다. 모든 노동자가 일치단결해야만 한다. 100명의 직조공이 제각기 일자리를 구하지 않고 미리 협의를 거쳐 하루에 10시간 이상은 일하지 않겠으며 임금으로 빵 두 덩이와 감자 2킬로그램을 보장하라고 요구한다면, 공장주도 따를 수밖에 없을 것이다. 물론 이런 조처만으로는 충분하지 않다. 방적기를 돌리는 데는 숙련공이 필요 없고, 생활이 어려운 나머지 어떤 조건에서라도 일하겠다는 사람이 있을 것이기 때문이다. 따라서 모든 노동자가 한 사람도 빠짐없이 단결하는 것이 가장 중요하다고 마르크스는 가르쳤다. 그렇게 할 경우 공장주는 더 싼 임금을 주고 고용할 사람을 절대 찾을 수 없게 된다. 그래서 모든 노동자가 서로 협의해야 하는 것이다! 또한 어느 한 나라의 노동자뿐 아니라 전 세계의 노동자가 모두 단결해야 한다. 그러면 노동자들의 세력은 강고해져서 임금 인상을 요구하는 정도가 아니라 공장과 기계마저 소유하게 될 것이며 가진 자와 못 가진 자의 구별이 없는 세상까지 만들 수 있게 될 것이다.

마르크스는 현재와 같은 상황에서는 직조공과 구두장이, 대장장이 등의 구별이 더 이상 존재하지 않는다고 가르쳤다. 노동자는 자신이 날마다 2000번씩 지렛대를 누르는 기계가 무엇을 생산하는지 알 필요가 없

카를
마르크스

다. 불운한 동료들처럼 일자리를 잃고 굶어 죽지 않으려면 자신의 형편없는 주급에 만족해야 한다는 사실만 알고 있으면 된다. 그리고 기계 소유주도 자신의 생계 수단인 방적업에 관해 많은 것을 배울 필요가 없다. 모든 일은 결국 기계가 다 하기 때문이다. 그래서 마르크스는 직업이란 것은 더 이상 존재하지 않으며 그저 인간의 두 가지 부류 또는 계급이 존재할 뿐이라고 말했다. 유산자와 무산자, 즉 재산이 있는 사람과 없는 사람, 달리 표현해 부르주아 계급과 프롤레타리아 계급의 구별이 존재할 뿐이다. 이 두 계급은 늘 투쟁하는 관계에 있다. 유산자는 가능한 한 적은 비용을 들여

가능한 한 많이 생산하려 한다. 즉 노동자인 프롤레타리아 계급에게 가능한 한 적은 임금을 지불하려 하는 것이다. 반면 노동자는 자본가나 공장주에게서 가능한 한 이윤을 많이 배당해 줄 것을 요구한다. 마르크스에 따르면, 두 계급의 이러한 싸움은 다수의 무산 계급이 소수의 유산 계급에게서 재산을 빼앗고 이를 모든 사람의 소유로 만드는 것으로 끝날 수밖에 없다. 이렇게 되면 계급은 더 이상 존재하지 않을 것이다. 바로 이것이 마르크스의 목표였는데, 그는 이 목표가 머지않아 실현되리라고 믿었다.

1848년 마르크스는 노동자들에게 격문을 하나 발표했다. 흔히 '공산당 선언'이라 불리는 것이다. 그런데 현실은 그가 예상했던 상황과 다르게 전개되었으며, 오늘날까지도 그의 예상이 적중하지 못한 구석이 많다. 당시 기계 소유주들의 권력은 아직 나라 곳곳에까지 미치지 못하고 있었다. 이들보다 더 큰 실세였던 집단은 메테르니히 덕분에 다시금 권력을 잡은 귀족들, 가슴에 휘장을 두른 부류들이었다. 그리고 이 귀족들이야말로 부유한 시민이나 공장주의 적이었다. 귀족들은 확고한 질서가 유지되는 나라, 예전과 마찬가지로 모든 이가 세습적인 직업으로 생활하는 나라를 원했다. 일례로 오스트리아에는 당시까지도 중세의 농노와 별반 다르지 않게 세습 농지와 영주에 예속된 농민들이 남아 있었다. 또한 수공업자들에게는 여전히 엄격한 전통적 규율이 적용되었고 새로 등장한 공장주들조차 부분적으로 이런 길드 법에 의해 통제하려 했다. 하지만 기계를 소유해서 부를 획득한 부르주아 계급들은 더 이상 귀족이나 국가의 통제를 받으려 하지 않았다. 부르주아 계급은 자신들이 원하는 대로 행동하려 했다. 이들은 그런 자유가 보장될 때에야 세상이 가장 원활히 돌아간다고 주장했다. 유능한 사람에게는 능력을 펼쳐 보일 자유를 허용해야 하지 법적 규제나 간섭으로 방해해서는 안 되며 그래야 세상이 점점 더 훌륭하게 발전할 것이라고 이들은 말했다. 세상은 아무런 방해도 받지 않아야 가장 무리 없이 굴러간다는 것이었다. 그리하여 1830년 프랑스 시민들은 또다시 혁명을 일으켰고 루이 18세의 후손

들을 왕좌에서 내몰았다.

1848년에는 파리를 비롯한 여러 도시에서 다시금 혁명이 일어났다. 시민들은 그들이 공장과 기계로 무엇을 하든 간에 더 이상 아무도 간섭할 수 없도록 모든 국가 권력을 장악하려 했다. 이때 메테르니히는 빈에서 쫓겨났고 오스트리아 제국의 페르디난트 황제도 퇴위할 수밖에 없었다. 마침내 구시대가 막을 내렸다. 남자들은 보기 흉한 검은색 긴바지를 입었고 빳빳한 하얀색 옷깃에 넥타이를 맸다. 이 전통은 오늘날까지 계속되고 있다. 도처에 무수한 공장이 세워졌고 철도는 점점 더 많은 물품을 세계 각지로 날랐다.

37

바다 너머의 세계

철도와 증기선 덕분에 세계는 훨씬 더 좁아졌다. 이제는 배를 타고 인도나 중국으로 가는 것은 불확실하고 위험천만한 모험이 아니었다. 아메리카 대륙은 거의 이웃처럼 가깝게 느껴질 정도였다. 그래서 1800년 이후로는 유럽사만으로 세계사를 구성할 수가 없다. 그러므로 이제부터는 유럽의 새로운 이웃 나라들에 관해서 알아보기로 하자. 먼저 중국과 일본 그리고 미국을 살펴보도록 하겠다. 1800년 이전까지 중국 지역에는 예수가 탄생한 즈음인 한 왕조 시대나 위대한 시인들이 많이 등장했던 서기 800년경과 거의 달라진 게 없는 나라들이 있었다. 질서가 잘 잡히고 인구가 많으며 평화롭고 자부심이 강한 나라로, 농부와 시민들은 부지런하고 위대한 학자와 시인 및 사상가도 많이 등장했다. 유럽인이 겪어야 했던 분쟁과 종교 전쟁, 끊임없는 동요는 당시의 중국에서는 전적으로 낯설고 이해하기 어려우며 야만적인 것으로 여겨졌다. 비록 중국인(여기서 중국은 명나라로 여겨진다./ 편집자)은 이민족 황제의 지배를 받았고 굴종의 표시로 변발을 하도록 강요받았지만, 아시아 내륙 민족인 만주족 지배자들이 중국인의 사고와 감성을 수용하고 유교의 근본 원리도 받아들였기에 제국(청나라/ 편집자)은 크게 번영했다.

이따금 예수회 수도사들이 크리스트교를 전파하기 위해 중국 지역으로 오곤 했 기선
다. 당시 중국 황제는 유럽 학문, 특히 천문학에 관심이 있었기에 대개는 수도사를 환
대했다. 유럽 상인들은 중국 도자기를 고국에 가져갔고, 유럽 각국은 지극히 섬세한
이 복합적 기술을 모방하려 했지만 수백 년 동안 성공하지 못했다. 당시 중국 제국은
교양을 갖춘 수백만 명의 사람이 사는 나라였기에 유럽인에 대해 우월감을 느꼈다.
이 점은 중국 황제가 1793년 영국왕에게 보낸 한 편지에서 여실히 드러난다. 당시 영국인들은 중국 황실에 대사를 한 명 보내 중국과의 무역을 허락해 달라고 요청했다. 그러자 유명한 학자이자 훌륭한 지배자였던 건륭제는 이런 답신을 보냈다.

"왕이시여, 귀공께서는 바다 너머 아주 먼 곳에 살고 계시오. 그럼에도 불구하고 우리 문화의 축복을 함께 하고 싶다는 겸허한 소망에서 대사를 보내 정중하게 귀공의 서신을 전하셨소. 귀공께서는 우리 황실에 대한 존경심이 우리 문화를 습득하고 싶다는 소망을 낳았다고 확신하시지만, 우리의 풍습과 예절이 귀국의 것과 전혀 다르기에 귀국의 토양에 뿌리내릴 수 없을 것이오. 물론 귀국의 대사는 우리 문화의 기초를 습득할 수 있을지도 모르오. 하지만 대사가 그저 눈치 빠른 학생에 불과하다면 얻는 것은 전혀 없을 것이오.

짐은 광대한 제국을 다스리면서 오직 하나의 목표만을 염두에 두고 있소. 바로 국정을 완벽히 보살피고 국가의 의무를 다하는 일이오. 짐은 기묘하고 진기한 물품에는 관심이 없소. 게다가 귀국의 물품들은 쓸모도 없소. 우리의 천하에서는 온갖 물품이 남아돌며 부족한 것이 전혀 없다오. 그러므로 야만스러운 이민족의 물건을 우리의 산물과 교환할 이유가 전혀 없소. 물론 우리의 천하에서 생산되는 차와 비단, 도자기 등은 유럽 여러 민족과 귀국에 절대적으로 필요할 터이니 지금까지 광둥에서 허용한 제한된 무역은 앞으로도 용인할 것이오. 짐은 귀국이 섬나라인지라 망망대해에 의해 세상에서 고립되어 있음을 잊지 않을 것이며, 우리 풍습에 대한 무지에서 비롯된 귀국의 결례는 묵과할 것이오."

이렇게 중국 황제는 작은 섬나라인 영국의 왕에게 편지를 보냈다. 하지만 황제는 먼 섬나라 사람들의 야만성을 과소평가했다. 몇 십 년 후 영국인은 기선을 몰고 찾아왔다. 영국인은 광둥에서의 제한된 무역으로는 더 이상 만족하지 못하고 있었다. 특히 중국인들이 아주 좋아하는 물품을 한 가지 찾아낸 후로는 그 횡포가 더욱 심해졌다. 그 물품이란 지극히 위험한 약물인 아편이었다. 아편을 태우면서 연기를 들이마시면 아주 잠깐 동안 황홀한 꿈에 잠길 수 있지만 결국은 끔찍한 병에 걸린다. 아편에 한번 중독되면 절대로 끊을 수 없다. 알코올 중독과 비슷하지만 훨씬 더 위험하다. 이런 아편을 영국인은 대량으로 중국에 팔려고 했다. 하지만 아편으로 인해 백성들이 얼마나 큰 위험에 빠질 것인지 알고 있었던 중국 당국은 1839년 단호하게 아편을 금지했다.

그러자 영국인은 다시 기선을 몰고 왔는데 이번에는 대포까지 싣고 나타났다. 이들은 중국의 여러 강을 거슬러 올라가면서 평화로운 도시에 대포를 쏘았으며 많

중국 황제의
경고에도
굴하지 않고
기선을 몰고
다시 나타난
영국인

베이징에 온
프랑스군
포병들

은 웅대한 궁전을 잿더미로 만들었다. 중국인들은 경악했지만 어찌할 도리가 없었다. 백인들의 모든 요구를 들어주어 막대한 배상금을 지불했으며 제한 없는 아편 무역 등을 허용할 수밖에 없었다. 그로부터 얼마 후 중국에서는 반미치광이 남자가 스스로 왕이 되어 일으킨 반란, 이른바 태평천국 운동이 일어났다. 유럽 열강은 이 남자를 지원했다.(영국은 청나라가 태평천국 운동으로 소란스러워진 것을 기회로 삼으려 했다./ 옮긴이) 프랑스와 영국은 중국 내륙으로 군대를 진입시켜 여러 도시를 포격하고 많은 영주를 굴복시켰으며 1860년에는 중국의 수도 베이징을 점령했다. 중국 사람들의 저항에 대한 복수로 이들 외국 군대는 화려한 고대 예술품이 가득한 황제의 유서 깊은 여름 궁전을 약탈하고 불태워 버렸다. 수백 년의 역사를 자랑하는 광대하고 평화로운 제국은 완전히 붕괴되어 혼란에 빠져들었고 유럽 상인들의 손아귀에 내맡겨졌다. 유럽인은 제지술과 나침반은 물론 (유감스럽게도) 화약 제조법까지 가르쳐 준 중국인들에게 이런 식으로 은혜를 갚은 것이다.

비슷한 시기에 섬나라 일본도 비슷한 운명을 겪을 뻔했다. 당시 일본의 상황은 중세의 유럽의 경우와 아주 비슷했다. 모든 권력은 귀족과 무사 계급에 집중되어 있었다. 개중 특히 권세 있는 가문은 예전에는 '미카도'라 불렸던 천황을 감독하는 가문으로, 이들은 메로빙거 가문의 왕을 감독한 카롤루스 대제의 선조들과 대략 비슷한 위치에 있었다. 수백 년 전부터 일본은 중국으로부터 서화와 건축, 문예를 전수받았기에 이제는 훌륭한 작품을 직접 만들어 낼 수 있었다. 하지만 일본은 중국처럼 평화롭고 거대하며 온화한 나라가 아니었다. 섬과 지역을 제각각 지배하는 여러 힘센 귀족들이 서로 반목하며 싸움을 벌이고 있었던 것이다. 그러던 중, 힘이 약한 귀족들이 힘센 귀족들에게서 권력을 빼앗고자 1850년 동맹을 맺었다. 하지만 이것으로 충분했을까? 이 계획은, 날마다 몇 시간씩 옥좌에 앉아 있어야 했던 꼭두각시 천황의 도움이 있어야만 실현될 수 있었다. 그리하여 힘이 약한 귀족들은 천황의 이름으로 강력한 귀족들에게 대항했으며, 천황의 권력을 회복시켜야 한다는 명분을 내세웠다.

200년 이상 이방인에게 문호를 닫았던 나라 일본으로 최초의 외국 사절단이 들어왔다. 활기 찬 일본의 무수한 도시들을 돌아본 백인 사절단은 대나무와 종이를 사용해 지은 집과 우아한 정원, 머리를 틀어 올린 예쁜 여자들, 사원의 알록달록한 깃발, 칼을 찬 무사들의 거만하고 의젓한 태도가 아주 마음에 들면서도 우스꽝스럽게 여겨졌다. 이들은 일본인이 맨발로 다니는 궁전의 값진 다다미 위를 더러운 장화발로 다녔으며 인사를 나누거나 차를 마실 때도 미개인에 불과한 일본인들의 낡은 예절은 지킬 필요가 없다고 생각했다. 그래서 이들은 곧 미움을 받기 시작했다. 어느 날 가마에 탄 귀족이 호위병을 거느리고 지나가는데 미국인 여행단이 무례하게도 관습을 무시한 채 비켜서지 않았다. 그러자 분노에 찬 호위병들이 미국인들에게 달려들어 여자한 명을 살해하고 말았다. 당연히 미국 전함이 곧장 다가와 도시를 포격했다. 일본은 중국(청나라/ 편집자)과 같은 운명을 맞게 되리라 생각했다. 하지만 그때 마침 일본에서는 하급 귀족이 힘센 귀족에 대항해 일으킨 혁명이 성공을 거두었다. 그리고 그동안 꼭두각시로 불렸던 천황이 정말로 무제한의 권력을 쥐게 되었다. 대중 앞에는 절대 모습을 드러내지 않는 현명한 고문관들의 지원 아래서 천황은 나라를 오만한 이방인

들에게서 지켜 내겠다고 결심했다. '전통 깊은 문화를 포기할 필요는 없다. 유럽인들의 최신 발명을 배우기만 하면 된다.' 이렇게 생각한 천황은 단번에 문호를 개방했다.

문호를 연 일본인은 유럽인에게서 무엇이든 배웠다.

천황은 독일 장교들을 초빙해서 현대식 군대를 정비하고 영국인들을 불러들여 현대식 함대를 조직했다. 그리고 일본인들을 유럽으로 보내 새로운 의학을 습득하게 하고 몇 십 년만에 유럽을 강대국으로 만든 여타 학문을 배워 오게 했다. 천황은 독일을 모범으로 삼아 보편적 의무 교육제를 도입하여 전 국민의 정신 무장을 도모했다. 유럽인은 이같은 변화를 대환영했다. 나라를 완전히 개방한 것으로 보아 일본인은 그래도 분별 있는 민족이라고 생각했다. 유럽인은 일본인이 원하는 것은 무엇이든 팔고 무엇이든 열심히 보여 주었다. 몇 십 년도 되지 않아 일본인은 전시나 평화시를 가릴 것 없이 자신들에게 필요한 모든 기술을 유럽인에게서 배워 버렸다. 그러고 나서 일본인은 지극히 정중한 태도로 감사의 말까지 곁들여 가면서 유럽인을 다시 내쫓았다. "이제는 우리도 너희만큼의 능력이 있다. 이제는 우리 증기선이 무역과 정복에 나설 것이며, 어느 곳의 누구라도 우리 일본인을 감히 모욕하면 대포 세례를 각오해야 할 것이다." 유럽인들은 당혹스러운 표정을 지었다.

일본이 유럽인의 굴레에서 해방되기 시작할 무렵 저 멀리 미국에서도 지극히 중요한 사건이 일어났다. 당신도 기억하겠지만, 미국 동부 해안에 항구 도시를 형성한 영국의 무역소들은 1776년 독립을 선언하고 자유로운 연방 국가를 건설했다. 영국과 에스파냐에서 이주해 온 사람들은 그 후 원주민과 싸우면서 서부 내륙으로 점점 더 깊이 진출했다. 원주민이나 서부에 관한 책을 읽어 봤으면 알겠지만, 당시 농부들은 통나무집을 짓고 살면서 울창한 산림을 개간하고 인디언들과 싸웠으며 카우보이들은 엄청난 규모의 소 떼를 몰고 다녔고 황량한 서부는 황금과 모험을 쫓는 사람들로 들끓었다. 원주민들에게서 빼앗은 넓은 지역은 계속해서 새로운 연방주로 편성되었다. 당신도 짐작할 수 있겠지만, 새로운 연방주들은 아직 문명이 크게 발전하지 못한 곳이었다. 게다가 연방주들 사이에는 커다란 차이가 존재했다. 열대성 기후대에 위치한 남부의 주들은 경제적으로 목화와 사탕수수를 대규모로 재배하는 플랜테이션 농업(자본을 지닌 농장주가 값싼 노동력을 이용해 특정 농산물을 대량으로 생산하는 농업 방식/ 옮긴이)에 의지하고 있었다. 이주민들은 거대한 땅을 소유했고 농사는 아프리카에서 끌려온 흑인 노예들이 도맡았다. 노예들은 아주 가혹한 대우를 받았다.

북부의 상황은 달랐다. 북부의 기후는 유럽과 비슷해서 그리 덥지도 않았다. 이곳의 도시와 시민 그리고 농부들의 생활은 고향인 영국에서와 크게 다르지 않았다. 단지 모든 것이 훨씬 더 클 뿐이었다. 이곳에서는 노예가 필요하지 않았다. 일은 직접 하는 것이 더 간편하고 비용도 적게 들었다. 대다수가 독실한 크리스트교도였던 북부의 시민들은 고대의 이교도들처럼 노예를 부리는 것은 인권 원칙에 입각해 건설된

에이브러햄 링컨

미합중국으로서는 수치스러운 일이라고 여겼다. 하지만 남부의 연방주들은 흑인 노예가 없으면 파멸할 수밖에 없다고 주장했다. 그러면서 백인은 원래 무더위에서 일할 수 없으며 흑인은 날 때부터 자유로운 존재가 아니라는 궤변도 늘어놓았다. 결국 1820년 특정 분계선 이남에서는 노예 제도를 유지하고 이북 지역은 노예제를 금한다는 타협안이 채택되었다.

하지만 치욕스러운 노예 경제를 계속 눈감아 줄 수는 없었다. 남부와의 갈등을 피해야 한다고 주장하는 사람들도 물론 없지는 않았다. 거대한 농장이 많은 남부 지역은 북부의 농업 지대보다 훨씬 더 부유하고 강대했으며 또 남부의 연방주들은 어떤 희생을 치르고서라도 기존 체제를 유지하려 했기 때문이다. 하지만 그런 반대 의견을 끝내 불식시킨 인물이 나타났으니 바로 에이브러햄 링컨 대통령이었다. 링컨은 평범한 삶을 산 인물이 아니었다. 서부 내륙 지방에서 순박한 농부로 자라나 1832년 '검은 매'라는 인디언 추장과 싸웠고 그 후 어느 소도시의 우체국 직원으로 일했다. 일하는 틈틈이 법률을 공부한 링컨은 마침내 변호사가 되었으며 나중에는 하원 의원으로 선출되었다. 하원 의원이 된 링컨은 노예 제도에 반대해서 싸웠기 때문에 남부의 플랜테이션 농장주들로부터 온갖 미움을 샀다. 그리고 1861년 링컨이 대통령으로 선출되자 남부의 주들은 연방 탈퇴를 선언했고 노예 제도를 인정하는 독자적 연방을 수립했다.

그러자 7만 5000명의 남자들이 링컨 휘하의 군대로 자진 입대했다. 하지만 정세

미국 내전,
남북 전쟁

는 북부에 아주 불리했다. 무엇보다 영국이 노예제를 유지하려는 남부를 지원했기 때문이다. 영국은 몇 년 전부터 자국 식민지에서 노예제를 폐지시켜 왔음에도 불구하고 실리적 이유에서 이런 선택을 했다. 그리하여 끔찍한 내전이 시작되었다. 결국에는 북부인들의 용기와 끈기가 승리를 거둬들였으며, 1865년 링컨은 해방 노예들의 환호를 받으며 남부 연방의 수도로 입성했다. 그로부터 11일 후 링컨은 연극을 관람하던 중 어느 남부 사람에 의해 살해되었다. 그러나 링컨의 위업은 달성되었다. 다시 통일된 미합중국은 얼마 후 세계에서 가장 부유하고 강대한 국가의 하나가 되었다. 노예들이 없어도 멸망하지 않았던 것이다.

38

유럽의 새로운 두 제국

독일이나 이탈리아라는 통일 국가는 1800년대만 해도 아직 지구상에 없었다. 참으로 놀랍지 않은가? 이 강대한 두 제국이 탄생하여 세계사에서 결정적 역할을 맡게 된 것은 불과 얼마 전부터의 일이라는 얘기이다. 1848년 시민 혁명이 일어나고 유럽 각지에서 철도와 전신선이 가설되던 무렵, 공장이 들어선 도시가 점점 늘어나고 농부들이 도시로 이주하던 무렵, 그리고 또 도시의 신사들은 실크해트를 쓰고 까만 줄이 달린 우스운 외알 안경을 걸치고 다니던 무렵만 해도 유럽은 서로 복잡한 동맹과 적대 관계로 얽혀 있는 조그만 공국과 왕국, 제후국 혹은 공화국들의 집합체였다.

당시 유럽에는 영국을 제외하면 세 개의 강대국이 있었다. 영국을 제외하는 것은 당시 이 나라가 인접 국가들보다 미국과 인도, 오스트레일리아의 식민지에 더 신경을 쏟고 있었기 때문이다. 먼저 유럽 한가운데에는 오스트리아 제국이 있었다. 오스트리아는 1848년 이후로 빈 황궁에 머무는 프란츠 요제프 황제가 다스렸다. 어린 시절 나는 마차를 타고서 쇤브룬 공원을 지나가는 늙은 황제를 본 적이 있다. 그리고 엄숙했던 황제의 장례식도 아직까지 또렷이 기억한다. 그는 전통적인 의미에서 진짜 황제였다. 프란츠 요제프 황제는 여러 민족과 나라를 다스렸다. 오스트리아 황제인 동

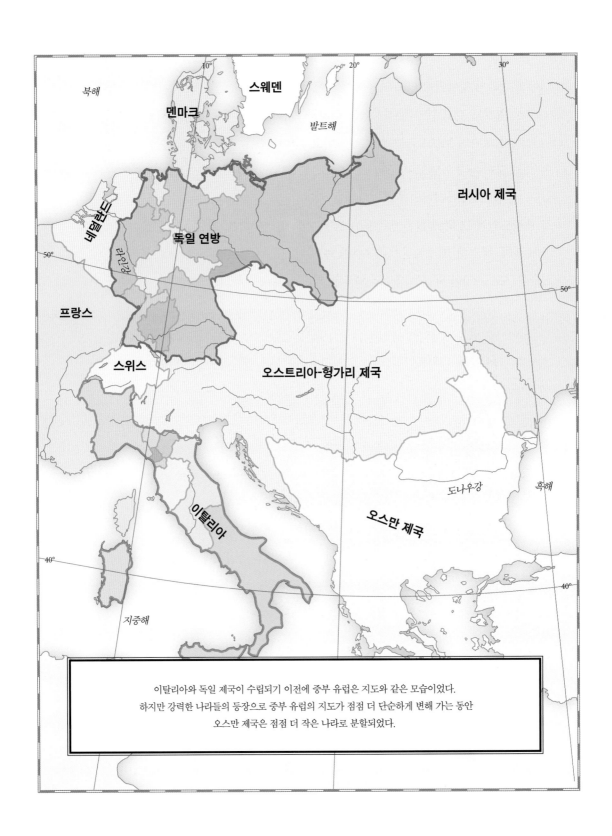

북해

스웨덴

덴마크

발트해

러시아 제국

네덜란드

독일 연방

프랑스

스위스

오스트리아-헝가리 제국

이탈리아

도나우강

흑해

오스만 제국

지중해

이탈리아와 독일 제국이 수립되기 이전에 중부 유럽은 지도와 같은 모습이었다.
하지만 강력한 나라들의 등장으로 중부 유럽의 지도가 점점 더 단순하게 변해 가는 동안
오스만 제국은 점점 더 작은 나라로 분할되었다.

시에 헝가리의 왕이었고 티롤 지방의 영주이기도 했으며 과거로부터 내려오는 수많은 다른 칭호도 갖고 있었다. 심지어는 십자군 원정 이후로 면면히 유지된 예루살렘의 왕이자 성지의 보호자라는 칭호도 지니고 있었다. 또한 이탈리아의 수많은 지역이 그의 지배 아래 있었고 다른 많은 지역은 그의 가문에 속하는 사람들의 통치를 받았다. 게다가 크로아티아인과 세르비아인, 체코인, 슬로베니아인, 슬로바키아인 그리고 폴란드인과 그 밖에 많은 민족들이 모두 그의 백성이었다. 그래서 당시 오스트리아의 지폐, 예컨대 10크로넨짜리 지폐에는 이 모든 민족의 언어로 금액이 인쇄되어 있었다. 오스트리아 황제는 독일의 제후령에서도 명목상 권력을 가졌으나 실제 사정

프란츠 요제프
황제

은 훨씬 더 복잡했다. 1806년 나폴레옹이 신성 로마 제국을 무너뜨린 이후로 독일 지역에 제국은 더 이상 존재하지 않았다. 독일어를 쓰는 여러 나라는 독일 연방이라는 느슨한 연대를 맺고 있었는데, 여기에는 프로이센과 바이에른, 작센, 하노버, 프랑크푸르트, 브라운슈바이크 등의 수많은 공국과 오스트리아가 속해 있었다. 이 독일 연방은 마구 엉켜 있는 실타래처럼 복잡하기 그지없는 구성체였다. 손바닥만 한 땅덩어리들을 제각각 다른 영주들이 다스리는 가운데 독자적인 주화와 우표가 발행되고 관리들의 제복도 서로 다른 것을 사용했다. 베를린에서 뮌헨까지 우편 마차로 하루 꼬박 걸려 갔던 시절에도 이런 상황은 불편하기 짝이 없었는데, 철도가 생겨 여행 시간이 단축되자 불편은 이루 말할 수 없을 정도가 됐다.

그러나 독일 연방과 오스트리아, 이탈리아의 주변 지역은 상황이 전혀 달랐다. 그곳은 지도에서 볼 때도 전혀 누더기 꼴이 아니었다.

서쪽에는 프랑스가 있었다. 1848년 시민 혁명이 일어난 직후부터 프랑스에서는 다시 황제정이 시작되었다. 위대한 나폴레옹의 후손 하나가 사람들에게서 과거의 영화에 대한 추억을 불러냈던 것이다. 그는 오랫동안 이름 없는 인물이었으나 공화국 대통령에 선출되었으며 얼마 후 나폴레옹 3세로 즉위했다. 전쟁과 혁명이 끊이지 않는 와중에도 프랑스는 수많은 거대한 공업 도시들이 있는 강대국으로 머물렀다.

동쪽에는 러시아가 있었다. 이 거대한 나라를 다스린 러시아의 황제 차르는 백성들의 호감을 사지 못했다. 당시에는 많은 러시아 국민이 프랑스나 프로이센의 대학에서 공부를 했으며 아주 현대적인 사고방식을 가진 사람들도 많았다. 하지만 러시아 제국과 관료들은 여전히 중세적인 사고방식에 사로잡혀 있었다. 러시아에서는 1861년에야 비로소 농노제가 폐지되었으며, 약 2300만 명의 농부들에게 처음으로 인간다운 삶이 약속되었다. 하지만 약속의 말과 실천은 별개의 것이었다. 러시아에서는 '크누테'라 불리는 가죽 채찍이 여전히 유용한 지배 수단이었다. 아무리 사소한 말이라도 함부로 내뱉었다가는 최소한 시베리아 유형을 각오해야 했다. 이런 실상 때문에 근대적 교육을 받은 학생과 시민들은 차르를 끔찍이도 미워했으며, 차르는 늘 암살을 두려워하며 살았다. 실제로 거의 모든 차르는 삼엄한 경호에도 불구하고 암살당해 세상을 떠났다.

유럽에서 거대한 러시아와 막강한 군사력을 가진 강대국 프랑스 외에 자기주장을 펼칠 수 있는 나라는 없는 것만 같았다. 에스파냐는 1810년 남아메리카의 식민지들이 독립하기 시작한 다음부터 완전히 무력한 나라가 되었다. 오스만 제국은 언론에서 흔히 '병자'로 불리곤 했는데, 유럽의 점령지들을 더 이상 유지할 능력이 없었기 때문이다. 오스만 제국의 지배를 받아 온 많은 크리스트교 민족들은 유럽 국가들의 도움을 받아 서서히 독립을 쟁취했다. 제일 먼저 그리스가 독립했으며 불가리아와 루마니아, 알바니아 등이 그 뒤를 따랐다. 그리고 유럽에 마지막으로 남은 오스만 제국의 영토인 콘스탄티노플을 둘러싸고 러시아와 프랑스, 오스트리아가 싸움을 벌였다. 오스만 제국으로서는 참으로 다행스러운 상황이었다. 이 기름진 먹이는 어느 나라도 차지하지 못하고 결국 오스만 제국의 것으로 남았기 때문이다.

수백 년 전부터 그래왔듯 프랑스와 오스트리아는 당시에도 이탈리아 지배를 둘러싸고 각축을 벌였다. 하지만 시대는 달라졌다. 이탈리아의 각 지방 사람들도 철도를 통해 서로 가까워졌고 독일 연방의 도시 주민들이 그렇듯 자신들을 피렌체인이나 제노바인, 베네치아인, 나폴리인으로만 생각하는 데서 벗어나 이탈리아인이라는 자각을 갖게 되었다. 그리고 이제는 자신들의 운명을 직접 결정하고자 했다. 당시 이탈리아에서 유일한 독립국은 북부에 있는 작은 나라였다. 먼 옛날 한니발이 넘었던 산악 지대에 있는 이 나라의 이름은 사르데냐-피에몬테 왕국이었다. 피에몬테란 바로 '산기슭'이란 뜻이었다. 이 피에몬테와 사르데냐섬의 주민들은 작지만 튼튼한 하나의 왕국을 이루고 비토리오 에마누엘레 2세의 지배를 받았다. 왕에게는 카밀로 카

이탈리아 통일에
기여한 가리발디

보우르라는 지략이 뛰어난 재상이 있었는데, 자신의 목표를 정확히 아는 사람이었다. 재상의 목표는 모든 이탈리아인이 오래전부터 꿈꾸어 오던 것이기도 했다. 바로 이 꿈을 실현하기 위해 1848년 혁명 이후로 많은 사람들이 용감하지만 무모한 투쟁을 벌였고 헛되이 피를 흘렸다. 카보우르는 통일된 이탈리아를 원했다. 하지만 카보우르는 전사 유형의 인물이 아니었고, 대담무쌍한 몽상가인 가리발디와 그의 젊은 동지들이 자유를 쟁취하기 위해 벌이는 비밀스러운 모반이나 담대한 습격의 효과를 믿지 않았다. 카보우르는 좀 더 효과적인 다른 방법을 모색했고 결국 이를 찾아냈다.

카보우르는 야심이 큰 나폴레옹 3세를 설득해서 이탈리아의 자유와 통일을 실현하는 일에 개입하게 만들었다. 나폴레옹 3세로서는 이 문제에 개입해서 손해 볼 것이 없었다. 프랑스에 속하지 않는 나라의 독립을 돕는다면 이탈리아를 지배하는 오스트리아에 피해를 줄 수 있을망정 프랑스에는 불리한 일이 아니었기 때문이다. 게다가 자유를 가져다준 자신은 유럽인들에 의해 위대한 영웅으로 추앙받을 것이니, 이 또한 기분 좋은 일이었다. 이탈리아는 사르데냐-피에몬테 왕국의 재상인 카보우르의 이런 노련한 외교 능력과 용맹한 자유의 투사 가리발디의 대담무쌍한 투쟁 덕분에 비록 큰 희생을 치르기는 했지만 마침내 통일을 실현할 수 있었다. 1859년과 1866년 두 차례에 걸친 전쟁에서 오스트리아 군대는 여러 차례 승리를 거두었지만, 결국 프란츠 요제프 황제는 나폴레옹 3세의 힘에 밀려 오스트리아 영토인 밀라노와 베네치아 지역을 포기할 수밖에 없었다. 여타 공국들에서는 국민 투표가 실시되었고, 한 공국도 빠짐없이 통일 이탈리아에 귀속되겠다는 결과가 나왔다. 그리하여 각 공국의 공작들은 퇴위했고 1866년 이탈리아는 마침내 통일 국가가 되었다. 단 한 곳은 통일 국가에서 제외되었으니 바로 교황에게 속한 수도 로마였다. 나폴레옹 3세 역시 교황과 불화를 피하려고 로마만은 이탈리아에 넘겨주려 하지 않았다. 프랑스군은 이 도시를 수호했고 가리발디가 이끄는 의용군의 공격을 몇 차례나 막아 냈다.

만약 사르데냐-피에몬테의 재상 카보우르가 꾀를 발휘해서 자국과 비슷한 문제를 안고 있던 북쪽의 세력을 부추기지만 않았다면 오스트리아는 그토록 끈질기게 버틴 이탈리아와의 전쟁에서 패하지 않았을지도 모른다. 북쪽의 세력이란 바로 프로이센이고, 이 나라의 재상은 비스마르크였다.

프로이센의 영주 가문 출신으로 비상한 의지력과 판단력, 확신과 끈기를 지녔던 비스마르크는 목적의식이 분명했고 자신의 견해나 신념을 프로이센의 왕 빌헬름 1세 앞에서도 스스럼없이 말할 만큼 소신이 강한 인물이었다. 그의 소망은 오직 한 가지였으니, 그것은 부강한 국가로 성장한 프로이센을 기반으로 삼아 복잡하게 분열된 독일 연방을 해체하고 단일한 대제국을 건설하는 것이었다. 그는 강력한 군대보다 더 중요한 것은 없다고 생각했다. 그가 남긴 유명한 말에 따르면, 역사의 중대한 과제들은 협상이 아니라 철과 피에 의해서만 결정된다. 이러한 견해가 언제나 타당한 것인지는 모르겠지만, 아무튼 독일의 경우에는 비스마르크의 정당성이 역사에 의해 입증되었다.

1862년 비스마르크가 강력한 군대를 육성하기 위해 엄청난 규모의 예산을 요구했는데 프로이센 국회는 이를 승인하려 하지 않았다. 그러자 재상은 헌법과 국회를 무시하라며 왕을 설득하기 시작했다. 왕은 의회와의 약속을 지키지 않았던 영국의 찰

비스마르크

스 1세나 프랑스의 루이 16세와 같은 운명이 될까 봐 겁을 냈다. 비스마르크와 함께 기차를 타고 가는 동안 왕이 말했다. "이 모든 게 어떻게 끝날지 나는 잘 알고 있소. 궁전 앞의 오페라 광장에서 사람들이 재상의 목을 치고 나서 내 목도 자를 거요." 그러자 비스마르크는 이렇게 대꾸했다. "그래서요?" 왕은 말했다. "그래서라니? 우리 모두 죽는 게지." 그러자 비스마르크는 이런 말을 했다. "예, 우리 모두 죽겠지요. 하지만 그보다 더 의미 있는 죽음이 있겠습니까?" 실제로 비스마르크는 국민의 뜻을 거스르고 무수한 총포로 무장한 강력한 군대를 조직했으며 얼마 후 덴마크와의 전쟁에서 그 진가를 보여 주었다.

1866년 비스마르크는 우수한 무기로 무장한 정예군을 이끌고 오스트리아를 공격했다. 비스마르크와 미리 약속을 한 카보우르도 동시에 남쪽에서 오스트리아를 쳤다. 비스마르크는 오스트리아 황제를 독일 연방에서 내쫓고 가장 막강한 나라인 프로이센을 연방에서 최선두 자리에 올려놓고자 했다. 실제로 보헤미아의 쾨니히그레츠에서 벌어진 혈전에서 오스트리아는 참패를 당했고 요제프 황제는 양보할 수밖에 없었다. 오스트리아는 독일 연방에서 탈퇴했다. 비스마르크는 승전을 거두었지만 오스트리아에 대해 이것 외에 아무것도 요구하지 않았다. 프로이센의 장군과 장교들이 재상의 이런 태도에 불만을 표출했으나 비스마르크는 태도를 바꾸지 않았다. 그는 오스트리아를 완전히 적으로 만들고 싶지는 않았던 것이다. 하지만 독일 연방의 다른 국가들과는 비밀리에 협정을 맺어 전쟁이 일어나면 프로이센을 지원하게 만들었다. 이 사실을 아는 사람은 없었다.

그런데 프랑스의 나폴레옹 3세는 라인강 너머의 프로이센이 군사력을 증대시키는 것을 보고서 불안감을 느꼈다. 1867년 멕시코에서 불필요한 전쟁을 벌였다가 패배한 프랑스 황제는 군사력이 강한 이웃 나라가 두려웠던 것이다. 예로부터 프랑스인은 독일인이 너무 강해지는 것을 달가워하지 않았다. 1870년 나폴레옹 3세는 마침 엠스라는 온천지에 머물고 있던 프로이센의 빌헬름왕에게 사절을 보내 기묘하기 짝이 없는 조건을 제시했다. 빌헬름왕이 자신과 가족의 신변을 지키고 싶거든 무력적 욕망을 버려야 하며 이를 서면으로 약속해야 한다는 것이었다. 비스마르크는 왕이 원하든 원치 않든 나폴레옹 3세에게 선전 포고를 해야 한다고 주장했다. 프로이센이 실제로 선전 포고를 하자 모든 독일 연방 국가들이 전쟁에 나서서 프랑스인들의 기대를 무참히 짓밟았다. 독일 연방군이 프랑스군보다 무장이 뛰어나고 전투력도 훨씬 앞선다는 사실은 곧 입증되었다.

독일 연방군은 파리를 향해 신속히 진군했으며 스당 근처에서 나폴레옹 3세를 포함한 프랑스군 대부대를 포로로 잡았고 견고하게 방어선을 구축한 파리를 몇 개월 동안 공격했다. 프랑스가 참패하자 교황을 지키고 있던 프랑스군이 로마에서 퇴각해야했고, 이를 틈타 이탈리아왕이 로마로 입성했다. 당시 정세는 이처럼 복잡하게 얽혀 있었다. 파리를 포위해서 공격하는 동안 베르사유 궁전에 머물고 있던 비스마르크는 독일 연방의 여러 왕과 영주들을 설득하여 프로이센왕에게 독일 황제란 칭호를 주기로 합의했다. 하지만 다시금 말썽이 일어났다. 빌헬름왕이 '독일 황제'보다 '독일 제국의 황제'라는 명칭이 더 걸맞다고 주장했던 것이다. 이런 사소한 일로 인해 하마터면 모든 일이 허사로 돌아갈 뻔했다. 아무튼 베르사유 궁전의 널따란 거울의 방에서 마침내 독일 제국의 건립이 엄숙히 선포되었다. 새로이 황제에 임명된 빌헬름 1세는 자신이 원하던 칭호를 얻지 못해서 화가 나 있었다. 그래서 만인이 보는 앞에서 비스

맞은편:
베르사유
궁전의 거울의
방에서, 독일
황제에 즉위한
빌헬름 1세

마르크를 무시하며 지나갔으며 독일 제국의 건립자와 악수도 나누지 않았다. 하지만 비스마르크는 황제에 대한 충성을 잃지 않았다.

독일군에게 포위당한 동안 파리에서는 노동자들이 주도한 유혈 혁명이 일어났다. 이 혁명은 과거 어느 때보다 잔인하게 진압되었다. 당시 죽은 사람의 수는 프랑스 대혁명 기간 내내 죽은 사람의 수보다도 많았다. 이로 인해 프랑스는 국력이 약화되었고 평화 협정을 체결할 수밖에 없었다. 프랑스는 상당한 넓이의 영토(알자스와 로렌 지방)를 독일에 넘겨주었고 막대한 액수의 배상금도 지불해야 했다. 프랑스인들은 실정의 책임을 물어 나폴레옹 3세를 퇴위시키고 공화국을 건설했다. 이제 황제나 왕이라면 신물이 났던 것이다.

통일된 독일 제국의 재상으로 선출된 비스마르크는 심혈을 기울여 국정을 돌봤다. 그는 마르크스주의를 비롯한 모든 사회주의 노선에 매우 적대적이었지만 노동

곰브리치 세계사

빌헬름 2세와
비스마르크 재상

자들의 참혹한 생활상에 관해서는 잘 알고 있었다. 그리고 마르크스주의 확산을 막는 최선책은 노동자들의 궁핍한 생활을 개선시켜 국가 전복의 욕구를 소멸시키는 것이라고 생각했다. 비스마르크는 병들거나 재해를 당한 노동자들, 다시 말해 예전 같으면 아무 도움도 받지 못하고 죽었을 사람들을 위한 구호 시설을 세우고 최악의 곤궁만은 막을 수 있는 조처를 취했다. 그러나 노동자들은 여전히 하루에 12시간씩 일해야 했고 일요일도 예외가 아니었다.

강인하고 결단력 있는 표정에 짙은 눈썹이 인상적인 비스마르크 후작은 곧 유럽에서 가장 유명한 인물이 되었다. 심지어 비스마르크의 적들조차 그를 위대한 정치가로 인정했다. 유럽의 여러 민족들은 좁아진 세상을 자기들끼리 나눠 갖고자 1878년 베를린에 모였다. 회담의 주최자는 비스마르크였다. 그러나 많은 점에서 의견 차이를 보였던 빌헬름 2세가 2대 황제에 즉위하자 비스마르크는 결국 해임되었다. 그 후 비스마르크는 몇 년간의 여생 동안 선조 대대로 내려온 영지에 머물렀고 독일 정부의 새로운 지도자들에게 경솔한 행동을 삼가란 조언을 던지곤 했다.

39

열강들의 세계 분할

이제 내 부모님이 어린 나이였을 시대로 들어섰다. 그 시대에 관해서는 부모님으로부터 들은 얘기가 많다. 점점 더 많은 집에 가스가 공급되었고 전깃불이 들어왔으며 전화도 가설되었다. 시내에는 전차가 다녔고 자동차도 등장했다. 노동자들의 교외 주거지가 엄청난 규모로 팽창했다. 거대한 기계가 설치된 공장에서 수천 명의 노동자가 바쁘게 움직였다. 예전 같으면 수십만 명의 수공업자가 할 수 있었던 일을 이 정도의 인원으로도 처리할 수 있었다.

그러면 날마다 거대한 공장들에서 생산되어 화물차에 가득히 실리는 옷감과 신발, 통조림 혹은 냄비 같은 것들은 모두 어떻게 되는 것일까? 당연히 그 일부는 생산된 국가 안에서 판매된다. 일자리가 있는 사람들은 예전의 수공업자들보다 더 많은 옷이나 신발을 살 능력이 있었다. 모든 것이 비교할 수 없을 만큼 저렴했지만 그 대신 견고하지는 못했다. 그래서 사람들은 새 물건을 자주 살 수밖에 없었다. 그렇다고 노동자들이 거대한 신식 기계들이 쏟아 내는 물건을 모두 살 만큼의 임금을 받았던 것은 아니다. 그런데 생산된 옷감이나 가죽이 팔리지 않고 쌓이기만 한다면 공장이 날마다 물건을 생산하는 것은 무의미한 일이 될 것이다. 이 경우 공장은 문을 닫을 수

밖에 없다. 공장이 문을 닫으면 노동자들은 일자리를 잃고 더 이상 아무 물건도 살 수 없게 된다. 그렇게 되면 공장에 쌓이는 물건은 점점 더 많아질 것이다. 이런 상태를 '경제 공황'이라 부른다. 어느 나라든 경제 공황을 피하려면 수많은 공장에서 생산되는 물건을 가능한 한 모두 팔 수 있어야 한다. 자국 내에서 팔 수 없다면 외국에라도 팔아야 한다. 하지만 유럽에서는 기회가 없었다. 유럽은 거의 모든 나라에 공장이 있었기 때문이다. 따라서 공장이 없고 옷이나 신발이 부족한 나라들을 찾아야 했다.

유럽인들은 아프리카 같은 곳으로 눈길을 돌렸다. 갑자기 산업화를 이룬 나라들이 멀리까지 미개척 지역을 찾느라 혈안이 되었다. 개발이 안 된 지역일수록 이들에게는 유리했다. 상품을 팔기 위해서뿐 아니라 자국에 없는 물건들을 얻기 위해서도 그런 지역이 필요했다. 방직을 위한 목화나 휘발유 생산을 위한 석유를 얻고자 했다.

그런데 목화나 석유 같은 '원료'를 식민지에서 유럽으로 들여오면 들여올수록 공장은 더 많이 생산해 댔고 그러면 다시금 대량 생산 한 물건을 팔 수 있는 지역을 찾아야 했다. 이제는 국내에서 일자리를 구하지 못하면 외지로 이주할 수도 있었다. 요컨대 유럽 민족들에게는 식민지를 갖는 것이 정말로 중요하게 되었다. 토착민들이 진실로 원하는 것이 무엇인지는 이들의 관심사가 아니었다. 당신도 충분히 짐작할 수 있겠지만, 만약 토착민들이 침입해 온 유럽 군대에 화살을 쏘아 대기라도 하면 정말로 혹독한 대가를 치러야 했다.

이런 식으로 식민지를 나눠 갖는 데는 영국을 따를 나라가 없었다. 영국은 이미 수백 년 전부터 인도와 오스트레일리아, 북아메리카에 식민지가 있었고 아프리카, 특히 이집트에서 커다란 영향력을 행사했다. 프랑스 역시 일찍부터 식민지를 찾아 나서 동남아시아 대부분과 아프리카 일부를 차지했다. 물론 프랑스가 차지한 지역 중 사하라 사막은 넓기만 할 뿐 실질적 유용성은 없었다. 러시아는 바다 너머에 식민지

1905년 러시아와 일본 사이에서 전쟁이 일어났다.

를 갖고 있지는 않았지만 그 자체만으로 거대한 제국인데다 공장도 많지 않았다. 이들은 아시아 대륙을 가로질러 가 태평양 연안에서 무역을 하려 했다. 그런데 일본인들이 갑자기 길을 막고 서면서 "정지!"라고 소리쳤다. 결국 1905년 러시아와 일본 사이에서 무시무시한 전쟁이 일어났고, 차르의 거대한 제국은 자그마한 신흥 국가인 일본에 패해서 다소 물러설 수밖에 없었다. 일본인 역시 점점 더 많은 공장을 지었기 때문에 자국 물건을 판매할 수 있을 뿐더러 작은 섬나라의 많은 인구를 분산시킬 수도 있는 식민지가 필요했다.

이런 세계 분할에는 유럽의 신흥 국가들도 당연히 가담했다. 이탈리아와 독일도 뒤늦게나마 식민지 획득에 나선 것이다. 이들 나라는 과거 분열되어 있었기에 바다 너머의 영토를 정복할 기회를 갖지 못했다. 그래서 수백 년간 뒤처졌던 일을 이제 만회하려 했다. 이탈리아는 여러 차례 전쟁을 벌여서 아프리카의 협소한 지역을 몇 개 차지했다. 독일은 이탈리아보다 강대한 나라였고 공장도 훨씬 더 많았다. 그래서 더 많은 것을 원했다. 실제로 비스마르크는 아프리카의 비교적 넓은 영역과 태평양의 섬 몇 개를 획득하는 데 성공했다.

하지만 유럽의 어느 나라도 기존 상태에 만족하지 못했다. 그 사실은 언제라도 크게 번질 수 있는 불씨와 같은 것이었다. 식민지를 많이 가질수록 공장은 더 필요했고 늘어난 공장이 잘 가동되어 많은 상품이 생산될수록 다시금 더 많은 식민지가 필요해졌다. 이것은 권력욕이나 지배욕과는 성질이 다른 문제였다. 식민지는 현실적으로 절실하게 요구되었던 것이다. 하지만 세계는 이미 분할이 끝난 상태였다. 새로운 식민지를 마련하거나 이미 갖고 있는 것을 더 강대한 이웃 나라에 빼앗기지 않으려면 싸움을 벌이거나 최소한 싸움도 불사하겠다고 위협하는 수밖에 없었다. 그래서 모든 나라가 막강한 군대와 함대를 조직하고 늘 이렇게 으르렁거렸다. "어디 한번 덤벼 보시지!" 수백 년 동안 막강한 세력을 유지해 왔던 나라들은 이것이 당연한 권리라고 여겼다. 그러니 우수한 공장 시설을 갖춘 신흥 국가 독일 제국이 뒤늦게 경쟁에 끼어들어 거대한 함대를 조직하고 아시아와 아프리카에서 영향력을 증대시켜 나가는 것을 가만히 두고 볼 수 없었다. 이들 나라는 일찍부터 충돌을 예상했기에 병력을 점점 더 증대시키고 군함도 점차 대형화했다.

마침내 전쟁이 일어났다. 하지만 그 도화선이 된 곳은 사람들이 몇 년 전부터 예상해 왔던 지역, 즉 분쟁의 잠재성이 상존했던 아프리카나 아시아의 어느 지역이 아니라 유럽 국가 중 유일하게도 식민지가 전혀 없던 오스트리아였다. 유서 깊은 다민족 국가인 오스트리아는 머나먼 대륙에 영토를 개척하겠다는 욕심이 없는 나라였다. 하지만 오스트리아 역시 자국 공장의 상품을 구매할 사람들은 필요했다. 그래서 오스만 제국과의 전쟁이 끝난 후부터 동유럽의 나라들을 차지하려 들었다. 얼마 전에야 오스만 제국에서 독립한 이들 나라에는 아직 공장 시설이 없었기 때문이다. 그러나 가까스로 독립을 쟁취한 약소민족들, 예컨대 세르비아인들은 대제국이 세력을 팽창하는 것을 전혀 환영하지 않았다. 그러던 중인 1914년 오스트리아의 황태자가 새로 차지한 보스니아를 여행하다가 그 수도인 사라예보에서 세르비아인에게 암살당하는 사건이 발생했다.

오스트리아의 군사령관과 정치가들은 조만간 세르비아와의 전쟁이 일어날 수밖에 없다고 판단했다. 끔찍한 암살을 자행한 세르비아인들을 응징해야 한다고 생각한 것이다. 그러자 오스트리아가 너무 가까이로 세력을 뻗어 올 것을 두려워한 러시아가 개입했고, 오스트리아와 동맹을 맺은 독일도 참전했다. 독일이 전쟁에 끼어들자 이 나라와 숙적 관계에 있던 모든 국가가 들고 일어났다. 독일은 가장 위험한 적수인 프랑스를 제일 먼저 섬멸하고자 중립국인 벨기에를 거쳐 파리로 진군했다. 영국은 독일이 승리하면 유럽의 최강대국이 될 것을 두려워하여 이 전쟁에 끼어들었다. 곧 독일과 오스트리아는 전 세계를 적으로 맞게 되었다. 이 두 나라는 연합을 맺은 국가들

사이에 끼여 있었기 때문에 '중앙 열강'이라 불렸다.

러시아군은 거대한 규모로 밀고 내려왔지만 몇 달 만에 진군을 멈췄다. 이런 전쟁
은 역사상 유례가 없는 것이었다. 양측에서 수백만의 병력이 동원되었다. 아프리카인
이나 인도인마저 이 전쟁에서 싸워야 했다. 독일군은 파리 근처의 마른 강변에 진을
쳤다. 고전적 의미의 전투는 더 이상 없었고 대규모 부대가 끝도 없이 긴 참호를 파고
방벽을 쌓고는 서로 대치하고만 있었다. 그러다가는 갑자기 수천 발의 포탄이 며칠
동안이나 적군의 참호를 뭉갰고 병사들이 철조망을 뚫고 참호를 넘어가며 포탄의 흔
적이 완연한 폐허를 달렸다. 그러는 동안 시체는 겹겹이 쌓여갔다. 1915년에는 이탈
리아가 지금까지 동맹 관계였던 오스트리아에 선전 포고를 했다. 이제는 산악 지대

인 티롤의 만년설 속에서도 전투가 벌어졌다. 당시 이름 없는 병사들이 보여 준 용기와 인내에 비하면 알프스산맥을 넘었다는 한니발의 무용담은 애들 장난에 불과했다.

하늘에서는 비행기가 전투를 벌이고 평화로운 도시에 폭탄을 떨어뜨렸다. 또한 바다 위는 물론, 언젠가 레오나르도 다빈치가 예언한 대로 바닷속도 전쟁터가 되었고 비무장 선박도 무사할 수 없었다. 사람들은 온갖 끔찍한 무기를 개발해서 날마다 수천 명을 죽이고 불구로 만들었다. 개중에서도 가장 잔인한 무기는 독가스였다. 독가스를 마시면 말도 못할 고통을 겪다가 숨을 거뒀다. 독가스는 바람에 실어 적군 진영으로 날려 보내거나 수류탄에 넣어서 던졌다. 그리고 최신 무기인 전차가 등장했다. 전차는 느리지만 안전하게 참호와 방벽을 넘어가면서 모든 것을 짓뭉개 버렸다.

독일과 오스트리아의 국민들은 말도 못할 곤궁에 시달렸다. 이미 오래전부터 먹을 것이 부족했고 입을 옷과 석탄이 떨어졌으며 전기도 들어오지 않았다. 여자들은 추위에 떨며 몇 시간 동안 줄을 서야 빵 한 조각이나 상한 감자 몇 알을 얻을 수 있었

전쟁은 땅 위의 모든 것을 태우고 파괴했다.

다. 한때나마 이 두 나라는 다시금 희망을 가진 적이 있었다. 1917년 러시아에서 혁명이 일어났던 것이다. 차르는 물러났지만 새로 정권을 잡은 시민 정부는 전쟁을 계속하려 했다. 그러나 국민들은 더 이상 전쟁을 원치 않았다. 결국 두 번째로 혁명이 일어나 레닌의 지휘를 받는 도시 노동자들이 권력을 장악했다. 이들은 부자와 귀족에게서 재산을 빼앗고 농부들에게 농토를 배분했으며 마르크스가 제시한 원칙에 따라 나라를 다스리려 했다. 그러자 외국의 간섭이 시작되었다. 결국 격렬한 내전이 일어났고 다시금 수백만 명이 죽었다. 러시아는 그 후로도 오랫동안 레닌의 계승자들에 의해 통치되었다.

독일은 이제 동부 전선에서 몇 개 부대를 끌어올 수 있었지만 상황을 개선시키기에는 역부족이었다. 바로 이 시기 서부 전선에는 독일군과 싸울 새로운 병사들이 대거 투입되고 있었기 때문이다. 그들은 미군이었다. 그래도 독일과 오스트리아는 1년 이상을 버티며 이 압도적인 적군과 싸웠고 남은 힘을 끌어모아 총력전을 벌인 결과

한때는 서부 전선에서 승리할 뻔하기도 했다. 하지만 두 나라는 결국 지치고 말았다. 게다가 1918년 미국의 윌슨 대통령이 자신은 정의로운 평화를 원하며 어느 민족이나 자신의 운명을 스스로 결정할 수 있어야 한다는 입장을 공표하자 '중앙 열강' 군대에 속하는 많은 부대가 전쟁을 포기했다. 결국 독일과 오스트리아는 휴전 협정을 체결할 수밖에 없었고, 살아남은 병사들은 굶주리는 가족들이 기다리는 고향으로 돌아갔다.

이제 전쟁으로 피폐해진 나라들에서 혁명이 일어났다. 독일과 오스트리아의 황제는 퇴위했고 오스트리아 제국 치하에 있던 여러 민족인 체코인과 슬로바키아인, 헝가리인, 폴란드인, 남슬라브인이 독립 국가를 건설했다. 그리고 독일과 오스트리아, 헝가리의 대표단이 파리로 와서는 유서 깊은 궁전인 베르사유와 생제르맹, 트리아농에서 윌슨 대통령이 제안한 평화 협상을 시작했다. 실제로 협상할 내용은 아무것도 없었다. 전쟁의 책임은 전적으로 독일에 있으니 독일은 응분의 처벌을 받아야 한다는 것이 전부였다. 독일은 1870년 프랑스에게서 탈취한 영토와 모든 식민지를 빼앗겼고 막대한 금액의 배상금을 매년 전승국에 지불해야 했다. 게다가 전쟁의 책임은 오로지 독일에 있다는 문서에도 서명해야 했다. 오스트리아와 헝가리도 더 나은 처분을 받지는 않았다. 윌슨이 제창한 민족 자결주의는 이런 식으로 추진되었다.(이에 관해서는 다음 장을 참조할 것)

이 전쟁에서 약 1100만 명의 사람이 목숨을 잃었고, 세계 곳곳이 옛 모습이라곤 찾아볼 수 없을 만큼 완전한 폐허로 변하고 말았다. 그리고 끔찍한 궁핍과 절망이 세상을 덮었다.

인류는 자연 정복에서 엄청난 진보를 이루었다. 이제는 방 안에 전화기를 설치해 지구 반대편인 오스트레일리아에 사는 친구와 잡담을 나눌 수도 있다. 또한 라디오를 켜면 런던의 어느 호텔에서 열린 연주회의 음악을 들을 수 있고 포르투갈에서 개최된 거위 사육에 관한 강연도 들을 수 있다.

이제는 피라미드나 로마의 성 베드로 대성당보다도 거대한 건물을 짓고 에스파냐의 무적함대보다도 많은 군대를 섬멸할 수 있는 대형 폭격기도 건조한다. 아주 무서운 질병을 치료할 수 있는 약을 비롯해서 참으로 놀라운 물건들이 그동안 많이 발명되었다. 모든 자연 현상을 설명할 수 있는 공식들도 찾아냈다. 물론 이런 공식은 너무 어렵고 기묘해서 이해할 수 있는 사람이 많지는 않다. 이 공식들은 아주 정확해서 하늘의 별도 공식이 예측한 궤도로 움직인다. 사람들은 자연과 인간에 관해서 날마다 조금씩 더 많은 것을 알아 가고 있다. 하지만 사람들이 겪는 어려움 역시 늘어 가기만 할 뿐 줄지는 않는다. 지구상에서는 수십, 수백만의 사람들이 일자리를 찾지 못하고 있으며 해마다 수백만 명이 굶어 죽는다. 모두가 더 나은 미래를 희망하고 있다. 더 나은 미래는 반드시 와야만 한다!

우리가 이제 비행기를 타고서 시간의 강물을 따라간다고 상상해 보자. 뒤를 돌아보니 뿌연 안개 사이로 매머드 사냥꾼들의 동굴과 최초의 곡식이 자라는 들판이 눈에 띈다. 멀리 점처럼 작게 보이는 건물은 피라미드와 바벨탑이다. 그곳의 평지에서는 유대인들이 가축을 몰고 있다. 근처의 바다로는 페니키아인들의 배가 지나간다. 바다 사이로 하얀 별처럼 반짝이는 것은 그리스 문화의 상징인 아크로폴리스이다. 세상을 조금 더 돌자 인도의 수도자들이 머무는 어두운 숲이 보인다. 부처도 거기서 깨달음을 얻었다. 조금 더 나아가 보니 중국의 만리장성이 있고 불에 그슬린 카르타고 문명의 잔해도 보인다. 저 거대한 원형 극장에서는 로마인들이 크리스트교도들을 맹수의 밥으로 던져 주었다. 저 멀리 둥근 구름은 게르만족의 대이동이라는 천둥 번개를 몰아오고 있다. 그리고 저기 강가의 숲속에서는 최초의 수도사들이 게르만족을 개종시켰다. 저 멀리 사막은 아랍인들의 세계 정복이 시작된 곳이며, 저기 저곳은 카롤루스 대제가 다스렸던 지역이다. 그리고 이 아래 언덕의 성채는 유럽의 지배권을 둘러싸고 교황과 황제가 다퉜던 곳이다. 이제 기사들의 성채가 보이고 웅대한 성당이 있는 도시들도 눈에 띈다. 저기가 피렌체이고 저곳은 루터의 종교 개혁을 야기한 성 베드로 대성당이다. 아스테카 제국이 불타고 있으며, 에스파냐의 무적함대가 영국 해안에 좌초하는 모습도 보인다. 저기 피어오르는 연기는 삼십 년 전쟁에서 불타는 마을과 마녀 화형장의 연기이다. 커다란 정원이 있는 저 화려한 궁전이 바로 루이 14세가 지은 베르사유 궁전이다. 오스만 제국군이 빈을 포위하고 있으며 좀 더 나아가자 프리드리히 대왕과 마리아 테레지아의 간소한 궁전이 보인다. 저 멀리서 파리 시민들의 함성이 들려온다. 모두가 자유, 평등, 박애를 외치고 있다. 이제 불타는 모스크바가 눈에 들어오고 마지막 정복자의 대군을 패배시킨 겨울 나라 러시아가 보인다. 우리와 아주 가까운 공장 굴뚝으로 연기가 피어오르고 기차가 기적을 울린다. 베이징의 여름 궁전은 폐허가 되었고 일본의 항구에서는 일장기를 단 전함들이 출항하고 있다. 제1차 세계 대전의 포성이 아직도 들려온다. 독가스가 땅 위를 뒤덮고 있다. 우주 망원경 앞에 선 과학자의 눈은 상상할 수 없을 만큼 먼 우주를 훑고 있다. 하지만 우리 아래와 앞에 보이는 것은 여전히 짙은 안개뿐이다. 우리가 아는 것이 있다면, 시간의 강물이 계속 흘러가 미지의 바다와 하나가 되리라는 사실뿐이다.

이제는 비행기를 타고 얼른 내려가 강물 가까이로 다가가 보자. 시간의 강물 가까이로 접근하면 출렁이는 물결 소리도 들을 수 있다. 거센 바람이 불면 강물은 몸을 한껏 뒤척이며 하얀 거품을 만든다. 하얗게 반짝이는 수백만 개의 거품이 물결과 함께 일어났다 스러지는 모습을 보라. 물결은 균일한 리듬으로 일어났다 스러지기를 반복한다. 한 순간 솟았던 물결이 다음 순간에는 흔적도 없이 모습을 감춘다. 우리 역시 그처럼 덧없는 무엇, 아주 작은 거품이나 물방울은 아닐까 생각해 보라. 작은 물방울을 품에 안은 깊고 거대한 강물은 안개처럼 불투명한 미래를 향해 흘러만 간다. 우리는 떠올라 주변을 돌아보지만 아주 짧은 순간이 지나면 다시금 사라져 버린다. 유유히 흐르는 거대한 시간의 강물에서 우리는 눈에 띄지 않는 존재이다. 늘 새로운 것이 나타났다 사라지기를 반복한다. 우리의 운명이란 밀려오고 밀려가는 파도 속에서 작은 물방울들이 벌이는 다툼에 지나지 않는다. 하지만 우리는 짧은 이 순간을 잘 이용하고자 한다. 그럴 만한 가치는 있기 때문이다.

40

나 자신이 체험한
세계사의 한 부분
— 회고

역사를 책에서 배우는 것과 직접 경험하는 것은 전혀 다른 일이다. 앞 장에서도 나는 이 점을 당신에게 상기시키려 했다. 앞에서 나는 인류의 과거사를 돌아보는 관점을 하늘 높이 뜬 비행기에서 내려다보는 시각과 비교한 바 있다. 하늘에서 볼 수 있는 것은 도도히 흐르는 시간의 강물과 그 저변에서 일어나는 몇 가지 사건뿐이다. 하지만 이 강물 가까이에 서서 구체적 사건들이 파도처럼 밀려오는 모습을 보면 사뭇 다른 인상에 사로잡힐 것이다. 어떤 것은 더 잘 보이겠지만 어떤 것은 더 이상 보이지 않을 것이다. 내 경우도 마찬가지였다. 앞 장은 1914년에 시작되어 1918년까지 벌어졌던 참혹한 제1차 세계 대전에 관한 얘기로 끝을 맺었다. 이 전쟁은 나도 직접 체험했지만, 전쟁이 끝났을 때 내 나이는 불과 아홉 살이었다. 그래서 나는 여러 책에서 읽은 내용을 함께 써 놓았다.

이 마지막 장에서는 내가 직접 경험한 일들을 약간이나마 들려주고 싶다. 생각하면 생각할수록 참으로 기묘하다는 생각이 든다. 1918년 이후로 세상이 너무나 많이 바뀌었기 때문이다. 이러한 변화 중에는 아주 서서히 진행되어서 오늘날 우리에게 너무 당연한 것처럼 보이는 것도 있다.

예컨대 당시에는 텔레비전도 없었고 컴퓨터나 우주선, 원자력도 발명되지 않았다. 그런데 사람들은 가장 중요한 변화일수록 가장 쉽게 잊어버린다. 그 변화란 다름이 아니라 오늘날 세계에는 내가 어렸을 때보다 훨씬 더 많은 사람이 살고 있다는 사실이다. 제1차 세계 대전이 끝난 무렵 세계 인구는 20억 명을 조금 넘었는데 지금은 이미 그 두 배를 넘어섰다.(2024년에는 거의 네 배에 이른다./ 옮긴이) 실감하기가 불가능할 만큼 엄청난 규모이다. 적도를 기준으로 할 때 지구 둘레는 4000만 미터라는 점을 상기해 보자. 사람들이 창구 앞에 줄을 설 때면 대개 1미터 정도의 간격을 유지한다. 이 간격으로 줄을 서서 지구를 한 바퀴 돌리려면 약 8000만 명이 동원되어야 한다. 제1차 세계 대전이 끝난 무렵의 인구가 줄을 선다면 지구를 약 22번 돌 수 있고 오늘날의 45억의 인구가 줄을 선다면 50번 이상 돌 수 있다.(2024년의 인구라면 90번 이상 돌 수 있다./ 옮긴이)

게다가 인구가 이처럼 엄청나게 증가하고 있는 동안 우리 모두가 사는 지구는 부지중에 점점 더 작아졌다. 물론 지구가 실제로 작아졌다는 뜻은 아니다. 여러 가지 기술, 특히 비행술의 발달로 대륙 간의 거리가 한층 좁아졌다는 뜻이다. 공항에 앉아 델리나 뉴욕, 홍콩, 시드니 행 비행기에 관한 안내 방송을 듣고 또 탑승을 기다리며 북적대는 사람들을 보고 있노라면 내 어린 시절이 생각나곤 한다. 그 시절에는 누군가를 가리키면서 대단하다는 투로 이런 말을 하곤 했다. "저 사람은 미국에도 가 봤대요."라든가 "저 사람은 인도에서 살았던 적이 있대요." 같은 말을 한 것이다.

오늘날에는 비행기로 몇 시간 만에 닿을 수 없는 곳이 별로 남아 있지 않다. 게다가 먼 나라에 직접 가 보지 않더라도 그곳은 내가 어렸을 때보다 훨씬 더 가까이 있다. 세계 어느 곳에서 중대한 사건이 일어나든 다음 날이면 우리는 신문이나 라디오, 텔레비전 등을 통해 그 소식에 접하게 된다. 고대 아메리카의 주민들은 예루살렘이 파괴되었다는 소식을 분명 듣지 못했을 것이며 중국 사람들은 삼십 년 전쟁의 참혹한 결과에 관해 전혀 알지 못했을 것이다. 그러나 제1차 세계 대전이 일어난 무렵에는 벌써 사정이 달라졌다. 이 전쟁을 세계 대전이라 부르는 까닭은 무수한 나라와 민족이 거기 연루되었기 때문이다.

물론 그렇다 해서 도처에서 우리에게 전해지는 뉴스가 모두 사실이라는 것은 아니다. 신문에 실린 기사를 모두 믿으면 안 된다는 것은 나 자신이 체험에서 얻은 결론이다. 한 가지 예를 들어 보겠다. 나는 제1차 세계 대전을 직접 경험했다고 느꼈기에 당시 내가 들은 모든 것을 사실로 믿어도 좋다고 확신했다. 그래서인지 '열강들의 세계 분할'이란 제목의 39장에서 나는 내 의도와 달리 공정성을 잃었고 이 점을 눈치채지 못했다. 특히 말미에서 미국 대통령 윌슨의 역할에 관해 논했는데, 실제 상황은 당시 내가 믿었던 것과는 다소 차이가 있었다. 나는 윌슨이 독일과 오스트리아 국민에게 자신의 약속을 지키지 않았다고 서술했다. 나는 내 기억이 정확하다고 확신했다. 나는 당시의 역사를 몸소 체험한 사람이었고, 후일 내가 기록한 것은 당시 사람들이 일반적으로 믿었던 사실이기 때문이다. 하지만 나는 검증을 했어야만 했다. 특히 역사를 기록하는 사람은 어떤 경우에도 검증을 게을리해서는 안 된다. 요점만 말하겠다. 내가 쓴 내용 중에서 윌슨 대통령이 1918년 초 평화 협정을 제안했다는 것은 맞다. 그러나 그보다 더 중요한 점이 있었다. 그것은 독일과 오스트리아 및 이들의 동맹국들이 여전히 전쟁에 이길 수 있으리란 희망에서 윌슨의 호소를 무시했다는 사실이다. 10개월 동안 엄청난 희생을 치르고 나서야 이 나라들은 윌슨의 제안에 기대 보려고 했다. 하지만 이미 기회를 잃은 후였다.

내 잘못은 분명 중대하고 유감스러운 일이다. 당시 나는 짐작도 못 했지만, 패전국의 국민들은 일반적으로 자신들이 속임수에 의해 비참한 상태에 처한 것이라고들 믿고 있었다. 야심만만한 선동가들이 대중의 실망감을 분노와 복수심으로 바꿔 놓기는 식은 죽 먹기였던 것이다. 그 선동가들의 이름을 일일이 거론하고 싶지는 않다. 하지만 내가 염두에 두는 대표적 인물이 아돌프 히틀러라는 사실은 누구나 알 것이다. 히틀러는 제1차 세계 대전에 참전한 군인이었으며, 그 역시 이른바 속임수만 당하지 않았다면 독일군이 결코 패하지 않았을 것이라 확신했다. 윌슨의 속임수뿐 아니라 적국의 선전 책동이 고향에 남아 있던 독일과 오스트리아 국민들을 부추겨 결국 전선의 군인들을 궁지에 몰아넣었다고 생각한 것이다. 히틀러는 선전술에 의해 사람들을 움직이는 것이야말로 중요한 정치 기술이라고 생각했다. 그는 사람의 마음을 사로잡는 연설가였기에 대중들은 그를 추종했다. 특히 히틀러는 모든 불행의 책임을 덮어씌울 속죄양을 만드는 것보다 더 효과적으로 사람들을 선동할 방법은 없다는 점을 잘 알았기에 유대인을 속죄양으로 삼았다.

오랜 역사를 지닌 유대인의 운명은 이 책에서도 여러 번 언급되었다. 예컨대 유

히틀러는 사람의
마음을 사로잡는
연설가였다.

대인의 자발적인 고립과 배타성, 예루살렘이 파괴된 후 실향민으로서의 삶과 중세의 유대인 박해 등이 다뤄졌다. 나 자신도 유대인 가정에서 태어났지만, 내가 사는 시대에 그런 끔찍한 일이 다시 일어나리라고는 꿈에도 생각한 적이 없었다.

이 자리에서 나는 이 책에 흘러든 또 다른 오류에 관해서도 명백하게 밝히지 않을 수 없다. 물론 앞서의 경우와 달리 이는 내가 개인적으로 부끄럽게 여길 만한 오류는 아닐 것이다. 33장 '계몽의 시대'를 보면, 이 시대는 인간의 생각이 과거의 야만성에서 벗어나고 이른바 18세기 계몽주의의 이념과 이상들이 보편화되는 데서 시작된다고 나와 있다. 이 내용을 쓸 당시만 해도 나는 다른 신앙을 가진 사람을 박해하거나 고문을 해서 자백을 받아 내고 인권도 무시하는 행태, 즉 인간이 스스로의 품위를 깎아내리는 행태가 또다시 일어나리라고는 생각할 수 없었다. 하지만 당시 내가 불가능하다고 생각했던 일이 현실에서 일어나고 말았다. 어떻게 그처럼 서글픈 퇴보가 일어날 수 있었는지 알다가도 모를 일이다. 물론 어린 사람들이라면 나이든 사람들보다 이 사실을 더 쉽게 용납할 수도 있을 것이다. 학교에서의 상황을 유심히 관찰해 보면 알 수 있듯, 아이들은 다른 사람들에게 관대하지 못한 경우가 참 많다. 예를 들어 어느 선생님이 유행에 뒤진 옷을 입기만 해도 아이들은 선생님을 웃음거리로 만든다. 존중심이 없는 아이들은 못되기 그지없는 행동을 쉽게 저지른다. 또 피부색이나 머리색 혹은 말투나 음식 먹는 버릇이 조금만 달라도 친구들을 금방 희생양으로 만들곤 한다. 희생양이 된 아이들은 피가 마를 정도의 고통을 당해도 그냥 참고 견디는 수밖에 없다. 학급의 아이들이 모두 남달리 잔혹하거나 무자비하기 때문은 분명 아니다. 단지 모두의 흥을 깨고 싶은 사람은 아무도 없는 것뿐이다. 대개는 그저 남들이 하는 대로 덩달아 소리치다가 자신도 이해하지 못할 정도에 이르는 것이다.

유감스럽게도 어른들이라고 더 나은 행동거지를 보이는 것은 아니다. 어른들은 특히 할 일이 없거나 형편이 좋지 않을 때, 혹은 그저 형편이 좋지 않다고 믿기만 해도 쉽게 그런 어리석은 행동을 보인다. 이럴 때면 어른들은 동지들끼리 무리를 짓고서 거리로 뛰쳐나가 확성기로 어처구니 짝이 없는 구호를 외쳐 대며 행진을 벌이기도 한다. (실제 고락을 함께하는 동지이건 허울만 그런 관계인 사람들이건 간에) 한데 모여서 말이다. 그러면서 자신들이 무척 대단한 일을 하고 있다는 착각에 빠지는 것이다. 나는 갈색 셔츠를 입은 히틀러의 추종자들이 빈 대학의 유대인 학생들을 습격하는 장면을 직접 목격했다. 이 책을 쓸 무렵 독일은 이미 히틀러에 의해 장악되어 있었다. 오스트리아 정부 역시 이 막강한 세력의 희생물이 되는 것은 시간문제였다. 당시에 나는 마침 영국으로 초청을 받았으니 참으로 행운이었다고 할 수 있다. 1938년 3월 히틀러의 군대가 오스트리아를 합병한 후로는 오스트리아 국민들 역시 독일 국민과 마찬가지로 "안녕하세요." 대신 "히틀러 만세."라고 인사하지 않으면 큰 위험을 감수해야 했다.

이처럼 나치즘이 득세한 상황에서 나치 추종자들의 사고방식이 어떤 것인지는 금세 분명해졌다. 이들에게 유일한 범죄는 히틀러 총통에 대한 배신이었고 유일한 미덕은 무조건적인 복종이었다. 승리를 가져올 수 있건 없건 간에 일단 명령이 내려지면 무조건 복종해야 했다. 설령 인간성이라는 계율을 무시하는 명령이라도 마찬가지였다. 과거 역사에서도 이와 비슷한 경우가 있었다. 그런 경우는 이 책에서도 몇 차례 언급되었거니와 무함마드의 초기 신봉자들을 그 예로 들 수 있다. 예수회 수도사들에게도 복종이 모든 것에 우선했다. 앞서 러시아에서 레닌이 주도한 공산주의 혁명의 승리에 관해서 잠깐 언급했는데, 투철한 공산주의자들일수록 적에게 결코 관용을 보이지 않았다. 목표를 추구하는 과정에서 이들의 무자비함은 한계를 몰랐기에 수백만 명의 사람이 희생되었다.

제1차 세계 대전 이후에 독일과 이탈리아, 일본에서는 관용이라는 것이 점차 자취를 감췄다. 이들 나라의 정치가들은 이른바 '세계 분할'에서 자국이 불이익을 입었다고 국민들에게 이야기했으며 자국은 원래부터 다른 민족을 지배할 권리가 있다고 주장했다. 이탈리아 정치가들은 국민에게 고대 로마 제국의 후손임을 상기시켰고, 일본 정치가들은 무사의 전통을, 독일 정치가들은 옛 게르만족이나 카롤루스 대제 혹은 프리드리히 대왕 등을 상기시켰다. 개에도 사냥에 적합한 품종과 그렇지 않은 품종이 있듯, 인간이라고 모두 같은 가치를 지닌 것은 아니며 자신들이야말로 타민족을 지배할 최고의 혈통이라는 주장도 펼쳤다.

오랜 옛날 현명한 스님 한 분이 자기 나라 사람들에게 이런 이야기를 했다. 누군가 자신을 가리켜 "나는 세상에서 가장 똑똑하고 힘세며 용감하고 능력 있는 사람이다."라고 말하면 모두가 그를 우습고 어처구니없는 사람이라 여길 것이다. 그런데 그 사람이 '나' 대신 '우리'라고 말하면, 즉 "우리는 세상에서 가장 똑똑하고 힘세며 용감하고 능력 있는 사람들이다."라고 말하면 그 나라의 모든 이가 열광해서 갈채를 보내고 그 사람을 애국자라 부른다. 스님은 그 이유가 무척 궁금하다고 말했다. 사실 그 사람의 태도는 애국심과 아무 상관도 없다. 자신들 외에는 모두가 열등한 무리라 말하지 않고서도 얼마든지 고국을 사랑할 수 있다. 오히려 그런 어처구니없는 생각을 하는 사람이 많을수록 평화는 한층 더 위태로워진다.

독일에서는 심각한 경제 공황으로 엄청나게 많은 사람들이 일자리를 잃자 가장 간단한 해결책은 전쟁인 것처럼 생각되었다. 전쟁이 일어나면 실업자들이 군복무를 하거나 군수 공장에서 일할 수 있고 또 가증스러운 베르사유 조약이나 생제르맹 조약도 무효화시킬 수 있다는 것이었다. 프랑스나 영국, 미국 같은 서구 민주주의 국가들은 평화에 너무 기댄 나머지 이제는 유약해져서 방어 능력도 제대로 못 갖췄다는 것이 독일인들의 판단이었다. 실제로 이 나라들은 결코 전쟁을 원하지 않았으며 세계를 불행에 빠뜨릴 빌미를 히틀러에게 주지 않기 위해 최선을 다했다. 하지만 유감스럽게도 빌미란 것은 언제든 마련될 수 있고 이른바 '우발적 사건'은 얼마든지 조작될 수 있다. 그리하여 1939년 9월 1일 독일군이 폴란드를 침공했다. 당시 나는 영국에 있었다. 병사들이 너무나 슬픈 모습으로, 하지만 동시에 비장한 표정으로 전쟁터로 향하는 모습을 직접 보았다. 이번에는 아무도 군가를 흥겹게 부르지 않았고 전쟁에서 공훈을 세우기를 꿈꾸는 사람도 없었다. 그저 이 광기를 끝장내야 하기에 맡은 바 의무를 다할 뿐이었다.

당시 내가 맡은 임무는 독일의 라디오 방송을 듣고 그 내용을 영어로 번역하는 것이었다. 영국인들은 독일 국민이 어떤 소식을 듣고 어떤 소식을 듣지 못하는지 알고 싶어 했다. 그래서 나는 1939년부터 1945년까지 6년간의 끔찍한 전쟁 기간 동안 묘한 방식으로 양쪽의 생활을 함께 체험했다. 물론 두 가지 생활을 체험하는 방식은 달랐다. 영국에서는 결연한 의지도 볼 수 있었지만 전선에 나간 남자들에 대한 걱정과 생활의 곤궁함, 공습의 후유증과 전황에 관한 근심도 목격할 수 있었다. 반면 독일 방송에서 제일 먼저 들은 것은 승리의 함성과 조야한 비방이었다. 히틀러는 선전과 선동이 가진 힘을 믿었다. 처음 2년 동안은 독일 측이 예상을 훨씬 웃도는 성공을 거두었고 히틀러의 믿음이 증명되는 것만 같았다. 폴란드와 덴마크, 노르웨이, 네덜란드, 벨기에, 프랑스 그리고 소련(옛 러시아 제국을 중심으로 한 연방 공화국/ 편집자) 일부와 발칸반도마저 유린당했고 유럽 변방의 작은 섬나라인 영국만이 간신히 저항을 계속하고 있었다. 게다가 영국의 이런 저항도 오래갈 수 없을 것만 같았다. 영국에 식료품과 무기를 공급하는 함선이 독일 잠수함에 의해 격침되었다는 소식이 독일 방송에서 허구한 날 흘러나왔기 때문이다.

1941년 12월 일본군이 선전 포고도 없이 미군 함대를 공격해서 섬멸 직전까지 몰고 가자 히틀러도 미국에 전쟁을 선포했다. 하지만 1942년 가을, 독일군은 북아프리카에서 격퇴되었고 1943년 1월에는 스탈린그라드(오늘날의 볼고그라드/ 편집자) 근처에서 소련군에게 참패했다. 독일 공군은 이미 무력화되어서 독일 도시들에 쏟아지는 끔찍한 폭격을 막아 낼 도리가 없다는 사실도 드러났다. 결국 그럴듯한 말과 나

일본이 진주만에
정박해 있던 미군
함대를 공격했다.

팔 소리만으로는 승리를 장담할 수 없다는 사실이 만천하에 드러난 것이다. 영국인들이 희망을 갖기 어려웠던 시기에 정권을 넘겨받은 처칠은 이런 말을 했다. "내가 약속할 수 있는 것은 피와 땀과 눈물뿐입니다." 바로 이 말 때문에 우리는 그를 믿고 한 가닥 희망을 품을 수 있었다. 낮이고 밤이고 독일 방송에서 들려왔던 그 모든 약속과 변명, 그 모든 허언에 귀를 기울인 독일인들이 나중에는 과연 얼마나 남았는지 나는 알지 못한다.

　　내가 아는 것이 있다면, 전쟁에서 독일군이 얼마나 끔찍한 범죄를 자행했는지는 당시의 우리도 독일 국민도 몰랐다는 사실이다. 바로 이 슬픈 공통점 때문에 이 책의 한 구절을 다시 인용해야 하겠다. 그것은 멕시코를 정복한 에스파냐 사람들에 관한 대목이다. "에스파냐 사람들은 멕시코뿐 아니라 아메리카의 다른 많은 지역에서도 오랜 역사를 지닌 문화 민족들을 끔찍한 방식으로 말살시켰다. 인류 역사의 이 처참한 장을 떠올릴 때면 우리 유럽인들은 수치심을 느낄 수밖에 없으니 나 역시 이제 입을 다물고만 싶다."

　20세기에 자행된 흉악한 범죄에 관해서도 나는 입을 다무는 편이 나았을지 모른다. 이 책은 청소년을 위한 것이고 청소년들에게 공연한 두려움을 심어 주는 것은 바람직하지 않기 때문이다. 하지만 청소년들도 언젠가는 어른이 될 것이며, 따라서 선동과 배타성이 인간을 얼마나 비인간적으로 만들 수 있는지 역사를 통해 배워야 한다. 제2차 세계 대전의 마지막 몇 년 동안 독일군은 유럽의 모든 점령지에서 남녀노소 가리지 않고 수백만의 유대인들을 잡아냈으며 이들 대부분을 동유럽으로 이송해 살해했다.

　이미 말했듯, 독일 방송만 듣는 사람들은 이 사실에 관해 아무것도 알지 못했다. 전쟁이 끝날 무렵인 1945년 이 어처구니없는 소식을 들었을 때, 나 역시 다른 사람들과 마찬가지로 그 사실을 믿으려 하지 않았다. 그러나 유감스럽게도 이 엄청난 범죄가 실제로 자행되었음을 입증하는 자료는 무수히 많았다. 그 후 여러 해가 지났

독일군은
유대인들을
기차에 태워
동유럽으로
이송한 뒤
살해했다.

지만 이 사건이 망각되거나 은폐되는 일은 절대로 없어야 한다.

수많은 인종과 민족이 모여 사는 조그만 행성 지구에서는 인간들이 서로 간에 존중심과 관용을 갖도록 교육하는 것이 점점 더 중요해지고 있다. 기술 발달로 인해 우리가 물리적으로 가까워지고 있다는 사실 때문에도 그렇다.

이 사실 역시 제2차 세계 대전을 통해 분명해진 것이다. 미국 군수 산업의 거의 무한한 역량은 영국과 소련에 유리한 정세를 조성했으며 전쟁에 종지부를 찍는 데 결정적 역할을 했다. 독일군은 필사적으로 저항했지만, 영미 연합군은 1944년 여름 프랑스 노르망디 해안에 상륙해서 독일로 쳐들어가는 데 성공했다. 그와 동시에 러시아도 약화된 독일군을 밀어내면서 1945년 4월 마침내 베를린에 입성했고, 히틀러는 자살했다. 이번에는 평화 협상이 불가능했다. 승전국은 독일을 계속해서 점령했으며, 수십 년 동안 삼엄한 경계선이 독일을 공산주의 국가 소련의 영향을 받는 지역(동독/ 편집자)과 서구 민주주의 국가들의 영향을 받는 지역(서독/ 편집자)으로 나누었다.

원자 폭탄

물론 독일이 패했다고 해서 전쟁이 완전히 끝난 것은 아니었다. 그동안 아시아 대부분을 점령한 일본이 여전히 버티고 있었기 때문이다. 가까운 시일 내로 전쟁이 끝날 것 같지 않자 미국은 최신 무기인 원자 폭탄을 투입했다.

전쟁이 일어나기 전 나는 우연히 만난 어느 젊은 물리학자에게서 덴마크의 위대한 과학자 닐스 보어가 발표한 논문에 관해서 들은 적이 있다. 그 논문은 지금까지 알려진 모든 폭탄의 파괴력을 훨씬 능가하는 우라늄 폭탄의 제조 가능성을 이론적으로 제시하는 것이었다. 그런 가공할 무기라면 우선 무인도에 떨어뜨려 적국으로 하여금 전의를 상실하게 만드는 방식으로 사용되는 게 마땅하다는 것이 당시 우리의 일치된 생각이었다. 전시에 이 무기의 개발에 힘쓴 과학자 중 다수도 우리와 같은 생각이었지만 소망은 실현되지 않았다. 일본의 도시 히로시마와 나가사키는 1945년 8월 상상할 수 없는 대재앙을 입고 막대한 희생자를 냈으며 결국 일본은 항복했다.

이런 발명으로 세계사의 전혀 새로운 장이 열렸다는 것은 우리 모두에게 자명한 사실이었다. 원자력의 발견은 불의 발견에 비견될 만한 사건이었기 때문이다. 불 역시 열기를 제공하고 파괴력도 갖고 있지만, 그 위력은 원자 폭탄에 비하면 아무것도 아니다. 따라서 우리는 이 무기가 다시금 인간을 해치는 데 사용되지 않기를 희망해야만 한다. 하지만 우리 모두가 알고 있듯, 두 강대국인 미국과 소련은 이런 무기를 엄청나게 보유하고 있다. 만약 두 나라가 그들의 무기를 사용한다면 어느 쪽도 살아남지 못하리라는 것을 알면서도 말이다. 물론 제2차 세계 대전이 끝난 후로 세상은 많이 달라졌다. 전쟁 전 대영 제국에 복속되어 있었던 여러 민족이 그사이에 대부분 독립을 이루었다. 하지만 이들 사이에서는 분쟁이 끊이지 않고 있다. 지구상의 여러 지역에서는 잔혹한 전쟁과 절박한 위기가 계속되고 있지만 다행히 1945년 이후로 제3차 세계 대전은 일어나지 않고 있다. 또 하나의 세계 대전은 세계사의 종말을 뜻할 것임을 누구나 알고 있기 때문이다. 여기에서 우리는 미약하나마 위안을 얻는다.

인류사에 등장한 이 완전히 새로운 상황은 많은 사람들로 하여금 과학의 성과 자체를 저주하게 만들었다. 과학이야말로 인간을 몰락 직전까지 몰고 간 원흉이라고 생각한 때문이다. 하지만 전쟁의 참화를 입은 나라들에서 그 피해를 복구하고 예상보다 빠르게 정상적인 생활을 회복할 수 있었던 것 역시 과학과 기술 덕분이었음을 잊어서는 안 된다.

마지막으로 나는 이 책에 약간의 수정을 가해서 늘 마음에 걸리던 문제점을 제거하고 싶다. '인간과 기계'라는 36장은 내용상 잘못된 점은 없었지만 다소 일면적이었다. 공장 노동이 수공업을 대체하면서 인간에게 많은 불행이 닥친 것은 분명 사실이다. 하지만 대량 생산이란 신기술이 없었다면 지속적으로 늘어나는 인구의 의식주를 해결하기가 불가능했으리라는 점도 나는 언급했어야 했다. 출산이 증대하고 유아 사망이 감소한 것은 의학 발전에 기인한 것이며 상하수도 설비의 개선 등도 의학 분야에서의 혁신과 무관하지 않은 발전이다. 유럽과 미국, 일본 등지에서의 급속한 산업화는 우리에게서 좋은 것을 많이 앗아 갔지만 많은 축복(정말로 축복이다.)도 가져다주었음을 잊지 말아야 할 것이다.

내 어린 시절에 '가난한 사람들'이란 말이 무엇을 뜻했는지 나는 지금도 또렷이 기억하고 있다. 도시에서는 지독한 궁핍에 시달리는 사람들이나 거지, 집 없는 사람들만 일반 시민들과 구별되는 것이 아니었다. 노동자들 역시 이미 멀찍이서부터 옷차림만으로 구별이 되었다. 여자들은 머플러 한 장으로 추위를 막았으며 남자들은 때가 잘 타는 하얀 셔츠를 절대 입지 않았다. 당시에는 '가난한 사람들의 냄새'라는 말도 흔히 들을 수 있었다. 대다수 도시 서민들은 환기가 잘되지 않는 셋집에 살았고 수도 시설도 각 층에 하나뿐인 경우가 허다했기 때문이다. 그에 비해 중산층의 가정에는 (아주 부자가 아니더라도) 대개 요리사 한 명과 하녀 한 명이 있었고 유모까지 두고 있는 경우도 있었다. 요리사나 하녀로 일하는 사람들은 고향인 시골에서보다 더 잘 먹고 지내기야 했겠지만 고용인으로 산다는 것이 편할 수만은 없었다. 예컨대 외출은 일주일에 딱 한 번 허용되었으며 결코 하인배 이상으로 대우받을 수 없었다. 어린 시절 나는 이 사람들의 처지에 관해 종종 생각해 봤는데, 제1차 세계 대전이 끝난 후 이들은 법적으로 '가사 보조원'이란 명칭을 갖게 되었다. 하지만 대학생이 되어 베

1989년 동독과 서독 사이의 국경이 사라졌다.

를린에 갔을 때도 대문 옆에서 종종 '주인 전용 출입구'란 팻말을 보고 화가 났던 기억이 난다. 고용인과 배달부들은 뒷문으로 드나들어야 했고 무거운 짐을 나를 때도 승강기를 사용할 수 없었다.

다행히도 이런 상황은 악몽처럼 지나가 버렸다. 지금도 유럽이나 미국의 도시에는 비참한 사람들과 빈민가가 존재한다. 하지만 대다수 노동자는 물론 실업자들조차 성채에 머물렀던 중세 기사들보다 나은 삶을 살고 있다. 오늘날의 사람들은 더 나은 음식을 먹고 훨씬 더 건강하며 대체로 수명도 긴 편이다. 일찍부터 사람들은 '황금시대'를 꿈꾸어 왔다. 그런데 (모두에게는 아닐지라도) 오늘날 이런 황금시대가 거의 실현되었다 할 수 있는데도 아무도 이를 인정하려 하지 않는다.

물론 소련군에 의해 공산주의 체제를 강요당한 동구권의 사정은 아주 달랐다. 특히 이웃 나라 서독이 훨씬 더 잘사는 것을 오랫동안 지켜봤던 동독 사람들은 어느 날

엔가 공산주의 경제 체제가 요구하는 희생을 더 이상 감내하지 않겠다는 태도를 보였다. 그리하여 아무도 예상치 못했으며 쉽게 믿을 수도 없는 일이 1989년에 일어나고 말았다. 동독 사람들이 국경을 열게 만들었고 분단 독일은 재통일되었다. 이러한 분위기가 소련으로도 옮겨져 마침내 소련을 비롯한 동유럽 국가들에서 사회주의 체제가 무너졌다.

앞서 제2차 세계 대전에 관한 장을 나는 이런 말로 끝맺었다. "모두가 더 나은 미래를 희망하고 있다. 더 나은 미래는 반드시 와야만 한다!" 오늘날 그런 미래가 정말로 도래한 것일까? 지구상의 많은 사람들에게는 결코 그렇지 못하다. 인구가 끊임없이 증가하는 아시아와 아프리카, 남아메리카 지역은 여전히 빈곤에 시달리고 있다. 유럽인들 역시 멀지 않은 과거에는 당연한 것으로 받아들였던 빈곤이다. 하지만 구호책을 마련하기란 쉽지 않다. 빈곤의 비참한 상황이 관용을 잃은 사고방식이나 태도와 늘 연결되기 마련이라는 것도 주요한 이유이다. 그러나 통신 기술의 발달로 세계 곳곳의 소식을 쉽게 접할 수 있게 된 이후로는 부유한 국가들의 양심도 조금은 움직이기 시작했다. 먼 지역에서 지진이나 홍수, 가뭄이 들어 많은 희생자가 발생하면 부유한 나라의 시민 수천 명이 물품과 인력을 제공하는 원조 활동을 펼치곤 한다. 예전에는 볼 수 없었던 일이다. 이런 것이야말로 우리가 더 나은 미래를 희망해도 좋다는 하나의 증거이기도 하다.

에른스트 H. 곰브리치의
생애와 저작

에른스트 H. 요제프 곰브리치는 1909년 3월 30일 오스트리아 빈에서 태어났다. 빈의 테레지아 학술원 부속 인문 고등학교를 졸업한 그는 1928년부터 1933년까지 빈 대학에서 예술사와 고고학을 공부했다. 그의 대학 스승 중에는 율리우스 폰 슐로서, 에마누엘 뢰비, 한스 티체 등 저명한 인물이 많았다. 곰브리치가 최초로 발표한 글은 중세 초기의 상아 보석함을 다룬 것이었으며 건축가인 줄리오 로마노에 관한 논문으로 박사 학위를 받았다. 학위를 마친 그는 빈 예술사 박물관의 공예품 컬렉션 담당 전문 위원이었던 에른스트 크리스와 잠시 일할 기회를 가졌다. 곰브리치는 프로이트 학파의 일원이었던 크리스와 함께 캐리커처의 역사와 이론에 관한 공동 연구를 수행하면서 예술 심리학의 영역을 알게 되었다.

곰브리치는 오스트리아에서 직장을 잡을 가능성이 전혀 없었기 때문에 1936년 영국으로 이주했다. 그런데 마침 런던에는 나치의 박해를 피해 독일 함부르크에서 런던으로 자리를 옮긴 바르부르크 문화학 연구소가 있었다. 이곳 소장이었던 프리츠 작슬은 곰브리치에게 설립자인 아비 바르부르크의 유고를 정리하는 작업을 맡겼다.

제2차 세계 대전이 일어나자 곰브리치는 영국 국영 방송인 BBC에서 특별한 임무를 맡았다. 독일의 라디오 방송을 듣고 그 내용을 영어로 옮기는 일이었다. 6년간 이 일을 하던 중 전쟁이 끝나자 그는 바르부르크 연구소로 돌아갔다. 곰브리치는 1976년 가을 정년 퇴임할 때까지 이 연구소에서 평생을 일했다. 처음에는 조교였으나 마지막 17년 동안(1959년~1976년)은 연구소 소장이자 고전 전통의 역사 담당 교수였다. 그 외에도 곰브리치는 여러 대학, 예컨대 옥스퍼드(1950년~1953년)와 캠브리지(1961년 ~1963년)에서 초빙 교수로 활동했으며 런던 대학과 미국의 하버드 대학(1959년)에 서도 학생들을 가르쳤다. 그리고 코넬 대학과 워싱턴 대학, 시애틀 대학 등 미국의 여 러 대학에 자주 초청을 받았다.

박사 학위를 받고서 아직 빈에 머물러 있을 때 곰브리치는 이 책『곰브리치 세 계사』를 썼다. 당시 5개 언어로 번역된 이 책이 동기가 되어 그는 미술사를 써 달라 는 청탁도 받았다. 곰브리치의『서양미술사』(1950)는 그동안 16쇄 200만 부가 인쇄 되었으며 18개국 언어로 번역 출간되었다.(2004년의 기록이다./ 옮긴이) 곰브리치는 바 르부르크 연구소의 전통에 따라 초기에는 르네상스 도상학에 집중했으나(『보티첼 리의 신화 Botticelli's Mythologies』) 워싱턴 대학에서 초빙 교수로 일하는 동안 예 술 심리학을 연구 주제로 삼았다.(『예술과 환영』, 1960) 그 후 르네상스 예술에 관 한 그의 논문들이『규범과 형식 Norm and Form』(1966),『상징적 이미지 Symbolic Images』(1972),『아펠레스의 유산 The Heritage of Apelles』(1976)이란 3권의 전집 으로 묶였으며, 예술사의 문제를 다룬 저작 한 권은『목마에 관한 성찰 Meditations on a Hobby Horse』(1963)이란 제목으로 출간되었다. 곰브리치가 사망 직전에 완 성한『원시적인 것에 대한 편애 The Preference for the Primitive』는 2002년에 간행 되었다. 독일어로 출간된 그의 저술로는 다음과 같은 것들이 있다.『예술, 지각, 현실 Kunst, Wahrnehmung und Wirklichkeit』(1977),『아비 바르부르크 - 지성적 전기 Aby Warburg, eine intellektuelle Biographie』(1981),『장식과 예술 Ornament und

Kunst』(1982), 『예술사의 위기 *Die Krise der Kulturgeschichte*』(1983), 『이미지와 시각 *Bild und Auge*』(1984), 『규범과 형식 *Norm und Form*』(1985), 『예술과 비평 *Kunst und Kritik*』(1993), 『탐구적 시각 – 예술 감상과 자연 지각 *Das forschende Auge. Kunst- betrachtung und Naturwahrnehmung*』(1994), 『서양 미술에서 그림 자의 묘사 *Schatten. Ihre Darstellungen in der westlichen Kunst*』(1996). 그리고 뒤 몽 출판사에서 간행된 책으로는 『예술과 진보 *Kunst und Fortschritt*』(1978)가 있다.

곰브리치는 여러 학술원과 예술원, 학회의 회원이었고 명예박사 학위도 열세 번 이나 받았다. 또한 영국 여왕으로부터 1972년 기사 작위를 받았으며 1975년에는 오 스트리아 대통령이 수여하는 과학과 예술 분야 1급 명예 십자 훈장, 1977년에는 공 로 훈장을 받았다. 그리고 1984년에는 오스트리아 정부가 수여하는 학문과 예술 분 야 명예 기장을 받았으며 1975년에는 에라스뮈스상을 받았고 1976년에는 독일 슈투 트가르트시가 수여하는 헤겔상을 받았다. 에른스트 곰브리치는 2001년 92세의 나이 로 런던에서 사망했다.

도판 목록

우선 곰브리치가의 가족 앨범 속 사진을 책에 실을 수 있도록 허락해 준 에른스트 H. 곰브리치 재단에 감사드립니다. 이 책에 수록된 자료 사진을 제공해 준 개인, 박물관, 사진 도서관에 깊이 감사드립니다. 모든 저작권자의 허가를 받기 위해 노력했습니다. 그럼에도 혹시 누락된 분이 있다면 사과드리며, 안내해 주시는 정보에 따라 앞으로 정정하도록 하겠습니다.

*줄임말 안내
AA=The Art Archive, BAL=The Bridgeman Art Library, Scala=Scala Archive
l=왼쪽, r=오른쪽, a=위쪽, b=아래쪽

곰브리치 세계사

도판 목록

찾아보기

도판 자료가 실려 있는 페이지는 굵은 숫자로 표시했습니다.

✢ 글쓴이 에른스트 H. 곰브리치

1909년 오스트리아 빈에서 태어나 빈 대학에서 예술사와 고고학을 공부하였다. 1935년 훗날 '템즈 앤드 허드슨'을 세운 발터 노이라트로부터 어린이를 위한 역사책을 써 달라는 요청을 받고, 6주 만에 원고를 완성하여 이 책『곰브리치 세계사』를 냈다. 1936년에 영국으로 이주하여 런던 대학의 바르부르크 문화학 연구소의 일원이 되었고, 1976년 정년 퇴임할 때까지 미술사를 연구하며 학생들을 가르쳤다. 그 외에 옥스퍼드 대학, 케임브리지 대학, 하버드 대학에서도 강의했다. 1972년 영국에서 기사 작위를 받았고, 1975년 오스트리아의 과학과 예술 분야 명예 십자 훈장, 1977년 독일의 공로 훈장, 1975년 에라스뮈스 상, 1976년 헤겔 상, 1984년 오스트리아의 명예 기장, 1985년 발잔 상, 1988년 영국 메리트 훈장, 비트겐슈타인 상, 1994년 괴테 상을 받았다.『곰브리치 세계사』를 영어로 번역하던 2001년에 세상을 떴다. 쓴 책으로『서양미술사』,『예술과 환영』,『이미지가 우리에게 들려주는 것』등이 있다.

✢ 옮긴이 박민수

서울에서 태어나 연세대학교 독어독문학과를 졸업하고 동 대학원에서 석사 학위를 받았다. 베를린 자유대학에서 독문학과 철학을 공부하고 '바움가르텐, 람베르트, 칸트, 실러, 헤겔의 미학에서 미적 가상의 복안'이란 주제로 박사 학위를 받았다. 옮긴 책으로『거짓말을 하면 얼굴이 빨개진다』,『이것이 완전한 국가다』,『만들어진 나!』,『꿀벌 마야의 모험』,『카라반 이야기』,『크라바트』,『책벌레』등이 있다.

예일대 특별판 곰브리치 세계사

1판 1쇄 펴냄 – 2019년 6월 5일, 1판 14쇄 펴냄 – 2024년 12월 3일
지은이 에른스트 H. 곰브리치 옮긴이 박민수
펴낸이 박상희 편집주간 박지은 편집 김지호 디자인 김혜림
펴낸곳 (주)비룡소 출판등록 1994. 3.17.(제16-849호)
주소 06027 서울시 강남구 도산대로1길 62 강남출판문화센터 4층
전화 02)515-2000 팩스 02)515-2007
홈페이지 www.bir.co.kr
제품명 어린이용 환양장 도서 제조자명 (주)비룡소 제조국명 대한민국 사용연령 3세 이상

ISBN 978-89-491-8953-6 43900

이 도서의 국립중앙도서관 출판시도서목록(CIP)은 서지정보유통지원시스템 홈페이지(http://seoji.nl.go.kr)와 국가자료공동목록시스템(http://www.nl.go.kr/kolisnet)에서 이용하실 수 있습니다.
(CIP제어번호 : CIP2019019035)